浙江省博物馆学人丛书

浙江文化艺术发展基金资助项目

PROJECTS SUPPORTED BY ZHEJIANG CULTURE AND ARTS DEVELOPMENT FUND

吴越國塔幢研究

魏祝挺 著

总　序

自1929年建馆以来，在各级政府部门的关心和支持下，经过一代又一代博物馆同仁的共同努力，浙江省博物馆已成为集收藏、研究、保护、展示和教育等为一体的浙江省内最大的综合性人文科学博物馆。目前拥有文物及标本十万余件，文物品类丰富，年代序列完整。其中，河姆渡文化的陶器、漆器、木器、骨器和象牙制品，良渚文化的玉器，越国青铜器和原始瓷，越窑、龙泉窑青瓷，汉代会稽镜和南宋湖州镜，南宋金银货币，历代漆器，明清书画和金石拓本，浙江革命文物等，是馆藏的重点，极具地域特色和学术价值。九十多年来，浙江省博物馆致力于传承中华文明，弘扬优秀文化，在藏品征集、学术研究、陈列展览和宣传教育等方面都取得了丰硕的成果和广泛的社会影响力，业已成为国家一级博物馆、央地共建国家级博物馆、全国爱国主义教育示范基地和全国中小学生研学实践教育基地。

藏品是博物馆业务工作的基础，人才是博物馆事业发展的动力。博物馆的收藏、展示和教育等都离不开学术研究和专业支撑。人才培养和学术研究历来是浙江省博物馆的立馆之本和发展之基。九十多年来，浙江省博物馆创建了浙江省文保科研基地、博物馆学研究所、龙泉青瓷国际研究中心、黄宾虹研究中心、古代漆器研究中心、马定祥中国钱币研究中心等多个学术平台，建立了包括考古、文物保护、历史、书画、陶瓷、工艺、信息化、图书档案、藏品管理、陈列展览、宣传教育和博物馆管理等系统完备的多学科研究体系，拥有享受国务院政府特殊津贴专家、文化部优秀专家、浙江省151人才、浙江省文化和旅游创新团队、浙江省文化和旅游厅优秀专家、浙江省文物局“新鼎计划”优秀青年文博人才、浙江省博物馆中青年学术带头人等拔尖人才，以及在各个学科领域发挥着中坚力量的大批专业人才。这些学术平台和研究体系的建立，以及专业人才梯度队伍的形成，为浙江省博物馆的事业发展做出了重要贡献。

2006 年，浙江省博物馆制定并实施了学科带头人和优秀中青年骨干选拔、重点课题和学术专著出版资助、科研成果评选和奖励等一系列制度和办法。“学人丛书”的选编出版是其中的重要举措，旨在加强浙江省博物馆的人才梯度队伍建设，促进中青年学者的成长，梳理、培育并集成我馆标志性的学术成果。项目的实施和专著的出版，得到了业界的肯定和广泛好评，对于我馆专业人才的培养和学术研究成果的总结起到了积极的推动作用。近年来，我们欣喜地看到，许多中青年学者正在茁壮成长。他们专业基础扎实，视野开阔。我相信，随着更多优秀中青年学者的加入，“学人丛书”项目将给我们带来更多优秀的论著，并呈现百花齐放的面貌。

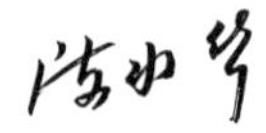

浙江省博物馆馆长

2022 年 9 月

一座吴越佛教史迹的富矿

——写在《吴越国塔幢研究》付印之际

2011年我准备调到浙大，惋惜之余，宿先生嘱咐：到了浙江，那就系统做一点杭州佛教史迹的调查吧。2014年秋，魏祝挺偶然成了我的学生，了解了他的愿望之后，就和他商量，能不能做一个吴越时期塔幢的调查，把吴越时期塔幢的基本分布、遗存状况摸个底。寡言的魏祝挺说那好吧。那时我们彼此初识，他对我的没有信心，一如我对他的含糊。吴越塔幢史迹纷繁，摸清楚其基本分布和遗存实况，需要查看史志文献、梳理核实既往研究史，更需要真正行走在吴越的山水间，把曾经有过和依然现存的塔幢调查梳理确认，对于既没有考古基础，又没有古建筑基础的魏祝挺而言，当然不容易，更何况他还在浙江省博物馆担任着繁重的工作。可是他做到了，完成的硕士论文，就是这部书的底子。

魏祝挺毕业回到省博，不论做钱币整理，还是策划展览，本职工作之外，他的吴越佛教史迹调查和研究从未中断。他读书，调查，继续行走在吴越的山水间，为探究吴越历史上的一切事物执着沉迷，调查研究的领域扩大到石窟寺、摩崖造像、碑版石刻，也因此成为如他一般年龄的青年学者中最熟悉杭州和吴越文物的人。他在讲述他深挖探究的杭州史迹背后引人入胜史事时的眉飞色舞、如数家珍和他不开口时的寡言形成的对比令人印象深刻。

眼前这部书，就是他在不长的时间里，专注扎实沉浸工作的集成。我说这是一座关于吴越专史的矿藏。每一位想要了解吴越这个时代和这个时代作为的人，都可以从这座矿藏中受益。

我来浙江已过十年，除把来自宿先生嘱托的任务交托给小魏外，于吴越佛教史迹的调查乃至研究，依然不能算入门，是小魏即将付印的这部书，以丰富材料勾勒的吴越国诸多信息，激起了我想要探究的兴趣，甚至在阅读中和小魏有过多次关于未来研究的讨论。我想，对任何想要了解吴越国立国以来的佛教活动及其深远影响的人士，这部书都是首先要深挖的一座矿藏。所以，作为一位读者和被小魏的书激发起探究那段光辉岁月雄心的我，再次祝贺《吴越国塔幢研究》出版，并向小魏致以深深的感谢！

我常常想，中华优秀传统文化的真正精髓是什么呢？现在似乎越来越看得清楚，那就是，尽管经历了万千的艰辛和苦难，中华民族从不曾丧失过心中的理想，对山河的热爱，对自然的讴歌，对身为人的品质的保全，以及对守护这块土地上的家与国的责任。天下兴亡，匹夫有责，就是中华文明的真正精神，也是今天我们在一切的道路、国策中看到的传承。这其实也是我在小魏这样一位木讷少言却拥有赤子之心的青年学者，和他的第一部著作中看到的精神。这一精神之光也一定会照亮他更加澄彻的未来。

2022 年 11 月

序

同事魏祝挺，半年前把他的新作《吴越国塔幢研究》发给我，嘱我在文稿前面写点文字，我没有犹豫，欣然应允。我自那场轰轰烈烈的雷峰塔考古发掘结束后，从省考古研究所调来浙江省博物馆历史文物部工作，二十年间主要从事唐宋之际吴越国时期遗物的整理、研究和展示，应该也算得上是一个对吴越国历史文化怀有情感的人。近五年，我与小魏多有工作和学术上的交集，他的研究和展示，相对侧重于吴越国时期的遗迹。两年前，我在杭州烟霞洞偶遇吴越国罗汉造像题记，不经意间解决了历史上十八罗汉的起源问题。烟霞洞发现不久，我找到小魏，邀请他完成这次新发现文章的写作，小魏凭着自身深厚的学术功底，极短时间内将成果发表在《敦煌研究》上。同时，小魏作为全国石窟寺调查项目浙江省文物局聘请的专家组成员及石窟寺田野考古和考古报告编写专题研修班的授课教师，深入考察了杭州西湖山水间的摩崖龛像、塔幢遗迹、题名题记，成绩显著，众所公认。通过整理东阳中兴寺塔出土的原始材料，出版《天心光明——东阳市中兴寺塔出土文物》，他对吴越国时期的佛教遗物，如佛经、造像、舍利容器等，亦有了全面的掌握。所以这次浙江古籍出版社出版的《吴越国塔幢研究》，正是他这些年努力工作、多方积累、认真思考、积极行动的成果见证。我曾经对别人这样评价过小魏："他是一位血液中流淌着吴越国历史文化的追梦人。"随着这本专著的付梓，吴越国历史文化研究的深度，又达到了一个新的境界，又迈上了一个新的台阶。

本书的写作，极富逻辑性，结构清晰、合理，注释几乎与正文相当，展示了作者超凡的学术功力，填补了吴越国时期重要遗迹塔幢研究的空白，我拜读以后收获很大，相信读者亦会有此感。作者实地考察的遗迹和多方收集的文献资料，全面且完备；五个章节的分类和每个小节的考辨，翔实又入微；提出的观点和得出的结论，客观而新颖，颇多新见。附录中的诸篇文章，读后使我耳目一新，有豁然开朗之味。学术界历来传诵的范仲淹白塔诗，经小魏考证，所指非钱塘江畔的闸口白塔，余杭白塔由此正名。黄岩灵石寺塔出土的多座石构阿育王塔，方形塔身与山花蕉叶分别瘗藏塔中、塔下，小魏文章中首次将分离的部件统一考察，认定石雕阿育王塔，最早亦出现于吴越国钱俶执政时期的台州，或许与吴越国师德韶的倡导密切相关。对东传中土最早的释迦佛真身舍利塔，即历史文献中的鄮县阿育王塔，对其来踪去脉的考察，犹如破案一样精彩，飞来峰大肚弥勒龛年代的判定，又增添了新的依据。

有几处后期文献认为“天宝”年号是吴越君主钱镠的第一个年号，但目前尚未发现实物依据，使用时还需慎重；杭州雷峰塔遗址和温州白象塔塔身，分别出土过吴越国时期小型石经幢的部件，其形制、体量如杭州博物馆收藏开宝四年辛未岁（971）叶七娘造佛顶尊胜陀罗尼经幢顶端部位的造像短柱，方形，每面龛内雕凿一尊坐佛，建议以后补入第五章第一节中。

吴越国历史文化，可谓宋韵文化的先声和源头，研究意义重大。魏祝挺《吴越国塔幢研究》的出版，可以说开启了吴越国历史文化研究的新时代。

任重道远，共同追梦。

黎毓馨

2022.10

目录 / CONTENTS

概述　杭州山水间的吴越梵踪

[1] 本书中的地名、寺名、塔幢名，均沿用吴越时期名称。

吴越国（907—978）是历史上著名的东南佛国。历代吴越国王在国都——西都钱唐府杭州，营造了大量宫殿、寺院、塔幢和造像。历经千年，如今木结构的建筑均已不存，但是杭州山林间遍布的摩崖石刻，以及部分砖石塔幢，依旧静静矗立，宛如一部石头上的史书。在杭州的山水间行走，不时能接触到这些吴越国的礼制和宗教遗存，可以一睹千年前佛国净土的盛况[1]。

杭州凤山（今凤凰山）东麓，隋唐时是杭州州治所在。自吴越国建国以来，第一代吴越国王钱镠以杭州州治所在的子城为基础，营建了吴越王宫。而紧邻王宫的凤山东麓，同时也是吴越国最初建寺开窟的地区。

从吴越王宫西行上凤山，溪水潺潺，经过圣果寺的山门、前殿、大殿遗址，最后来到一座巨大的山崖前。吴越天宝三年（910），钱镠在此山崖上开凿弥陀、观音、势至三座结跏趺坐的巨型石佛像，并在石佛前兴建千佛阁以遮挡风雨。如今的三座大石佛，历经自然和人为破坏，大部分已经残损不清，但是站在10米之高的巨像前，磅礴的气势依然扑面而来。遥想一千多年前，这里是吴越皇家寺院，香火旺盛，梵呗不绝。中尊弥陀、两侧的观世音和大势至菩萨组成的“西方三圣”，曾是历代吴越国王祈求往生极乐净土的精神依托。后世南宋人见到这三尊大像，也不禁感叹：“岿然三石佛，若在嘉州岸。”这三石佛，好比嘉州（今乐山）岸边那尊著名的大佛一般雄伟。

吴越王宫西南侧，山腹处有安国罗汉寺遗址。吴越天宝九年（916），钱镠派从弟钱铧前往明州（今宁波）阿育王寺，迎请该寺传世六百余年的至宝——释迦真身舍利来到杭州。钱镠特于紧邻王宫的安国罗汉寺旁建造了一所大木塔，以供养真身舍利。该塔位于子城之南，故名城南宝塔。其与子城之北的城北宝塔，均为八角九层

图 1　圣果寺西方三圣大龛现状

的巨型木结构楼阁式塔，高约百米，天宫高耸，峻极神工。从钱塘江上西望凤山，山下的杭州子城两侧，南北双塔凌云，王宫殿阁罗列其间，成为吴越国都的标志性景观。吴越显德五年（958），城南大火，塔毁，寺中僧人舍命抢出舍利。乾德三年（965），第五代国王钱俶于原址重建了祖父钱镠始建的城南宝塔，依旧是九层八面，雁塔凌云，并在塔前建造了两座大石幢，刻经镇护。一千年后的今天，木构的南北双塔早已灰飞烟灭，石制的双幢却依然耸立。“崇雁塔于九重，卫鸿图于万祀”，“勒佛顶随求之加句，为尘笼沙界之良因”，吴越国王钱俶的美好祝愿，依然清晰可见，永存世间。

钱镠于唐末相继建筑了杭州西夹城和罗城。空前辽阔的杭州罗城，以包家山为其南界，秦望山（今将台山）为其西界。出杭州罗城南门的龙山门，沿钱镠建设的捍海石塘西行，即为龙山（今玉皇山），这里也是历代吴越国王倾力打造的礼制空间。后梁龙德元年（921），钱镠

图 2　城南宝塔寺双幢现状

图 3　钱镠郊坛题刻现状

图 4　钱镠排衙石诗刻现状

于龙山南麓建置郊坛，用以郊天，“梁龙德元年岁次辛巳十一月壬午朔一日，天下都元帅吴越国王镠建置”，题刻至今保存完好。龙德三年（923），梁末帝正式册封钱镠为吴越国王。为纪念这一恩典，钱镠挖平了城西秦望山的山顶，建立上清宫，“陈三元之醮礼”，“建瑶坛礼玉京”。在挖平的山头上，神奇地出现了两排天然巨石，如同卫兵拱列，人称“排衙石”。钱镠欣然题诗石上，有“东南一剑定长鲸”之句，展现了其戎马一生的英雄气概。吴越中期时，第二代国王文穆王钱元瓘和第三代国王忠献王钱弘佐，也不再归葬衣锦军祖坟，相继安葬于龙山南原和西原。吴越国中期以后，位于龙山的武功堂改建为文穆王庙，北宋时则在此建立纪念钱氏先王的表忠观，苏

图 5　20 世纪初期钱元瓘神道碑旧影（引自〔日〕常盘大定、关野贞《中国文化史迹》第四卷，上海辞书出版社 2017 年版）

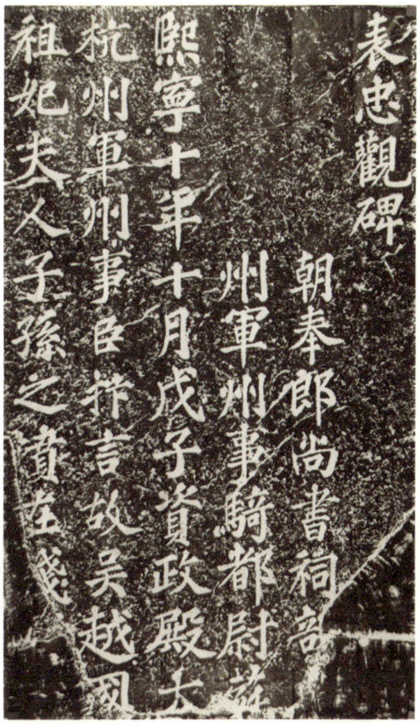

图 6　宋刻苏轼《表忠观碑》残石拓本（浙江省博物馆藏）

轼为此撰写了著名的《表忠观记》，书法精湛。

图7　安吴塔现状

龙山紧邻钱塘江，这里有钱塘江入杭州的水路要道——龙山河，异常繁荣。显德四年（957），钱俶于龙山闸口建立安吴塔院，院中立安吴塔（闸口白塔）。该塔以洁白无瑕的太湖石垒砌而成，九层八面，完全仿制了城南和城北真身舍利塔之形，按原比例缩小到15米左右。自塔刹以下，每一层屋檐、天花、斗拱、梁柱、门窗、平座、勾阑，乃至须弥座、踏道，皆按该比例雕出，不差分毫，堪称吴越版的营造法式范例。安吴石塔还层层雕刻经咒、佛、菩萨、罗汉、天王、龙王等形象，用以镇护吴国（即浙西道）的大门——龙山闸口，故而后世称为闸口白塔。大约十年之后，西山灵隐寺重建完成，恰逢城南城北双塔重建完工，钱俶又于寺内大殿之前竖立两座八角九层大石塔，名为“吴兴广济普恩真身宝塔”，仿照重建完成的城南城北双塔之形，告慰父祖。

吴越宝大元年（924），钱镠开辟龙山慈云岭路，使得岭北的城西地区得到了开发。吴越中期，禅宗在吴越国开始流行。清泰元年（934），第二代国王钱元瓘在龙山南侧建千春龙册寺，作为镜清禅师道怤道场，这里也成为吴越禅宗的发祥地。至第三代国王钱弘佐，更着力经营。自慈云岭路南口（今南宋官窑博物馆一带）起，沿路皆为钱弘佐敕建的禅宗寺院，自岭下至岭上，

图8　钱镠《开慈云岭路记》拓本（浙江省博物馆藏）

图9　自龙山南原北望，左为龙山（今玉皇山），右为秦望山（今将台山），中间低矮处即慈云岭

图 10 “新建镇国资延禅院石像之记”摩崖碑刻

相继有龙华寺、广济院、天龙寺、资延院、石龙院等，梵刹相望。

今天的慈云岭上，规模庞大的资延院造像依旧存世。崖壁上存留着吴越国时的造像碑，篆额“新建镇国资延禅院石像之记”十二字，即为天福七年（942）钱弘佐造像之初的原始题记。主龛为三尊结跏趺坐的西方三圣，姿态类似圣果寺大像，但尺度已经缩小，两侧再配以两胁侍菩萨和两天王。右龛为地藏菩萨及两侍女，龛上有六道轮回图像。即使在当时方兴未艾的禅宗寺院中，国王依旧提倡的是净土信仰，希求超脱轮回之苦，往生极乐之国。

同时期，钱弘佐建于开运二年（945）的西山灵鹫禅院，雕造了高悬青林洞崖壁之上的西方三圣像，类似资延院造像风格，保存近乎完好，令人惊叹。

慈云岭资延院之东，还有石龙院造像，也大约建于钱弘佐时代。造像表现了十六罗汉、释迦说法和贤劫千佛等形象，配以观音、天王守护。中晚唐开始流行的罗汉信仰，

图 11　资延院西方三圣大龛旧影（引自浙江省博物馆《越中佛传》，中国书店 2017 年版）

图 12　资延院地藏龛顶部“六道轮回”浮雕

图 13　灵鹫院西方三圣龛（浙江大学文化遗产研究院提供）

图 14　石龙院释迦说法及十六罗汉像

在吴越国达到了顶峰。

沿慈云岭路过龙山，往北至方家峪，这里是吴越国时的城西之地（今中国丝绸博物馆至长桥公园一带）。吴越后期，这里有祭祀先王钱镠的武肃王庙，以及供养先王钱元瓘的奉先寺。奉先寺规模宏大，大殿中列释迦、弥勒、弥陀的三世佛像，并在侧殿安置钱元瓘铜像。吴越开宝二年（969）寺院完成后，钱俶于寺门前竖立一对大石幢，分刻《大佛顶》和《大随求》经咒，高耸丹霄。北宋初年奉先寺废后，两座大石幢为灵隐寺住持延珊看中，越西湖搬运而去，重新拼装搭建。一千年后，吴越国王钱俶“兴隆霸祚，延远洪源，受灵贶于祖先，助福禧于悠久”的美好祝愿，已经永留在灵隐寺中。

出方家峪路口，于西湖前左转，西行至西关门下，即是皇妃塔（今雷峰塔）。吴越开宝四年（971），王宫内侍陈承裕等宫官，于西关门外营造通天巨塔，以奉安其珍藏的佛螺髻发舍利。巨塔设计高度为千尺十三层，后因经费紧张，竣工于七层，耗费六百万贯巨资。巨塔建设到第五级左右时的开宝八年（975），国王钱俶赞叹不已，发心雕印“八万四千”卷《宝箧印经》，藏入第五级以上塔身的塔砖之中。巨塔完工的太平兴国二年（977），又雕刻《华严经》全本于塔下须弥座。钱俶为之作跋，并命名该塔为“皇妃塔”，以纪念刚刚故去的吴越国王妃孙太真。次年钱俶纳土归宋，永别杭州。临行前他拜别城南宝塔寺、奉先寺中的历代先王铜像，也告别了妻子的象征——皇妃塔。千年来，这巍巍巨塔，不仅守护着入京的钱氏家族，也一直守护着留在吴越故地的杭州父老。

图 15　20 世纪初期皇妃塔旧影（弗利尔摄）

自皇妃塔北望，西湖对岸有连绵的北山。北山东侧起首第一山，有红色巨石高据山巅。钱镠封此石为寿星石，封此山为寿星宝石山，并让罗隐作《封山记》，刻于山崖。吴越显德五年（958）左右，钱俶母舅吴延爽，在寿星宝石山巅，建立九层的崇寿院应天塔（今保俶塔），成为西湖北山胜景。后世的“雷峰如老衲，保俶如美女”之西湖南北双塔格局，就此形成。

皇妃塔南侧是大伽蓝慧日永明院（今净慈寺）。吴越建隆二年（961），延寿禅师入主永明院，这里也就成了吴越国后期的杭州佛教中心。永明院规模雄伟，据百年后的日本僧人成寻描述，大佛殿有高一丈六尺的释迦大石像，其后有五百罗汉院，还有两座满雕佛像的大石塔。如今，净慈寺历经多次兴废，只有后山的石佛洞和欢喜岩，留存着延寿时期开凿的造像。石佛洞里的三世佛、华严三圣、十八罗汉，乃是延寿设计的佛殿布局，迥异于吴越中前期之理念。欢喜岩为一禅窟，坐禅其中，可面对壁上的西方三圣，观想礼佛，禅净双修。

图 16　崇寿院应天塔现状（鳟鱼摄）

延寿大师一生坚持净土修行。每天傍晚，他从慧日永明院西行至别峰下（今九曜山西麓），面向西方，在落日余晖之中行道礼佛，

图 17　慧日永明院石佛洞造像

图 18　笔者尝试于慧日永明院欢喜岩中端坐

图 19　香严院弥勒大龛

图 20　天龙寺弥勒大龛

称念阿弥陀佛上万遍。山下路过的行人，听闻山上诵佛之声，如闻天乐梵呗。钱俶听闻此事，深表敬佩，在别峰之下为延寿大师建造了西方香严殿（后改为香严院）。如今香严殿已经不存，但殿后山上的弥勒上生经、下生弥勒七尊像、观音像等，依旧完好，它们见证了虔诚礼佛的延寿大师在崖壁之下日日夜夜的修行。龙山南麓，大约建于乾德三年（965）的天龙寺造像，与香严院造像时代相同，也表现了下生弥勒七尊、弥陀佛、水月观音的形象，可见吴越后期延寿提倡的造像题材和风格。

从香严院往南，过钱粮司岭（今虎跑路），右拐即是石屋岭和烟霞岭（今满觉陇）。石屋岭下有一天然石洞，其大如屋，故称石屋洞。吴越开运元年（944），胜公禅师于石屋洞前建寺，宗室钱仁傲舍钱雕造释迦七尊像大龛，国王钱弘佐赐名石屋保安禅院。石屋禅院也成为当时杭州民间开窟造像的起源之地，杭州全城的僧尼官民，纷纷于此舍财造像，题材多为罗汉小像，以追荐亡者，保安自身。财力充足者，或有一次捐十身罗汉以上的。十余年之后，民众供养之罗汉已达数百，蔚为壮观。显德六年（959），中央政权后周朝廷派来的两位到访使节，也慕名前来参拜石屋洞五百罗汉，并各自舍钱镌造一尊。

自石屋洞上行至烟霞岭，有一幽静山坳，内有一深洞，水声潺潺，后世名之曰水乐洞。开运三年（946），鉴诸禅师于洞前建寺，并上表国王钱弘佐，请求于此柴水便利的幽静之处，建立方坛，用为吴越国僧俗故去后的阇维（火化）之所。钱弘佐深表赞同，并赐寺名为“净化”。吴越国阇维之风，于此起源。如今，这块“西关净化禅院新建之记”的碑文，仍完好矗立在水乐洞前。

自水乐洞向西，烟霞岭上第三处名洞，即为烟霞洞。吴越广顺三年（953），国王钱俶夜梦罗汉，遂发愿于此洞内造像，并赐额烟霞院。钱俶、大将吴延爽、高僧延庆等十二位供养人，舍钱建造十八身等身罗汉像，同时建造三世佛、双观音、孔雀明王、八角七层塔等造像，遍布全洞。如今的烟霞洞，部分造像已经被毁，但吴越国时雕刻的双观音和大部分罗汉像尚存，体量巨大，雕刻精美，代表着吴越后期敕建造像的最高水平。在如今的中国佛教美术史中，烟霞洞造像已名声显赫，白衣观音和十八罗汉这两种题材，均为开后世风气之先的最早案例，在艺术表现和创造上达到了那个时代的巅峰。

沿烟霞岭原路返回，回钱粮司岭一路往南，经过虎跑大慈山，

图 21　20 世纪初石屋保安禅院释迦大龛旧影（甘博摄）

图 22　烟霞院罗汉造像，图自左往右依次为降龙罗汉、撑地罗汉、心中现佛罗汉

就来到了龙山渡口。吴越开宝三年（970），延寿大师与赞宁僧统于此地募缘造释迦砖塔，以镇江潮。国王钱俶不计花费，以倾国财力支持。举国上下，尊卑老幼，负土抬砖，盛况空前。释迦砖塔设计为八角九层，高约百米，宝铎凌云，塔成后命名为“六和塔”。遗憾的是，该塔后毁于北宋末年的方腊之乱，南宋重建仅为七级，清末重修时，又将外侧木构修改，全失原貌。即便如此，高约60米的六和塔，依然是浙江现存最高塔，雄姿巍峨。

图23　烟霞院观音造像，图左侧为白衣观音，右侧为杨柳观音

圣果寺、资延院、石龙院、灵鹫院、石屋保安院、烟霞院、慧日永明院、天龙寺、香严院等吴越国敕建寺院和造像，以及安吴塔、吴兴广济普恩真身宝塔、应天塔、皇妃塔、六和塔、城南宝塔寺双幢、奉先寺双幢等吴越国敕建塔幢，它们由吴越王室直接经营，是对趋于衰落的中原石窟、寺塔传统的保存和发扬，是中国皇家石窟和寺塔营造的最后高峰，也是10世纪佛教中国化的典型案例，在中国古代艺术和建筑史上有着独特的地位。

图24　六和塔（鳟鱼摄）

对佛法的护持，对净土的追寻，始终贯穿着历代吴越国王建寺造塔、开龛立像的主题。经历近百年的苦心经营，至北宋时，曾经的吴越国都杭州已跃居东南第一州的地位，真正成为娑婆世界中的一方净土。一千年之后，我们探寻这一处处散落在西湖山水间的精美佛教遗存，依然能感受到吴越国王们的虔诚信仰和美好祝福。

第一章 绪 论

第一节 缘 起

佛塔起源于印度，用于埋藏佛、高僧之舍利，自东汉末年传入中国内地后，其形制、功能逐渐演变，成为中国传统建筑中一个重要组成部分。经幢则起源于中国，多为石制，周刻经文，流行于唐辽宋金时期。佛塔和经幢，是中国古代佛寺的两大代表性建筑，其形制、功能等也十分近似。

公元 10 世纪的五代十国时期，吴越国钱氏历代国王崇信佛教，大兴寺塔。仅据南宋时期《咸淳临安志》记载，吴越国都杭州一地，在七十余年历史中，就有数百所寺院的营造，盛极一时。北宋杭州灵芝寺高僧元照评价："五代时钱氏据有吴越，大阐吾教，造寺度僧，不可胜数。故今天下言佛法者，无盛于江左矣。"[1]

吴越国流行的舍利崇拜，更是让佛塔这种建筑风靡两浙地区。清代学者朱彝尊有云："寺塔之建，吴越武肃王倍于九国。"[2] 吴越国首府杭州，至今遗存众多传世名塔，如雷峰塔、保俶塔、六和塔、闸口白塔等，均始建于吴越国时期。吴越国高超的造塔技艺也传播到了中原，为后世宋塔、辽塔之营造提供了蓝本，成为中国古建筑的重要遗产。

相较于吴越国塔幢的盛名，当代关于吴越国塔幢的研究，却基本停留在个体遗存之调查、分析、复原的程度上，并没有形成统一和宏观上的认识。吴越塔现存大约 10 处，且多数经历后世重修，难以像辽塔、宋塔一样进行综合研究。吴越幢数量更少，现存不到 10 处，也难以像唐幢一样进行综合研究。这也是至今没有出现系统性的吴越国塔幢研究的主要原因。

历史上的吴越国塔幢当然远远不止遗存的数量，但历经天灾人

[1]（宋）施谔纂修，（清）胡敬辑：《淳祐临安志辑逸》卷七，载（清）丁丙、丁申辑《武林掌故丛编》第十二册，广陵书社，2008 年。

[2]（清）朱彝尊：《曝书亭集》卷第四十六。

祸，传世者十无其一。所以要系统调查吴越国塔幢，不能仅依靠零散的地面遗存资料，更需要将历史上曾经存在的吴越国塔幢，尽可能全部调查考证出来，建立一份吴越国塔幢的资料谱系，才可以进一步研究吴越国塔幢的相关问题，包括吴越国塔幢的形制、结构、装饰、功能、布局、舍利和供养品等方面。先进行通考，再进行分析研究，这就是本书的基本思路。

第二节　文献及研究综述

笔者在考证吴越国塔幢的过程中，除了部分塔幢遗存和遗址主要通过考古调查的手段获得一手资料之外，大量历史上已毁的吴越国塔幢，主要通过梳理文献资料后考证而得。笔者梳理的这批文献资料，主要包括史书、方志、寺志、金石志、笔记等，共计数百种，时代从北宋到民国不等。

史书中记载吴越史料的，首推《吴越备史》，该书由钱氏后人钱俨写成于北宋初期，是吴越国历史的第一手材料。此外，《旧五代史》《新五代史》《资治通鉴》《续资治通鉴长编》《皇宋通鉴长编纪事本末》《建炎以来系年要录》《宋史》等，也均有吴越相关史料。清代吴任臣编纂的《十国春秋》的吴越部分，则是对吴越史料的汇编。2000年以来，何勇强的《钱氏吴越国史论稿》[1]、李辉的《吴越国佛教史》[2]，相继研究了吴越国佛教史的人物、宗派等问题。

宋元方志，涉及吴越故地的主要有北宋元丰七年（1084）的《吴郡图经续记》，南宋乾道五年（1169）的《乾道四明图经》、淳熙九年（1182）的《淳熙三山志》、淳熙十二年（1185）的《淳熙严州图经》、绍熙四年（1193）的《绍熙云间志》、嘉泰元年（1201）的《嘉泰吴兴志》、嘉泰元年（1201）的《嘉泰会稽志》、嘉定十六年（1223）的《嘉定赤城志》、宝庆三年（1227）的《宝庆四明志》、绍定元年（1228）的《绍定吴郡志》、淳祐十二年（1252）的《淳祐临安志》、景定三年（1262）的《景定严州续志》、咸淳四年（1268）的《咸淳临安志》，元至元二十五年（1288）的《至元嘉禾志》等。南宋时期所修方志居多，虽然上距吴越约有200年，但仍是现存可考的最早方志材料。其范围覆盖吴越杭州、越州、苏州、湖州、秀州、睦州、明州、台州、福州、衣锦军，共九州一军之地。其中，又以《淳祐临安志》《咸淳临安志》《嘉泰会稽志》《嘉定赤城志》等记录最为丰富，收录吴越

[1] 何勇强：《钱氏吴越国史论稿》，浙江大学出版社，2002年。

[2] 李辉：《吴越国佛教史》，中国社会科学出版社，2015年。

国塔幢最多。而衢州、婺州、处州、温州这四州无宋元方志材料，殊为可惜。

明清江南方志，可补宋元方志之不足。府志如《成化杭州府志》《同治苏州府志》《同治湖州府志》《崇祯嘉兴府志》《崇祯松江府志》《万历严州府志》《万历绍兴府志》《嘉靖宁波府志》《万历金华府志》《光绪衢州府志》《雍正处州府志》《乾隆温州府志》《乾隆福州府志》等，县志如《崇祯吴县志》《康熙嘉兴县志》《康熙鄞县志》《道光东阳县志》《民国萧山县志稿》《民国临海县志》《民国平阳县志》等，均可资参考。五代宋元之塔，时隔数百年，星霜荏苒，后世较难区别，除非塔幢之金石刻文有记，否则明清时人已经难以辨别其始建时代。但依据中国自古以来的修志传统，前代方志的内容一般都原样照录于后代方志之中，因此就可从明清方志中一窥失传的宋元史料的相关记载。同一府县，明清至民国纂修的方志往往有多种，其内容会略有差异，所以笔者尽可能查阅对比历代方志资料，合计约有 200 种。

宋代的佛教史料十分丰富，其中首推《宋高僧传》，该书由吴越僧统赞宁入宋后完成，因此记载有关唐五代时期江南僧人的事迹，十分详实。《永明智觉禅师方丈实录》是记录吴越后期佛教史的珍贵实录。《四明尊者教行录》所附的《螺溪振祖集》和《宝云振祖集》，均有一手史料。此外，北宋以来的《景德传灯录》《佛祖统记》《五灯会元》等禅宗史料，也有不少重要材料。

宋代笔记十分流行，往往记载有珍贵的一手史料。与吴越国塔幢有关的，首推吴自牧在南宋亡国后不久撰述的《梦粱录》，其中关于南宋末期杭州街市所存之塔一节，属作者目睹，记载十分详细。其次如《葆光录》《杨文公谈苑》《梦溪笔谈》《游国清寺记》《容斋随笔》《武林旧事》等宋代笔记，元代的《客杭日记》《古杭杂记》都有或多或少的材料。日本僧人奝然和成寻等人在北宋时期访问中国，游历各地，记录见闻，这些日记是宝贵的一手材料，尤以成寻的日记《参天台五台山记》最为详实，记载了他于熙宁五年（1072）所见的两浙地区大量佛塔，大多应是吴越国遗存。

宋代以来金石学流行，《诸道石刻录》《复斋碑录》《宝刻丛编》等金石志，《咸淳临安志》《淳祐临安志》等方志中都记载了部分当时可见的碑刻资料，其中就有吴越塔记和幢记石刻信息。清代以来，金石学更是达到了鼎盛。在江南地区的金石志中，记录吴越国塔幢题记的内容十分丰富。其中首推阮元编纂的《两浙金石志》，详细记录了当时存世的以杭州为中心的吴越国石刻资料。另外，《武林金石记》《武林石刻记》《江苏金石志》《苏州金石志》《嘉禾金石志》《吴兴金石录》《越中金石记》《台州金石录》《东瓯金石志》《括苍金石志》《福建金石志》《闽中金石志》等一批金石志，记载了不少零散的吴越国石刻资料。这批摩崖碑碣，如今很多漫漶不清或已毁，赖有清代文人记录，得以传世。清末民国的各地府县志，也大多有当地汇总的详尽金石材料可资利用。

明清以来，记述寺院历史和现状的寺志开始流行，《武林梵志》《天台山全志》《明州阿育王山志》《灵隐寺志》《净慈寺志》等，详载寺院分布和沿革，内容详实，间杂新材料，能弥补方志记载简略的弊端。

明清以来，专门记载西湖沿线风景名胜沿革的游览志和游记，也开始流行，如明代的《西湖游览志》《西湖志类钞》《七修类稿》《西泠小记》《四时幽赏录》《西湖梦寻》，清代的《西湖志》《湖壖杂记》《湖山便览》《清波小志》《龙井见闻录》，当代的《说杭州》《杭州山水寺院名胜志》《西湖新志》等，往往有关于吴越国杭州寺院和塔幢现状的记载。

20世纪初叶，日本人对中国古代建筑进行了大量田野调查工作。1901—1937年之间，日本建筑学家伊东忠太、关野贞，佛教史家常盘大定等人，多次分批大范围调查中国古代建筑，拍摄了大量图片，记录了大量古建筑信息。这些日本学者的调查重点虽然在中国北方，但是也多次考察苏州、杭州、宁波、天台山等地的佛教建筑，其中就包括相当数量的吴越国塔幢，并留下了很多珍贵资料。许多当代已毁塔幢，当时都被详实记录。其中以关野贞和常盘大定合著的《中国文化史迹》[1]最为全面详实，足资参考。

从营造学社成立开始，以梁思成、刘敦桢为首的建筑学者，就十分注重对中国古代建筑的实地调查和建筑史研究。到抗战全面爆发前两年，佛塔建筑已经成为营造学社的调查重点之一。如梁思成《杭州六和塔复原状计划》[2]对于复原南宋六和塔的设想，刘敦桢《苏州古建筑调查记》[3]对于云岩寺塔、报恩寺塔、罗汉院双塔、瑞光塔等都进行了调查。鲍鼎《唐宋塔之初步分析》则是营造学社时期佛塔研究的集大成之作[4]。此外，1934年梁思成、刘致平、林徽因在考察六和塔复原项目的同时，专门考察了杭州的闸口白塔和灵隐寺双石塔，写成《浙江杭县闸口白塔及灵隐寺双石塔》一文，详细分析了两处吴越石塔的形制结构（以闸口白塔为主），并考证了两处石塔的年代问题。该文是中国古建筑研究史上，第一次有学者将吴越佛塔作为主题纳入研究视野，只可惜刚刚起步的工作就被抗战中断。2001年《梁思成全集》出版时，该调查报告才得以刊载[5]。

1949年以来，浙江、江苏、上海等地文物部门，对于其境内吴越国塔幢，大都进行了调查和研究。除了部分塔幢（如天台赤城山塔、衢州天王寺塔、临安朗山塔、龙泉崇因寺双塔、龙泉金沙塔等）在20世纪50年代第一次文物普查之前倒塌或拆除之外，大部分古塔幢遗存，都在50年代末和60年代初被初步调查和记录。1956年起，浙江省文管会对浙江省地面古建筑进行了大面积调查，其调查成果体现在黄涌泉的《浙江省的纪念

[1]（日）常盘大定、关野贞：《中国文化史迹》第四卷，上海辞书出版社，2017年。

[2] 梁思成：《杭州六和塔复原状计划》，《中国营造学社汇刊》第5卷第3期，1935年。

[3] 刘敦桢：《苏州古建筑调查记》，《中国营造学社汇刊》第6卷第3期，1936年。

[4] 鲍鼎：《唐宋塔之初步分析》，《中国营造学社汇刊》第6卷第4期，1937年。

[5] 梁思成：《浙江杭县闸口白塔及灵隐寺双石塔》，见《梁思成全集》第三卷，中国建筑工业出版社，2001年，第287—302页。

图1-1　常盘大定于1922年调查杭州烟霞洞造像

性建筑调查概况》、王士伦的《浙江临安县的文物古迹普查》、赵万里的《南行日记》、陈从周的《浙江古建筑调查记略》等文章中。这些文章在调查的大量浙江古建筑中，涉及不少吴越国塔幢，并简要介绍了形制特征，有关于刚刚拆毁的龙泉三塔文物、临安朗山塔遗址的介绍，也有后毁于60年代中后期的临安海会寺经幢、杭州虎跑寺经幢、杭州下天竺经幢等吴越国塔幢的介绍，十分珍贵。江苏省文管会的《江苏之塔》对江苏境内古塔的形制、现状、修理情况进行了调查和记录，也是十分重要的资料。

令人痛心的是，20世纪60年代，佛教文物遭到了大肆破坏，大批吴越国塔幢遗存毁于这一时期，如临安海会寺双幢、杭州天竺寺双幢、杭州烟霞洞千官塔、杭州虎跑定慧寺经幢、苏州虎丘云岩寺经幢等。这一批塔幢没有详细的调查报告，只能通过零散资料和旧照片还原。

80年代以来，各地文物部门重新开展了文物调查工作，残存至今的吴越国塔幢，大都开始了调查研究工作。相关文物部门和学者，分别对杭州闸口白塔[1]、杭州梵天寺经幢[2]、杭州灵隐寺两石塔两经幢[3]、苏州云岩寺塔[4]、苏州楞伽寺塔[5]、湖州飞英塔[6]、天台国清寺大塔[7]、义乌双林寺铁塔[8]等一批涉及吴越国的塔幢，进行了调查和测绘，并发表了一系列的调查报告和论文。2010年以来，闸口白塔又一次成为热点，天津大学、浙江大学相继利用现代科学技术，对闸口白塔做全面的记录，其中浙江大学的测绘资料为近年来的白塔研究提供了重要帮助[9]。相关研究层面，王士伦首次对吴越现存佛塔进行了全面总结，指出砖木混合结构的八边形楼阁式塔，在吴越末期完全成熟[10]。王屹峰对已毁的萧山崇化寺双塔的研究，主要利用了老照片和金石资料[11]。吴庐春对闸口白塔进行深入解读，分析了白塔各层造像的题材，并还原了部分刻经内容[12]。赖天兵总结吴越国石窟、石塔、经幢上石刻造像的造型和组合特点，提出了吴越国石刻造像的"杭州样式"特征[13]。

1949年以来，对于五代宋元时期佛塔的考古发掘和调查，逐渐成为宗教考古的热点。吴越国故地也是五代宋元时期佛塔清理较多的地区。五代宋元佛塔中，多有供养物埋藏于塔基或壁藏之中。特别要注意的是，不仅是吴越始建的佛塔，包括宋元时期重建的吴越故地佛塔，也会出土吴越国的塔藏文物。自1949年以来，相继对苏州虎丘云岩寺塔（1956）[14]、桐乡崇福寺双塔（1956）[15]、龙泉金沙

[1] 高念华：《杭州闸口白塔》，浙江摄影出版社，1996年。肖旻：《杭州闸口白塔的尺度规律分析》，《重庆建筑大学学报》，2002年第5期。

[2] "尘沾影覆"编辑委员会：《尘沾影覆：梵天寺经幢科技保护》，文物出版社，2012年。

[3] 杭州市园林文物局灵隐管理处：《灵隐寺两石塔两经幢现状调查与测绘报告》，文物出版社，2015年。

[4] 陈嵘：《苏州云岩寺塔维修加固工程报告》，文物出版社，2008年。张颖：《苏州云岩寺塔复原研究》，《建筑史》，2009年第2期。

[5] 王德庆：《苏州楞伽寺塔》，《文物》，1983年第10期。

[6] 刘杰：《湖州飞英塔的结构与形制研究》，浙江大学硕士学位论文，2016年。

[7] 金祖明等：《试论天台山国清寺塔的建筑年代》，《东南文化》，1990年第6期。

[8] 吴高彬：《义乌双林寺铁塔》，《文物天地》，1996年第4期。

[9] 丁垚等：《杭州闸口白塔调查记》，载《中国建筑文化遗产5》，天津大学出版社，2012年。邵群等：《杭州闸口白塔数字考古调查实践——三维数字时代的文化遗产调查与保护》，载《杭州文博》第17辑，浙江古籍出版社，2016年。

[10] 王士伦：《寺塔之建倍于九国——兼谈喻皓》，载周峰《吴越首府杭州》，浙江人民出版社，1997年。

[11] 王屹峰：《萧山崇化寺五代金石刻铭及拓本》，载《东方博物》第17辑，浙江大学出版社，2005年。

[12] 吴庐春：《杭州闸口白塔图像研究》，浙江大学硕士学位论文，2018年。

[13] 赖天兵：《吴越国石刻佛教造像的造型及组合》，载《石窟寺研究》第9辑，科学出版社，2019年。

[14] 苏州市文物保管委员会：《苏州虎丘云岩寺塔发现文物内容简报》，《文物参考资料》，1957年第11期。

[15] 王士伦：《崇德县崇福寺拆卸东西两塔塔顶部分时发现文物四十七件》，《文物参考资料》，1956年第1期。

塔（1957）[1]、金华万佛塔（1957）[2]、丽水碧湖塔（1960）[3]、东阳中兴寺塔（1963）[4]、温州白象塔（1965）[5]、瑞安慧光塔（1966）[6]、绍兴钱清环翠塔（1970）[7]、松江兴圣教寺塔（1974）[8]、苏州瑞光寺塔（1978）[9]、宁波天封塔（1982）[10]、龙游湖镇舍利塔（1982）[11]、平阳宝胜寺双塔（1984）[12]、湖州飞英塔（1986）[13]、黄岩灵石寺塔（1987）[14]、安吉灵芝塔（1994）[15]、杭州雷峰塔（2001）[16]、海宁智标塔（2003）[17]、海盐镇海塔（2003）[18]、上海隆平寺塔（2016）[19]、杭州南高峰塔（2017）[20]等五代宋元时期佛塔的塔基或壁藏进行发掘调查，出土了大量吴越国相关的珍贵文物。其中最重要的收获，是浙江省文物考古研究所对杭州雷峰塔遗址和地宫的调查发掘，对雷峰塔的塔基、地宫、出土文物等都有详实记录。金华万佛塔、苏州云岩寺塔、苏州瑞光寺塔、东阳中兴寺塔、黄岩灵石寺塔、温州白象塔、瑞安慧光塔的出土文物也十分丰硕。

吴越国塔藏文物的基本内容，主要包括舍利容器、阿育王塔、佛教造像、佛经、器皿、随身物、钱币等。其中最具特色的是吴越国王钱俶制作的众多阿育王塔，多用铜、铁材料制作而成，外表鎏金。这批塔藏文物的发现，不仅为佛教文物考古研究、佛教史研究提供了珍贵的实物材料，同时也为研究这一时期的雕塑、印刷、丝织、髹漆、金银器、玉器制作工艺提供了实物例证。浙江省博物馆举办的“地涌天宝”“吴越胜览”“远尘离垢”“越中佛传”“佛影灵奇”等一系列佛教出土文物展和相关图录的出版，对于吴越国佛教文物是很好的整理和研究。黎毓馨、吴天跃在对吴越时期塔藏文物及阿育王塔的研究方面，取得了相当重要的成果。

第三节 凡 例

1. 关于研究对象

本文考察对象为地面工程化塔幢，即不可移动之营造物；不包括非工程化小塔，如钱俶所铸“八万四千”宝箧印经塔等。

本书将所有的吴越国佛塔，按功能分为舍利塔和高僧塔两大类，分别进行讨论。这是因为舍利塔和高僧塔具有本质上的不同，舍利塔是寺院中具有崇拜功能的主体建筑，高僧塔则是坟塔。而且，吴越国的舍利塔和高僧塔在形制、体量、布局等方面都具有很大的不同，需要分开讨论。相比之下，经幢的总量不多，因此不再进行分类区别。

[1][7] 朱伯谦：《浙江两处塔基出土宋青花瓷》，《文物》，1980年第4期。

[2] 王士伦：《金华市万佛塔塔基清理简报》，《文物参考资料》，1957年第5期。

[3] 金志超：《浙江碧湖宋塔出土文物》，《文物》，1963年第3期。

[4] 魏祝挺等：《浙江东阳吴越国中兴寺塔出土文物》，《东南文化》，2020年第4期。

[5] 徐定水等：《温州市北宋白象塔清理报告》，《文物》，1987年第5期。

[6] 浙江省博物馆：《浙江瑞安北宋慧光塔出土文物》，《文物》，1973年第1期。

[8] 张明华等：《上海市松江县兴圣教寺塔地宫发掘简报》，《考古》，1983年第12期。

[9] 苏州市文管会、苏州博物馆：《苏州市瑞光寺塔发现一批五代、北宋文物》，《文物》，1979年第11期。

[10] 林士民：《浙江宁波天封塔地宫发掘报告》，《文物》，1991年第6期。

[11] 翁倩琳：《龙游县湖镇舍利塔及佛教造像初探》，载《东方博物》第75辑，中国书店，2020年。

[12] 陈余良：《浙江平阳宝胜寺双塔及出土文物》，载《东方博物》第23辑，浙江大学出版社，2007年。

[13] 林星儿：《湖州飞英塔发现一批壁藏五代文物》，《文物》，1994年第2期。

[14] 金祖明等：《浙江黄岩灵石寺塔文物清理报告》，《东南文化》，1991年第5期。

[15] 周意群：《安吉五代灵芝塔》，载《东方博物》第53辑，中国书店，2014年。

[16] 浙江省文物考古研究所：《雷峰塔遗址》，文物出版社，2005年。

[17] 浙江省文物考古研究所：《海宁智标塔》，科学出版社，2006年。

[18] 李林：《海盐镇海塔及出土文物》，载《东方博物》第33辑，浙江大学出版社，2009年。

[19] 上海博物馆：《千年古港：上海青龙镇遗址考古精粹》，上海书画出版社，2017年。

[20] 杭州市文物考古研究所：《杭州南高峰塔》，文物出版社，2018年。

即本书就舍利塔、高僧塔、经幢共计三部分，分别进行讨论。

为探讨吴越国塔幢的相关问题，本文考察了目前存世的全部地面以上吴越国塔幢建筑遗存，如虎丘云岩寺塔、闸口白塔、梵天寺经幢等；以及仅存有旧照片影像或调查资料的已毁吴越国塔幢，如虎跑寺经幢、天竺寺经幢等；还有倒塌后经历过发掘调查的已毁吴越国塔幢，如雷峰塔、南高峰塔、东阳中兴寺塔等；还包括仅在史料中记载的已毁吴越国塔幢，如城南宝塔、城北宝塔等。

另外，关于吴越国重修的前代旧塔幢，由于涉及舍利瘗埋、建筑修缮、增饰庄严等问题，重修后的塔幢应属于吴越国塔幢的范畴。

2. 关于研究的时间跨度

吴越国的正式建国是在后梁龙德三年（923），梁末帝朱友贞册封钱镠为吴越国王，正式建立吴越国。钱镠改府署为朝廷，设置丞相、侍郎等百官，一切礼制皆按照皇帝的规格。若按此推算，至北宋太平兴国三年（978）纳土归宋，则吴越国共存在56年。

后世一般认为，唐哀帝天祐四年（907）朱温篡唐建梁，并册封钱镠为吴越王的这一年，为吴越国历史的开端。这是从五代史整体角度来考虑的通行做法，计算的是五代时期钱氏政权的时间长度。若按此推算，至北宋太平兴国三年（978）纳土归宋，则五代吴越钱氏政权共存在72年。

继续上溯的话，唐光启二年（886），钱镠权知杭州军州事。景福二年（893），钱镠以镇海节度使割据杭、苏等州。自此开始，北方朝廷渐渐无力控制钱镠，两浙实际上成为独立王国。天复二年（902），封钱镠为越王。天祐元年（904），改封吴王。到朱温建梁，始封其为吴越王。笔者认为，在某些早期割据地区（如杭州、衣锦军等），可以将时代上限延伸到唐光启二年（886）左右，则晚唐五代时期的钱氏政权共存在93年。本研究的年代上限，即定于唐光启二年（886）。

相对来说，吴越国的历史下限较为清晰，即北宋太平兴国三年（978）钱俶纳土归宋为止。由于吴越灭亡是和平过渡，所以物质文化并没有受到大的影响，此后宋初在江浙地区的一批砖石塔，仍具有典型吴越时期风格，不容忽视。本文在综合研究时，也会适当引以参考。

3. 关于研究的地域范围

吴越国疆域不大，极盛时不过十三州一军之地，即杭、越、湖、苏、秀、婺、睦、衢、台、温、处、明、福州和衣锦军。按照今天的行政区划来看，包括浙江全省、上海市、江苏省苏州市以及福建省福州市和宁德市。

钱镠自唐光启二年（886）据有杭州，至唐天祐四年（907）为止，基本掌控了杭、苏、湖、睦、越、婺、明、台、衢、处、温，共计十一州。同年，以杭州安国县，置衣锦军。天福四年（939），又析苏州之地置秀州。开运三年（946），夺取福州，最终达到了十三州一军的版图。

就吴越国的构成来看，其由吴国和越国两国组成。其中吴国大致为唐代的浙西道（镇海军，但润、常两州实际由杨吴、南唐控制），包括杭、苏、湖、秀、睦五州及衣锦军，首都为西都杭州；越国即唐代的浙东道（镇东军）全境，包括越、婺、明、台、衢、处、温七州，首都为东都越州。吴越虽实行两都制，但实际都城为西都杭州。

所以，浙江全境、苏州、上海各地的唐末、五代、北宋初塔幢，依据当地归属钱氏政权的年代，大都需要纳入考察范围。福州地区塔幢，只统计吴越后期30年（947—978）的营造。

4. 关于吴越时期的概念

确定了本研究的时间跨度和地域范围之后，本书需要定义一个“吴越时期”的概念，以替换“吴越国”这一相对狭义的概念，代指不同地域在钱氏政权下统治的时期。如杭州和衣锦军的“吴越时期”，指唐光启二年（886）到太平兴国三年（978）；越州的“吴越时期”，指唐乾宁三年（896）至太平兴国三年（978）；福州的“吴越时期”，指吴越开运三年（946）至太平兴国三年（978），等等。笔者在本书中，将以“吴越时期”来表示研究对象的特定属性。

5. 关于吴越时期的分期

笔者将唐光启二年（886）到吴越太平兴国三年（978）这93年的时间，划分为三期。前期为第一代国王钱镠（武肃王）的统治时期，即唐光启二年（886）至吴越宝正七年（932），共计46年；中期为第二代国王钱元瓘（文穆王）、第三代国王钱弘佐（忠献王）、第四代国王钱弘倧（忠逊王）的统治时期，即吴越长兴三年（932）至吴越开运四年（947），共计16年；后期为忠懿王钱俶时期，即吴越乾祐元年（948）至吴越太平兴国三年（978），共计31年。

吴越国王世系表及分期表

姓名	生卒年	统治时间	庙号	谥号	分期
钱镠	852—932	886—932	太祖	武肃王	前期
钱元瓘	887—941	932—941	世宗	文穆王	中期
钱弘佐	928—947	941—947	成宗	忠献王	
钱弘倧	929—975	947		忠逊王	
钱俶（钱弘俶）	929—988	948—978		忠懿王	后期

6. 关于吴越时期的纪年

吴越时期纪年，目前一般使用五代、北宋的国号，结合五代、北宋的年号。如杭州慈云岭造像，一般标记为后晋天福七年（942）建；灵隐寺双经幢，一般标记为北宋开宝二年（969）建。只有谭其骧在《中国历史地图集》里，将后周显德元年（954）的吴越国地图标记为“吴越显德元年”，使用吴越国号结合五代年号的方式[1]。

自钱镠受封吴越王以来，钱氏政权一直以吴越为国号。因此吴越纪年不应以中原王朝为国号，而应以吴越为国号。谭其骧为历史地理学大家，熟知其中含义，因此“吴越显德元年”这种叙述方式，

[1] 谭其骧：《中国历史地图集》第五册，中国地图出版社，1982年，第90页。

图1-2　明　佚名《吴越国王像》（浙江省博物馆藏）

[1] 详见第二章“明州长庆寺塔”条。

十分精当。

后世一般认为吴越国历来奉中原正朔，但钱镠也有过三次私立年号。908年至932年这段时间，吴越有时使用“天宝”（908—923）、“宝大”（924—925）、“宝正”（926—932）三个私立年号，有时则使用后梁的“开平”“乾化”，后唐的“同光”“天成”“长兴”等年号，有时甚至两者并用，如明州长庆寺塔砖中，同时使用了“大唐天成四年”“吴越国王宝正四年”两种年号[1]。在吴越宝正七年（932）钱镠去世后，钱元瓘改当年为长兴三年，此后一直奉中原正朔，未再私立年号。

综上，本文在叙述吴越纪年时，除唐代沿用唐代纪年之外，907至978这段时间，一般采用“吴越国号＋吴越年号或中原年号”的形式。

7. 关于吴越时期塔幢的判定

在造塔记、造幢记的实物或金石志等一手材料中，记载塔幢始建年代为吴越时期的，可判定为吴越时期塔幢；在塔幢的出土物中，发现吴越时期供养品及相关题记的，还需进一步分析判断；在宋元方志等年代较为接近的文献中，记载塔幢始建年代为吴越时期的，一般可判定为吴越时期塔幢；仅在明清时期方志等后世文献中，记载塔幢始建年代为吴越时期的，还需进一步分析判断；若实物或文献材料没有明确记载始建年代，但依据现有材料判断有较大可能性为吴越时期的，也可判定为吴越时期塔幢。

8. 关于存疑的吴越时期塔幢

依据实物或文献材料，有一定可能性为吴越时期塔幢的案例，列入通考的存疑部分。但是存疑的吴越时期塔幢，不作为案例在吴越时期塔幢研究中进行讨论。

9. 关于寺院、塔幢的名称

吴越国距今千年，寺院及塔幢历经变迁，其名称亦会多次变化。以杭州寺院而言，净慈寺、上天竺法喜寺、下天竺法镜寺、虎跑定慧寺、梵天寺等，均非吴越时期寺院之名；而佛塔，如保俶塔、雷峰塔、闸口白塔等也非当时名称。要研究吴越时期塔幢，必须还原其历史上的名称。如果该寺或塔幢名确实无考，才使用后世名称。

10. 关于塔幢的建造年代

吴越时期塔幢，尤其是舍利塔的建造，往往长达数年。如年代可考，笔者一般以建造工程开工的年代为塔幢的建造年代。

不少方志中记载的塔院，仅有塔院的建立年代，但大致可据此作为建塔年代的标准。如《万历新修余姚县志》卷三载，余姚灵瑞塔，"周显德六年建，号灵瑞塔院，《会稽续志》云，寺有铜牌刻曰建隆二年建塔并屋舍"，说明这座塔院，显德六年（959）建寺，建隆二年（961）建成塔院，佐证了塔院的建立年代，大致即塔的开工年代。

11. 关于现存塔幢的标志

吴越时期塔幢如有现存的建筑、遗址，其位置可以确认，则在条目名称之后增加●标志。如尚未发现建筑、遗址，则在条目名称之后不增加标志。

12. 关于旧塔幢的重建和重修

关于塔幢的"重建"和"重修"，在文献资料中的定义和界限并不清晰，通常混用。因此在本书中，笔者也将"重建"和"重修"视为同义词。

吴越时期，唐代及唐代以前的旧塔幢很多。在对旧塔进行重建或重修时，或重建新塔，或增砌旧塔，或重修已毁的木构平座和檐部，或重新内部装饰，或重新藏入舍利和供养品。这些情况都可以视为吴越时期之塔。

在对旧幢重建或重修时，通常也会涉及经幢的重立、移位、装饰、舍入供养品等工序。这些情况也可以视为吴越时期之幢。

13. 关于塔幢的建造技术

笔者研究吴越时期塔幢的重点在于其类型、形制、装饰和功能等问题，不在于调查和研究吴越时期石作、砖作、木作技术，不会深入讨论塔幢的具体建造技术问题。关于这一方面的研究，有待于建筑史专业学者的探索。

14. 关于吴越时期营造尺的长度

关于吴越时期营造尺的长度，还有待研究。本书中，依照一尺约等于 0.3 米进行大致估算。

15. 关于塔藏文物

明清民国以来，史料经常会记载倒塌古塔中发现的舍利和供养品信息。近 70 年来，文物部门在对古塔的考古发掘中，也发现了大量吴越时期舍利塔的出土文物。考虑到本书的主要讨论内容是塔幢本身而并非塔藏文物，故笔者主要就涉及塔幢年代、功能等相对重要的塔藏文物加以讨论。

16. 关于钱俶的名字

吴越国第五代国王钱俶，本名弘俶。建隆元年（960）北宋建立后，宋太祖赵匡胤的父亲赵弘殷时已去世，也追封为皇帝，谥号昭武，庙号宣祖。钱弘俶为避讳，从此改单名为"俶"。本书中，除了直接引用史料文献之外，为避免混淆，将不同时期的钱弘俶或钱俶的两种姓名，统一改为"钱俶"。

17. 关于书中引用的部分文献内容

本书中所引用的文献偶有涉及舍利放光、宝塔化现等关于佛教祥瑞事件的描述，均系为保留文献的完整性而收录，不代表作者承认其历史真实性。

18. 关于史料的标点

本文引用的文献，若原文无标点，则标点为笔者所加；若已有点校本，则在此基础上经笔者核对后标点。

第二章　吴越国舍利塔通考

本章考证吴越国舍利塔的建造情况。笔者总计发现 109 例吴越国舍利塔，及 59 例存疑的吴越国舍利塔。舍利塔的案例按照吴越国十三州一军分类，每州军内按建造年代排序，存疑案例附后。位于州城和附郭县的塔，标题中不加注地名；位于属县的塔，标题中加注县名。

第一节　西都钱唐府杭州

自唐光启二年（886）钱镠权知杭州军州事以来，至太平兴国三年（978）钱俶纳土归宋，钱氏经营杭州长达九十余年。唐代杭州本为浙西道、镇海军属州。唐乾宁五年（898），唐中央从钱镠之请，将镇海军节镇，从杨吴掌控的润州转移到杭州，杭州从此成为浙西道、镇海军的首府。浙西道、镇海军下辖杭州、润州（属杨吴）、常州（属杨吴）、苏州、湖州、睦州、秀州（941 年新设），属于吴越国版图中的吴国部分，在宋代成为两浙西路。

五代吴越时期（907—978），杭州为吴越国实际意义上的都城，政治、经济、文化中心。杭州时称“西都钱唐府”[1]，因名涉僭越，后世钱俨在《吴越备史》中改为“西府”。钱唐府杭州领县十一，分别为钱唐、钱江（二附郭县，含今杭州主城区）、盐官（今海宁市）、余杭（今杭州市余杭区）、富春（今杭州市富阳区南部）、桐庐（今桐庐市）、於潜（今杭州市临安区中部）、安国（今杭州市临安区东部）、新登（今杭州市富阳区北部）、横山（今杭州市临安区西部）、武康（今德清县西部）。其中桐庐历来属于睦州，武康历来属于湖州，这是在吴越时期，为充实首都实力而特别划入的。

自唐末钱镠割据杭州起，在凤山东麓的唐代子城基础上，大顺

[1] 见浙江省博物馆藏“钱元瓘五十三岁西都钱唐府钱唐湖投龙银简”，浙江省博物馆藏“钱弘佐十五岁西都钱唐府钱唐湖投龙银简”。

元年（890）筑西夹城五十余里，景福二年（893）筑罗城七十里，吴越天宝三年（910）修筑捍海石塘，奠定了后世杭州“腰鼓城”“南宫北市”的格局。钱镠一生礼敬僧人，唐光启三年（887）初到杭州，就请慈光院无著文喜禅师、千顷山楚南禅师等著名高僧，下山来州城供养。唐乾宁间（894—898），钱镠于杭州子城西南侧建圣果寺，吴越天宝三年（910）于圣果寺开西方三圣大龛，天宝十年（917）于子城南侧建城南宝塔。从那时起，钱氏在杭州建寺立塔、开窟造像的历史，就拉开了帷幕。

钱元瓘、钱弘佐、钱弘倧时期，相继在龙山南麓建设龙册寺、天龙寺、龙华寺、资延院等，任用禅宗高僧镜清道怤、翠岩令参等主持佛教，为吴越禅宗的兴盛，奠定了良好的基础。

末代国王钱俶，更是一生崇敬佛法，广修寺塔。他任用禅宗高僧德韶、延寿、赞宁等主持佛教，重兴天台宗，并推广禅净双修的思想，使得禅宗法眼宗独领风骚。钱俶建设报恩寺、慧日永明院、灵隐寺、奉先寺等国家大寺，城南宝塔、城北宝塔、六和塔、皇妃塔等参天巨塔。他在皇妃塔的《华严经跋》中写道：“敬天修德，人所当行之。矧俶忝嗣丕图，承平兹久，虽未致全盛，可不上体祖宗，师仰瞿昙氏慈忍力所沾溉耶？凡于万机之暇，口不辍诵释氏之书，手不停披释氏之典者，盖有深旨焉。”[1] 他希望仰仗佛祖之力，保全祖宗家业，护佑国家人民。至太平兴国三年（978）钱俶纳土归宋为止，吴越时期杭州新增寺院 355 所，加上前代所建的 106 所，当时杭州至少有寺院 461 所[2]。

杭州最早有记载的塔，为陈天嘉元年（560）的孤山永福寺辟支塔。天竺寺后的飞来峰神尼舍利塔，是隋仁寿二年（602）第二批仁寿舍利塔之一。子城之北的开元寺双塔、灵隐寺后的北高峰塔，均建于盛唐时期。这些古塔，为吴越时期杭州大规模兴建寺塔，留下了良好的基础。杭州现存古塔也十分丰富，有雷峰塔遗址、六和塔、保俶塔、闸口白塔、灵隐寺双石塔、理公塔等，大多是吴越时期遗存。

一、城南宝塔（917）

相传公元前 4 世纪时，印度的阿育王造“八万四千”塔供养释迦真身舍利，分布印度全境及世界各地，其中有 19 座位于中国，而

[1]（宋）潜说友：《咸淳临安志》卷八十二，载《宋元方志丛刊》第四册，中华书局，1990 年。

[2] 杜文玉：《吴越国杭州佛寺考》，载《唐史论丛》第 26 辑，三秦出版社，2018 年。

西晋始建的鄮县（吴越初期改名鄞县，今属浙江省宁波市鄞州区）阿育王寺名列其中。钱镠曾评价道："释迦真身舍利塔，见于明州鄞县，即阿育王所造八万四千，而此震旦得十九之一也。"[1]

吴越天宝九年（梁贞明二年，916），钱镠命高僧清外与弟弟钱铧，赴明州阿育王寺，把该寺至宝——阿育王供养的释迦真身舍利，请来杭州[2]。相传自西晋以来，这件释迦真身舍利一直藏于一件材质、形制、纹饰均十分独特的方形单层小塔之中，时人称其为"释迦真身舍利塔"或"阿育王塔"。

这件释迦真身舍利塔，尺寸较小，便于携带。吴越天宝十年（917）正月，小塔随船过钱塘江西陵渡口，舍利"放光照江中，其明如昼"[3]。钱镠在杭州江边迎接，亲自抬着装载小塔的轿舆，护送入杭州的罗汉院[4]。罗汉院，在杭州罗城南门的龙山门（即南宋临安城嘉会门）内，杭州子城之南，地近子城内的吴越王宫，是杭州城南大寺。宋代寺废后，寺额迁往西湖边，成为后世的相国寺[5]。

吴越天宝十年，钱镠在罗汉院旁建大型木塔，以供养小塔。"仍建浮图于城南以致之。浮图凡九层八面，高三百七十尺。中外皆通旋绕，其制度形势，皆出王之心匠焉。"[6] 大塔为八角九层楼阁式木塔，高约 110 米。这座雄伟的木塔，最独特之处在于"中外皆通旋绕"，即拥有内、外两重回廊的双筒结构，是钱镠亲自参与设计的。那座神圣的释迦真身舍利小塔，则被安置于一座七宝龛中，放在九层木塔的第三层[7]，又称"七宝塔"[8]。相传历年在寺中举办的佛教大法

[1]（宋）黄鉴笔录，宋庠重订：《杨文公谈苑》卷六，载戴建国等主编《全宋笔记》第八编第九册，大象出版社，2017 年，第 107 页。

[2]（宋）钱俨：《吴越备史》卷一，载傅璇琮等主编《五代史书汇编》第十册，杭州出版社，2004 年。（宋）志磐撰，释道法校注：《佛祖统纪校注》卷四十三，上海古籍出版社，2012 年，第 1005 页。

[3][7]（明）宋濂：《阿育王山广利禅寺碑铭并序》，见（明）郭子章编纂《明州阿育王山志》卷四，载《中国佛寺志丛刊》第 89 册，广陵书社，2006 年。

[4]（元）悟光：《释迦如来真身舍利宝塔传》，见（明）郭子章编纂《明州阿育王山志》卷二，载《中国佛寺志丛刊》第 89 册，广陵书社，2006 年。

[5]"安国罗汉院：在井亭桥西，相国西井。淳熙十一年请移凤凰山安国罗汉寺为额，宝祐五年毁，景定四年重建。"（宋）潜说友：《咸淳临安志》卷七十六，载《宋元方志丛刊》第四册，中华书局，1990 年。

[6]（宋）钱俨：《吴越备史》卷一，载傅璇琮等主编《五代史书汇编》第十册，杭州出版社，2004 年。

[8]（明）李濂：《汴京遗迹志》卷十，清文渊阁四库全书本。

图 2-1　杭州城南宝塔旧址，位于现杭州六一幼儿园附近

会上，该塔常有神光出现[1]。

这座木塔建成之后，塔院即赐额为“真身舍利塔寺”。罗汉院也扩建为安国罗汉寺[2]。因为位于子城之南，与后来子城之北建造的九层木塔相对，故通称为城南宝塔，塔院也称为城南宝塔寺。

明州阿育王寺，原有灵鳗井，相传井中灵鳗为守护释迦舍利塔之神。随着小塔送入杭州，阿育王寺内井中的灵鳗消失不见。于是钱镠就在城南宝塔寺中，凿石为井，据说这条灵鳗又出现于新的井中[3]。灵鳗井至今尚存。

安国罗汉寺与城南宝塔寺相依相存，在吴越国中前期一直是首屈一指的寺院。这里也是吴越国佛教最高领袖——吴越僧统令因（即钱镠第十九子钱元玩）的住锡之处，他兼任安国罗汉寺和城南宝塔寺的寺主[4]。

第三代国王钱弘佐时期（941—947），曾登临城南宝塔并作《谒宝塔回赐僧录》诗：“佛日辉光最有灵，真身宝塔镇吴城。千寻独拔乾坤耸，八面齐含日月明。几曲朱栏瞻海浪，长时金铎振风声。祷祈只愿苍生泰，更仗高僧法供精。”[5]当时杭州作为镇海军节镇，统辖浙西道的吴地，为吴国都城，也称为吴城。八角九层的木塔，高耸入云，远瞻海浪，永夜铎鸣。

城南宝塔底层，原有十六罗汉的金铜造像。显德元年（954），钱俶为高僧道潜兴建大伽蓝，于西湖南岸慧日峰下建慧日永明院（今净慈寺）。道潜请求供养于塔下的十六罗汉，移入新建的永明寺，建罗汉堂供奉[6]。

城南宝塔建成40年后，显德五年（958），天雷突降，延烧木塔。眼看木塔难保，寺中有一位勇敢的僧人，冒火冲上第三层，抢出了释迦真身舍利塔[7]。城南宝塔被毁后，钱俶将这件国宝暂且安置于城南的龙华寺中供养[8]。

二、北高峰塔（约924）

北高峰塔，后世为西湖十景“双峰插云”中著名的景观，今已不存。据《淳祐临安志》记载，南宋时期的北高峰塔有北宋元丰时的重修塔记，记载沿革甚详。可知北高峰塔始建于唐天宝年间，由本地信众出资建造，为七层砖塔，唐武宗会昌年间毁塔，唐大中年间重修，吴越时期的钱镠和钱俶均重修过该塔。

[1]“累岁大会，多睹光明。”（元）悟光：《释迦如来真身舍利宝塔传》，见（明）郭子章编纂《明州阿育王山志》卷二，载《中国佛寺志丛刊》第89册，广陵书社，2006年。

[2]“梁贞明五年，钱王广其院为安国罗汉寺。”（宋）道元撰，朱俊红点校：《景德传灯录》卷十二，海南出版社，2011年。

[3]（宋）潜说友：《咸淳临安志》卷三十七，载《宋元方志丛刊》第四册，中华书局，1990年。

[4]（清）阮元：《两浙金石志》卷四，浙江古籍出版社，2012年。

[5]（明）钱籍、钱篠：《吴越钱氏传芳集》，四库全书本。

[6]“报恩光孝禅寺：……在钱氏时，为永明寺。慈化定慧大师道潜居之。潜有行业，一时推重。尝请于忠懿王，求塔下金铜罗汉像。会王曾梦十六大士从师而行，密符请意，因如其求，归于精舍。”（宋）施谔纂修，（清）胡敬辑：《淳祐临安志辑逸》卷三，载（清）丁丙、丁申辑《武林掌故丛编》第十二册，广陵书社，2008年。此处虽无明确的塔名，但径称“塔下”，应指的是吴越最著名的城南宝塔。

[7]（宋）黄鉴笔录，宋庠重订：《杨文公谈苑》卷六，载戴建国等主编《全宋笔记》第八编第九册，大象出版社，2017年，第107页。

[8]（明）宋濂：《阿育王山广利禅寺碑铭并序》，见（明）郭子章编纂《明州阿育王山志》卷四，载《中国佛寺志丛刊》第89册，广陵书社，2006年。

[1]（宋）陈纂：《葆光录》卷二，载傅璇琮等主编《五代史书汇编》第十册，杭州出版社，2004年。

[2]“冷泉亭碑书‘宝大元年癸未’，盖吴越僭称也。”（明）夏时正：《成化杭州府志》卷五十八，明成化十一年刻本。

[3]（宋）潜说友：《咸淳临安志》卷七十七，载《宋元方志丛刊》第四册，中华书局，1990年。

图2-2 南宋 叶肖岩《西湖十景图·两峰插云》中的北高峰塔（图右）和南高峰塔（图左）（台北“故宫博物院”藏）

吴越时期重修北高峰塔的故事，见于吴越后期成书的《葆光录》：

僧子捷建灵隐高峰浮图，养一花犬，每随工徒衔砖置于塔所。又寺人于荒榛间，收得一石佛，而少右耳。犬即刨古寺基，深可三尺，取得佛耳。塔成乃毙[1]。

考虑到该条记载中，有“荒榛间”“古寺基”之语，符合唐末战乱导致灵隐寺被毁的历史，因此子捷可能是钱镠时期重建北高峰塔的灵隐寺住持。而花犬衔砖上山修塔之事，也佐证了吴越国时期的北高峰塔是一座砖塔。

吴越宝大元年（924），钱镠重建冷泉亭，并立冷泉亭碑[2]。钱镠修建北高峰塔，可能就在这一时期。此后钱俶时期又重修了北高峰塔。

北宋至道二年（996），吴越时期两次重修的北高峰塔，又被雷火焚毁。重修后，再安置古佛舍利。北宋元丰年间，灵隐寺长老圆明大师又重修该塔。南宋末年又毁，《咸淳临安志》成书期间的咸淳七年（1271），该塔尚在重建筹备中[3]。重建后的北高峰塔减为五层[1]。明末记载该塔砖心为方形平面[2]。后毁于清初，再未修复。

近年来，杭州市文物考古研究所对北高峰塔遗址进行了物探，基本确认了北高峰塔遗址的地理位置，即在北高峰峰顶平台的三级台地上，现电视台发射塔内[3]。

三、城北宝塔（929）

吴越宝正四年（后唐天成四年，929），越州余姚县上奏吴越国王钱镠，余姚县百官乡[4]的舜帝庙，自古以来有两口舜井，久已淤塞，废为两座土墩，希望能疏浚。闰八月初九日奏本呈上，钱镠立即准奏，并于闰八月十四日，派西都杭州的上直官五十人、东都越州的上直官五十人，携带大型挖掘器械，前往舜井，进行疏浚[5]。

舜井分东西二井，当月十六日首先挖掘西井土墩，始料未及的是，十九日在井底出土大批宝物。于是，疏浚工程变成了“考古发掘”。当时详细记录的出土品为：银环 6 件，赤珠 1 枚，金盒 1 件，古文字钱 2340 枚，琥珀珠 1 枚，当十大钱 3 枚，当五十大钱 24 枚，太平百钱和直百三铢 24 枚，大钱 254 枚，五铢钱 960 枚，货泉 280 枚，半两钱 30 枚。石狮子 1 件，其背面镌刻有“重华井天明可开”七字，狮子腹内有水晶珠子 1 粒。此外还出土了一块重华石，直径三尺，厚九寸，有绳索痕迹，深达两寸；一尊脚踏四石的官造深沙神造像[6]。

东井的出土品更加可观，统计有：银塔 1 件，高一尺，共五层，塔内有金瓶，藏舍利 2 颗。其他还有零散的金瓶 2 件，金铃 6 件，铜铃 1 件，银环 6 件，银铃 1 件，水晶珠 14 粒，琥珀珠 9 粒，大小杂珠 35 粒，小琥珀狮子 30 件，玛瑙珠 7 粒，玉人 1 件，玉环 1 件，铜镜 3 件，铜炉 1 件，小玛瑙珠 6 粒，玉瓶 1 件。这些宝物藏于一件石函之中，明代方志记载，石函上有题记云“唐元徽四年于此造塔镇井”[7]。考虑到唐代没有元徽年号，且从出土钱币来看，不似唐代埋藏品，“唐”字可能为方志误记，应是南朝宋元徽四年（476）的造塔埋藏品。

根据“造塔镇井”的记载，且其核心供养品为石函内的银塔，内有金瓶，其中藏有舍利；并且这座舜庙“晋宋以来，曾为佛寺”，推测东西二井之上的两座土墩，应该是该寺双塔的塔基遗址。

由于舜井塔基出土了这批南朝舍利及供养品，钱镠随即命内衙

[1]“咸淳七年毁，减作五层。”（宋）董嗣杲：《西湖百咏》，四库全书本。

[2]“浮屠四面皆甓甃，不可梯。”（明）王绍传：《西泠游记》，载王国平主编《西湖文献集成》第 3 册，杭州出版社，2004 年，第 1082 页。

[3] 孙媛等：《杭州市北高峰塔遗址考古调查与物探报告》，载《杭州文博》第 22 辑，浙江古籍出版社，2019 年。

[4] 百官乡，吴越时期属于越州余姚县，宋代属于明州余姚县，后世属于越州上虞县。

[5]“吴越宝正中，祗教寺僧义恩奏云：‘按《图经》，西北去三十五里有舜井二口，深三丈。舜子生时，井为涌泉，即淘金之处也。世传秦始皇封塞，今作两墩存焉，各高一丈，相去三十余丈。晋宋以来，僧为佛寺，乡人或遇耕锄，多得古砖甃石。南去半里有舜庙，北去半里为百官桥，东去二百步有机证院，唐僖宗朝赐额。’”（明）张元忭、孙镳：《万历绍兴府志》卷八，明万历十五年刊本。

[6][7]（明）张元忭、孙镳：《万历绍兴府志》卷八，明万历十五年刊本。

指挥使徐仁绥、近侍闾丘稔前往余姚县百官乡，将舍利及供养品迎回杭州[1]。

这批南朝的镇塔舍利，来源可信，流传有序，在吴越国境内，已经可与西晋传世的明州阿育王寺舍利相提并论。于是钱镠在杭州子城北侧，建造了"一如城南之制"[2]的高塔以供养这批舜井舍利。该塔位于子城之北，故称城北宝塔，塔院名为城北宝塔寺。

城北宝塔寺的后世沿革，一向失考，材料散见于各种文献中。吴越时期的城北宝塔寺，位于万松岭，于北宋治平年间改额为治平寺，南宋时寺废，移额于西湖北山的锦坞庵[3]。而始建于唐代，位于杭州凤山门内的开元寺，南宋时移额北山，明代迁回原址[4]。考虑到明代凤山门与宋代万松岭实际为同一地址，均位于吴越时期杭州子城之北；开元寺和治平寺都是杭州唐宋时期官寺，北宋治平寺可能即由唐代开元寺改额而来；南宋时两寺移额北山的经历也相同，而且实际上南宋时西湖北山并没有开元寺之额，仅有治平寺之额，因此，唐开元寺、吴越城北宝塔寺、北宋治平寺应为同一寺院，位于杭州子城北的万松岭路口。治平寺大约毁于北宋末年的方腊起义，南宋初此地被三省六部征用，寺遂废而移额北山。元末北山治平寺毁，明代时又以开元寺之额回归原址。其间变革繁多，遂导致寺史割裂，不能连贯。

据《全唐文》收录的李华撰《杭州开元寺新塔碑》，杭州开元寺始建于南朝梁天监四年（505），唐开元二十六年（738）改额开元寺，并在大殿前庭建造了当时流行的双塔。广德三年（765），西塔朽毁，随即重建，为七层楼阁式木塔，每层均安置有佛像[5]。可见，吴越时期的城北宝塔，可能是利用寺院原有的旧塔或塔基改建而成。

这座高塔，完全模仿城南宝塔设计建造，也是楼阁式木塔，九层八面，高度相同，比唐代开元寺七层双塔高出两层。借用李华对开元寺七层塔的描述，我们可以一窥城北宝塔的雄姿："俯视万井，有若棋布；仰瞻天宇，云在身下。……摽江压湖，孤岛突天，不可名也。霞照丹户，如开日宫；风摇和铃，若下天乐。声彻自顶，轮荫空界；影入清江，形镇大地。"[6]

值得一提的是，自吴越宝正三年（928）城北宝塔建成后，杭州就拥有了子城南北镇护吴越王宫和杭州城的两座巨塔。两座巨塔均为八角九层楼阁式木结构塔，高约百米。近年来，杭州江城路和南

[1][2]（宋）钱俨：《吴越备史》卷一。

[3]"治平寺：后唐天成四年八月，吴越王钱氏于余姚县重修舜井，获舍利数十粒，遣使迎归，建塔于城中。本朝治平中，改今额。寺废，移额于北山。""治平寺：建炎初，僧法聪始建锦邬庵，至绍兴二十一年移万松岭治平废寺为额。"（宋）施谔纂修，（清）胡敬辑：《淳祐临安志辑逸》卷二，载（清）丁丙、丁申辑《武林掌故丛编》第十二册，广陵书社，2008年。

[4]"开元寺：在凤山门内，馨如坊清平街。唐玄宗时建，宋建炎间徙建于西湖北山。元季兵毁，徙建今处。"（明）夏时正：《成化杭州府志》卷四十七，明成化十一年刻本。

[5]"杭州开元寺，梁天监四年，豫州刺史谯郡戴朔，舍宅为寺，寺号'方兴'，名僧惠圖营建之。后处士戴元、范宾恭增饰之。至开元二十六年，改为开元寺，庭基坦方，双塔树起。日月逝矣，材朽将倾。广德三年三月，西塔坏。……于是剑南荆扬之巨材，诸郡倕输之懿匠，竭耗神明，三年毕事。……凡为七级，级有佛事。"（唐）李华：《杭州开元寺新塔碑》，载（清）董诰辑《全唐文》卷三百十九，上海古籍出版社，1990年。

[6]（唐）李华：《杭州开元寺新塔碑》，载（清）董诰辑《全唐文》卷三百十九，上海古籍出版社，1990年。

图 2-3　杭州城北宝塔旧址，位于现杭州高士坊巷附近

星桥均有五代海塘遗址发掘出土，可知五代时期的海塘紧邻杭州子城。从当时的钱塘江上，西望凤山之下的杭州子城，南北双塔凌云，天宫高耸，峻极神工，“影入清江，形镇大地”，成为吴越国都的标志性景观。

四、报慈院铁塔（约 933）

吴越长兴四年（933），刚刚即位的吴越王钱元瓘，于西湖南岸建报慈院，以追荐亡故的父母，北宋时改额法因院。该寺应位于如今的太子湾公园内。南宋时法因院尚存古殿、古铁塔、钱王古井等遗迹，铁塔位于大殿之内，保存了原始格局[1]，可知南宋时的大殿和铁塔依旧是寺院始建时的原物。

五、神尼舍利塔（约 939）●

隋仁寿元年到仁寿四年（601—604）间，隋文帝向天下各州颁送舍利，命各州均建造同等制式的舍利塔，以瘗埋舍利。这项工程分三次完成，在全国共建一百余座舍利塔，这批舍利塔也被称为仁寿舍利塔。杭州虽然在隋开皇九年（589）方才建州，也位列在仁寿

[1]“法因院：长兴四年，吴越文穆王建。旧额报慈，大中祥符元年改今额。古屋犹存，殿内有古铁塔，钱王古井。”（宋）潜说友：《咸淳临安志》卷七十八，载《宋元方志丛刊》第四册，中华书局，1990 年。但《景德传灯录》记载，“后湖守钱公卜杭之西关创报慈院”，则该寺也可能为湖州刺史钱元球或钱元璟所建。（宋）道元撰，朱俊红点校：《景德传灯录》卷十八，海南出版社，2011 年。

[1]（唐）道宣:《广弘明集》卷十七，载《大正藏》第52册，第2103号。

[2]（宋）潜说友：《咸淳临安志》卷八十，载《宋元方志丛刊》第四册，中华书局，1990年。

[3]据《两浙金石志》卷四，该石刻“在下天竺山摩崖”，近年来久失所踪，2021年底由奚珣强和陈洁访获。

[4]（宋）潜说友：《咸淳临安志》卷八十，载《宋元方志丛刊》第四册，中华书局，1990年。

二年（602）的第二批建塔名单之中。长安高僧慧诞护送神尼智仙分赠的舍利，来到杭州天竺寺（重建于隋开皇十五年，595）后山起塔安葬，通称“神尼舍利塔”。据记载，挖掘塔基时得到一方天然石穴，慧诞将长安带来的舍利石函埋入，居然分毫不差，以为灵异[1]。这座隋代天竺寺神尼舍利塔，采用的是仁寿舍利塔的统一制式，大约是当时流行的方形楼阁式木塔。中唐时期，杭州知州卢元辅到访天竺寺，并登上天竺山的神尼舍利塔院，题写《游天竺寺》七律一首，刻于塔院后侧大殿背面的摩崖之上，至今尚存。其诗云：“水田十里学袈裟，秋殿千金俨释迦。远客偏求月桂子，老人不记石莲花。武林山价悬隋日，天竺经文隶汉家。苔壁娲皇炼来处，泐中修竹扫云霞。”其中“秋殿千金俨释迦”一句，指的应该是天竺寺或塔院大殿中的金铜释迦造像；“武林山价悬隋日”一句，指的应该就是武林山（飞来峰的别称）上的隋代木塔。

唐末时因战乱，天竺寺被毁殆尽，神尼舍利塔院大约同时烧毁。吴越初期时，钱镠在天竺寺遗址上重建寺院，名为“五百罗汉院”[2]。吴越中期，钱元瓘命部下的“中直都”官兵，重建五百罗汉院后山的神尼舍利塔院，并留下一方开路记：“天福四年己亥岁五月二十五日，开此路上山，作基址竖造观音殿宇。都勾当兴国中直都队将冷求、都军头李安记。”这一方开路记，如今依旧位于天竺寺后神尼舍利塔遗址下方不远处的废弃山路边[3]。可见当时为了重建这座久已荒废的塔院，开路上山，并重建塔院大殿，改为观音殿。

图2-4　“冷求开路记”拓本（浙江省博物馆藏）

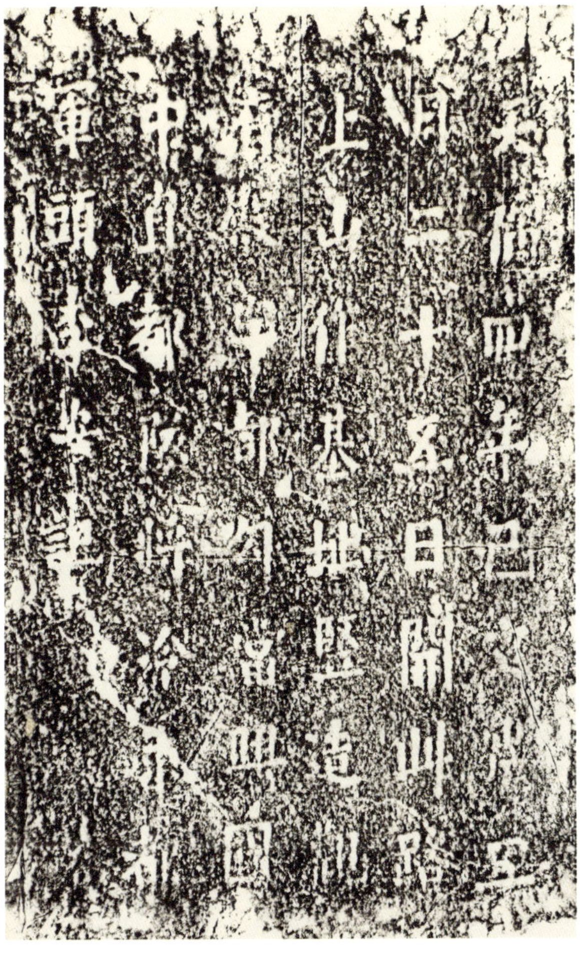

吴越国的观音信仰，正是兴盛于此时。同样是天福四年（939），僧人道翊结庐于天竺山中，发现夜间发光的神奇木料，于是命巧匠孔仁谦雕成观音木像，并在像头顶放入一枚古佛舍利[4]。这就是后来在宋代备受尊崇的“灵感观音”像。神尼舍利塔院观音殿的建造，发生在同一年，或许就与此瑞象现世事件有关。如今神尼舍利塔遗址西侧后方，有一方平地，应是观音殿遗址，符合“前塔后殿”布局。殿址边上即是上文所述的唐代卢元辅诗刻，及吴越时期风格的观音造像等。沿路向飞来峰顶而去的山路一侧，还有大量的吴越时期风格的造像龛，

图 2-5　神尼舍利塔遗址边的吴越时期观音坐像

图 2-6　笔者在神尼舍利塔遗址

均仅存背光痕迹，推测多为单尊的观音像和一铺三尊的西方三圣像，应是吴越时期诸多供养人在观音殿落成之后舍财雕造的。

钱元瓘建造观音殿宇时，应是一并重建了神尼舍利塔，恢复了整座塔院。从塔基遗址现状来看，该塔应是砖木结构，可以登临，高度也非同一般，大约为七层或九层。北宋时期王安石途经杭州时，登上天竺寺后的神尼舍利塔，并写下《登飞来峰》一诗："飞来山上千寻塔，闻说鸡鸣见日升。不畏浮云遮望眼，只缘身在最高层。"[1]北宋时期郭祥正作《西湖百咏·神尼舍利塔》一诗云："神尼凿一塔，杳在碧云端。舍利夜光现，君须正眼观。"王安石和郭祥正所见的神尼舍利塔，与隋塔风格迥异，高耸入云，可以登临。从目前的塔基遗址来看，平面为六角形或八角形，可能就是从吴越时期开始奠定的。

南宋初期，天竺寺一度作为国家会试的场所，神尼舍利塔也就成为会试夺魁后，进士们用于"雁塔题名"的题名塔。明初，贝琼作诗《灵隐十景组诗·题名塔》："雁塔高千尺，东南远建标。江山留过客，日月记当朝。铎受天风震，梯经劫火烧。四贤谁复继，千古意寥寥。"[2]依旧保留了南宋题名塔的旧名，但该塔已经经历了"劫火"，木构可能已不存。清朝康熙帝和乾隆帝南巡时期，相继拨款大规模重修天竺寺和神尼塔。该塔大约毁于太平天国占据杭州时期。

[1] 也有观点认为该诗写于越州应天塔，但《咸淳临安志》卷二十三《题咏飞来峰》中，有僧慧洪诗《登飞来峰》，诗文相同，可佐证这首诗应是写于杭州飞来峰。

[2]（清）孙治辑，徐增重修：《武林灵隐寺志》卷八，载赵一新主编《杭州佛教文献丛刊》第三册，杭州出版社，2006 年。

到民国初年，神尼塔终于全部倒塌，如今遗址上只留下塔砖残迹。

六、南高峰塔（约 940）

杭州西湖西南岸，有一座平顶高山，名为南高峰，山顶曾有塔。

关于南高峰塔的由来，在南宋重建塔记中，有如下的记载："晋天福中，有梵僧飞锡至虎林，因睥睨南峰最高顶，曰：'于斯可以立大觉真人之表相些。'乃探毳囊，出舍利一颗，傍假比丘尼道圆疏助之力，作窣堵波，以福来者。"[1]

该塔高约十丈[2]，七层[3]。史料记载，南高峰塔"元系塔院，奉白龙王祠"。该处塔院在北宋时期供奉有龙王，具有祈雨功能。南宋宝祐年间改名荣国寺[4]。

与北高峰塔一样，南高峰塔也是屡毁屡建。北宋至道、崇宁，南宋乾道历次重建。南宋乾道时，僧人义圆募缘，大居士刘伉捐资"青铜钱五百万"重建。造塔记如下：

> 圆器识周通，历练勤苦，志在再新榱栱，壮观两山。……致大居士刘侯伉，以青铜钱五百万而成就之。今檐楹飞涌，瓦甓坚致，耽耽殖殖，众所悦可。龛室之内，绘佛菩萨像，合二十有四。尊严雍肃，仰止如生。卫以天龙部属，十六善神。至于案几器用，罔不备举。每巡檐张灯，或冥冥雨夜，海商山客，以此为指南者也。四厢辟轩窗，以备游览[5]。

塔内龛室合计绘有佛菩萨像二十四尊，并有天龙部属的十六善神护持。张灯时，雨夜可作为航标灯塔。元末又毁，明代重建时减为五级[6]。明末时，仅存三级[7]。20 世纪初的老照片中，仅存一级。20 世纪 50 年代后，完全倒塌。

吴越两宋时期，西湖南高峰塔与北高峰塔遥遥相对，并峙山巅。故南宋西湖十景之一的"两峰插云"，指的不仅仅是两峰，更是指两峰上直插云霄的双塔。南高峰塔"四厢辟轩窗，以备游览"，作为西湖胜景，引来无数文人登塔咏叹，南宋曹棐有诗咏叹："平生登塔与登楼，乱尽乡心送尽愁。试上南山山下塔，依前怀古复悲秋。"

2017 年，杭州市文物考古研究所对南高峰塔遗址进行了发掘，发现了六角形平面的塔基遗址，吴越时期始建的南高峰塔是一座六角七层的砖木混合楼阁式塔，下层铺砖规格与杭州皇妃塔、苏州武

[1][5]（宋）潜说友：《咸淳临安志》卷八十二，载《宋元方志丛刊》第四册，中华书局，1990 年。

[2]"南高峰塔：天福中建，高可十丈。"（宋）潜说友：《咸淳临安志》卷八十二，载《宋元方志丛刊》第四册，中华书局，1990 年。

[3]"南高峰：……有浮屠废久，今重建，七级去其二，存五。"（明）夏时正：《成化杭州府志》卷七，明成化十一年刻本。

[4]"南高峰荣国寺：天福间建，元系塔院，奉白龙王祠。宝祐五年，福王捐施重修，请富阳废寺额。"（宋）潜说友：《咸淳临安志》卷七十八，载《宋元方志丛刊》第四册，中华书局，1990 年。

[6]"元季毁。旧七级，今存五级。"（明）田汝成：《西湖游览志》卷三，载（清）丁丙、丁申辑《武林掌故丛编》第十册，广陵书社，2008 年。

[7]"旧七级，今存三级。"（明）张岱：《西湖梦寻》卷四，载（清）丁丙、丁申辑《武林掌故丛编》第三册，广陵书社，2008 年。

图 2-7　20 世纪初期杭州南高峰塔旧影（引自杭州市文物考古研究所《杭州南高峰塔》，文物出版社 2018 年版）

丘山塔等吴越时期塔砖规格基本相同 [1]。同时，在塔基未发现地宫，故南高峰塔应是以天宫瘗埋舍利。

在发掘中，同时发现了南高峰的塔院遗址，发现近似正方形的大殿台基、甬道、围墙及其他房屋遗址，并根据山门的老照片，复原了后世南高峰荣国寺的平面布局。推测南高峰荣国寺为山门、前院、塔、甬道、大殿的主体序列，再加上西北侧附属院落的格局 [2]。

七、龙华寺傅大士塔（944）

吴越天福九年（944）六月十七日，国王钱弘佐派亲信大将胡进思和高僧惠龟，至婺州云黄山，开启了埋藏四百年之久的南朝傅大士坟塔。在塔中，发掘得到紫金色的灵骨 16 片。胡进思与惠龟将灵骨和净瓶、香炉、扣门槌等傅大士遗物迎回杭州后，钱弘佐暂时将其供养于王宫光册殿中 [3]。

同年，钱弘佐舍杭州龙山南侧的御花园——瑞萼内园，以建龙华寺。以傅大士灵骨塑傅大士像，并建塔供养。高丽国人高僧灵照住持该寺 [4]。次年寺塔完工，十二月十一日，隆法大师惠龟撰建寺记，记载胡进思造傅大士像塔之事迹，立碑于龙华寺中 [5]。记文失载。

北宋时，龙华寺改名龙华宝乘院。北宋靖康年间，傅大士塔中藏有顶骨的宝函被盗。南宋绍兴年间，有人于两淮郊野间发现顶骨，送归义乌双林寺供养。南宋末年，龙华宝乘院尚存傅大士塔、傅大

[1] 杨曦：《考古发现与南高峰塔的兴衰》，载《杭州文博》第 22 辑，浙江古籍出版社，2019 年。

[2] 杭州市文物考古研究所：《杭州南高峰塔》，文物出版社，2018 年。

[3]（宋）施谔纂修，（清）胡敬辑：《淳祐临安志辑逸》卷五，载（清）丁丙、丁申辑《武林掌故丛编》第十二册，广陵书社，2008 年。（宋）道元撰，朱俊红点校：《景德传灯录》卷二十八，海南出版社，2011 年；（宋）志磐撰，释道法校注：《佛祖统纪校注》卷四十三，上海古籍出版社，2012 年，第 1010 页。

[4]（宋）施谔纂修，（清）胡敬辑：《淳祐临安志辑逸》卷五，载（清）丁丙、丁申辑《武林掌故丛编》第十二册，广陵书社，2008 年。"建龙华寺，以其骨塑大士像。"（宋）志磐撰，释道法校注：《佛祖统纪校注》卷四十三，上海古籍出版社，2012 年，第 1010 页。"杭州龙华寺释灵照，本高丽国人也。……忠献王钱氏造龙华寺，迎取金华梁傅翕大士灵骨道具，置于此寺，树塔，命照住持焉。"（宋）赞宁撰，范祥雍点校：《宋高僧传》卷十三，上海古籍出版社，2014 年。

[5]（宋）陈思纂：《宝刻丛编》卷十四，载《石刻史料新编》第一辑第二十四册，台北新文丰出版公司，1982 年。

士像中所存的金骨舍利及扣门槌[1]。

钱弘佐派遣胡进思和惠龟赴婺州云黄山迎取傅大士遗骨，并在城内建寺起塔供养的行为，明显效仿了其祖父钱镠。钱镠派遣亲信官员和高僧，前往明州阿育王寺和越州余姚县舜井，迎取了释迦真身舍利和古佛舍利，在杭州子城南北建九层巨塔供养。

八、惠德塔（949）

吴越乾祐二年（949），在西湖南山南高峰东麓的长耳相巷，钱俶建惠德塔院[2]。塔院于北宋治平二年（1065）改额六通慈德院，即后世的六通寺。该塔遗址大致在今天六通宾馆附近。

九、安吴寺铁塔（约951）

杭州西湖南岸有安吴寺，吴越广顺元年（951）始建，北宋初改名普宁寺，“有铁塔一、石塔二”，南宋时尚存铁塔一座[3]。

“安吴”意为护佑吴地，即以杭州为中心的浙西地区。这应是钱俶施建的护国寺院。这座铁塔可能是安吴寺建寺初期的规划。安吴寺遗址大致在今天西湖南岸的西子宾馆内。杭州龙山南麓有另一座钱俶施建的安吴塔院。

十、安吴寺双石塔（约951）

考虑到双石塔多有镇护功能，类似灵隐寺双石塔，应与“安吴”寺额有一定关系，故双石塔应是安吴寺建寺初期建造的。

清代《净慈寺志》记载：“今湖堤遗墟尚存，止见石塔，院宇尽毁，虽颓垣败户，无复存者，向非此塔，后人亦何从而指拟矣？”[4]可知石塔留存到了清代。

十一、报恩寺塔（约953）

吴越国王钱俶于广顺三年（953）为去世的母亲吴汉月建报恩寺，请法眼宗高僧慧明禅师住持[5]。报恩寺位于杭州城内万松岭上，南宋时尚存古塔一座，上有题记[6]，可知这座报恩寺塔是

[1]（宋）施谔纂修，（清）胡敬辑：《淳祐临安志辑逸》卷五，载（清）丁丙、丁申辑《武林掌故丛编》第十二册，广陵书社，2008年。“龙华宝乘院：本钱王瑞萼园舍建，有傅大士塔，并拍板门槌犹存。”（宋）周密：《武林旧事》卷五，载（清）丁丙、丁申辑《武林掌故丛编》第一册，广陵书社，2008年。

[2]“六通慈德院：在长耳相巷里，乾祐二年吴越王建。旧名惠德塔，治平二年改今额。嘉泰四年，充皇子保宁军节度使攒所。”（宋）潜说友：《咸淳临安志》卷七十八，载《宋元方志丛刊》第四册，中华书局，1990年。

[3]“普宁寺：在雷峰塔下，广顺元年建，号安吴寺，大中祥符初改今额。奉成肃皇后香火。有铁塔一、石塔二。”（宋）潜说友：《咸淳临安志》卷七十八，载《宋元方志丛刊》第四册，中华书局，1990年。

[4]（清）释际祥：《净慈寺志》卷十六，载赵一新主编《杭州佛教文献丛刊》第六册，杭州出版社，2006年。

[5]“周钱塘报恩寺慧明传：释慧明。……汉乾祐中自山出时，……寻汉南国王钱氏造大报恩寺，请以住持。假号圆通普照禅师。”（宋）释赞宁撰，范祥雍点校：《宋高僧传》卷二十三，上海古籍出版社，2014年；“广顺三年……夏四月，建报恩元教寺于城北，荐王妣也。”（清）吴任臣：《十国春秋》卷八十一，中华书局，2010年。

[6]“报恩院：在万松岭上。塔一所，上有题记，系钱王建。”（宋）施谔纂修，（清）胡敬辑：《淳祐临安志辑逸》卷五，载（清）丁丙、丁申辑《武林掌故丛编》第十二册，广陵书社，2008年。

钱俶亲自施建，应属于报恩寺初始规划的一部分，亦建于广顺三年左右。报恩寺毁于元代，明代时改为万松书院，即如今的万松书院遗址[1]。

十二、烟霞洞浮雕石塔（千官塔，约 953）

杭州西湖南高峰下，吴越广顺三年（953）建有烟霞院，宋时名清修院，今寺已不存[2]。寺后有天然洞窟烟霞洞，洞内有广顺三年雕造的十八罗汉等石刻造像。洞口西壁，曾有一座高浮雕石塔，雕造年代与十八罗汉造像同时。石塔原高 3 米左右，可惜毁于 20 世纪 70 年代，今已不存。该塔虽为浮雕石塔，并非地面工程化塔，但体量较大，可见吴越楼阁式塔的形制结构，故一并列入。

清代阮元与民国初期的常盘大定都曾详细调查过该塔。今根据《两浙金石志》“吴越烟霞洞石塔题名”条、《中国文化史迹》照片及记录，可知烟霞洞浮雕石塔的大略。

从常盘大定拍摄的老照片来看，该塔八角七层，雕出三面，隐去五面。塔檐、塔身、平座、檐柱、斗拱均仔细雕出，忠实还原了一座吴越国楼阁式塔的外观特征。底层正面中空，两侧面为素面墙壁；第二层正面中空，两侧面各雕五名供养人立像；第一层和第二层正面的中空位置，可能是安置舍利和供养品的场所。第三层正面开壶门形龛，内雕一铺五尊像，中尊坐于须弥座上，两侧各有两名胁侍立像；第四层至第六层，与第三层相同；第七层与下面四层唯一的区别是，正面壶门形龛内雕一铺三尊像，胁侍减少为两侧各一身。塔外的龛内侧壁上，满雕供养人像，不计其数。

据阮元描述：“按此塔俗称千官塔，就岩石开凿，凡七层，高二丈余，制极精细，每层门柱间皆系衔名，塔旁左右两石壁列数百人，衣冠整肃，作礼塔状。肩侧记男女姓氏，皆当时舍钱之人。”[3]

塔上刻满烟霞洞石窟造像的供养人像及人名，凡有千人，故后世称千官塔。阮元依据何梦华所拓，记录了全部供养人之名[4]。其中，塔身上为主要供养人，共十一人，官职及名字刻于各层柱上或柱间，其中不乏显贵，如“副僧官延庆”“都指挥使吴延爽”等。左右壁上则刻满次要供养人，每列十余至二十余名不等，半数漶漫不清。大致估算，左壁有二十九列近五百人，右壁有三十列近五百人。左右壁题名最后都有“千人功德百钱”文字。

[1]“万松书院，本报恩寺故址也。弘治十年参政周木毁寺，而建书院。”（明）田汝成：《西湖游览志》卷七，载（清）丁丙、丁申辑《武林掌故丛编》第十册，广陵书社，2008 年。

[2]“清修院：广顺三年吴越王建，旧额烟霞，治平二年改今额，有烟霞洞，大如屋，窈深莫见其极。”（宋）潜说友：《咸淳临安志》卷七十八，载《宋元方志丛刊》第四册，中华书局，1990 年。

[3]（清）阮元：《两浙金石志》卷四，浙江古籍出版社，2012 年。

[4]“嘉庆元年冬，何梦华收访南北两山石刻，亲至洞口，始为拓得，并疏记之。”（清）阮元：《两浙金石志》卷四，浙江古籍出版社，2012 年。

[1] 关于烟霞洞造像的年代和题材考证，详见浙江省博物馆历史文物部、杭州西湖风景名胜区钱江管理处：《杭州烟霞洞吴越国罗汉造像题记的新发现及初步研究》，《敦煌研究》，2021年第6期。

[2]“尔时庆友大阿罗汉……即于空中结跏趺坐，舍诸寿行及诸命行，入无余依般涅盘界。先定愿力火起焚身，于虚空中雨身遗骨。时诸大众悲叹希有，竞收遗骨起窣堵波，以诸香花、宝幢、幡盖、伎乐、灯明常为供养。”引自《大阿罗汉难提蜜多罗所说法住记》，载《大正藏》第49册，No. 2030。

图 2-8 20世纪初期杭州烟霞洞石塔旧影（引自〔日〕常盘大定、关野贞《中国文化史迹》第四卷，上海辞书出版社2017年版）

根据最新的调查发现，烟霞洞十八罗汉造像依据的是《大阿罗汉难提蜜多罗所说法住记》（以下简称《法住记》）的十六罗汉，创造性地在首尾添加“庆友尊者”和不具名“罗汉”，组合为十八罗汉造像[1]。据《法住记》记载，庆友尊者涅槃后，“诸大众悲叹希有，竞收遗骨，起窣堵波”[2]。千官塔以吴越国千名供养人合力修建，并雕凿于庆友尊者龛右侧，可能表达的是《法住记》中描述的众人建塔供养庆友尊者遗骨的场景。

十三、慧日永明院铁塔（约954）

《梦粱录》卷十五载：“景德灵隐、净慈报恩光孝寺，各有铁塔，乃吴越钱王所造。”吴越显德元年（954），钱俶于西湖南屏山慧

图 2-9 杭州慧日永明院旧址，后世为净慈寺

日峰北麓，建慧日永明院，迎请法眼宗道潜禅师住持。建隆二年（961），钱俶又迎请延寿禅师住持本寺，成为吴越禅宗核心道场。宋代时，慧日永明院改名净慈报恩光孝寺，当时寺内尚存钱俶所造的这座铁塔。

十四、慧日永明院双石塔（约954）

日本僧人成寻于北宋熙宁五年（1072）入宋巡礼，经过杭州时入净慈寺礼佛。净慈寺，即吴越时期的慧日永明院。成寻记载："寺内三町许，重重堂廊，敢以无隙，以造石敷地，面如涂漆。"[1]营造非比寻常。成寻还在此见到了两座九重大石塔。

> 从兴教寺北隔二里有净慈寺，参拜大佛殿石丈六释迦像。次礼五百罗汉院，最以甚妙。次礼石塔，九重，高三丈许，每重雕造五百罗汉。并有二塔，重阁内造塔[2]。

双石塔各建于重阁之内保护，可见塔上原有彩绘。双石塔高三丈许，体量大致与安吴塔、灵隐寺双石塔相当，应该也是如灵隐寺双塔一般，是两座八角九层高十余米的石塔，大约建于永明院创建初期的显德元年（954）左右。而"每重雕造五百罗汉"，从该塔的尺度上来说，应该无法做到。安吴塔第七层和灵隐寺双石塔第九层均雕刻四面共十六罗汉，已经满满当当。慧日永明院双石塔和灵隐寺双石塔的各层造像应该类似，均为佛、菩萨、弟子、罗汉、天王等像。成寻应是没有仔细审看，才误记为五百罗汉。

十五、安吴塔（闸口白塔，957）●

吴越显德四年（957），钱俶于杭州龙山南麓建安吴塔院，以安吴塔镇护吴地，北宋治平二年（1065）改额普安院[3]。由于钱江北岸、龙山南麓一带的寺院多毁于北宋末年的方腊之乱，普安院在南宋时的沿革失考。

南宋末年，龙山白塔岭有一座石塔存于路边[4]，就是至今尚存的龙山闸口白塔。根据《咸淳临安志》等南宋史料的记载，笔者考证吴越时期的安吴塔，就是后世的龙山闸口白塔[5]。位于钱塘江沟通大运河的水路要道——龙山河的入江闸口西侧。

安吴塔（闸口白塔）现高14.4米，八角九层，仿木阁楼式，逐

[1][2]（日）成寻著，王丽萍校点：《新校参天台五台山记》卷一，上海古籍出版社，2009年，第34页。

[3]（宋）潜说友：《咸淳临安志》卷七十七，载《宋元方志丛刊》第四册，中华书局，1990年。

[4]"街市有塔者……龙山儿头岭，名白塔岭，岭有石塔存焉。"（宋）吴自牧：《梦粱录》卷十五，载（清）丁丙、丁申辑《武林掌故丛编》第七册，广陵书社，2008年。

[5]关于杭州闸口白塔的考证，详见本书附录一"杭州闸口白塔考"。

层收分，出檐深渊，起翘舒缓。塔身实心，以太湖石分段雕凿而成，上下共二十八段，每段由一块、两块或四块白色巨石砌合成整体，共由六十一块石块拼接垒叠而成。八角攒尖顶上，置铁制塔刹，通高3.5米，相轮在七重以上[1]。每层都由塔身、腰檐和平座三部分组成。仿木结构逼真细致，铺作均为五铺作单抄单昂，梁思成认为："与其称之为一座建筑物，不如称之为一座雕刻品，或一件模型。"[2] 肖旻通过测绘和推算，认为闸口白塔是一座大塔的1∶5的模型[3]。1988年公布为第三批全国重点文物保护单位。

安吴塔须弥座束腰，八面满刻《大佛顶陀罗尼经》。塔身九层八面，每层有四个正面和四个隅面。塔身每层四正面均雕刻壶门。第一层和第二层的壶门两侧各有两身菩萨立像。第三层的壶门两侧各有缠枝花卉纹，南侧正门之上有匾额痕迹，已损毁。第四层至第九层，壶门两侧均仅存磨光幅面。

塔身每层四隅面均有雕饰。第一层四面均雕刻有两身侧身而立的菩萨立像，有持香炉、持旌幡、合十等多种姿态；第二层四隅面雕《大悲咒》《佛顶尊胜陀罗尼经》《无垢净光大陀罗尼经》《大宝广博楼阁善住秘密陀罗尼咒》等各类陀罗尼经十余种，多漫漶；第三层东南面为释迦七尊像、西南面为弥陀七尊像、西北面为药师七尊像、东北面为弥勒七尊像；第四层有两面为一铺五尊佛像，一面文殊骑狮及胁侍像，一面普贤骑象及胁侍像；第五层有三面为一铺三尊菩萨像，一面为行脚僧像；第六层四面均为一铺三尊菩萨像；第七层四面均四身罗汉像，合计为十六罗汉；第八层四面均为天王及胁侍像，合计为四大天王；第九层四面均为龙王及胁侍像，合计为四大龙王。

图2-10　杭州安吴塔现状（张小杨摄）

图2-11　杭州安吴塔复原立面图（南面）（引自高念华《杭州闸口白塔》，浙江摄影出版社1996年版）

总体来看，安吴塔一至九层的佛教雕饰排列，大致为供养菩萨（一层）、陀罗尼经咒（二层）、主佛（三层）、华严三圣（四层）、菩萨（五

[1]"相轮原有七重，后因人为破坏现存两重。"高念华：《杭州闸口白塔》，浙江摄影出版社，1996年，第28页。

[2] 梁思成：《浙江杭县闸口白塔及灵隐寺双石塔》，载《梁思成全集》第三卷，中国建筑工业出版社，2001年，第287—302页。

[3] 肖旻：《杭州闸口白塔的尺度规律分析》，《重庆建筑大学学报》，2002年第5期。

层）、菩萨（六层）、罗汉（七层）、天王（八层）、龙王（九层），体现了吴越时期的佛教等级关系，一二层为引导，三层为等级最高的主佛，四层次之，五至九层等级依次下降。

十六、崇寿院应天塔（保俶塔，约 958）

杭州西湖北山的第一峰，当代称宝石山，上有保俶塔。宝石山在古代也称为巨石山、石甑山，钱镠封为“寿星宝石山”。

据明洪武年间杭州儒学教授徐一夔的《重建宝石山崇寿院记》载：“有吴延爽者，往东阳请善导和尚舍利，建浮屠九级，附以僧坊，人称宝塔院。宋开宝初，赐额曰崇寿。”《成化杭州府志》《武林梵志》亦持此说[1]。清乾隆五十四年（1789），塔下发现造塔记残碑，内容为：

（缺）爽为睹此山上承角亢

（缺）第一级图八会功德像

（缺）感应舍利仍建舍

（缺）乃大塔右盘石之

（缺）其塔（缺）[2]

这一造塔记，证实了明代徐一夔之说，塔应为吴延爽所建，塔内供奉了感应舍利，第一层绘有“八会功德像”。可知明初时，造塔记尚存，故徐氏得以引用。依照徐氏所述，该塔高九层，还安置了善导和尚舍利。该塔西侧有僧坊，大约即是“大塔右盘石”的区域，人称宝塔院。开宝初（约 969），赐额崇寿院，此额正与碑记中之“此山上承角亢”及“寿星宝石山”[3]之封号暗合。

吴越初建的应天塔，可能毁于雷火。北宋咸平年间，僧人永保于城内化缘，重修该塔，减为七层。永保被称为师叔，因而称其所修之塔为“保叔塔”[4]。北宋中期撰的《圣朝郡国志》，称其上“有七层古塔，妙绝人工”。南宋董嗣杲有诗云：“咸平曾有募缘僧，遍走街坊负叔称。定力一坚无外想，窣波七级可中兴。”[5]

后世传说保俶塔是吴延爽为保佑钱俶平安归来而建，但钱俶两次入汴京朝觐时[6]，吴氏家族早已覆灭，因而这一传说有误。“保俶塔”应是“保叔塔”讹变而来。综合上述材料，此塔应建于钱俶即位（948）后，到建隆初（960）吴氏家族覆灭为止[7]。从吴延爽造塔记中提到的“感应舍利”来看，该舍利可能为梁岳阳王萧詧感应舍利。其兄

[1]“宝石山崇寿院：在钱塘门外，葛岭之东，大佛头北。吴越王钱氏之臣吴延爽者，请东阳善导和尚舍利，建塔于山之上，附以佛庐。宋开宝初，赐额曰崇寿。”（明）夏时正：《成化杭州府志》卷五十，明成化十一年刻本。“开宝中，吴越相吴延爽建。内有九级浮图，名应天塔，后毁。”（明）吴之鲸：《武林梵志》卷五，载赵一新主编《杭州佛教文献丛刊》第一册，杭州出版社，2006 年。

[2]（清）阮元：《两浙金石志》卷四，浙江古籍出版社，2012 年。

[3]“（宝正六年）是岁，封巨石山为寿星宝石山，山高六十三丈，周一十三里。”（清）吴任臣：《十国春秋》卷七十八，中华书局，2010 年。

[4]“保叔塔：事具巨石山。咸平中，僧永保重修。既成，土人因号保叔塔。”（宋）施谔纂修，（清）胡敬辑：《淳祐临安志辑逸》卷六，载（清）丁丙、丁申辑《武林掌故丛编》第十二册，广陵书社，2008 年。

[5]（宋）董嗣杲：《西湖百咏》，四库全书本。

[6] 第一次为开宝九年（976）朝觐宋太祖，当年即返；第二次为太平兴国三年（978）朝觐宋太宗，纳土归宋，从此未归。

[7]“宁国节度使吴延福，太夫人弟也。建隆初，延福兄弟五人有异图，左右劝王诛之……但黜延福等于外，而不加刑。”（清）吴任臣：《十国春秋》卷八十三，中华书局，2010 年。

图 2-12 20 世纪初期杭州应天塔旧影（引自〔日〕常盘大定、关野贞《中国文化史迹》第四卷，上海辞书出版社 2017 年版）

图 2-13 1931 年外壁剥落的杭州应天塔（引自艾术华、余洪峰：《论杭州保俶塔的建造历史》，《杭州文博》第 18 辑，浙江古籍出版社，2017 年）

吴延福于显德五年（958）重建萧山崇化寺岳阳王萧詧所建的感应舍利塔，供养的也是崇化寺旧塔中的岳阳王感应舍利。若两塔舍利来源一致，则崇寿院应天塔的始建时间，应与萧山崇化寺双塔一致，约在吴越显德五年（958）。

在 1933 年重修之前的一段时间，由于保俶塔底层塔砖剥落，内部的旧塔结构可以观察。在此期间内，记录过该塔情况的有德国建筑学家鲍希曼[1]、日本佛教史家常盘大定[2]、丹麦建筑学家艾术华[3]等人。1933 年大修时，刘敦桢获得了一张当时拍摄的保俶塔顶层刹柱照片，可知保俶塔与六和塔的做法类似，在顶部两层设置刹柱[4]。

当代保俶塔，位于杭州市西湖北岸宝石山上，为西湖名胜。今塔通高 45.3 米，底层边长 3.26 米。现存的砖塔身，历经后世重修，斗拱、倚柱等仿木结构砖雕的比例已经失调。2013 年公布为第七批全国重点文物保护单位。

十七、灵隐寺铁塔（约 960）

《梦粱录》载："景德灵隐、净慈报恩光孝寺，各有铁塔，乃吴越钱王所造。"[5] 唐末五代灵隐寺久废，钱俶于吴越建隆元年（960）延请永明延寿大师主持灵隐寺的复兴重建工作。该铁塔为钱镠所建，可能建于初创时期。南宋时铁塔尚存。

[1] 鲍希曼于 1906—1909 游历中国，并于 1931 年写成《中国建筑艺术与宗教文化》第三卷《塔》，其中就提到了保俶塔。他在调查保俶塔后认为，塔原来应有木制外廊和飞檐结构，还认为内部被包裹的旧塔可能就是原来的吴越塔砖，外部是北宋咸平间重修塔砖。内部之塔第三层约在外部之塔第二层。从九层减为七层，很可能只是楼层数目上的递减，而非真实高度的降低。内塔的副阶及各层腰檐被用作北宋咸平重修时，外塔的支撑构件。详见沈弘：《论西方学者对于杭州保俶塔的研究》，《文化艺术研究》第 2 卷第 4 期。

[2] 关野贞于 1918 年踏查杭州文物古迹，他发现破损的保俶塔内部，旧塔原先用八角倚柱，而外侧的新塔用的是圆形倚柱。详见（日）常盘大定、关野贞：《中国文化史迹解说》第四卷，法藏馆，1939 年。

[3] 艾术华于 1931 年游历杭州，考察保俶塔，写成《论杭州保俶塔的建造历史》一文，于 1936 年发表。当时保俶塔底层已经残破不堪，使得内部砖层显露。详见艾术华、余洪峰：《论杭州保俶塔的建造历史》，载《杭州文博》第 18 辑，浙江古籍出版社，2017 年。

[4] "最近修理杭州五代保俶塔，即发现此物，承叶遐庵先生以修理像片见寄，其直径就像片推之，当在一尺左右。……具足证古代木塔，国内虽已无存，而中心柱之制，迄今尚未全废。"刘敦桢：《覆艾克教授论六朝之塔》，载《中国营造学社汇刊》第 4 卷第 1 期，1933 年。

[5]（宋）吴自牧：《梦粱录》卷十五，载（清）丁丙、丁申辑《武林掌故丛编》第七册，广陵书社，2008 年。

清代《灵隐寺志》附载有明万历十一年癸未（1583）重建灵隐寺的建置内容，可知明代灵隐寺中轴线布局中，天王殿、正殿之后，有“旧铁塔”，围以三座藏轮殿[1]。据知吴越时期所建的铁塔，原位于正殿之后，大约在今天灵隐寺第三进药师殿的位置，大约毁于明末。

十八、灵隐寺吴兴广济普恩真身宝塔（双石塔，约 960）●

灵隐寺大雄宝殿前月台的左右两侧，各有一座八角九层石塔遗存，残高均约为 11.5 米，塔刹已失。2013 年公布为第七批全国重点文物保护单位。

双石塔仿木结构逼真细致，铺作均为五铺作单抄单昂，每一层屋檐、天花、斗拱、梁柱、门窗、平座、勾阑，乃至须弥座、踏道，皆按同比例雕出，应是一座真实大塔的缩小模型。

双石塔须弥座束腰，八面满刻《大佛顶陀罗尼经》。塔身九层八面，每层有四个正面和四个隅面。每层四正面均雕刻壶门。第一层和第二层的壶门两侧各有两身菩萨立像。第三层的壶门两侧各有瓶插的缠枝花卉纹。第四层至第九层，壶门两侧均仅存磨光幅面。

东石塔第三层西侧正门之上有石匾额，刻“吴兴广济普恩真身宝塔”十字，西石塔第三层东侧正门之上也有石匾额痕迹，但已损毁。据清代《灵隐寺志》记载，西石塔石匾额上也是同样的“吴兴广济普恩真身宝塔”十字[2]。

双石塔每层四隅面均有雕饰。第一层四面均雕刻有两身侧身而立的菩萨立像，有持香炉、持旌幡、合十等多种姿态；第二层四隅面雕各类陀罗尼十余种，多漫漶；第三层释迦七尊像、弥陀七尊像、药师七尊像、弥勒七尊像；第四层有两面为一铺五尊佛像，一面文殊骑狮及胁侍像，一面普贤骑象及胁侍像；第五层有三面为一铺三尊菩萨像，一面为行脚僧像；第六层四面均为一铺三尊菩萨像；第七层四面均为天王及胁侍像，合计为四大天王；第八层四面均为龙王及胁侍像，合计为四大龙王；第九层四面均四身罗汉像，合计为十六罗汉。灵隐寺双石塔的第七、八、九层造像，与安吴塔的排列顺序不同。同时，灵隐寺双石塔的两座石塔自身，在每一层四隅面的佛像排列上，也略有差异。

[1]“山门为最胜觉场，左曰东林会胜，右曰西竺分奇。进为天王殿，金刚四列峙，中弥勒。又进为正殿，所谓唐殿式者也，中奉三世尊佛。后为五百罗汉涌壁，后列十二圆觉菩萨、梵王帝释、十八尊天。又进即旧铁塔，建藏轮殿三。”（清）孙治辑，徐增重修：《武林灵隐寺志》卷二，载赵一新总编《杭州佛教文献丛刊》第三册，杭州出版社，2006 年。

[2]“丹墀二石塔，高可五七丈，九层，上有石扁，书‘吴兴广济普恩真身宝塔’十字，二塔所题皆同，而无年代日月。山中旧物，所存唯此。其塔八方，下刻佛顶首陀罗尼，二塔皆同。”（清）孙治辑，徐增重修：《武林灵隐寺志》卷一，载赵一新主编《杭州佛教文献丛刊》第三册，杭州出版社，2006 年。

[1] 梁思成：《浙江杭县闸口白塔及灵隐寺双石塔》，载《梁思成全集》第三卷，中国建筑工业出版社，2001 年。

图 2-14　杭州灵隐寺东石塔现状（郭欣摄）

图 2-15　杭州灵隐寺西石塔现状

该塔从体量、建筑风格、刻经、佛教雕饰等方面，均与安吴塔类似。年代应与安吴塔年代相近。塔名为"吴兴广济普恩真身宝塔"，祈求作为吴越国组成部分的吴国兴隆。

梁思成认为："可以断这双塔的年代为建隆元年重兴灵隐寺时或其后数年间所造。"[1] 笔者同意这一观点，同时认为灵隐寺双石塔仿制的应是杭州城南宝塔和城北宝塔之外观，等比例缩小。由于城南宝塔与城北宝塔本身形制相同，因此双石塔形制几乎相同。考虑到城南宝塔重建完成于乾德二年（964），城北宝塔重建完成于乾德三

图 2-16　杭州灵隐寺东石塔"吴兴广济普恩真身宝塔"匾额（郭欣摄）

年（965），则灵隐寺双石塔的建造时间大约在这一时期。

附：关于"灵隐寺四石塔"

明代多有记载，灵隐寺原有四石塔。最早出现于明代的《西湖游览志》和《武林梵志》中："寺有石塔四，皆吴越王建。"[1]清代《十国春秋》更是把建塔年代都确定了："建隆元年……是岁，王重创灵隐寺，立石塔四。"[2]

灵隐寺布局，千年不变。如欲在大殿双石塔之外，再建双石塔，一般会选择在天王殿前两侧，即今双经幢之位置。萧山崇化寺的吴越四塔布局，即为大殿和前殿各有双塔。自建隆元年（960）灵隐寺重兴，至景祐二年（1035）双经幢迁来，其间不过75年。若此处原有两石塔，应无理由损毁。

笔者认为，吴越国时期灵隐寺只建有双石塔，北宋时又移来双石幢，从未有过四石塔。明代出现"灵隐寺四石塔"之说，盖因吴越国之石经幢，高达十余米，堆叠十余层，并有仿木结构檐部和宝珠刹顶，类似石塔，因而后人不辨。吴越国杭州奉国寺双幢和大慈山双幢，均在《咸淳临安志》中被称为双塔。而明代人也将吴越国梵天寺双幢认作二石塔[3]。所以明代人将灵隐寺天王殿前两经幢认作二石塔，也就不足为奇了。

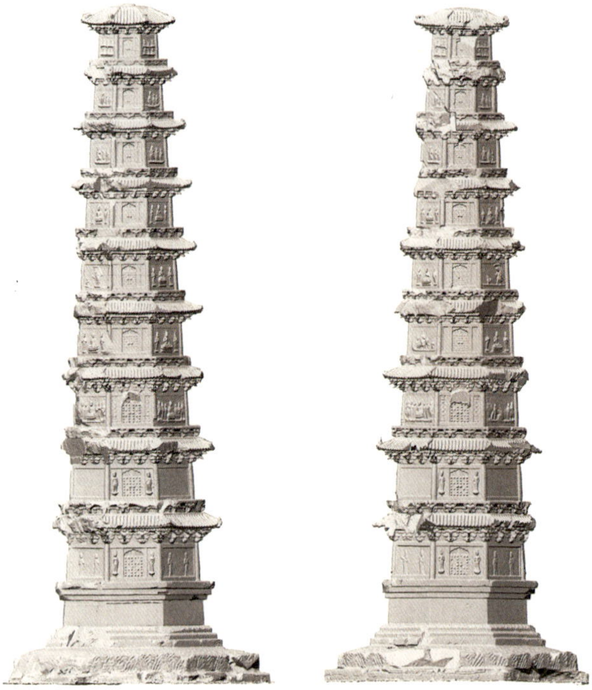

图 2-17　杭州灵隐寺双石塔立面图（引自杭州市园林文物局灵隐管理处《灵隐寺两石塔两经幢现状调查与测绘报告》，文物出版社2015年版）

十九、城南新宝塔（梵天寺木塔，964）

城南宝塔毁于显德五年（958）大火，抢救出来的释迦舍利小塔一度供养在龙华寺。乾德二年（964），钱俶重建城南宝塔寺，并铸祖父钱镠、父亲钱元瓘、兄长钱弘佐等三代吴越国王铜像，供奉于寺中[4]。城南宝塔寺也从吴越初期的佛教中心，转变成了钱氏家庙的功能。乾德四年（966），释迦舍利塔重新安置于新建成的城南宝塔供养[5]。

[1]（明）田汝成：《西湖游览志》卷十，载（清）丁丙、丁申辑《武林掌故丛编》第十册，广陵书社，2008年。（明）吴之鲸：《武林梵志》卷五，载赵一新主编《杭州佛教文献丛刊》第一册，杭州出版社，2006年。

[2]（清）吴任臣：《十国春秋》卷八十一，中华书局，1983年。

[3]"梵天寺：……寺有石塔二。"（明）夏时正：《成化杭州府志》卷四十九，明成化十一年刻本。

[4]"乾德二年……四月，重建城南宝塔寺成，铸武肃王、文穆王、忠献王铜容供于寺。"（宋）钱俨：《吴越备史》卷四，载傅璇琮等主编《五代史书汇编》第十册，杭州出版社，2004年。

[5]"乾德四年……是岁，王迎阿育王舍利归南塔寺奉之。"（宋）钱俨：《吴越备史》卷四，载傅璇琮等主编《五代史书汇编》第十册，杭州出版社，2004年。

城南宝塔寺在北宋时改额梵天寺。北宋沈括的《梦溪笔谈》在卷十八中记录了该塔在营建时的细节问题。

> 钱氏据两浙时，于杭州梵天寺建一木塔，方两三级，钱帅登之，患其塔动。匠师云："未布瓦，上轻，故如此。"乃以瓦布之，而动如初。无可奈何，密使其妻见喻皓之妻，赂以金钗，问塔动之因。皓笑曰："此易耳。但逐层布板讫，便实钉之，则定不动矣。"匠师如其言，塔遂定。盖钉板上下弥束，六幕相联如胠箧，人履其板，六幕相持，自不能动。人皆伏其精练。

喻皓是著名造塔大匠，完成了东京开宝寺福胜塔、泗州普照王寺僧伽塔等著名高层楼阁式木塔工程。这则民间流传的喻皓早年轶事，为北宋中期的沈括所记录，使我们能一窥吴越国楼阁式木塔的造塔方法。但也有学者指出，《梦溪笔谈》所载的造塔法，似乎不符合工程力学，可能只是民间传说[1]。

新建的城南宝塔寺，形制与旧塔相当，同为八角九层塔，但装饰更为华丽。尤其是第三层安置释迦真身舍利塔的龛，相比旧塔的七宝龛，新塔之龛用百宝镶嵌，以黄金为基座，悬挂珠瓔为庄严[2]。可谓穷极奇珍，华丽无比。

乾德三年（965），城南新塔落成之后，钱俶在城南宝塔寺门前建立两座大石幢，纪念这一雄伟工程的完工。幢记中提到："奉空王之大教，尊阿育之灵踪，崇雁塔于九重，卫鸿图于万祀。"钱俶希望通过重建这座吴越国都杭州最雄伟的九层高塔，再次供奉印度阿育王所分的释迦（空王）舍利，来镇护国家，守卫社稷。

新建的城南宝塔寺，藏入了整套吴越国官定的《大藏经》，共计5048卷。经卷为写经，经文统一碧纸银书，但在经文中涉及佛名的文字，则均为金书。每卷用象牙做轴，轴头包银，穷极奢华。

太平兴国三年（978），吴越纳土归宋，钱氏举族入京朝覲。宋太宗久闻吴越国镇国至宝——来自明州阿育王寺的释迦真身舍利塔之名，遣使迎塔入京。于是，吴越国僧统赞宁，取出城南新宝塔中的释迦舍利塔，护送入北宋东京[3]。随后，吴越国造塔大匠喻皓，奉诏在东京开宝寺建福胜塔，下设地宫，瘞埋释迦舍利塔，作为北宋的镇国之宝[4]。而失去了释迦舍利塔的杭州城南宝塔寺，及其所藏的金银书《大藏经》，都在北宋末年方腊起义和金兵入侵的两次战乱中，随着杭州子城的熊熊大火，灰飞烟灭[5]。

[1] 赵一鹤、王士伦：《喻皓建梵天寺塔质疑》，《古建园林技术》，1995年第3期。

[2]（明）宋濂：《阿育王山广利禅寺碑铭并序》，见（明）郭子章编纂《明州阿育王山志》卷四，载《中国佛寺志丛刊》第89册，广陵书社，2006年。

[3]"太平兴国三年十月，赞宁奉阿育王塔舍利，归朝见太宗皇帝。"（宋）潜说友：《咸淳临安志》卷七十，载《宋元方志丛刊》第四册，中华书局，1990年。

[4]"太平兴国初，俶献其地，太宗命取塔禁中，度开宝寺西北阙地，造浮图十一级，下作天宫，以葬舍利。"（宋）黄鉴笔录、宋庠重订：《杨文公谈苑》卷六，载戴建国等主编《全宋笔记》第八编第九册，大象出版社，2017年。"（端拱二年八月）先是，上遣使取杭州释迦佛舍利塔置阙下，度开宝寺西北隅地，造浮图十一级以藏之，上下三百六十尺，所费亿万计，前后逾八年。癸亥，工毕，巨丽精巧，近代所无。"（宋）李焘：《续资治通鉴长编·宋记·宋纪十五》，中华书局，1980年。

[5]"中兴后仅存小寺，今地近有塔幢者，皆故基也。"（宋）潜说友：《咸淳临安志》卷七十七，载《宋元方志丛刊》第四册，中华书局，1990年。此塔幢指梵天寺双幢。

二十、城北新宝塔（965）

建于宝正三年（928）的城北宝塔未有被毁的记载，但毕竟是纯木结构楼阁式塔，也可能因为年久朽烂而受损。乾德三年（965）时，钱俶重建城北宝塔寺[1]。钱俶重建的城北新宝塔的形制，应该与城北旧宝塔一样，同为八角九层之楼阁式木塔，高达百米左右。这也是吴越国力的证明。此后，直到北宋末年的一百五十余年间，新建的城南城北双塔一直作为杭州的象征，矗立在钱塘江边。北宋末年，城北新宝塔应该与城南新宝塔同时被毁。

二十一、寿宁院六和塔（970）●

吴越开宝三年（970），高僧延寿同吴越僧统赞宁，于龙山月轮峰下的皇家南果园，开山建塔，以镇江潮。从两位高僧法号中各取一字，名塔院为“寿宁”。塔内藏佛舍利[2]。该塔九层八面，高四十丈[3]，也有一说为五十余丈[4]，高峻异常。该塔的高度，可能达到了吴越时期最高的两座巨塔——城南宝塔、城北宝塔的规模。

塔初名“释迦砖塔”，为砖木混合塔。在吴越国王钱俶的鼎力支持下，该塔所用的资金，多数为国家拨款。虔诚的吴越国信徒们，倾城出动，不论高官显贵还是庶民百姓，都来负土抬砖，道路为之堵塞[5]。建造这座塔，可谓动用了举国之力。

塔建成后定名“六和塔”[6]。建造该塔的主要目的是为了镇潮。相传六和塔建成之后，潮水不再冲击钱江北

图 2-18　19 世纪末期杭州六和塔旧影

[1]“（乾德）三年……八月癸卯，重建宝塔寺于城北。”（宋）钱俨：《吴越备史》卷四，载傅璇琮等主编《五代史书汇编》第十册，杭州出版社，2004 年。

[2]“六和塔：在龙山月轮峰，即旧寿宁院。开宝三年，智觉禅师延寿始于钱氏南果园开山建塔，因即其地造寺，以镇江潮。塔高九级，长五十余丈，内藏佛舍利，或时光明焕发。……有僧智觉禅师延寿同僧统赞宁创建斯塔。”（宋）潜说友：《咸淳临安志》卷八十二，载《宋元方志丛刊》第四册，中华书局，1990 年。

[3]“其塔九层八角，高四十丈，三十二神从地擎出。”（宋）圆照：《永明智觉禅师方丈实录》，载于德隆点校《永明延寿大师文集》，九州出版社，2014 年。

[4]“高九级，五十余丈。”（宋）潜说友：《咸淳临安志》卷八十二，载《宋元方志丛刊》第四册，中华书局，1990 年。

[5]（宋）圆照：《永明智觉禅师方丈实录》，载于德隆点校《永明延寿大师文集》，九州出版社，2014 年。

[6]“开宝三年，吴越王就南果园建寺，造六和宝塔。”（宋）潜说友：《咸淳临安志》卷七十七，载《宋元方志丛刊》第四册，中华书局，1990 年。

图 2-19　杭州六和塔现状

图 2-20　梁思成复原的南宋六和塔外观
（引自《营造学社汇刊》第五卷第三期）

岸，守护了杭州土地和军民[1]。

吴越纳土归宋后，六和塔改额开化寺。北宋中期时，六和塔一度遭灾受损，共花费了二十年时间维修，至元祐初年（1086）再次完工[2]。

北宋宣和三年（1121），方腊攻占杭州后，焚毁了雄伟的九级巨塔[3]。因相信六和塔具有震慑江潮的功能，南宋初年亟待重建。绍兴年间，北来的高僧智昙获得批准，募缘建塔，用吴越旧塔之塔身，重建七层新塔，恢复了开化寺[4]。六和塔为双筒结构砖木混合塔，第二至第五层有塔心室，第六层以上有刹柱。塔院也获得了开化寺的赐额。明代嘉靖间倭寇烧毁木构，万历间重建木构。清代乾隆帝六下江南，多次登临六和塔。清末太平军烧毁了六和塔外檐木构，光绪时重建木构，外观改为十三层。留存至今的六和塔，内部砖塔为吴越至南宋所建，外部木构为清末所建，高约 60 米。1961 年公布为第一批全国重点文物保护单位。

二十二、灵鹫寺塔（理公塔，970）

明代《西湖游览志》（1557 年前成书）记载，杭州灵隐寺龙泓

[1]“钱氏有吴越时，曾以万弩射潮头，终不能却其势。后有僧智觉禅师延寿，同僧统赞宁，创建斯塔，用以为镇。相传自尔，潮习故道边，江右岸无冲垫之失，缘堤居民无惊溺之虞。”（宋）潜说友：《咸淳临安志》卷八十二，载《宋元方志丛刊》第四册，中华书局，1990 年。

[2]“至元祐初，凡二十年塔始落成。”（宋）施谔纂修，（清）胡敬辑：《淳祐临安志辑逸》卷六，载（清）丁丙、丁申辑《武林掌故丛编》第十二册，广陵书社，2008 年。

[3]“宣和三祀，塔与寺为寇盗所爇，赤地无余。”（宋）潜说友：《咸淳临安志》卷八十二，载《宋元方志丛刊》第四册，中华书局，1990 年。

[4]“至绍兴二十二年十一月，奉圣旨令礼部看详，下两浙转运使临安府措置，重造塔。二十六年，讲明因唯实等论僧智昙乞不用公帑，以自己衣钵及募檀越昭庆军承宣使董仲永等，即其故基重建，及七层而止。自后潮为之却，人甚安之。”（宋）施谔纂修，（清）胡敬辑：《淳祐临安志辑逸》卷六，载（清）丁丙、丁申辑《武林掌故丛编》第十二册，广陵书社，2008 年。

洞外（原属于灵鹫寺）有一座灵鹫塔。“灵鹫塔，一名理公塔。在龙泓洞口，盖慧理遗迹也。”

明万历十五年（丁亥，1587），灵鹫塔为大雨冲毁，内部供养物被发现。塔内露出一块石刻，上写“开宝八年，募众重建释迦砖塔一座，在清绕桥灵山里”。据此可知，灵鹫塔为吴越时重建，之前尚有初建之塔。同时出土的还有一座小铁塔，一个铁盒，铁盒内有沉香四片，一方帛。万历十八年（庚寅，1590）在原址重建新塔。重建时发现塔基设有陶龛，并重新封存[1]。

明代重建之塔现存，该塔由块石砌成，是一座石构的楼阁式塔，六角七层，高约 8 米，名为“理公之塔”。现存的明代理公第二层镌有明万历十八年春“慧理大师塔铭”一方，铭文褒扬了慧理高僧来中土创建灵隐寺的功绩，叙述了明万历重建理公塔的经过。其中记载：“开宝三载，崇为方坟。直清绕桥，在式公新开涧上。青乌氏曲铃回龙，则凡骨僭入塔矣。万历丁亥夏雨夜圮。庚寅春，释如通袚秽新之。”[2]

“开宝八年”（975）为清代寺志中转载的吴越塔记内容，“开宝三载”（970）为明代塔记中的一手记载，年代上有所出入，这里暂且采纳明代塔记的记载。

从《西湖游览志》的记载来看，在明代塔倒之前，该塔已被称为理公塔，埋藏着慧理灵骨。但从吴越塔记来看，该塔应为当时灵鹫寺所建的释迦舍利塔，塔记中并没有记载埋入了慧理舍利。慧理的“凡骨僭入塔”应该只是明代人的附会。

综上所述，吴越开宝三年（970）时，灵鹫寺在龙泓洞口的清绕桥灵山里重建砖塔一座，塔中藏入的是释迦舍利。这座砖塔在当时的名称，应该是灵鹫寺塔。因而明代灵鹫寺废弃后，就称为灵鹫塔，而民间则逐渐称为理公塔。明万历时灵鹫塔倒，发现吴越藏入的释迦舍利函和塔记。新塔重建为六角七层石塔，并依照当时的传说，将该塔正式命名为“理公之塔”。

[1]（清）孙治辑，徐增重修：《武林灵隐寺志》卷二，载赵一新主编《杭州佛教文献丛刊》第三册，杭州出版社，2006 年，第 22 页。

[2] 笔者据石刻现状录入。

图 2-21　杭州灵鹫寺塔现状

二十三、皇妃塔（雷峰塔，971）

吴越开宝四年（971）[1]，吴越国王宫的宫监想要为供养在宫禁之内的一件佛螺髻发圣物建塔供养。宫监们最初的设想是建造一座千尺十三层的通天巨塔。建塔位置选择在杭州西湖南岸的罗城西关门外，初名“西关砖塔”。塔基建造完工时，宫监们将佛螺髻发舍利瘗埋于地宫之内。

大约在建塔第四年的开宝八年（乙亥，975），国王钱俶有感于宫监们的虔诚供养，也加入了这一巨大的工程之中。他之前在丙辰岁（956）、乙丑岁（965）两次刊刻的“十六万八千”卷《宝箧印陀罗尼经》，分别装在了“八万四千”座铜阿育王塔和“八万四千”座铁阿育王塔之中。这次，钱俶将“八万四千”卷《宝箧印陀罗尼经》安置在了“八万四千”块内含洞眼的藏经砖中，砌筑于还在施工中的西关砖塔之内[2]。在每卷经文之首的扉绘前，刻印了这样一段文字：“天下兵马大元帅吴越国王钱俶造此经八万四千卷，舍入西关砖塔，永充供养。乙亥八月日纪。”还有一批藏经砖中，藏的是“塔图”，但数量不多。塔图长1米许，雕版印刷，每层画一面阿育王塔，四塔相叠，是一座阿育王塔的四面图像，卷尾题记：“香刹弟子王承益造此宝塔，奉愿闻者灭罪，见者成佛，亲近者出离生死，然死□植舍生明德□本。时丙子□□日弟子王承益记。”[3]开宝九年（丙子，976）时，王承益舍入了这批阿育王塔图[4]。

由于财力有限，十三层塔的设计没有实现，正式完工的西关砖塔为八角七级砖木混合楼阁式塔。土木砖灰瓦石等材料，工艺像设等内外庄

[1] 塔砖铭文中最早的是“辛未”（971）纪年。参见浙江省文物考古研究所：《雷峰塔遗址》，文物出版社，2005年，第81页。

[2] 从考古发掘来看，雷峰塔藏经砖多出于上部砖身。

[3] 吴天跃：《宋代阿育王塔图像之演变——以南宋大足宝顶山“释迦舍利宝塔禁中应现之图”碑和雷峰塔塔砖藏“王承益塔图”为例》，《美育学刊》，2020年第4期。

[4] 王承益时为元帅府都押衙。钱俨撰《建传教院碑铭》中提到：“太平兴国二年，元帅府都押衙王君承益、内知客余君德徽，同议本院建造弥陀佛殿。”（宋）宗晓：《四明尊者教行录》，《大正藏》第46册，第1937号。

图2-22　南宋　李嵩《西湖图》（局部）中的皇妃塔（上海博物馆藏）

严，合计六百万缗钱。砖塔完工时，宫监们又在大量石碑上雕刻《华严经》《金刚经》等各种经文，嵌在塔基须弥座束腰的八个侧面上。

塔成之日大约是太平兴国二年（977）初，前一年底吴越国王妃孙太真逝世，此时获得了北宋朝廷谥号“皇妃”。因此钱俶将刚落成的西关砖塔命名为“皇妃塔”，为妻子孙氏追荐冥福。并自书《华严经跋》于塔基须弥座石碑之上，其内容为：

图 2-23　南宋　佚名《西湖清趣图》（局部）中的皇妃塔（美国弗利尔美术馆藏）

> 敬天修德，人所当行之。矧俶忝嗣丕图，承平兹久，虽未致全盛，可不上体祖宗，师仰瞿昙氏慈忍力所沾溉耶？凡于万机之暇，口不辍诵释氏之书，手不停披释氏之典者，盖有深旨焉。诸宫监尊礼佛螺髻发，犹佛生存，不敢私秘宫禁中，恭率宝贝，创窣波于西湖之浒，以奉安之。规模宏丽，极所未见，极所未闻。宫监弘愿之始，以千尺十三层为率。爰以事力未充，姑从七级，梯旻初志，未满为慊。计砖灰土木、油铁瓦石，与夫工艺像设、

图 2-24　20 世纪初期杭州皇妃塔旧影（引自〔日〕常盘大定、关野贞《中国文化史迹》第四卷，上海辞书出版社 2017 年版）

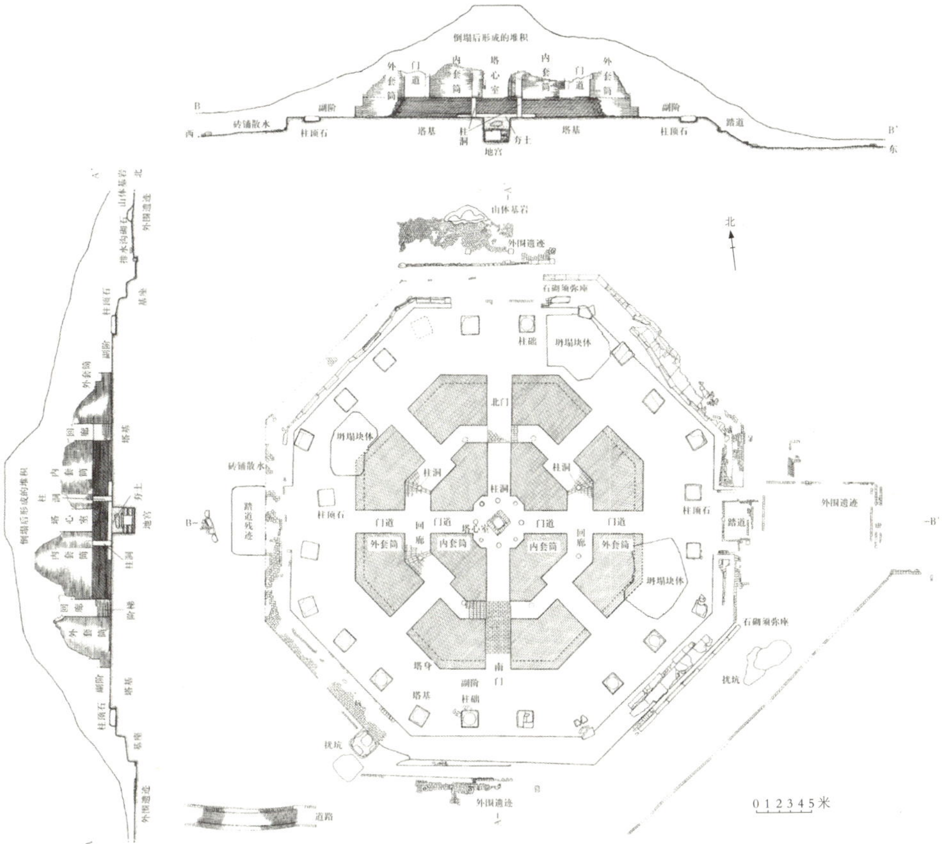

图 2-25　皇妃塔遗址平、剖面图(引自浙江省文物考古研究所《雷峰塔遗址》，文物出版社 2005 年版)

图 2-26　皇妃塔遗址出土钱俶《华严经跋》残碑拓本(引自浙江省文物考古研究所《雷峰塔遗址》，文物出版社 2005 年版)

金碧之严，通缗钱六百万。视会稽之应天塔，所谓许玄度者，出没人间凡三世，然后圆满愿心，宫监等合力于弹指顷幻出宝坊，信多宝如来分身应现使之然耳，顾玄度有所不逮。塔之成日，又镌《华严》诸经，围绕八面，真成不思议劫数大精进幢。于是合十指爪以赞叹之，塔因名之曰“皇妃”云。吴越国王钱俶拜手谨书于经之尾[1]。

图 2-27　吴越时期皇妃塔复原立面图（引自杨鸿勋《杭州雷峰塔复原研究》，《中国历史文物》2002 年第 5 期）

皇妃塔之塔院，在北宋改名显严院，而皇妃塔则讹传为黄妃塔，后因地处雷峰，通常称为雷峰塔。宣和三年（1121），雷峰塔毁于方腊起义，但砖身尚存[2]。南宋乾道七年（1171），高僧智友重修雷峰塔，花费二十年[3]。重修完成的雷峰塔，将吴越的七层砖塔减为五层[4]。

这座八角五层的雷峰塔，其木构在明嘉靖间被烧毁后，一直以砖塔心的形式流传后世，保留到了 1924 年才倒塌。从旧照片可知，该塔为砖木混合双筒结构楼阁式塔，底层副阶和各层腰檐均残留补间和转角铺作的扶壁拱，在扶壁拱中留有长方形的孔洞，原为出跳的木构件。平座下不施斗拱，采用叠涩砖出跳，并用挑梁支撑楼板。

2000—2001 年浙江省文物考古研究所清理了皇妃塔地表遗存，并发掘了地宫。皇妃塔塔基须弥座有九山八海的雕刻图案，雕刻的《华严经》等经文，分三层嵌入，长达百米。在地表清理中，还发现了一座被砸扁的银阿育王塔，内有金瓶，推测应是天宫中供养的舍利器。地宫又出了一座银阿育王塔，内藏应是文献中记载的佛螺髻发舍利。地宫内还有铜佛像、银盒、银垫、腰带、首饰等珍贵供养品。其中一条鹦鹉纹鎏金银腰带，带扣反面浅刻“弟子陈承裕敬舍身上腰带入宝塔内”十五字[5]。这位“弟子陈承裕”，应该是发愿营造西关砖塔的诸宫监中具有代表性的一人。

[1] 据雷峰塔遗址出土残碑和《咸淳临安志》卷八十二汇总。浙江省文物考古研究所：《雷峰塔遗址》，文物出版社，2005 年，第 41 页。

[2] “显严院：在雷峰塔，开宝中吴越王创皇妃塔，遂建院。后有雷峰庵，郡人雷氏故居。治平二年，赐显严额。宣和间，兵毁，惟塔存。”（宋）潜说友：《咸淳临安志》卷七十八，载《宋元方志丛刊》第四册，中华书局，1990 年。

[3] “乾道七年，有大比丘智友归自方外，草衣木食，一意兴崇，二十年乃迄功。”（宋）施谔纂修，（清）胡敬辑：《淳祐临安志辑逸》卷五，载（清）丁丙、丁申辑《武林掌故丛编》第十二册，广陵书社，2008 年。

[4] “雷峰塔：……吴越王钱氏建，塔五层，高三十余丈，常有光明，世传塔中古藏佛发。”（宋）施谔纂修，（清）胡敬辑：《淳祐临安志辑逸》卷五，载（清）丁丙、丁申辑《武林掌故丛编》第十二册，广陵书社，2008 年。

[5] 浙江省文物考古研究所：《雷峰塔遗址》，文物出版社，2005 年，第 126 页。

二十四、余杭·白塔（971）

余杭县治东南三里有白塔院，始建于吴越开宝四年（971），治平二年（1065）改额显圣院。寺院面临苕溪，风景绝佳。元末时寺院毁于战火，重建后并入永安寺[1]。白塔大约也毁于同时。

范仲淹宦游途中，曾在此舍舟登岸，发迁客之幽情，写下“登临溪上寺，迁客特依依。远水欲无际，孤舟曾未归。乱峰藏好处，幽鹭得闲飞。多少天真趣，遥心结翠微”之句。但该诗常被后人移栽至杭州龙山闸口白塔（安吴塔）。

二十五、云龙院铁塔（948—976）

西湖南山的水心院，始建于吴越天福六年（941），吴越后期改额云龙院，北宋大中祥符元年（1008）改额法雨院[2]。从名称来看，该寺院可能与祈雨有关。云龙院原有一座铁塔，由“古婕妤孙氏”建于寺内西侧。古婕妤孙氏，应是吴越国王钱俶之夫人、被宋室封为吴越国王妃的孙太真。该塔应建于钱俶即位（948）到孙氏去世（976）之间。

后来南宋宝祐二年（1254）重建佛殿时，将这座铁塔移到了重建的佛殿之中[3]。

二十六、桐庐·净土寺铁塔（948—978）

桐庐县治西北三十五里有净土院，始建于吴越天福九年（944）。相传该寺有淮海王所赐的铁塔一座，清代已无存[4]。淮海王即吴越国王钱俶，纳土归宋后曾转封淮海国王。这座铁塔应是钱俶在位时期（948—978）所赐。

二十七、龙兴寺大铁塔（吴越）

唐五代时，杭州官寺之一的龙兴寺，位于唐代钱唐县治内。该寺始建于南朝梁时，自盛唐至北宋末年，寺额相继为中兴、龙兴、祥符等官寺之名，规模庞大，方圆九里[5]。南宋初年，金兵入侵，寺院被毁[6]。定都临安后，该寺核心区域充作军器所，祥符寺本院

[1]“显圣院：在溪南，去县治二里，旧名白塔院。宋开宝四年僧大泉创建，治平二年改是额。范文正公尝有诗。元末兵毁，复建后并永安寺。”（明）夏时正：《成化杭州府志》卷五十三，明成化十一年刻本。

[2]（宋）潜说友：《咸淳临安志》卷七十八，载《宋元方志丛刊》第四册，中华书局，1990年。

[3]“寺晋天福六年建，初名水心，又改云龙，后改法雨。殿重建于宝祐二祀，制干陈巨川舍铸洪钟。铁塔乃古婕妤孙氏造植于西偏，后移值殿之中。”（宋）潜说友：《咸淳临安志》卷七十八，载《宋元方志丛刊》第四册，中华书局，1990年。

[4]“净土寺：在县西北三十五里，旧名净土院，晋天福九年建。相传淮海王尝赐铁塔一座，今无存。宋大中祥符间赐今额。元末毁，明洪武四年僧法景重建，正德中僧惠升复新之。”（清）吴世进修，吴世荣增修：《光绪严州府志》卷八，清光绪九年增修重刊本。

[5]“大中祥符寺：在礼部贡院西。梁大同二年，邑人鲍侃舍宅为寺，旧名发心。唐贞观中，改众善。神龙元年，改中兴。三年，改龙兴。本朝大中祥符初，改赐今额。”（宋）潜说友：《咸淳临安志》卷七十六，载《宋元方志丛刊》第四册，中华书局，1990年。

[6]“金人南蹂，城陷寺毁。”（明）夏时正：《成化杭州府志》卷四十七，明成化十一年刻本。

迁原寺西南隅，并留东侧两所子院，其余多改为民居[1]。

军器所作院，位于唐五代龙兴寺的核心区域，南宋时其内尚有大铁塔一座[2]。该塔符合吴越时期杭州大寺“双石塔和铁塔”的组合，应为吴越时期所建。该塔记载为“大铁塔”，则体量应该超越普通的铁塔。

明代时，铁塔仅存基址，属于龙兴寺后世分出的子院——戒坛院，院内还有钱王井等古迹[3]。

二十八、龙兴寺双石塔（吴越）

吴越龙兴寺旧址上的军器所作院内，南宋时尚存两座大青石塔[4]。这两所大青石塔，位于军器所作院，即原龙兴寺的核心区域上，应该就是龙兴寺大殿前的双塔，与灵隐寺双石塔的布局和形制类似，符合吴越时期杭州大寺“双石塔和铁塔”的组合，应为吴越时期所建。

二十九、定光寺东塔（吴越）

《武林梵志》记载，明万历时，杭州城北定光寺的“天王后殿并东废塔院，古柏七株、大槐树一株、冬青树一株，皆七百余年物”。定光寺原为福庆庵，创自梁贞明二年（916），“后唐天成二年，大为增创”。天福四年（939）改额定光寺[5]。明万历年间上推七百年，正是吴越时期。因此这座东塔院，应该就是吴越时期始建的。

三十、江干砖塔（吴越）

清代时，杭州钱塘江江干海塘上，除了安昊石塔（闸口白塔），另有一座砖塔。砖塔八面，满雕各种陀罗尼经咒，分别为《加句灵验佛顶尊胜陀罗尼》《□□□□如来往生□□□□□陀罗尼》《无垢净光大陀罗尼》《千手千眼广大圆满无碍大悲心大陀罗尼神妙章句陀罗尼》《无量寿如来往生根本十甘露陀罗尼》《无垢净光大陀罗尼》《加句灵验佛顶尊胜陀罗尼》等[6]。每一面的拓片，“高一尺三寸，广二尺”。略大于闸口白塔的“高一尺二寸，广一尺八寸”的四面陀罗尼经咒拓片[7]。可见这座砖塔的体量，可能略大于闸口白塔。清末时，砖塔已不存[8]。

江干砖塔与闸口白塔的经咒内容大体一致，书风类似，应为吴

[1]“南渡初斥为军器所，留西南隅建寺，余地多为民居，东有诸天、千佛二阁，为本寺子院。”（宋）潜说友：《咸淳临安志》卷七十六，载《宋元方志丛刊》第四册，中华书局，1990年。

[2]“大铁塔一，……在军器所作院。”（宋）潜说友：《咸淳临安志》卷七十六，载《宋元方志丛刊》第四册，中华书局，1990年。

[3]“戒坛院：在祥符桥。内有铁塔基，钱王井。经略宋应昌赎建，延僧广泰住持。”（明）吴之鲸：《武林梵志》卷一，载赵一新主编《杭州佛教文献丛刊》第一册，杭州出版社，2006年。

[4]“大青石塔二……在军器所作院。”（宋）潜说友：《咸淳临安志》卷七十六，载《宋元方志丛刊》第四册，中华书局，1990年。

[5]（明）吴之鲸：《武林梵志》卷四，载赵一新主编《杭州佛教文献丛刊》第一册，杭州出版社，2006年。

[6][7]（清）阮元：《两浙金石志》卷十三，浙江古籍出版社，2012年。

[8]“按砖塔已失，石塔尚在江干闸口。”（清）邵晋涵：《杭州金石志》卷三，载《石刻史料新编》第三辑第七册，台北新文丰出版公司，1986年。

越时期所建。其位于江干，可能属于吴越时期的一所沿江寺院，用于镇护海塘。

存疑

吴越北宋时杭州城内遍布塔幢，惜多毁于宣和二年至三年（1120—1121）的方腊起义和建炎三年至四年（1129—1130）的金兵入侵。《咸淳临安志》《梦粱录》等史料中记载了不少当时南宋临安城内外残存的古塔，大多为砖塔。但由于信息量过少，故难以区分是吴越还是北宋时期所建，均列入存疑部分。此外，还有一些遗存至今的砖石古塔，也因信息过少，难以确定建造年代。

1. 光相寺双塔

南宋临安城内，两浙转运司衙前的桥南，有光相寺，寺前有双塔[1]。光相寺在城内核心区域，建隆元年（960）钱俶建。建炎南渡后一度充作秘书省，僧徒分居他处[2]。双塔应是吴越至北宋时期所建。

2. 阁门里杨府前砖塔

南宋临安城内，阁门里杨府前有一座砖塔，所以其所在的巷子叫做塔儿头[3]。临安城杨府众多，故需前缀加以区分。阁门里之杨府在南宋以前可能为一所寺院，后废，南宋时仅有一座砖塔留存。该塔应为吴越至北宋时期所建。

3. 度子桥南砖塔

南宋临安城内的三桥北，有一个杨三郎头巾铺，其隔河相对的度子桥南，有一座砖塔[4]。该处在南宋以前应有一座寺院，南宋时仅存一座砖塔，该塔应为吴越至北宋时期所建。

4. 荐桥门外观音寺砖塔

南宋临安城荐桥门外观音寺对面有砖塔一所，年代久远[5]。该塔原为观音寺所属之塔，应为吴越至北宋时期所建。

5. 北关门外二郎庙砖塔

南宋临安城北关门（今武林门）外的二郎庙，南宋时有一座砖塔留存[6]。由此可见，这座二郎庙在南宋之前应该是一座寺院。该塔应为吴越至北宋时期所建。

6. 龙兴寺小石塔两座

南宋临安城龙兴寺另有两座小石塔，一在祥符寺门内，一在居民黄六家[7]。这说明两小塔应该是各自独立的小石塔，应为吴越至

[1]（宋）吴自牧：《梦粱录》卷十五，载（清）丁丙、丁申辑《武林掌故丛编》第七册，广陵书社，2008年。

[2]“光相寿昌院：建隆元年钱氏建，旧额光相，大中祥符元年改赐今额。中兴初以其地为秘书省，其徒分居今处。大觉院：元系光相院，建炎初以其地为秘书省，僧分居今处。嘉泰四年，移请城东大觉为额。”（宋）潜说友：《咸淳临安志》卷七十六，载《宋元方志丛刊》第四册，中华书局，1990年。

[3][4][5][6]（宋）吴自牧：《梦粱录》卷十五，载（清）丁丙、丁申辑《武林掌故丛编》第七册，广陵书社，2008年。

[7]（宋）施谔纂修，（清）胡敬辑：《淳祐临安志辑逸》卷二，载（清）丁丙、丁申辑《武林掌故丛编》第十二册，广陵书社，2008年。

北宋时期所建。

7. 法云院塔

南宋临安城草营巷的法云院中，有一所佛塔，沿革不详[1]。该寺在北宋治平二年（1065）改额，则寺院和佛塔均应为吴越北宋时期所建。

8. 庆恩院华严塔

庆恩院，吴越王钱镠建于吴越天成三年（928），北宋治平二年（1065）改额法显院[2]。南宋末年该寺边尚存华严塔一座，《梦粱录》归入寺塔一类，应是舍利塔。北宋诗人杨蟠和郭祥正均在《西湖百咏》中有诗赞颂，杨蟠诗云："石下有灵骨，千年生玉芝。山神每藏护，不使世人知。"郭祥正诗云："讲尽华严偈，摄衣辞世尘。泉淙死前语，玉凝塔中身。"该塔为吴越至北宋时期所建。

9. 定民坊佛牙塔

南宋临安城定民坊中，有佛牙塔[3]，供养的是佛牙舍利。该塔在南宋时已无所属寺院，沿革也失考，应为吴越至北宋时期所建。

10. 宝月山塔

南宋临安城内吴山北部的宝月山上，旧有宝月寺，南宋末年寺废，仅存寺基。寺西有黑龙潭，因此宝月山又名天井山，属于当时太监续氏的庄园。寺基上有一座宝月山塔，回头和尚造[4]。该塔应是吴越至北宋时期所建。

11. 宝林院石塔

南宋临安城外的栖隐庵，在庆元年间挖掘地面时，发现了一座石塔，上刻有"宝林院"之寺额文字，可知石塔应为吴越至北宋时期的宝林院所建。这座位于瀼沙坑的宝林院，在北宋末年寺废后，朝廷一度将寺额移给了余杭县的寺院[5]。南宋淳祐九年（1249），比丘尼道言重振栖隐庵，并重新获得了"宝林院"的赐额[6]。

12. 孤山寺辟支塔

陈天嘉元年（560），有天竺僧人持辟支佛领骨舍利至钱唐，于西湖孤山建寺立塔，瘗埋舍利。寺名永福，塔名辟支。白居易有诗云"孤山寺北贯亭西"，即指此寺。唐会昌法难，寺院被废，舍利从塔中取出，收归郡库。唐大中年间，僧人方简重建孤山寺，并将辟支佛舍利重新迎回塔内[7]。

该塔作为杭州最早的一座舍利塔，地位非同一般。北宋诗人杨

[1] "法云院：在草营巷，治平二年改今额，有佛塔一座。"（宋）施谔纂修，（清）胡敬辑：《淳祐临安志辑逸》卷六，载（清）丁丙、丁申辑《武林掌故丛编》第十二册，广陵书社，2008年。

[2] "法显院：后唐明宗天兴三年，吴越王钱氏建，旧名庆恩。本朝治平二年改今额。"（宋）施谔纂修，（清）胡敬辑：《淳祐临安志辑逸》卷五，载（清）丁丙、丁申辑《武林掌故丛编》第十二册，广陵书社，2008年。后唐无天兴年号，应为天成或长兴之误。考虑到长兴三年为钱镠病故之年，不太可能以"庆恩"为寺名，故天成三年的可能性较大。天成三年时，唐明宗授钱元瓘"镇海镇东等军节度使、杭州越州大都督长史"，官方确立了钱元瓘世子的地位。可能是为纪念这一恩命，钱镠建立了庆恩院。

[3] "佛牙塔，在定民坊。"（宋）潜说友：《咸淳临安志》卷八十二，载《宋元方志丛刊》第四册，中华书局，1990年。

[4] "宝月山：旧有宝月寺（回头和尚造宝月山塔，寺废，基尚存）。黑龙潭在寺西，一名天井山（今在中官续氏园）。"（宋）施谔纂：《淳祐临安志》卷八，载《宋元方志丛刊》第四册，中华书局，1990年。

[5] "宝林院：旧在瀼沙坑，寺废移额于余杭县。"（宋）施谔纂修，（清）胡敬辑：《淳祐临安志辑逸》卷五，载（清）丁丙、丁申辑《武林掌故丛编》第十二册，广陵书社，2008年。

[6] "宝林院：元系栖隐庵。庆元间，发地得石塔，上有宝林院额。尼僧道言于淳祐九年重建，因请名以宝林。"（宋）潜说友：《咸淳临安志》卷八十二，载《宋元方志丛刊》第四册，中华书局，1990年。

[7] "陈文帝天嘉元年，有天竺僧，持辟支佛领骨舍利至杭，遂于孤山建永福寺，立塔。会昌之难，归于郡库。大中之后，僧方简建广化寺，奉迎佛骨于塔。"（宋）潜说友：《咸淳临安志》卷七十九，载《宋元方志丛刊》第四册，中华书局，1990年。

蟠和郭祥正都在诗中赞颂了这座辟支塔。杨蟠诗云："佛心随处见，层出更分明。不用催灯火，天高月自生。"郭祥正诗云："崔嵬辟支塔，舒卷半腰云，知是藏真骨，灵光五色分。"可见该塔在北宋时依旧是一座高耸的楼阁式塔，有可能在吴越时期得到了重修。大约毁于北宋末年[1]。

13. 孤山弥勒阁石塔

南宋临安城外西湖孤山弥勒阁旁原有一座七级石塔，南宋末年已不存[2]。考虑到孤山上的广化寺等寺院都在南宋初年搬迁到了北山，故推测该石塔应为吴越至北宋时期所建石塔。

14. 鹫峰院小石塔●

杭州西湖之西的灵峰寺遗址，20 世纪后期出土一座小石塔。从形制风格来看，似吴越至北宋时期的作品。灵峰寺，吴越开运元年（944）始建，名鹫峰院，北宋治平二年（1065）改名灵峰寺[3]。该塔可能是吴越时期鹫峰院所建。

该石塔残高 2 米左右，方形五级，仿木楼阁式。底层有副阶环绕，四出抱厦。倚柱用八角梭柱。明间开火焰形门，内刻佛坐像一尊，次间开格子门。阑额做成七朱八白式样。角梁以老角梁和子角梁并用，起翘舒缓。转角斗拱双抄五铺作偷心造，补间两朵，铺作不出耍头。塔刹已缺失。综合来看，该石塔兼具唐宋佛塔特征，具备很高的研究价值。

15. 余杭·安乐塔●

宋时杭州余杭县城东南有安乐山，相传为吴越王钱氏之子养病而愈之地，故名[4]。《咸淳临安志》余杭县境图中，在安乐山上画出了一座塔，并标示塔下寺院为安乐寺及五显庙，但安乐山上的塔、寺、庙均未见《咸淳临安志》的文字记载，因此无法了解该塔的建造信息。明代以后，安乐山上已只剩荒废的安

图 2-28 杭州鹫峰院小石塔现状

[1]"辟支塔，今不存。详见塔门。"（宋）潜说友：《咸淳临安志》卷二十三，载《宋元方志丛刊》第四册，中华书局，1990 年。

[2]"孤山：在西湖中，稍西一屿耸立，旁无联附，为湖山胜绝处。……西阁，又名弥勒阁，有石塔七层，今不存。"（宋）潜说友：《咸淳临安志》卷二十三，载《宋元方志丛刊》第四册，中华书局，1990 年。

[3]"灵峰院：开运元年钱氏建。旧名鹫峰，治平二年改今额。"（宋）潜说友：《咸淳临安志》卷七十九，载《宋元方志丛刊》第四册，中华书局，1990 年。

[4]"安乐山：在县东二里；高一百五十步，周回五里。耆老云，钱氏之子于此筑庵养疾而愈，故号安乐。"（宋）潜说友：《咸淳临安志》卷二十四，载《宋元方志丛刊》第四册，中华书局，1990 年。

图 2-29　余杭安乐塔现状

图 2-30　桐庐桐君塔现状

乐塔，而安乐寺早已不存[1]。明代地方志记载该塔为北宋治平年间所造[2]。清代地方志则认为该塔为吴越时期所造[3]。

安乐塔至今留存。原系砖木结构，初为六角五层，明代增至七层。后经清代两次重修，1984 年再次重修。现存安乐塔，六面七层，楼阁式砖身木檐塔，木结构已失。塔高 35.28 米，底座直径 8.6 米。现为浙江省文物保护单位。

16. 富阳・普照寺塔

富阳县治北五里的安辰村普照寺，吴越天福七年（942）重建，北宋改额净明院。南宋时，寺院后山有一座九层塔，传说用于镇潭中龙[4]。该塔有可能为吴越时期所建。

17. 於潜・龙华尼院塔

於潜县治南二里丰国乡，吴越天福七年（942）建龙华尼院，北宋改额法会。院内有一座七层塔[5]。考虑到寺院创建于吴越，推测这座七层塔有可能为吴越时期所建。

18. 桐庐・桐君塔●

桐庐县治东二里的富春江边，有桐君山，现存有一座七级塔，名为桐君塔。该塔始建年代不详，重修于南宋景定年间（1260—1264），有可能为吴越时始建[6]。现为县级文物保护单位。

19. 武康・小山寺塔

武康县东北三十里小山下，有小山寺。至少始建于南朝宋时。

[1]“安乐山：……有废塔在焉。”（明）夏时正：《成化杭州府志》卷九，明成化十一年刻本。

[2]“安乐塔：在县东三里，安乐山上。宋治平间造，后兵毁。”（明）夏时正：《成化杭州府志》卷五十三，明成化十一年刻本。

[3]“安乐塔，吴越王子筑庵养疴于此而愈，故名安乐，今遗塔现存。”（清）张吉安：《嘉庆余杭县志》卷十五，载《浙江府县志辑》第五册，上海书店出版社，2000 年。

[4]“净明院：在县北五瑞安辰村，本隋之普照寺也。石晋天福七年重建，宋治平二年改是额。后枕高山，名舒壁。山之坳，有龙潭，为民患。有圣僧创塔九层镇之，龙遂隐，潭亦枯竭。”（宋）施谔纂修，（清）胡敬辑：《淳祐临安志辑逸》卷七，载（清）丁丙、丁申辑《武林掌故丛编》第十二册，广陵书社，2008 年。

[5]“法会尼院：在县南二里丰国乡，旧名龙华，石晋天福七年置，治平二年改今额，有浮图七层。”（宋）施谔纂修，（清）胡敬辑：《淳祐临安志辑逸》卷七，载（清）丁丙、丁申辑《武林掌故丛编》第十二册，广陵书社，2008 年。

[6]“桐君山：在县治东二里，下瞰两江……上有七级塔……宋景定中重修，隆庆间知县董仕祯又新之。”（清）吴世进修，吴世荣增修：《光绪严州府志》卷三，载《浙江府县志辑》第八册，上海书店出版社，2000 年。

北宋改额翠峰寺。寺有塔院，有塔七层，北宋县令毛泽民有题翠峰寺及塔院诗[1]。该塔有可能为吴越时期所建。

第二节　衣锦军

杭州安国县石镜乡临水里安众营，原为偏僻乡里，但因其为钱镠故乡，故其地在唐末梁初累次受封，升为“安国衣锦军”[2]，吴越时又改称“衣锦兴国军”[3]，通称衣锦军。衣锦军不受杭州节制，为吴越国直辖之地，乃吴越十三州一军之一。

钱镠十分重视故乡的建设。唐龙纪元年（889），筑安众营；天复二年（902），筑衣锦城；吴越天宝八年（915），建功臣寺和竹林寺。长兴三年（932），钱镠于杭州去世后，也归葬衣锦军，其陵墓留存至今。终吴越之世，衣锦军及外围的安国县，寺院林立，梵音不绝。

衣锦军及其外围的安国县，宋代以后改名临安县。南宋时人描述当时临安县的繁华：“武肃既贵，乃名其城为安国衣锦军，而钱氏兼有吴越，四世相授，历唐晋汉周，袭王爵者，几百年，不亦盛哉。……钱氏之贵也，奉佛尤笃。其涂雘栋宇，极丹漆之华；雕饰龙像，穷金木之珍。临安又其故里也，崇建梵宇比它邑为尤多。凡一山之胜、一水之丽，必建立浮屠宫，故百里之境而佛刹几百数。”[4]

吴越时期，安国（临安）县治与衣锦军不在一处，县治在衣锦军西面五里左右。南宋景定三年（1262），县治东迁至衣锦军西三里的西墅保锦山，明洪武初，县治迁至东市太庙山南麓，即今临安区政府大院所在地，旧日吴越国衣锦军所在。吴越国时，衣锦军不过一城之地，其外围的安国县依旧属于杭州所辖。关于衣锦军和安国县的具体界线，史载不详。笔者暂且将衣锦军及安国县境内之塔，均放入衣锦军条目中。

一、功臣寺塔（915）●

临安县南二里功臣山上有功臣寺塔，方形五级，形制古朴。2001年公布为第五批全国重点文物保护单位。

唐末，钱镠故里的石镜山被封为衣锦山，大官山被封为功臣山[5]。吴越天宝八年（915），钱镠回衣锦军亲自主持功臣寺及竹林寺的营造。钱镠舍功臣山下的故宅功臣堂，改为功臣寺。历时

[1]（宋）谈钥：《嘉泰吴兴志》卷十三，载《宋元方志丛刊》第五册，中华书局，1990年。

[2]“光化二年……改王本县石镜乡为广义乡，临水里为勋贵里，所居安众营为衣锦营。……光化四年……仍升王所居衣锦营为衣锦城。……天祐四年春三月，唐敕升衣锦城为安国衣锦军。”（宋）钱俨：《吴越备史》卷一，载傅璇琮等主编《五代史书汇编》第十册，杭州出版社，2004年。

[3] 见浙江省博物馆所藏“钱俶批衣锦兴国军宝庆禅院奏折”。

[4]《杭州临安县净土院新建释迦殿记》，载（清）阮元：《两浙金石志》卷七，浙江古籍出版社，2012年。

[5]“天复元年……封石镜山为衣锦山，大官山为功臣山。”（宋）钱俨：《吴越备史》卷一，载傅璇琮等主编《五代史书汇编》第十册，杭州出版社，2004年。

图 2-31　衣锦军功臣寺塔现状

[1]“乙亥岁，暂归故里，遍集胜因。以功臣山之奇峰，爰崇禅室；观竹林寺之湫隘，重构莲宫。半载之中，庄严俱毕。”（清）阮元：《两浙金石志》卷四，浙江古籍出版社，2012 年。

[2]（明）夏时正：《成化杭州府志》卷五十五，明成化十一年刻本。

[3]“开化禅院：在县南二里，乾化五年吴越王建，旧名功臣，大中祥符元年赐今额。”（宋）潜说友：《咸淳临安志》卷八十三，载《宋元方志丛刊》第四册，中华书局，1990 年。

[4]“梁新建功臣禅院记，钱镠记，贞明二年立在临安县。”（宋）陈思：《宝刻丛编》卷十四，载《石刻史料新编》第一辑第二十四册，台北新文丰出版公司，1982 年。

半年，工程完工[1]。“第十九子吴越僧统慧日普光大师开山讲《七宝陀罗尼经》，感天雨花，因号雨花堂。”[2] 该寺于北宋改额开化禅院[3]。

不过功臣寺塔的建造年代，在文献中并无记载。功臣寺完工后，钱镠作《梁新建功臣禅院记》，贞明二年（916）立碑[4]，则功臣寺塔应于此时完工。

现存的功臣寺塔为吴越初期砖木混合楼阁式塔，方形五级，单层塔壁，筒形结构，通高 25.3 米。倚柱方形，每面以槏柱隔为三间，中开壶门。槏柱上承阑额及补间铺作，用华拱出跳，底层并用补间一朵。腰檐和平座用平砖叠涩，出檐较浅。平座下也用斗拱，腰檐和平座铺作的扶壁拱为砖制，重拱五铺作，木制出跳构件已毁，留有卯孔痕迹。塔顶有生铁铸造的塔刹，覆钵、宝瓶、刹杆尚存，无塔心柱。内部为方室，每层亦施斗拱。壶门内甬道上用砖叠涩砌成藻井。塔身外的木檐、平座，塔身内的楼板、木梯等木结构均已不存，现只剩砖塔身。王士伦评价：“功臣塔是现存由叠涩砖出檐的砖塔过渡到砖木混合结构并使用木构塔檐和平座的最早实例。”[1]

功臣寺塔底层塔心室砖面之下，原设有地宫，早年已被盗。

二、朗瞻院塔（朗山塔，916—932）

南宋时记载，临安县治西三里有东山塔院，原名朗瞻院，北宋改额定惠院[2]。宋人关于东山塔的诗句有“相轮高插碧霄寒”[3]，“醉上危层去，空明渺所思”[4]之语，可知该塔是一座体量较大的楼阁式舍利塔。

《临安县志》记载：“万历旧志图经：在县西西山之左，山势崇隆，为西墅旧治之坐山。……旧有定惠院，内祀五显灵官，今圮。……山足有朗山塔，钱武肃王建。”[5]

南宋末期，临安县治已经东迁，故“东山”位于南宋时县西三里。明清时，临安县治再次东迁衣锦城，故“东山”位于如今的县西五里。瞻山、东山、朗山，为同一座山。朗瞻院、定惠院、东山塔院，为同一寺院。吴越时期寺名应为朗瞻院[6]。不论东山塔还是朗山塔，都是宋人和清人的俗称。

朗山塔位于临安城西，朗山之下的塔湾里，一直遗存到20世纪，倒塌于1955年。据王士伦记录，该塔倒塌后出土了石函、铜造像、开元通宝等物，他尚能见到石函和铜观音造像，其中石函上墨书“真身舍利，皇帝万岁”字样[7]。

近年来，随着“三普”工作的展开，对于朗山塔遗址的调查开始进行。现存朗山塔遗址，“塔基边长约4米，地表可见砖石构件”。遗憾的是，朗山塔没有留下一张照片，其形制只能询问故老。“据当地的老百姓回忆，朗山塔的形制、规模结构大致与功臣塔相同。”[8]

存疑

太平禅院塔

明代时，临安县城东二十里有小径山太平禅院，唐天祐元年（904）钱镠建，宋天圣七年（1029）改赐太平万寿禅院额，崇宁元年（1102）重建。寺后山有浮图宝塔[9]。该塔可能为吴越时期所建。

[1] 王士伦：《寺塔之建倍于九国——兼谈喻皓》，载周峰主编《吴越首府杭州》，浙江人民出版社，1997年，第115页。

[2]“东山塔院：（县志云即定惠院）在县西三里。……定惠院：在县西三里，东晋时号朗瞻院（县有瞻山），天禧四年改今额。”（宋）潜说友：《咸淳临安志》卷八十三，载《宋元方志丛刊》第四册，中华书局，1990年。

[3]“《东山塔影诗》：相轮高插碧霄寒，好是如如不动山。弄影翻光颠倒转，微权只在隙窗闲。”（宋）潜说友：《咸淳临安志》卷二十五，载《宋元方志丛刊》第四册，中华书局，1990年。

[4]“《塔院诗》：僧伽传法处，阿育放光时。到顶直无缝，透心横有枝。梅闲诗风味，竹里酒鸱夷。醉上危层去，空明渺所思。”（宋）潜说友：《咸淳临安志》卷八十三，载中华书局影印本《宋元方志丛刊》第四册，中华书局，1990年。

[5]（清）许琳纂：《乾隆临安县志》卷一，清乾隆二十四年刻本。

[6]“杭州五云山华严院志逢禅师，于临安东山朗瞻院。”（宋）普济著，苏渊雷点校：《五灯会元》卷十，中华书局，1984年。

[7] 王士伦：《浙江临安县的文物古迹普查》，《文物参考资料》，1957第2期。

[8] 浙江省文物局：《浙江省第三次全国文物普查新发现丛书：古遗址（下册）》，浙江古籍出版社，2012年，第78页。

[9]“太平万寿禅院：在县东二十里灵奉乡，唐天宝三年钦禅师卓锡于此。天祐元年吴越王建，赐额小径山太平禅院。宋天圣七年改赐今额……寺后山有浮图宝塔。元至正十九年兵毁。”（明）夏时正：《成化杭州府志》卷五十五，明成化十一年刻本。

第三节 苏 州

苏州为春秋时吴国都城，历代为江南名城。唐大历十三年（778），苏州升为江南地区唯一的雄州。光化元年（898），钱镠控制苏州，改称中吴府。吴越宝大元年（924），钱镠奏请升中吴府为中吴军，设节度使，领常、润等州（时属杨吴）。吴越开宝八年（975），改苏州中吴军为平江军。苏州领县五，吴、长洲（二附郭县，含今苏州市区）、昆山（含今昆山市、太仓市、上海市嘉定区）、常熟（含今常熟市、张家港市）、吴江（今苏州市吴江区）。

苏州古塔众多。最古之塔，应是三国吴赤乌十年（247）所建的普济禅院舍利塔，高十三级。支硎山有古石塔，镌东晋永和年号（345—356）。半塘法华塔，东晋义熙十一年（415）始建。城内报恩寺旧有萧梁时所建通玄寺塔，十一级。灵岩山塔，梁天监二年（503）始建。昆山马鞍山顶有至尊多宝塔，梁天监中（502—519）沙门惠向建。邓尉山光福塔，梁大同间（535—546）始建，七级。横山塔，隋大业四年（608）建。城内龙兴寺大塔，唐代所建，壮为塔庙之首。

钱镠第六子钱元璙、元璙之子钱文奉、钱俶妻兄孙承祐等历任中吴军节度使，大规模建设苏州寺塔。宋人评价："唐季盗起，吴门之内，寺宇多遭焚剽。钱氏帅吴，崇向尤至，于是修旧图新，百堵皆作。竭其力以趋之，唯恐不及。郡之内外，胜剎相望。"[1]

至今古塔遍布苏州城内外，城内有瑞光寺塔、罗汉院双塔、报恩寺塔、甲辰巷砖塔；城外有虎丘云岩寺塔、上方山楞伽寺塔、灵岩山多宝塔等。与杭州一样，苏州是五代两宋古塔遗存最丰富的城市之一。

一、瑞光禅院塔（937）

史料记载，苏州城西南盘门内有普济禅院，三国吴赤乌四年（241）孙权为西域僧性康所建。吴赤乌十年（247），孙权于此建十三层塔，以报母恩[2]。吴越时期钱氏（可能为钱元璙）重建寺院，瑞光之额大约改于此时。吴越天福二年（937），僧智明、琮远重修宝塔[3]。钱元璙去世后，该寺作为钱元璙之祠庙，北宋时尚存钱元璙像及衣物。北宋嘉祐中（1056—1063）重修寺院，富弼有重建寺记碑[4]。北宋末年朱勔重修塔，改为十三层，靖康中（1126—1127）焚毁，南宋淳

[1]（宋）朱长文：《吴郡图经续记》卷上，载《宋元方志丛刊》第一册，中华书局，1990年。

[2]"瑞光禅寺：在盘门内，吴赤乌四年僧性康来自康居国，孙权建寺居之，名普济禅院。十年，权建舍利塔十三级于寺中，以报母恩。"（清）冯桂芬：《同治苏州府志》卷三十九，清光绪九年刊本。

[3]"唐天福二年，僧智明、琮远重修宝塔。"（明）王焕如：《崇祯吴县志》卷二十四，明崇祯刻本。

[4]"瑞光禅院，在盘门内。故传钱氏建之，以奉广陵王祠庙，今有广陵像及平生袍笏之类在焉。嘉祐中，转运使李公复圭请本禅师住持，吴民竞致力营葺，栋宇完新。相国富公有书颂，刻石院中。"（宋）朱长文：《吴郡图经续记》卷上，载《宋元方志丛刊》第一册，中华书局，1990年。

熙十三年（1186）重修[1]。

瑞光禅院塔，存留至今，通称瑞光塔。为八角七级砖木结构楼阁式塔，砖砌塔身由外壁、回廊和塔心三部分构成，外壁以砖木斗拱挑出木构腰檐和平座，木构已失。每面以倚柱和槏柱划分为三间，当心间辟壶门或隐出直棂窗。底层四面辟门，第二、三两层八面辟门，第四至七层则上下交错四面置门。修复后通高约 53.6 米，底层外壁对径 11.2 米。层高逐层递减，面积也相应收敛，外轮廓微呈曲线。

1978 年，瑞光塔第三层天宫发现大批供养品，包括真珠舍利宝幢一座、碧纸金书《法华经》七卷、刻本《法华经》七卷及其他佛经、金铜佛像、泥塑佛像、铜阿育王塔等。从题记时间看，这批供养品可以分为吴越和北宋两个部分[2]。

吴越部分的主要供养品有：大型铜阿育王塔一件，底座上刻有"苏州长州县通贤乡清信弟子顾彦超，将亡妇在生衣物敬舍，铸造释迦如来真身舍利宝塔一所，伏用资荐亡妣胡氏五娘子生界，永充供养。岁次乙卯十月日舍"。从题记来看，这件阿育王塔内藏有释迦如来真身舍利。碧纸金书《法华经》七卷，第一卷尾部墨书题记"常州建元寺长讲法华经大德知□记"，第二卷尾部墨书题记"大和辛卯四月二十八日修补记"，第七卷尾部金书题记"时显德三年岁次丙辰十二月十五日，弟子朱承惠特舍净财，收赎此古旧损经七卷，备金银及碧纸请人书写，已得句义周圆，续添良因。伏愿上报四重恩，下救三涂苦。法界含生，俱占利乐，永充供养"。这是吴越时期供养人利用五代杨吴的旧写经，以金银书和碧纸重新书写而成的。金铜造像九件，释迦像两件，弥陀像四件，观音像两件，地藏像一件，均带有典型吴越时期风格。其中一件观音像背有墨书"□□女弟子唐氏三娘谨舍净财铸造铜观音菩萨一躯用□□开宝二年岁次己巳五月□□"。

吴越时期的供养品，包含真身舍利，并用阿育王塔安置，同时舍入碧纸金书《法华经》七卷，这是吴越时期典型的舍利安置方式和组合。吴越天福二年（937）重修瑞光塔后，大约在吴越显德三年（956），这批真身舍利和碧纸金书《法华经》被舍入吴越重建的瑞光塔中。而开宝二年（969）制作的造像，则可能是后来舍入的。

大约在吴越后期到北宋初期，瑞光塔可能经历了一次严重的火灾，致使木构全毁之外，部分砖身也需要重建。北宋大中祥符年间，开始筹备重建瑞光塔。

[1]"宣和间，朱勔出资重修，以浮图十三级太峻，改为七级。赐额为瑞光禅寺。靖康兵毁，淳熙十三年重葺。"（明）冯桂芬：《同治苏州府志》卷三十九，清光绪九年刊本。

[2] 苏州市文管会、苏州博物馆：《苏州市瑞光寺塔发现一批五代、北宋文物》，《文物》，1979 年第 11 期。部分内容经笔者核对实物后修改。

图 2-32　20 世纪中期的苏州瑞光禅院塔（引自江苏省文物管理委员会《江苏之塔》，江苏人民出版社 1957 年版）

图 2-33　苏州瑞光禅院塔现状

北宋部分的主要供养品有：真珠舍利宝幢一座。其外木函黑漆，正面外壁白漆书“瑞光院第三层塔内真珠舍利宝幢”；内木函彩绘有四天王像，墨书“大中祥符六年四月十八日记，度勾当方允升妻孙氏十娘”；外木函下垫板墨书“寓迹僧子端，幸值诸上善人建第三层浮图，安置盛诸佛圣贤遗身舍利宝幢，藏盒之次，特舍此木于底，少贵戴荷，永假缘结。……”宝幢内藏舍利九粒，汉文《大随求陀罗尼咒经》一张，落款为“咸平四年十一月日”，梵文《大随求陀罗尼咒经》一张，落款为“景德二年八月日记”。另有木刻《法华经》七卷，第一卷引首有朱书题记：“天禧元年九月初五日雍熙寺僧永宗转舍《妙法莲华经》一部七卷入瑞光院新建多宝佛塔相轮珠内，所

图 2-34　苏州瑞光禅院塔天宫出土北宋真珠舍利宝幢（引自苏州博物馆《苏州博物馆藏虎丘云岩寺塔瑞光寺塔文物》，文物出版社 2006 年版）

[1]“云岩寺：即虎丘山寺，晋司徒王珣及弟司空王珉之别业也。咸和二年，舍以为寺。隋仁寿中，建塔七成于殿后。”（明）王焕如：《崇祯吴县志》卷三十二，明崇祯刻本。

[2]“钱氏广陵王在姑苏，不喜遨游，不事园苑。惟每游虎丘山寺，前路引望，则喜动颜色。比至山，必规画修缮。今寺多其经意处也。”（宋）范成大：《吴郡志》卷九，载《宋元方志丛刊》第二册，中华书局，1990年。

其福利，上报四恩，下资三有，若有瞻礼顶戴□舍此一报身，同生极乐国。”

北宋时期的供养品，也包含了真身舍利，并用真珠宝幢安置，同时舍入刻本《法华经》七卷，继承了吴越时期的供养品组合，并有自身的新特色。北宋重建的瑞光塔第三层天宫，大约是天禧元年（1017）九月完成的。在安置北宋新造的真珠舍利宝幢、佛经、佛像的同时，也重新安置了吴越时期旧塔内的舍利小塔、佛经、佛像，形成了1978年发现的瑞光塔第三层天宫文物的组合。

如今在苏州瑞光寺塔上，北宋时期的塔砖纪年文字最晚至天圣八年（1030），可见北宋造塔费时之久。史料中记载的北宋末年朱勔重建塔十三层，应该仅仅是重建木构，并把六层平座计算在内，合计十三层。后来瑞光寺历经兴废，瑞光塔曾于南宋淳熙，元至元，明洪武、永乐、天顺、嘉靖、崇祯，以及清康熙、乾隆、道光、同治时期重修。至20世纪中期，木构建筑大部已毁，仅存塔顶木构，1954年和1987年重修。1988年被列入第三批全国重点文物保护单位。

二、武丘山塔（虎丘云岩寺塔，959）

苏州城西北七里虎丘云岩寺，始建于东晋。隋仁寿元年（601）分舍利于天下各州建塔，苏州即于此时建塔[1]。吴越时期，钱元璙执掌苏州，他特别喜欢游览虎丘山寺，并多有规划修缮[2]。

图2-35　20世纪初期的苏州武丘山塔（引自〔日〕常盘大定、关野贞《中国文化史迹》第四卷，上海辞书出版社2017年版）

现存云岩寺塔，八角七级楼阁式，砖木混合，木檐已失，高47.5米。砖塔体分为外壁、回廊、内壁、塔心室数重，是典型的双筒结构。每面开壶门，通往塔心室，双层塔壁有回廊。腰檐、平座皆有砖砌仿木斗拱。塔顶为后代补修。1961 年公布为第一批全国重点文物保护单位。

云岩寺塔第一层发现了“武丘山”“弥陀塔”“己未建造”等题记砖[1]，说明吴越时期还沿用唐讳，将虎丘改为武丘，故该寺时名武丘山寺或武丘寺，塔名为武丘山塔或弥陀塔。塔砖大约开始烧造于己未年（显德六年，959）。

图 2-36　苏州武丘山塔现状（郭欣摄）

图 2-37　吴越时期武丘山塔复原立面图（引自张颖《苏州云岩寺塔复原研究》,《建筑史》2009 年第 2 期）

1956 年在塔内第二层天宫发现浮雕佛像石函一只，函盖内写有“□信心造□□盛众□金字法华经”。石函内有楠木经箱一只，上题“弟子言细招舍净财造此函盛金字《法华经》，孙仁遇舍金银并手工装，弟子孙仁郎舍手工镂花，辛酉岁建隆二年十二月十七日丙午入宝塔”。经箱内有碧纸金书《法华经》七卷。钱币 3.5 公斤，多为开元通宝、乾元重宝[2]。

同时，在塔内第三层天宫发现石函一只，内有铁函一只。铁函内有铁铸阿育王塔一座，上覆绢袱，绢袱上墨书“□□惠朗舍此袱子一枚裹迦叶□来真身舍利宝塔”。铁阿育王塔内有小金瓶，内盛舍利。石函之外，还有秘色瓷莲瓣纹香炉、铜佛像、铁佛龛、檀龛宝像、铜镜等供养品。其中一面铜镜上写有“女弟子陆七娘敬舍入武丘山塔上……建隆二年三月日题”之语。钱币 10 公斤，多为开元通宝、乾元重宝，最晚为建隆元年（960）开铸的宋元通宝[3]。

根据塔内发现的供养品上的纪年，可知云岩寺塔始建于显德六年（959），至建隆二年（961）时，佛塔大致完工。建隆二年三月，真身舍利及供养品被舍入第三层的天宫封缄。建隆二年十一月完成的《天台般若新寺砖塔记》，也记载了一粒赤城山舍利安置于“中吴武丘寺砖塔”，佐证了武丘山塔第三层天宫封缄于建隆二年十一月之前[4]。最后，在建隆二年十二月十七日，金字《法华经》被舍入第二层的天宫封缄。

[1] 吴雨苍：《苏州虎丘山云岩寺塔》,《文物参考资料》，1954 年第 3 期。刘敦桢：《虎丘云岩寺塔》,《文物参考资料》，1954 年第 7 期。

[2][3] 苏州市文物保管委员会：《苏州虎丘云岩寺塔发现文物内容简报》,《文物参考资料》，1957 年第 11 期。

[4] 详见本章“台州天台赤城山塔”条。

三、仙泉寺塔（约 972）

苏州城西北三十五里阳山下，有唐会昌年间（841—846）始建的白鹤寺。吴越时期，钱氏改额仙泉，并大肆营造。吴越开宝中（约 972），太保韩承德舍梳洗楼为塔院。北宋改额澄照[1]。

四、妙利普明塔（976）

苏州城西南十里有著名的枫桥寒山寺，始建于南朝萧梁天监年间（502—519），旧名“妙利普明塔院”。据南宋重建寺记，“太平兴国初，节度使孙承祐重建，浮屠七成，峻峙蟠固，人天鬼神所共瞻仰”[2]。吴越太平兴国初（976），中吴军节度使孙承祐在此重建佛塔，高七层。北宋改名普明禅院。北宋末年，寺院遭到破坏，南宋初年重修[3]。

孙承祐为钱俶妻兄，在吴越国后期权倾一时，备受恩宠，时任中吴军节度使，镇守苏州。

五、灵岩山塔（977）●

苏州西面的灵岩山顶，有南朝梁始建的秀峰寺及塔。吴越太平兴国二年（977），中吴军节度使孙承祐重建该塔，称灵岩山寺砖塔，

图 2-38　20 世纪初期的苏州灵岩山塔旧影（李紫璐提供）

[1]“澄照寺：……苏州郡城之西北三十五里，山曰阳山，山之下寺曰澄照。先是唐会昌中，丁某施白马涧宅为白鹤寺。……吴国彭城威显公尝而异之，因改曰仙泉。我宋祥符初，始赐今额。……开宝中，太保韩公承德复舍梳洗楼，为塔院。”（宋）范成大：《吴郡志》卷三十三，载《宋元方志丛刊》第二册，中华书局，1990 年。

[2]（宋）朱长文：《吴郡图经续记》卷上，载《宋元方志丛刊》第一册，中华书局，1990 年。

[3]（宋）范成大：《吴郡志》卷三十三，载《宋元方志丛刊》第二册，中华书局，1990 年。

为其刚去世的姐姐，也就是吴越国王妃孙太真追荐冥福[1]。

太平兴国二年平江军节度使孙承祐新建砖塔记

吴灵岩山，即古吴王夫差之别苑也。太湖渺白涵其侧，虎丘点翠映其后。自余冈阜川渎，沃野土田，环绕萦带，若视诸掌。代迁人异倬为佛祠。愚守藩之七祀，属丙子岁冬，先国妃居共气之亲，钟断臂之祸。诗人罔极，聊可谕其哀；素王尚右，未足申其志。繇是显营雁塔，冥助翟衣，于山之椒，累砖而就。基其岩，所以远骞崩之患；黜其材，所以绝朽蠹之虞。不挥郢匠之斤，止运陶公之甓。自于经始，迨尔贺成，凡九旬有六日。仍以古佛舍利二颗，亲书《金刚般若》一编，置彼珍函，藏诸峻级。美欤！上耸地以千仞，塔拔山而九层。巍巍下瞰于娑婆，杳杳平观于寥泬。才疑涌出，或类飞来，如日之升，无远弗届。可以高擎天盖，可以久镇地舆。实在报先妃之慈，荐先妃之福也。觉云承足，定水澄心，拂石仙衣，尚为游转。无垢佛土，终正菩提，抽毫直书，用备陵谷[2]。

其所建为九层砖塔，不用木材，所以仅仅花费九十六日即得以建成。内藏古佛舍利两颗，《金刚般若经》一编，放于“珍函”之中，藏在“峻级”（即天宫）之上。

南宋绍兴十七年（1147）重建，改为七层。明万历二十八年（1600），塔被雷火，木构全部烧毁，砖身留存。在废墟中发现了一件木经函和一颗三寸长的佛牙[3]。由此来看，灵岩山砖塔在后来加造木檐，并新纳入了一颗佛牙，这些应该都是南宋重建时作的修改。清乾隆十五年（1750）重修。

留存到近代的灵岩山塔，塔高34米，八角七层，砖木混合楼阁式。塔建于前带月台的花岗岩基台上，周围绕以石栏，四面各砌踏道。底层有原宽约3米的副阶，仅存柱础和台座。塔壁有多处宋代铭文砖，塔身依旧为吴越原物。塔身底层四面开壶门，其他四面设壶门龛，佛像多已失落。二层以上两面开壶门，六面设龛，各层门交错设置，龛内各供石雕坐佛一尊。壁面设柱枋、斗拱，绕有腰檐架平座。塔内侧中空，各层间设置木制楼板和梯级。第六层塔心室以上设刹柱，立于第六层大柁之上。塔顶已毁。

[1][2]（宋）范成大：《吴郡志》卷三十二，载《宋元方志丛刊》第二册，中华书局，1990年。

[3]（明）王焕如：《崇祯吴县志》卷十一，明崇祯刻本。

图2-39 苏州灵岩山塔现状（郭欣摄）

1989 年 9 月，灵岩山寺对塔进行了全面修复，恢复了塔刹、塔基、平台和塔檐。现为苏州市文物保护单位。

六、楞伽寺塔（978）

苏州西南有横山。隋大业四年（608），吴郡太守李显于山顶建宝塔七层。九颗舍利藏于金瓶之内，纳于石函之中，瘗埋入塔。这座横山塔，在宋代时是宝积寺（亦名楞伽寺）后山之塔[1]。山顶的隋代造塔记碑，一直保留到了宋代，书法精湛[2]。

吴郡横山顶舍利灵塔铭（节选）

夫但树因之最，无过起塔；崇福之重，讵甚建幢？而银青光禄大夫吴郡太守李显者，……奖劝郡部官人，奉为皇帝、皇后、六宫眷属，各舍七珍，同崇八福。在郡城之西山顶上，营起七层之宝塔，以九舍利置其中。金瓶外重，石椁周护。留诸弗朽，遇劫火而不烧；守诸不移，漂劫水而不易。时有龙华道场比丘法首者……闻此山是古之佛殿，乃共于此，成斯胜业，愿宝铎尝摇，法轮恒转……大隋大业四年岁次戊辰九月辛未朔八日戊寅，吴郡司户严德盛撰文，司仓魏瑗书[3]。

横山，即如今的苏州上方山。楞伽塔外观八角七级，绝非隋塔。其重建年代不见志书记载，长期无考。20 世纪 80 年代重修时，于“塔的第二层外壁和第三层过道发现楷书阳文‘大宋太平兴国三年戊寅岁重建’‘楞伽宝塔’‘造塔’等铭文砖数种”[4]，结合其典型吴越晚期至宋代的结构特征及工艺手法，确认该塔为吴越太平兴国三年（978）所建。从时代来看，可能与苏州妙利普明塔、灵岩山塔类似，同为孙承祐重建的古塔。

塔用青砖砌筑，仿木楼阁式，八角七层。通高 28.32 米，塔底层边长 2.4 米。

图 2-40　苏州楞伽寺塔现状

[1]（宋）朱长文：《吴郡图经续记》卷上，载《宋元方志丛刊》第一册，中华书局，1990 年。

[2]“宝积寺：在横山下，亦名楞伽寺，山顶有塔，隋人所书塔铭，碑石全好，字画秀整，绝类虞、褚，大抵隋人书法兼传晋宋间，造意甚可珍。”（宋）范成大：《吴郡志》卷三十三，载《宋元方志丛刊》第二册，中华书局，1990 年。

[3]（宋）范成大：《吴郡志》卷三十三，载《宋元方志丛刊》第二册，中华书局，1990 年。

[4] 王德庆：《苏州楞伽寺塔》，《文物》，1983 年第 10 期。

原有副阶周匝，仅存石础与宽约2米的台基。第二层现无檐，自第三层起设腰檐、平座，腰檐用砖叠涩出跳，叠涩多至七层，上施瓦陇及角脊，转角有翘起之势。塔身每层东西南北四正面辟壶门，另四面亦隐出假壶门，各层门交错设置。塔心室八角形。塔刹已残缺，为葫芦形宝顶。

寺院内有《重修上方宝塔碑记》一方，可知塔于明崇祯年间大修，刘敦桢据此认为塔之一、二层檐部及塔刹被改动较大，但塔身主体仍为吴越末期所建[1]。现为江苏省文物保护单位。

[1] 刘敦桢：《覆艾克教授论六朝之塔》，载中国营造学社《中国营造学社汇刊》，第4卷第1期，1933年。

[2] 刘一鸣：《古建筑砖细工》，中国建筑工业出版社，2004年，第116页。

七、甲辰巷砖塔（吴越）●

苏州相门内干将路甲辰巷有砖塔一座。八面五级楼阁式，仿木结构楼阁式砖塔，高6.82米，底层对径1.2米。腰檐、平座、斗拱均为砖砌。每层四面设壶门，另四面雕出直棂窗，各层门交错设置。内部方室逐层转换45度。

该塔的始建年代及原属寺院虽然无考，但南宋绍定二年（1229）刻绘的《平江图》上有该塔标记。苏州市文物主管部门在维修中，对塔砖进行了“热释光”测试，发现塔砖的年代在“晚唐至五代末期”[2]。

由于长年失修，加上人为破坏，现塔仅存四层，腰檐亦已残缺不全。1993年维修时，补齐了构件，重建第五层和塔顶，重安塔刹。2013年公布为第七批全国重点文物保护单位。

图2-41 苏州甲辰巷砖塔现状

八、昆山·南翔寺双塔（吴越）●

南翔寺，五代时属苏州昆山县，现位于上海市嘉定区。南

图 2-42　昆山南翔寺双塔现状（郭欣摄）

图 2-43　昆山南翔寺西塔现状（郭欣摄）

翔寺始建于梁天监年间（502—519），后圮毁，吴越时重建。双塔原建在南翔寺山门两侧，为同时建造。清乾隆三十一年（1766）大火，古寺荡然无存，唯独砖塔劫后余生，为南翔古镇最古老的地面文物。

双塔均高约 11 米，底边对径 1.86 米，仿木结构楼阁式砖塔，八角七层。各层均有砖雕腰檐、平座、栏板、斗拱。每层四面设壶门龛，另四面雕出直棂窗，方向各层互换。现在的双塔是 1985 年根据古塔尚存构件和痕迹，以及地下清理的栏板、斗拱、瓦当等原构件，重新修复的[1]。

存疑

1. 昆山・慧聚寺凌霄塔

昆山马鞍山顶，有南朝梁始建的慧聚寺塔院遗址。寺后有凌霄塔，初名至尊多宝塔，南朝梁始建，五层。后名凌霄塔。元大德重建。明嘉靖又重修，增为六层。万历重修时，增为七层[2]。清咸丰十年（1860），除凌霄塔外，慧聚寺毁于太平天国兵火。1937 年，塔被日军炸毁。1958 年最终消失。

元代陆垕《重建慧聚寺诸殿记》提到，"吴越所创塔"[3]。根据凌霄塔八角砖木混合楼阁式的形制，推测至尊多宝塔在吴越时期可能得到过重建。

[1] 上海市规划和国土资源局：《上海塔幢》，上海科学普及出版社，2009 年，第 35 页。

[2]（清）冯桂芬：《同治苏州府志》卷四十三，清光绪九年刊本。

[3]"宋淳熙、端平荐栋宇内外，小大俱为瓦砾。于是张僧繇龙柱、杨惠之天神塑像、吴越所创塔、南唐所扁经钟台，上方、妙峰、翠屏、夕秀、凌峰、垂云诸轩阁遗迹荡无一存矣。"（元）陆垕：《重建慧聚寺诸殿记》，见（清）张鸿、王学诰编《道光昆新两县志》卷十，载《中国地方志集成·江苏府县志辑》第十五册，苏州古籍出版社，1991 年。

2. 吴江·兴宝院铁塔

吴江县城内西北处的延寿坊，有兴宝院，始建于三国吴赤乌年间，吴越天福七年（942）重建，北宋改名圣寿，后世俗称北寺。清代圣寿寺西区的藏经阁前，有铁塔七级，高五丈。该铁塔有可能是吴越时期所建[1]。

第四节 湖 州

唐代湖州为浙西大郡。唐乾宁四年（897），钱镠克湖州，自此至太平兴国三年（978），湖州皆属吴越版图。湖州领县四：乌程（附郭县，今吴兴区、南浔区）、德清（今德清县东部）、安吉（今安吉县）、长兴（今长兴县）。世属湖州的武康县（今德清县西部），在吴越时期划归杭州。湖州在吴越初期，地邻杨吴，为边境要地，几任湖州刺史李继徽、高澧，甚至钱镠的弟弟钱镖，相继叛降杨吴。吴越显德六年（959），敕升湖州为宣德军，钱俶派弟弟钱偡镇守湖州，边境无事。

湖州早期古塔，有孝义寺塔，南朝陈天嘉年间（560—566）建；长兴报德寺塔，南朝陈永定年间（557—559）建；上乘寺舍利石塔，唐中和四年（884）建。湖州现存古塔有市区的飞英塔、吴兴道场山多宝塔、吴兴戴山塔、安吉灵芝塔、德清文明塔等。

一、西峰塔（912）

乌程县北二十里有卞山，吴越天宝五年（梁乾化二年，912），吴越钱氏于此建塔，号西峰塔院，别名西蛮院。北宋改名多宝院[2]。

二、正法明寺铁塔（约971）

钱偡乃钱俶异母兄弟，显德至开宝间曾担任湖州刺史、宣德军节度使。湖州子城内，吴越时期为吴兴郡王钱偡之宅第。吴越开宝四年（971），钱偡去世后，舍宅为寺，号正法明寺，北宋改名广化寺。寺院西侧有子院，殿后有九层铁塔，祭祀吴兴恭义王钱偡[3]。这座九层铁塔应建于开宝四年后不久。

[1]（清）倪师孟：《乾隆吴江县志》卷十一，清乾隆修民国年间石印本。

[2][3]（宋）谈钥：《嘉泰吴兴志》卷十三，载《宋元方志丛刊》第五册，中华书局，1990年。

三、上乘寺外塔（飞英塔外塔，约 972）●

唐咸通五年（864），忠颢禅师于城内建资圣寺。中和五年（885），改名上乘寺。寺西侧有舍利石塔院，中和四年至乾宁元年（884—894）建。据记载，舍利石塔高三十七层，高六十五丈，数字过于夸张。石塔内安舍利七粒及阿育王舍身饲虎面像，得自长安的僧伽大师[1]。吴越开宝中（约 972），据说舍利石塔放光，于是在唐代石塔之外，新建一座中空的外塔，作为石塔的保护罩[2]。南宋绍兴二十年（1150），外塔遭雷火焚毁，内石塔也同毁。内石塔随即重建，舍利重新安置入内。《嘉泰吴兴志》（成书于嘉泰元年，1201）编纂期间，又重建外塔[3]。外塔在元明清历经多次重修[4]。后世称为飞英塔。洪武初年，寺院一分为二，东侧为飞英教寺，西侧为飞英塔院。

现存内塔为仿木楼阁式石塔，八角五层，实心，塔刹缺失，残高 14.55 米。塔身虽雕出仿木结构，但比例失衡，屋身高度远大于开间宽度，不像安吴塔是写实作品。塔身上分别有绍兴二十四年（1154）、绍兴二十五年（1155）、绍兴三十一年（1161）等纪年题记。内塔第五层屋身东南面设有天宫，宽 0.72 米，高 0.92 米，藏品早已不存。内塔第四层在 1983 年维修时发现内设天宫，内有七曲银盒一件，金铜造像三件以及大量古代钱币。其中金铜造像为弥陀、观音、势至的“西方三圣”组合，造像带有典型的吴越时期风格，应是南宋重新舍入的吴越时期供养品。

现存外塔为砖木混合楼阁式塔，八角七层，单筒，通高 55.45 米。底层设副阶，其上每层由平座、屋身和腰檐组成。塔内四层以下中空，安置石塔。二层内平座斗拱用双杪双上昂七铺作重拱偷心造，为目前仅见。一条华拱的拱尾有墨书题记“大宋绍定陆年五月十二日”。

1986 年外塔维修时，发现第二层外塔壁藏嵌螺钿木胎经函一件，函内装《妙法莲华经》一部，以及“周元通宝”铜钱等一批五代文物，经函底板题记为：“吴越国顺德王太后吴氏谨拾宝装经函肆只，入天台山广福金文院转轮经藏，永充供养，时辛亥广顺元年十月日题纪。”[5]吴氏即吴越国王钱俶的生母吴汉月（？—952），这件经函原是广顺元年（951）时，她舍入天台山广福金文院转轮经藏中的，本有四件。在开宝年间上乘寺外塔新建时，这件经函被用来盛装《法华经》一部，供养于外塔第二层天宫之中。这件经函的发现，证明了外塔在南宋

[1]“飞英寺：唐咸通五年，忠颢禅师募众建，刺史高湜表请为资圣寺。”（宋）谈钥：《嘉泰吴兴志》卷十三，载《宋元方志丛刊》第五册，中华书局，1990 年。

[2][3]（宋）谈钥：《嘉泰吴兴志》卷十三，载《宋元方志丛刊》第五册，中华书局，1990 年。

[4]“明天顺七年陈秉中重修飞英舍利塔记略：至元僧惠日与其徒妙演，撤故易新，功讫六稔，见赵孟吁记。入国朝永乐间，雷斧夜削，砖石剥落，椽槛液構，日就倾圮。僧文誉常修塔后之弥陀殿，而塔之功实浩不能举。旧石塔十二方石佛，四百十八尊灵山像一会，既而石破像散，俱失原相。”（清）李昱：《光绪归安县志》卷十，载《中国地方志集成·浙江府县志辑》第二十七册，上海书店出版社，2000 年。

[5] 林星儿：《湖州飞英塔发现一批壁藏五代文物》，《文物》，1994 年第 2 期。

图 2-44　湖州上乘寺外塔立面图（引自刘杰《湖州飞英塔的结构与形制研究》，浙江大学硕士学位论文，2016 年）

图 2-45　20 世纪中期湖州上乘寺外塔旧影

图 2-46　湖州上乘寺内石塔现状（程旻摄）

图 2-47　湖州上乘寺外塔现状

绍兴二十年（1150）火灾时，并未全部毁坏。南宋重建时，尚存部分吴越砖塔身。

综合上述材料，从出土文物及建筑形制来看，飞英塔内石塔为南宋时期重建。外塔的下部砖身为吴越时期所建，上层部分砖身为南宋重建，木构为后世重建。1988 年公布为第三批全国文物保护单位。

在《嘉泰吴兴志》的记载中，上乘寺在吴越和南宋两次建造的外塔，均为木塔，但从现状和出土文物来看，吴越和南宋时期的外塔，应该均为砖木混合塔。

四、安吉·永安禅院塔（灵芝塔，吴越）●

安吉县东三里的四龙湖山，有吴越钱氏所建的永安禅院，北宋改名等慈院[1]。永安禅院西侧有同为吴越钱氏所建的灵芝塔院[2]。

两座寺院久废，现仅存塔一所。灵芝塔，八角九层[3]，仿楼阁式砖砌实心塔。通高 22.46 米。塔基包括基台和基座，基台八角，砌于自然山体岩石上。基座为八角须弥座，束腰内收，素面无纹饰。塔壁逐层规律收分。每层每面皆开壶门形龛，无仿木雕饰，装饰简单。底层无檐，原应有木构副阶。二层以上用平砖和菱角牙子相间叠涩出檐。勾头饰宝相花，滴水饰重唇锯齿纹，戗脊饰脊兽，略有起翘。平座亦用砖叠涩挑出。塔刹完好，与顶层每面戗脊间用铁链牵引。

灵芝塔的塔刹，自下而上，由覆钵、仰莲、盖盘、套筒十九件、相轮九重、露盘、仰月、圆光、宝珠组成，均为铁质，所有构件均套在塔心木外。露盘与顶层八条戗脊之间，用铁链牵引。覆钵铭文“弟子方德升舍净财造永安禅院塔上相轮□永充供养”，盖盘铭文“□□方德升母亲施氏三娘子妻沈氏四娘子□□弟德□男二院……”[4]覆钵和盖盘的铭文表明，塔原属于永安禅院，并且塔刹应大部分为吴越时期始建时的原物。

1994 年灵芝塔落架大修时，在塔身第八层至第九层束腰部，距塔顶仅 2 米处的部位，发现一座天宫，内有鎏金银质阿育王塔一座，底座刻铭文：“安吉县永安乡城南保奉佛女弟子裴氏三娘，将妆奁浪银制造塔一所，安真身舍利佛骨，舍入永安院塔心内，资荐夫主施十二郎。庆历七年岁次丁亥四月朔日毕工记。银匠李宥昌。”玻璃瓶两件，水晶柱一件，水晶珠三件，银镯、银钗、银簪等十余件，铜镜两件，钱币 7675 枚，时代从西汉半两到北宋皇宋通宝，数量最多的是开元通宝、太平通宝、景德通宝等。

塔刹其中一套筒上有铭文：“安吉县施中立与家眷等，先舍钱伍伯贯文，□结众缘，劝导豪贵，重修永安院故塔及屋宇圣像等。时大宋庆历七祀岁次丁亥三月初八日下手修，四月十六日入金银塔一所，安真身舍利佛骨，二十五日竖□□永远供养，上答四恩三有。

[1]“等慈院：在安吉县东三里，四龙湖山。吴越钱氏建，号永安禅院。……本朝治平二年改今额。”（宋）谈钥：《嘉泰吴兴志》卷十三，载《宋元方志丛刊》第五册，中华书局，1990 年。

[2]“灵芝塔院：在等慈院西，钱氏建。”（宋）谈钥：《嘉泰吴兴志》卷十三，载《宋元方志丛刊》第五册，中华书局，1990 年。“灵芝塔：见江志，在顺安乡马家渎南山麓。相传五代吴越时建，虽不甚高，而至今千余年岿然独存。”（清）张行孚：《同治安吉县志》卷六，清同治十三年刻本。

[3] 有观点认为该塔十层，但也可以认为该塔底层的副阶不算层数，则腰檐九级，还是九层塔。

[4] 本条大部分材料引自周意群：《安吉五代灵芝塔》，载《东方博物》第 53 辑，中国书店，2014 年。部分内容经笔者核对实物后修改。

同劝缘，钱塘张德之，塔主僧戒古谨愿记。”根据天宫出土文物及塔刹套筒题记，可知北宋庆历七年（1047），重修永安禅院及旧塔，并且在第八至第九层之间的“塔心”，安置天宫，舍入安置真身舍利的鎏金银阿育王塔。

另一塔刹套筒题记：“安吉县灵芝塔院，景定元年二月初四日下手重修，伏承□□，施财添助，□府学士潜施财□珠，□府仙尉琳喜舍塔心，□门范国华同母亲王氏舍钱，潘□恭、南门信士戚吉同妻吴氏舍钱一阡贯文，信士王用亨并妻丁氏舍财添助，住持僧具有，同干缘程道净、何道清、沈道正、沈道成、姚道琦等，所祈功德，上报四恩，下资三宥，法界有情，同成种智。安福乡铸冶匠施通。”可知南宋景定元年（1260）又有一次重修，更换了塔心木。并且吴越北宋时期的永安禅院塔，在南宋时期起，独立为灵芝塔院，名为灵芝塔，位于等慈院（原永安禅院）之西。

图 2-48 安吉永安禅院塔现状（沈琰摄）

经 20 世纪 80 年代多次调查，灵芝塔被认定为五代吴越时期建筑。2019 年公布为第八批全国重点文物保护单位。关于建塔者，《嘉泰吴兴志》仅言钱氏，可能为吴越国王，也可能是湖州地方官如钱偡等。

存疑

1. 安吉·保安院塔

安吉县西半里有保安院，吴越天福五年（940）钱氏建，北宋时改名宝梵院。南宋时，寺前尚有一座山塔，位于溪对岸[1]。该塔可能为吴越时期所建。

[1]（宋）谈钥：《嘉泰吴兴志》卷十三，载《宋元方志丛刊》第五册，中华书局，1990 年。

2. 德清·法华院双塔

德清新市镇西栅有法华院，相传为吴越国王建。北宋末年改名慧通寺。宋代时寺前有双塔，所以俗称双塔寺。元代时寺院毁于兵火，双塔也已不存[1]。寺前双塔可能为吴越时期所建。

第五节 秀 州

秀州本为唐代浙西道苏州属县的嘉兴县。唐末以来，吴越钱氏十分重视嘉兴县的地位。唐文德元年（888），钱镠筑嘉兴县城。吴越宝大元年（924），钱镠在嘉兴县设立开元府，辖嘉兴、华亭、海盐三县，这是嘉兴正式设置州府级行政机构之始。开元之名，有庆祝吴越开国之意。后开元府一度撤销，天福五年（940），经后晋朝廷批准，于嘉兴县置秀州。秀州领县四：嘉兴（附郭县，含今南湖区、秀洲区、嘉善县）、海盐（含今海盐县、平湖市）、崇德（今桐乡市）、华亭（今上海市）。钱俶曾先后任命其从子钱昱、钱郁担任秀州刺史。

秀州古塔众多。梁天监中（502—519）建嘉兴东塔。白龙潭有唐代三塔，称三塔湾。秀州华亭县，经济繁荣，崇佛极甚，寺塔更多于州城。“浙右喜奉佛，而华亭为甚。一邑之间，为佛祠凡四十六，缁徒又能张大其事，亦可谓盛矣。”[2]华亭龙华塔，始建于三国吴赤乌年间（238—251）。华亭西门外有唐开元时（713—741）所建七级高塔，砖木混合结构，民国时尚存北半壁。

秀州今存古塔，主要分布在原属秀州华亭县的地区，如上海龙华塔、松江兴圣教寺塔、松江护珠塔、松江秀道者塔、松江圆应塔、松江李塔、青浦青龙塔、青浦泖塔，此外还有海盐天宁寺塔、平湖报本塔等。

一、崇德·常乐寺双塔（899 前）●

崇德县城内有建于梁天监二年（503）的常乐寺，晚唐重建，北宋改额崇福寺[3]。寺门两侧，唐乾符中（874—879）立有二石经幢[4]。唐末五代初的著名高僧无著文喜禅师（820—899），就是本地人，在该寺出家[5]。吴越后期，僧统赞宁在寺内立有纪念无著禅师的碑记[6]。

后世的崇福寺金刚殿前，有东西两座宝塔，塔高 12 米。据旧照片来看，双塔为八角七层仿楼阁式砖塔，实心，不可登临。各层均

[1]（民国）程森：《民国德清县新志》卷三，载《中国地方志集成·浙江府县志辑》第二十八册，上海书店出版社，2000 年。

[2]（宋）杨潜修：《云间志》卷中，载《宋元方志丛刊》第一册，中华书局，1990 年。

[3]“崇福寺：在县西八十步。考证：梁天监二年名常乐寺，唐会昌年废，大中十年重立。宋大中祥符二年改为悟空院，天禧二年六月十五日改今名。建炎兵火废后重立。”（元）徐硕：《至元嘉禾志》卷十一，载《宋元方志丛刊》第五册，中华书局，1990 年。

[4]“唐乾符中所立崇福寺二石经幢，一云嘉兴县语儿乡，一云语儿市。”（元）徐硕：《至元嘉禾志》卷一，载《宋元方志丛刊》第五册，中华书局，1990 年。

[5]（宋）赞宁撰，范祥雍点校：《宋高僧传》卷十二，上海古籍出版社，2014 年。

[6]“有唐无著禅师赞宁碑记，师嘉禾御儿人也。寺东北隅有九品观堂。”（元）徐硕：《至元嘉禾志》卷十一，载《宋元方志丛刊》第五册，中华书局，1990 年。

有砖雕腰檐、平座、栏板、斗拱，檐角起翘明显。每层四面设壸门龛，龛中塑有造像，另四面雕出直棂窗，方向各层互换。

《嘉庆石门县志》载："东西列二塔，唐无著禅师造。"明代僧一峰《重建二塔记略》云："寺前二塔，雄伟峻拔，足以壮一方，其有关于乡邦者甚矣。粤自吴越国王赐铜亭银盒，盒内藏舍利、宝贝等物于西塔上。元至元二十二年，僧了恩重修，复置银盒于东塔上。"明天启二年（1622）《重修二塔记略》云："西塔修时拆出乌斯藏渗金佛一尊，银盒一座，内有淡红色如梅豆大一颗，不识其物，银弥勒一尊，手执珠一串，放光石一块，珊瑚树一枝，金刚塔一座，血书《金刚经》一卷，西门杨秀才写。东塔修时拆出银龛一座，内银佛二尊，金刚塔一座，银盒一座，坚固子一颗，珠三颗，宝石三块，金花一朵，雄精一块，朱砂一块，重十两，玉梅花两朵，古铜炉一座。以上金宝，皆着僧海若亲送上塔。恐后再修，无所取考，故记此以为之据也。"[1]

图 2-49　20 世纪初期崇德常乐寺双塔旧影，图左为西塔，图右为东塔（黎毓馨提供）

20 世纪 50 年代中期，因塔身严重倾斜，危及附近民房，两塔的顶层各被拆去六、七两层，拆塔时发现文物 47 件，出土有钱俶造阿育王铜塔、造型、写经等[2]。其余塔身在 1966 年被全部拆除。

由上述资料判断，双塔应是唐末时无著文喜禅师建于常乐寺，由吴越国王舍入舍利及供养品，后世又舍入了其他供养品。

二、海盐 · 宝兴寺双塔（约 935）

海盐县东数十里有宝兴寺，位于后世平湖县治。唐代始建，吴

[1]（清）梅峄：《嘉庆石门县志》卷九，清嘉庆二十三年刊本。

[2] 王士伦：《崇德县崇福寺拆卸东西两塔塔顶部分时发现文物四十七件》，《文物参考资料》，1956 年第 1 期。

越清泰中（约 935）重建，并建双塔。北宋初，改名德藏寺[1]。元代寺毁，塔可能毁于此时。

三、灵光寺双塔（约 962）

秀州子城内原有灵光寺，建于东晋时期。钱元瓘时期，灵光寺在建山门时，掘地发现一只灵龟，遂改名灵龟寺。天福四年（939），嘉兴县升为秀州，灵龟寺复名灵光寺。北宋时改名精严寺[2]。

灵光寺在吴越钱元瓘时重修并赐额，为敕建寺院。灵光寺前有东西双塔。相传吴越王将佛舍利纳入金铎中，藏入塔内。宋代时双塔题有皇帝御赞石刻[3]。

关于这两颗舍利，北宋僧人契嵩有专文记述其灵验之事：两颗舍利得自吴越国师德韶，是赤城山塔发现的岳阳王萧詧感应舍利。德韶命名两颗舍利，一名行道，一名入定。舍利纳入小铜塔之中，里面的金铎能转动、发声。其中入定舍利不可得见，而行道舍利可以拜观[4]。考虑到建隆二年（961）十一月的天台般若寺塔记中，未提到秀州灵光寺分得赤城山舍利，因此灵光寺双塔可能建于建隆三年（962）之后不久。

四、华亭·胜果寺塔（963—968）

华亭县北五十四里青龙镇，有胜果寺[5]。吴越高僧希最说法于此。寺内有塔一座，建于吴越乾德年间（963—968），南宋宝庆间（1225—1227）毁于风雨[6]。

五、无量寿塔（973）

秀州城西北有慈恩寺。吴越开宝六年（973），秀州刺史丁太尉买前代砖塔一所，发掘塔基得到石无量寿佛、石相轮、石香炉、舍利、佛龛等，因而立为无量寿塔院。北宋治平年间（1064—1067），赐名慈恩寺[7]。南宋建炎间，金兵入侵，塔院全部烧毁，仅有“一塔亭亭独存”。南宋淳祐间（1241—1252），赵孟坚花二十余年重建塔院，“开轩阶塔”，即是将其木构恢复，可以登临[8]。

[1]“德藏教寺：在（平湖）县东隅八十步。唐会昌二年僧道宣开山，光启间废。后唐清泰中，乡民丘郃请即故基新之，名曰宝兴，前建双塔。宋大中祥符八年，改德藏寺。”（明）柳琰：《弘治嘉兴府志》卷二十二，明弘治刻本。

[2][7]（元）徐硕：《至元嘉禾志》卷十，载《宋元方志丛刊》第五册，中华书局，1990 年。

[3]“寺门侧二塔，相传吴越王得佛舍利，内金铎中，藏此。宋时石刻御赞尚存。”（清）袁国梓：《康熙嘉兴府志》卷七，清康熙二十一年刻本。

[4]（宋）契嵩：《镡津文集》，载《大正藏》第 52 册，第 2115 号。

[5]“胜果寺：在府北五十四里青龙镇。……妙悟大师希最塔铭云：最学天台教。缁林号曰义虎，后居胜果寺。”（元）徐硕：《至元嘉禾志》卷十，载《宋元方志丛刊》第五册，中华书局，1990 年。

[6]“胜果寺：在隆福、隆平之西，宋乾德间造有浮图一座。宝庆间毁于风雨。……妙悟大师希最，说法于胜果寺，道俗畏而爱之，号为义虎。”（明）陈继儒：《崇祯松江府志》卷五十二，明崇祯三年刻本。

[8]“重建慈恩塔院记：……此院以开宝年斫地，得石佛、石香炉、相轮、舍利，而建为无量寿佛院也。治平改今额。建炎兵火而燹，一塔亭亭独存，余悉就圮。余二十年竭力起废，龛经绘藏。庚午秋，开轩阶塔。……淳祐五年……记。”（元）徐硕：《至元嘉禾志》卷十八，载《宋元方志丛刊》第五册，中华书局，1990 年。

六、华亭·龙华寺塔（977）

华亭县有龙华寺及龙华塔。龙华塔始建于三国吴赤乌年间，印度僧人康僧会献五色舍利，孙权为之建塔。该塔毁于唐末黄巢起义。吴越太平兴国二年(977),应张仁泰之请,钱俶重建龙华寺和龙华塔[1]。北宋改额空相寺。

后世的明代方志，更是为钱俶重建龙华塔的故事增添了祥瑞的色彩。“相传吴越忠懿王尝夜泊浦上，风雨骤至，草莽间神光烛天，钟梵隐然。询其地，古龙华寺基也。遂命大盈庄务将张仁泰重建。”[2]

龙华塔高40.6米，八角七层楼阁式砖木混合结构。底层高大，逐层收分，空筒式单层塔壁，每层四正面皆有塔门，逐层转换开门位置，塔心室方形。塔基采用垫木、木桩、石子，克服土质松软造成的沉陷。从塔檐角上发现宋式檐拱额枋，砖拱上刻有宋式花纹及塔脚下的宋式瓦当，证明砖塔主体应为吴越原物。

龙华塔的木结构经历代修缮，设木制楼梯，塔外每层均有腰檐、平座，出檐深远，檐下和平座下俱有木斗拱。明崇祯三年（1630）、清康熙七年（1668）、清康熙四十年（1701）、清道光末、清光绪十八年（1892）、1921年、1954年均有修缮。1984年更换顶部10米长的刹柱，新铸七重相轮的铜制塔刹。2006年列入第六批全国重点文物保护单位。

图2-50　华亭龙华寺塔现状

[1]（清）俞樾:《同治上海县志》卷二十八，清同治十一年刊本。

[2]（明）陈继儒:《崇祯松江府志》卷五十二，明崇祯三年刻本。

存疑

1. 泗州大圣塔（东塔）●

秀州城东六里有古寺，建于梁天监年间，隋仁寿年间建塔。南宋中期寺废，仅存废塔二级，庆元间寺塔重建[1]。

明代时记载，该塔七级，位于天王殿之后，普光明殿之前，殿前有二方池水，一青一白[2]。说明塔位于寺院中轴线之上，大殿之前。

该塔后世称为东塔，方形七级。1968 年拆除，发现大量宋、元、明时期的供养品。

文献中记载的“宋初”，可能指吴越末期。

2. 报恩院双塔

嘉兴县东南三十里古寺，始建于梁天监二年（503）。吴越显德五年（958）改报恩院，北宋改名兴善院。该寺旧有舍利双塔。可能为吴越时期所建[3]。

3. 保安寺双塔

嘉兴县东，在后世的嘉善县城内，有始建于晚唐的保安寺。北宋改名慈云寺[4]。元代重修大殿和宝塔，元末寺塔毁于兵火，明初仅存两座砖塔，又称阿育王塔，明中期时重修[5]。双塔可能为吴越时期所建。

4. 海盐·重光寺塔

海盐县城内有始建于东晋的光兴寺，吴越乾祐年间（948—950）改名重光，北宋改名普明，又改资圣[6]。明代时，寺有楼阁式塔，极为高峻，“层层用灯点明，东海行舟者，皆望此为标的”，后被烧毁。塔心青石巨大，上镌有经文[7]。该塔可能为吴越时期所建。

5. 崇德·凤鸣院双塔

崇德县城内有凤鸣院，吴越广顺二年（952）汉南王钱俶建。寺有双塔，元末毁于兵火，明初重建[8]。双塔可能为吴越国后期所建。

6. 华亭·兴塔

华亭县有兴塔院，创建无考。该寺在北宋治平初（约 1064）重修，则塔可能建于吴越时期[9]。

[1]“东塔广福教院：在县东六里。考证：旧大圣塔院也。宋政和六年，因在城寿圣教院改为天宁万寿寺，郡闻于朝，以寿圣教院名，就塔院立之。绍兴三十二年改今名。”（元）徐硕：《至元嘉禾志》卷十一，载《宋元方志丛刊》第五册，中华书局，1990 年。“东塔讲寺：县东六里，汉朱买臣故宅，有墓。梁天监中建寺，隋仁寿年置塔。塔前二池，分青白色。唐广德中赐报国禅院额。宋初为泗州大圣塔院。崇宁中改寿圣教院。绍兴末改东塔广福教院。塔圮，仅存二级。庆元间，寂照法师修治殿塔。”（清）袁国梓：《康熙嘉兴府志》卷七，清康熙二十一年刻本。

[2]“前通指南桥，北峙天王殿，殿后浮屠七级，达于普光明殿，殿前有方池二所，水分青白。”（明）柳琰：《弘治嘉兴府志》卷十，明弘治刻本。

[3]（明）柳琰：《弘治嘉兴府志》卷八，明弘治刻本。

[4]“慈云教寺：在（嘉善）县治西北一百步。按郡志，创于唐大中十一年，初名保安寺，宋治平元年改今名。元末兵毁，止存砖塔二座。”（明）柳琰：《弘治嘉兴府志》卷十四，明弘治刻本。

[5]（清）江峰青：《光绪重修嘉善县志》卷六，清光绪二十年刊本。

[6]“资圣寺：在县西五十步，考证旧经，云本普明院。旧记云，昔右将军戴威之宅，一日井中发五色光，威以为奇，遂舍宅为寺。司徒王询建为伽蓝，神得名光兴，事见吴郡陆崧塔记。”（元）徐硕：《至元嘉禾志》卷十一，载《宋元方志丛刊》第五册，中华书局，1990 年。

[7]“王文禄曰：资圣塔灾后，有游僧欲重建撤基，予髫龄犹及见，塔心青石丈余，上镌有经文可识云。后功竟不成。”（明）胡震亨：《天启海盐县图经》卷三，明天启四年刊本。

[8]“县治西北一百五十步，周广顺二年汉南王建，名凤鸣院。宋治平改今名。元末兵毁。国朝洪武初，实旸谷重建双塔。”（明）柳琰：《弘治嘉兴府志》卷三十，明弘治刻本。

[9]“兴塔禅寺：在泖桥西，即宋兴塔院，创建无考。治平初，僧慧月重修。绍兴四年赐额。”（明）顾清：《正德松江府志》卷十八，明正德七年刊本。

第六节 睦 州

唐天祐三年（906），钱镠克睦州，自此至太平兴国三年（978），睦州皆属吴越版图。睦州领县五：建德（附郭县，属今建德市北部）、寿昌（属今建德市南部）、遂安（属今淳安县西部）、青溪（属今淳安县东部）、分水（属今桐庐县西北部）。世属睦州的桐庐县（属今桐庐县东南部），在吴越时期划归杭州。

建德为睦州首县，州治所在。五代时，州治与县治皆在今建德市梅城镇，三江口北岸。寿昌县治，即今建德市寿昌镇；遂安县治，即1959年前的遂安县狮城镇（现位于新安江水库下）；分水县治，即今桐庐县分水镇；青溪县治，即1959年前的淳安县贺城镇（现位于新安江水库下）。

睦州青溪县在北宋末年为方腊起义之渊薮，宣和二年（1120）十二月初，方腊攻陷睦州。方腊信摩尼教，攻略所至，大肆破坏佛教寺塔，杭州的六和塔、雷峰塔都被烧毁。后来北宋官军扫荡，生灵涂炭，庙宇民宅尽毁，对佛教建筑破坏巨大。20世纪50年代新安江水库的建设，淹没了淳安、遂安两县大部分城镇。如今睦州旧地，吴越佛塔几乎无一存留，仅能据方志记载，略考一二。

如今建德梅城镇东北有北峰塔，东南有南峰塔，皆为明代嘉靖年间重建。

一、善导和尚塔（下塔，950）

在南宋《淳熙严州图经》中，乌龙山的支脉东津山下有下塔院，塔七层，是一座楼阁式塔。下塔院在睦州东门望云门外五里，名为善导和尚塔，该塔院应是圆通院的下院。北宋末年，传说因为此塔祈雨灵验，“善导”被封为广道大师[1]。

实际上，唐代净土宗祖师，长安的善导和尚并未葬在睦州，而是葬于关中秦岭。后来净土宗大师少康（736—805）在长安习得净土法门，并得善导感应，赴睦州乌龙山建圆通院，将净土持名念佛法门传入江南，被后世奉为净土宗第五代祖师。

据《宋高僧传》，圆通院的开山祖师少康安葬于睦州城东的台子岩，吴越时仅存方石台基。当时百姓相传台基旁的土可以治病，于是竞相取土服用，导致当时方石台基的四周留下了四道车辙一般的

[1]（宋）陈公亮：《淳熙严州图经》卷二，载《宋元方志丛刊》第五册，中华书局，1990年。

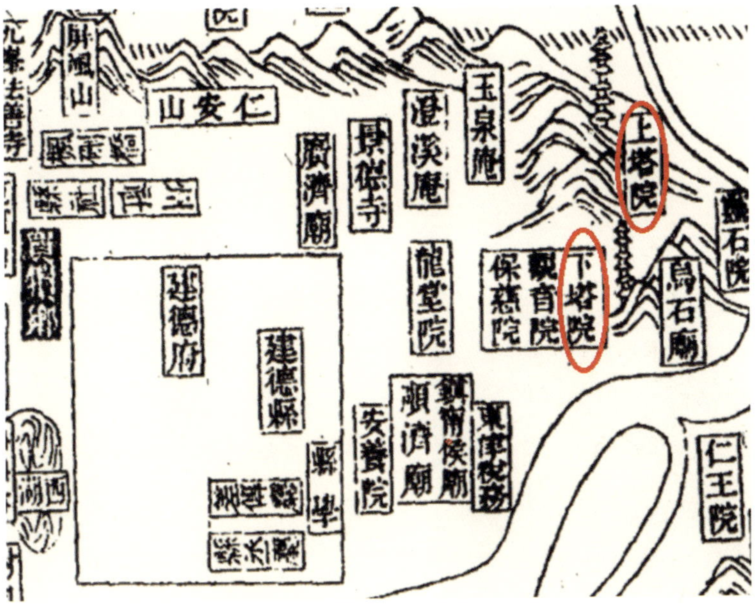

图 2-51 《淳熙严州图经》"建德县境图"（局部）的上塔院和下塔院（引自中华书局影印本《宋元方志丛刊》第五册，中华书局，1990 年。红圈为笔者所加）

深坑。吴越乾祐三年（950），天台国师德韶重建少康坟塔，"至今高敞"[1]。"高敞"一词，一般用于描述楼阁式塔。例如，宋太宗重建的泗州普照王寺塔，是一座八角十三重的楼阁式塔，"敕高品、白承睿重盖其塔，务从高敞，加其累曾"[2]。可见少康坟塔，已经改建成了一座楼阁式舍利塔。

实际上，在吴越时期，少康已经"时号后善导"。在南宋《淳熙严州图经》中，少康更是直接被称为"善导和尚"[3]。因此同样在《淳熙严州图经》提到的这座善导和尚塔，应该就是德韶重建的少康塔，在南宋时已经讹传为善导和尚塔。而德韶在重建时，考虑到当时信众对少康和善导的信仰，已将少康神化，于是将原本仅剩方石台基的高僧塔，改造成了一座楼阁式舍利塔。

吴越后期，由于净土信仰的流行，尊崇善导和少康两位祖师。杭州崇寿院应天塔相传也供养有善导和尚舍利，可能也是此次重建少康塔时所得。

二、圆通院塔（上塔、北峰塔，约 950）

"后善导"少康，在睦州城东五里的乌龙山支脉东津山顶上，建净土道场，名圆通院，后世又名高峰院、上塔院[4]。在南宋《淳熙严州图经》中，上塔院也有塔七层，是一座楼阁式塔。这座塔流传至今，后世俗称北峰塔。

北宋名臣赵抃，于嘉祐元年（1056）知睦州时，留有咏该塔之诗："上石披松千步劳，下窥人物见秋毫。嗟谁更向山峰顶，树塔孤撑碧落高。"[5] 吴越时期，圆通院创寺已近二百年，是吴越国境内最重要的净土胜地。考虑到上塔与下塔的对应关系，这座高峰塔应建于吴越时期，大约在下塔重建（950）或更早时。北宋赵抃登上的这座七层高塔，应是吴越时期所建的一座楼阁式塔。

据《淳熙严州图经》之建德县境图，南宋时圆通院（图中名为上塔院）七层古塔依然矗立，原应为砖塔，才能躲过方腊起义时的

[1]（宋）赞宁撰，范祥雍点校：《宋高僧传》卷二十五《唐睦州乌龙山净土道场少康传》，上海古籍出版社，2014 年。

[2]（宋）赞宁撰，范祥雍点校：《宋高僧传》卷十八，上海古籍出版社，2014 年。

[3]"高峰院，在东津山上，距城五里。唐善导和尚之道场院。"（宋）陈公亮：《淳熙严州图经》卷二，载《宋元方志丛刊》第五册，中华书局，1990 年。

[4]"高峰院，在东津山上，距城五里。唐善导和尚之道场院。"（宋）陈公亮：《淳熙严州图经》卷二，载《宋元方志丛刊》第五册，中华书局，1990 年。"高峰山，去县东五里许，仁安山之支也，圆通院居之。累甓为浮图，在其颠。"（宋）钱可则修：《景定严州续志》卷五，载《宋元方志丛刊》第五册，中华书局，1990 年。

[5]"高峰山。……山巅昔有浮屠七级，与南山天宁寺塔相望。"（民国）夏曰璈：《民国建德县志》卷二，载《中国地方志集成·浙江府县志辑》第九册，上海书店出版社，2000 年。

图 2-52 睦州圆通院塔现状

[1]（民国）罗柏麓:《民国遂安县志》卷二,《中国地方志集成·浙江府县志辑》第十册,上海书店出版社，2000 年。

[2]（宋）陈公亮：《淳熙严州图经》卷二,载《宋元方志丛刊》第五册，中华书局,1990 年。

[3]（明）徐楚：《万历严州府志》卷六,明万历六年刊本。

[4]“龙门山:在县东二十七里,山有龙门寺,顶有浮图旧址。石壁峭立,飞瀑喷岩而下。”（清）应德广：《乾隆建德县志》卷一，清乾隆十九年刻本。

破坏。后世高峰山称为北峰,该塔后于明嘉靖二十六年（1547）重建,即是如今现存的北峰塔，六角七层，残高约 25 米，木构已失。塔基用条石砌筑，内外素面，腰檐用四层菱角牙子叠涩出檐，翼角起翘。中心有一六角形砖砌实心柱，与塔壁之间构成台阶通道，顺时针盘旋而上。

北峰上留下了“方腊点将台”等古迹,应该就是圆通院遗址所在。明清以来，富春江北岸明代重建的北峰塔与江南岸明代重建的南峰塔遥遥相望，古称“双塔凌云”，为严州八景之一。2019 年公布为第八批全国重点文物保护单位。

三、遂安·安福院钱塔（吴越）

遂安县南三十里，有安福院。旧有阿育王及钱氏所造之钱塔，北宋末年蔡京书写寺院榜题。寺院毁于方腊起义[1]。

存疑

龙门塔

建德县东北二十七里，有龙门山，山有龙门庵，僧道豫建于吴越开宝年间（968—976）[2]，明代重建，为龙门寺[3]。山顶有龙门塔，可能建于吴越时期[4]。

第七节　东都乾元府越州

越州（会稽）自先秦起，即是浙东地区的政治经济中心，浙东第一州。自晚唐起，为浙江东道、镇东军节度使治所。浙江东道、镇东军下辖越州、明州、台州、温州、婺州、衢州、处州七州，均为钱氏掌控，属吴越国版图的越国部分，在宋代成为两浙东路。越州在吴越时期，正式名称为“东都乾元府”，后改为“东都会稽府”[1]，与西都钱唐府杭州，并为吴越国两都之一。因名涉僭越，钱俨遂于《吴越备史》中私改为“东府”。吴越时期，东都乾元府编纂有方志，名为“越都图经”[2]。

唐乾宁三年（896）钱镠克越州董昌，至太平兴国三年（978），越州一直属吴越版图。越州领县八：会稽、山阴（二附郭县，含今绍兴市越城区、柯桥区）、诸暨（今诸暨市）、赡县（今嵊州市）、余姚（今余姚市）、萧山（今杭州市萧山区）、上虞（今绍兴市上虞区）、新昌（今新昌县）。

越州新昌县南十里有石城山，齐永明中，僧护建石城寺，凿石造弥勒大像。梁天监十二年（513），大像建成，高达百尺[3]。这座大像，

[1] 见上海博物馆藏“钱镠七十五岁东都乾元府射的潭投龙简”。

[2]（清）阮元：《两浙金石志》卷五，浙江古籍出版社，2012年，第100页。

[3]（宋）施宿等：《嘉泰会稽志》卷八，载《宋元方志丛刊》第七册，中华书局，1990年。

图 2-53　新昌石城山大佛现状

在吴越时期,成为佛教圣迹。梁开平中,钱镠"赐钱八千万贯,造阁三层,东西七间,高一十五丈。又出珍宝巨万,建屋三百余楹"[1]。开运四年（947），钱俶从台州调回杭州，途经该寺，在弥勒大像前祈福并赋诗[2]。钱俶在位时，"又列二菩萨，夹侍阁前，身高七丈"[3]。明代时，钱镠所建的宏伟的三层阁被烧毁，仅存柱础[4]。大像至今尚存。

越州城内之应天塔，由东晋沙门昙彦与居士许询同建，梁岳阳王萧詧续成，其事迹于唐宋时十分著名。越州龙兴寺塔，南朝宋泰始元年（465）始建，唐大中元年（847）重建。嵊县应天塔，梁天监二年（503）始建，清代尚存南朝塔砖。越州余姚县舜井出土南朝瘗埋的古佛舍利，后被钱镠迎入杭州，建造雄伟的城北舍利塔。越州余姚县有古罗汉塔，开成二年（837）建，咸通七年（866）重建[5]。越州现存的古塔，主要有市区的大善寺塔、应天塔，诸暨的东化城寺塔等。

[1][3][4]（明）张元忭等：《万历绍兴府志》卷二十一，明万历十五年刊本。

[2]"吴越忠懿王诗：丁未岁仲冬，自丹丘归国，由南明川礼瑞像，因抒二十八字，熙宁己酉刻石。"（宋）施宿等：《嘉泰会稽志》卷十六，载《宋元方志丛刊》第七册，中华书局，1990年。

[5]（宋）施宿等:《嘉泰会稽志》卷十六《古罗汉塔记》，载《宋元方志丛刊》第七册，中华书局，1990年。

[6][7]（宋）施宿等：《嘉泰会稽志》卷八，载《宋元方志丛刊》第七册，中华书局，1990年。

一、诸暨·五峰塔（904）

据《嘉泰会稽志》，诸暨县治北五里，有五峰塔院，法云大师建于唐天祐元年（904）。北宋大中祥符元年（1008）改名净土院[6]。

二、诸暨·归寂塔（908）

据《嘉泰会稽志》，诸暨县治西五十里，有归寂塔院，建于吴越天宝元年（唐天祐五年，908），北宋改额归寂院[7]。

三、千佛塔（954）

据《嘉泰会稽志》，会稽县东四十里，有千佛塔院，建于吴越显德元年（954）。北宋大中祥符元年（1008）改名护胜院。千佛塔为砖塔。

四、诸暨·永光塔（954）

据《嘉泰会稽志》，诸暨县治南五十里，有永光塔院，建于吴越显德元年（954）。北宋大中祥符元年（1008）改名永庆院。

五、萧山·崇化寺感应塔（两方塔，958）

萧山县位于吴越国越州西垂，连接钱塘江、江南运河与浙东运河，为沟通浙西、浙东之交通枢纽。萧山崇化寺为城中大寺，东晋许询（许玄度）舍宅建，唐会昌时废，吴越建隆元年（960）重建，北宋治平三年（1066）改名祇园（后世名为祇园）[1]。相传许询在崇化寺造四层塔，资材耗尽，仍缺相轮未立。一天风雨大作之后，塔上忽然出现了相轮，核查之后，发现居然是剡县飞来之物[2]。

20 世纪 50 年代以前，萧山祇园寺原有四塔，两座方塔，两座圆塔。两方塔位于正殿（后殿）前，两圆塔位于金刚殿（前殿）前，皆毁于 20 世纪 60 年代。关于崇化寺两方塔、两圆塔的历史，王屹峰考证甚详[3]。

清乾隆四十一年（1776）大水，水漫到塔的第二层，水落后，西方塔崩毁。寺僧在废砖中发现“塔基记”一方，拓本尚存，内容为：“吴越王长舅郑国公吴延福载兴砖塔二所，香泥木石，为此镃基，厚二丈余，其固若山。他日制为请，无疑也。唐下元戊午年七月二十八日。勾当并结塔僧契庄，劝缘僧延祝。”[4]

同时，寺僧在西方塔第七层[5]废砖中发现显德五年（958）款阿育王铜塔一件，上有铭文：“弟子夏承厚并妻林一娘阖家眷属，舍净财铸真身舍利塔两所，恐有多生罪障业障，并愿消除，承兹灵善，愿往西方净土，戊午显德五年十一月三日记。”[6]

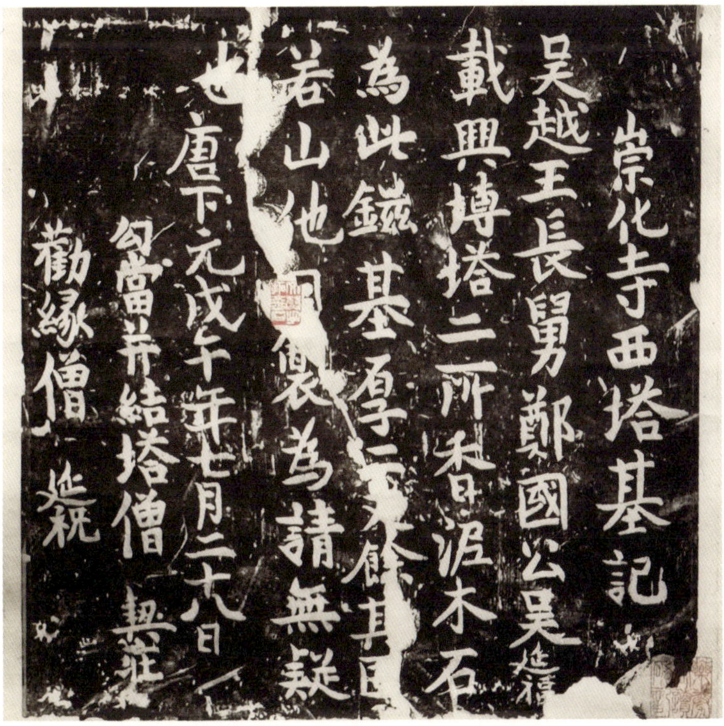

图 2-54　崇化寺西方塔塔基出土《崇化寺西塔基记》拓本（浙江省博物馆藏。引自浙江省博物馆《吴越胜览》，中国书店 2011 年版）

西方塔还出了一批佛像砖，上有刻铭为“唐下元戊午年七月二十八日延祝”，这批“砖方广各六寸，厚三寸，而有佛像合掌趺坐，砖背题字则以刀刻成，非由范造。然只有佛像而无题字者多”[7]。“唐下元戊午”即吴越显德五年（958）。

后来东方塔也出一砖铭，内容为：“弟子王林并妻何四娘阖家眷属，舍净财捐施真身舍利塔佛砖一千五百尊，恐有多生罪障业障，并愿消除，承兹灵善，

[1]（宋）施宿等：《嘉泰会稽志》卷八，载《宋元方志丛刊》第七册，中华书局，1990 年。

[2]“许询征司徒掾不就，乃策杖披裘隐于永兴西山，凭树构堂，萧然自致，至今此地名为萧山。遂舍永兴、山阴二宅为寺，家财珍异，悉皆是给。既成，启奏孝宗，诏曰：山阴旧宅为祇洹寺，永兴新居为崇化寺。询仍于崇化寺造四层塔，物产既罄，犹欠露盘相轮。一朝风雨，相轮忽自备。时所访问，乃是剡县飞来。”（元）张铉纂：《至大金陵新志》卷十四，载《宋元方志丛刊》第六册，中华书局，1990 年。

[3] 王屹峰：《萧山崇化寺五代金石刻铭及拓本》，载《东方博物》第 17 辑，浙江大学出版社，2005 年。

[4][6] 笔者据浙江省博物馆藏拓本录文。

[5]“其塔系供于塔砖之第七级以内。”（民国）来裕恂：《民国萧山县志稿》卷八，《中国地方志集成·浙江府县志辑》第十一册，上海书店出版社，2000 年。但实际上方塔仅有五层，此处应为误记。

[7]（清）杜春生：《越中金石记》卷一，载《石刻史料新编》第二辑第十册，台北新文丰出版公司，1979 年。

愿往西方净土。戊午显德五年十月记。汪元青敬刻。”[1]

以上几条材料，说明东西两方塔均始建于显德五年（958）。两方塔的功德主是当时吴越国王钱俶的长舅郑国公吴延福，塔基用香泥木石作夯土，厚达二丈余，坚固无比，塔内藏有真身舍利。塔砖部分使用了佛像砖，由其他供养人捐助。佛像砖至少有1500块，贴于塔身表面，形成千佛图案。

1966年东方塔毁后，也出土了同样形制的阿育王铜塔一件，铭文相同。可知两方塔所藏的真身舍利，均藏于阿育王铜塔之中，埋入塔内天宫。这两座阿育王铜塔由夏承厚与妻林一娘舍财铸造。夏承厚曾于天福九年（甲辰岁，944）在杭州南山石屋洞舍造罗汉两身[2]。

[1] 王屹峰：《萧山崇化寺五代金石刻铭及拓本》，载《东方博物》第17辑，浙江大学出版社，2005年。

[2] “弟子夏承厚、保招、伴招，共造二躯，永充供养，甲辰岁七月。”浙江省博物馆：《杭州石屋洞吴越国题刻》，中国书店，2019年，第10页。

图2-55　20世纪中期萧山崇化寺两方塔（图右）、两圆塔（图左）旧影（引自王屹峰《萧山崇化寺五代金石刻铭及拓本》，《东方博物》第17辑）

图2-56　20世纪中期萧山崇化寺西方塔旧影（引自王屹峰《萧山崇化寺五代金石刻铭及拓本》，《东方博物》第17辑）

图 2-57　20 世纪中期萧山崇化寺东方塔旧影

方志中还记录了建隆元年（960），两方塔建成之后，正式定名为“感应塔”，沈仁衷撰写了《感应塔记》：“……吴越监军节度使渤海公，文武杰出，忠孝间生，实惟霸王之心腹，久居元旧之爵位。……遂与蜀国夫人，敦琴瑟之情，表金石之固。同发诚愿，结彼胜缘，务舍珍财，再崇瑞相。而乃磨砻文石，陶埏砖瓦。起自戊午年秋初，讫于己未岁冬首。甃成双塔，并建五层。其制超今，其高迈古。事符感彻，妙尽雕锼。东则璀璨珴珴，树岳阳之善本；西则晶荧赫赫，表玄度之良因。其第一层，则俨天人师，列大石像。其第二层已上，则涌起千佛，面于四方，众宝庄严，五彩绘素，耸铁轮而峷汉，悬金铎以鸣风。台类须弥，状侔阿育。”[1]

考虑到建隆元年（960）九月，钱俶就将母舅吴氏兄弟一党扫除，故塔记碑的树立应在建隆元年九月之前[2]。根据塔记可知，建隆元年时，吴延福已任监军节度使、渤海公。他与妻子蜀国夫人，一起发心舍财，磨刻石材，烧制砖瓦，建设双塔。工程起自戊午年（958）秋初，完工于己未岁（959）冬首，建成了两座五层砖塔。砖塔的第一层，雕造了大石佛像（佛陀即天人师）。第二层至第五层的四面，共计十六面，在壶门两侧饰千佛砖，正是前文中提到的佛砖[3]。大石像和千佛砖均以五彩描绘，宝相庄严。塔顶耸立铁制相轮，塔檐悬挂铜制风铎。

两方塔之内的舍利函（阿育王塔）称为“真身舍利塔”，塔记中两方塔的名称为“感应塔”，可见两方塔中安置的真身舍利，应该是岳阳王萧詧的感应舍利。从时间上来看，并非德韶于显德七年（960）发现于赤城山塔中的那批岳阳王感应舍利，而应该是来自萧詧亲自建造的崇化寺旧塔中的感应舍利。

清乾隆四十一年（1776）西方塔塌毁后，道光十六年（1836）寺僧重建，“藏旧舍利铜塔及塔基记于中”，命名为“古感应塔”。咸丰十一年（1861）太平天国运动中，两方塔被毁。光绪间（1875—1908）寺僧重建两方塔[4]。1966 年，两方塔最终被拆毁。从老照片上，可见清光绪重建的两方塔外观。其平面方形，五级楼阁式，砖木混合塔，有木结构腰檐、平座及勾栏。倚柱方形，每面二槏柱，隔为

[1]（明）张元忭等：《万历绍兴府志》卷二十一，明万历十五年刊本。

[2]“庚申建隆元年……九月……庚申，王以宁国军节度使王舅吴延福等有罪，并除名，配外郡。延福等兄弟五人，俱有异图。……于是黜延福等于外郡，以全吴氏之族。”（宋）钱俨：《吴越备史》卷四，载傅璇琮等主编《五代史书汇编》第十册，杭州出版社，2004 年。

[3] 东西两塔的千佛大约需用佛砖 2000 块，上文中王林并妻何四娘共捐佛砖 1500 块，故可能还有供养人捐助了另外的 500 块佛砖。

[4]（民国）来裕恂：《民国萧山县志稿》卷八，载《中国地方志集成·浙江府县志辑》第十一册，上海书店出版社，2000 年。

三间。明间开门，两尽间各刻一尊佛像。从清代重建两方塔的塔身雕饰来看，未见千佛砖装饰，与沈仁衷撰《感应塔记》的描述有一定差别。

六、福清塔（958）

据《嘉泰会稽志》，会稽县南十八里，有福清塔院，由集惠大师建于吴越显德五年（958）。北宋治平二年（1065）改名渚修院。

七、新兴塔（958）

据《嘉泰会稽志》，山阴县西九十里，有新兴塔院。始建于梁大同元年（535），吴越显德五年（958），镇海军都指挥使薛温重建。北宋治平三年（1066）改名崇教院。

八、余姚·灵瑞塔（959）

据《嘉泰会稽志》，余姚县东北十五里客星山，有灵瑞塔院，建于吴越显德六年（959）。北宋大中祥符元年（1008）改为普满寺。根据后世出土的铜牌记载，"建隆二年建塔并屋舍"[1]，可知灵瑞塔建成于建隆二年（961）。铜牌上还有德韶国师之名，则可知德韶也参与了这座塔的建设[2]。清代时塔已废，仅存遗址[3]。

九、应天塔（961）●

东都越州城内有宝林山，山上有应天寺，山顶有应天塔。应天塔肇始于东晋末年的沙门昙彦与许玄度，两人同造砖木二塔未成，百年之后，梁岳阳王萧詧最终完成了造塔工程[4]，至唐五代时期成为一段著名的佛教佳话。钱俶在《华严经跋》中，也将杭州皇妃塔的建造与应天塔相提并论（详见本章"杭州皇妃塔"条）。

据《万历绍兴府志》卷二十一记载，吴越乾德元年（963），僧人皓仁重建应天塔，高达九层，二十三丈。而据建隆二年（961）十一月的《天台般若新寺砖塔记》，天台国师德韶在东都应天寺砖塔内，安置了一粒当时在赤城山发现的岳阳王萧詧感应舍利（详见

[1]（明）杨文焕等：《万历新修余姚县志》卷三，明万历年间刊本。

[2]（宋）张淏：《宝庆会稽续志》卷三，载《宋元方志丛刊》第七册，中华书局，1990年。

[3]"周显德中建灵塔院其上，遗址尚存。"（清）平恕等：《乾隆绍兴府志》卷四，载《中国地方志集成·浙江府县志辑》第三十九册，上海书店出版社，2000年。

[4]"宋元徽元年……于宝林山下（即龟山，亦名飞来山）建宝林寺。……会昌毁废，乾符元年重建，因改为应天寺。晋末沙门昙彦与许询玄度，同造砖木二塔，未成，询亡。久之，岳阳王将至，彦预告门人曰：许元度来也。岳阳亦早承志公密示，至州即入寺寻访。彦望而曰：许元度来何暮！昔日浮屠今如故。王曰：弟子姓萧名詧，师何故以许元度呼之？彦曰：未达宿命，焉得知之。遂握手，命入室席地。王忽悟前身造塔之事，宛若今日，由是塔益加壮丽。"（宋）施宿等：《嘉泰会稽志》卷七，载《宋元方志丛刊》第七册，中华书局，1990年。

图 2-58　越州应天塔现状

本章“台州天台赤城山塔”条)。可见应天塔的建造，至少开始于建隆二年。由于应天塔的始建本就与岳阳王萧詧有关，吴越时期将赤城山发现的岳阳王感应舍利安置于此，可称另一件美谈。

吴越时期重建的应天塔，高耸无比。北宋时赵抃登塔赋《宝林院塔偶成》一诗：“宝山新塔冠山形，心匠经营不日成。突兀插天三百尺，庄严容佛一千名。下临泉窦灵鳗喜，上拂云端过雁惊。入境行人十余里，指浮图认越王城。”

应天塔在明嘉靖十二年(1533)重修，减为七级。砖身和塔刹保存至今，高 30.97 米，六角七层。塔身施壶门和佛龛，二层以上腰檐为五铺作双抄计心造，平座铺作为华拱承托木枋，上叠涩砖平座。第四层有明代的“各府买造砖碑记”，塔顶覆钵上有嘉靖十三年(1534)的供养人题记。从塔身做法和题记信息来看，现存应天塔应为明代在吴越旧塔基础上重建的[1]。

十、赡县·黄土塔(961)

据《嘉泰会稽志》卷八，赡县治北二里有黄土塔院，吴越建隆二年(961)陈承邺舍宅建。北宋大中祥符元年(1008)改名明心院。该塔后世称作白塔[2]，应是木构不存后，砖身刷作了白色。

十一、萧山·弥陀院石塔(约 972)

日本僧人成寻，北宋熙宁五年(1072)自杭州过境越州，前往天台山途中，坐船沿萧绍运河过萧山。“(五月六日)巳时，于萧山寺前，乍船遥拜了。山上有石九重塔，上阶鹤造巢。”[3] 萧山作为山名，指的是今萧山区西面的西山。萧山寺不见史料记载，位于萧山之下，面对萧绍运河，从位置来看，应是净土寺。

净土寺位于县西一里萧山之下，吴越开宝五年(972)于旧善明寺遗址上兴建寺院，当时名弥陀院，北宋太平兴国七年(982)改额净土[4]。萧山石塔大约建于开宝五年弥陀院兴建之时。南宋陆游题《萧山》诗，颔联为“入港绿潮深蘸岸，披云白塔远招人”。可见这座石

[1] 梁志明：《绍兴应天塔建造年代质疑》，《文物》，1988 年第 1 期。

[2] “金波山：在县北三里，今呼明心岭，岭北有泉，岭间明心寺有白塔，宋僧仲皎居此，构闲闲庵。”(明)张元忭等：《万历绍兴府志》卷五，明万历十五年刊本。

[3] (日)成寻著，王丽萍校点：《新校参天台五台山记》卷一，上海古籍出版社，2009 年，第 40 页。

[4] “净土院：在县西一里，唐开宝五年于古善明寺基上建，号弥陀院，太平兴国七年改赐今额。”(宋)施宿等：《嘉泰会稽志》卷八，载《宋元方志丛刊》第七册，中华书局，1990 年。

塔与安吴塔类似，九层，白色，可能为实心石塔，毁于明永乐初。

明代时，净土寺重建山顶之塔，“后山有塔，每夜令行者募油钱燃灯，至晓不灭，江海道途之人，望以为号”[1]。这座重建的萧山塔，应该是可以登临的砖木混合楼阁式塔，因而可以顶层燃灯，作为航标灯塔使用。

十二、清化西塔（976）

据《嘉泰会稽志》卷七记载，山阴县西一百二十里，有清化山，吴越开宝九年（976）柳训舍宅建，吴越给清化西塔院额。北宋大中祥符元年（1008）改名广利院。

清化西塔院在清化纯一塔院西侧，是其附属的舍利塔院。清化纯一塔院是吴越中期纯一国师的高僧塔院，后扩展为大寺[2]。

[1]（明）张元忭等：《万历绍兴府志》卷二十一，明万历十五年刊本。

[2]“清化故云峰也，自五代晋时纯一国师辟为道场，广利为西塔院，有双岩、七宇、三厨、九井之胜。”（清）朱文瀚等：《嘉庆山阴县志》卷二十四，载《中国地方志集成·浙江府县志辑》第三十七册，上海书店出版社，2000年。清化纯一塔为高僧塔，详见第四章“越州全付塔(清化纯一塔)”条。

[3]“后唐长兴元年，吴越武肃王别创今开元，乃复大善旧名。……庆元三年十一月，寺僧不戒于火，一夕煨烬。……寺有塔，亦俱焚。”（宋）施宿等:《嘉泰会稽志》卷七，载《宋元方志丛刊》第七册，中华书局，1990年。

存疑

1. 大善寺塔●

越州子城内有大善寺，始建于梁天监三年（504），唐代改为开元寺，吴越又改回大善寺之名[3]。大善寺在吴越北宋时期有塔，但沿革不详，可能为吴越时期所建。南宋庆元三年（1197）该塔毁于火。南宋绍定元年（1228）重建，在明永乐元年（1403）、清康熙八年（1669）先后重修。清咸丰年间，塔刹、腰檐、楼阁均毁于兵燹，塔身留存至今。

南宋重建的这座大善寺塔，现为砖木结构楼阁式塔，六面七层，高40.5米，底层边长3.8米，底层六面均设壶门，二层以上两面相对辟壶门，余设壁龛。顶施藻井，上置铸铁覆钵。塔外檐已毁。塔砖多刻“绍定戊子重修”字样。1957年局部整修，仅存砖砌部分。

图2-59　越州大善寺塔现状

2. 龙兴寺塔

南宋时人在越州大善寺塔中发现了一块北宋越州龙兴寺塔的碑记。碑记记载，龙兴寺塔于南朝宋泰始元年（465）造塔，唐大中元年（847）重建，北宋淳化三年（992）火灾，北宋景德元年（1004）重建。据此，龙兴寺塔在吴越时期可能重修过。龙兴寺塔可与应天塔、大善寺塔并称为越州城内三大塔[1]。

吴越建隆二年（961），德韶将发现的赤城山岳阳王感应舍利，在东都府内安置了一颗，不知是否即安置于大善寺塔或龙兴寺塔之中。

图 2-60　萧山崇化寺两圆塔旧影（萧山博物馆提供）

3. 萧山·崇化寺两圆塔●

清代的萧山祇园寺金刚殿前，原有圆塔两座，清黄钰《乾隆萧山县志》卷三十二认为系"吴越监军节度使、渤海公建"。根据前文讨论，吴越监军节度使、渤海公即吴延福，其建造的是祇园寺两方塔，应是清人误会了沈仁衷撰《感应塔记》中所指之塔。

从布局来看，两方塔建于大殿前，两圆塔建于金刚殿前，则两圆塔的建造年代应在两方塔之后。两方塔之建造年代可确定为显德五年至六年（958—959），而吴氏一族于建隆元年（960）九月即被铲除，应不可能建造两座圆塔。

从两圆塔的旧照可知，圆塔实为六角塔，砖砌七级。有砖叠涩腰檐、砖砌平座，每面开门，塔刹已毁。而其砖砌塔身外观，与苏州武丘山塔十分相似，原应有木构副阶、腰檐、平座及斗拱。可能为吴越时期所建。

至 20 世纪 50 年代初，两座圆塔相继倒塌并拆除，未见出土物情况的记载。

4. 萧山·昭玄寺双塔

萧山县城内有昭玄寺，始建于南齐，重建于唐大中二年（848），北宋改名觉苑寺[2]。北宋熙宁五年（1072）五月六日，日本僧人成寻在经过萧山大石塔后，"次过驻楫亭，傍有五重塔，二基，高五六丈许，名觉苑寺，遥拜了"[3]。双塔可能为吴越时期所建。

5. 萧山·郭峰院塔

萧山孝悌乡有郭峰院，建于显德六年（959），北宋改名灵山寺。明代时，寺外尚有塔一座[4]。该塔可能为吴越时期所建。

[1]（宋）施宿等:《嘉泰会稽志》卷七，载《宋元方志丛刊》第七册，中华书局，1990 年。

[2]"齐建元二年江淹子昭玄舍宅建，会昌废，大中二年重建，赐名昭玄寺，祥符中，避圣祖名改今额。"（宋）施宿等:《嘉泰会稽志》卷八，载《宋元方志丛刊》第七册，中华书局，1990 年。

[3]（日）成寻著，王丽萍校点:《新校参天台五台山记》卷一，上海古籍出版社，2009 年，第 40 页。

[4]（明）林策:《嘉靖萧山县志》卷六，明嘉靖三十六年刊本。

6. 赡县・应天塔

据《嘉泰会稽志》，赡县西一百五十里剡山下，有东晋义熙二年（406）始建的般若台寺。咸通八年（867）重建，改名法华台寺。唐末天祐四年（907），钱镠改名兴邑寺。北宋大中祥符元年（1008）改名惠安寺。

寺旁有塔，始建于梁天监二年（503），历经重修，砖身一直留存到清代[1]。吴越时期可能重修过该塔。

7. 新昌・千佛院石塔

据《嘉泰会稽志》，新昌县西南五里石城山有元华寺，建于齐永明中（483—493），摩崖开凿石佛千身。唐会昌废寺，吴越开运三年（946）赵仁爽重建寺院，改名千佛院。北宋大中祥符元年（1008）改额七宝院。院有古塔一所，南宋时作为雁塔题名之处[2]。该塔可能为吴越时期所建。

第八节 明州

唐末时期，刺史黄晟统治明州，与钱镠关系良好。梁开平三年（909）夏五月，黄晟卒后，明州无主，于是钱镠亲巡明州，遂有其地。明州领县六：鄞（附郭县，含今宁波市区、鄞州区）、奉化（今奉化区）、慈溪（今慈溪市）、象山（今象山县）、望海（含今镇海区、北仑区）、翁山（今舟山市）。吴越建隆元年（960），改明州望海军为明州奉国军后，相继由钱俶弟钱弘亿、子钱惟治管辖。

明州有佛教圣地阿育王寺，自西晋以来供奉释迦如来真身舍利小塔，东晋安帝建塔亭，梁武帝建大木塔覆之，唐代高僧道宣在《集神州三宝感通录》中，定该塔为神州第一。阿育王寺另有始建于西晋的东塔，以及始建于盛唐的西塔。

现存明州古塔主要有国宁寺西塔、东钱湖二灵塔、天封塔、阿育王寺上塔、阿育王寺下塔、普陀山太子塔等。

一、慈溪・长庆寺塔（929）

浙江省博物馆有一方塔砖的拓印。塔砖三面有铭文，一个长侧面为“大唐天成四年吴越国王宝正四年己丑三月敬造舍利塔七级明州长庆寺□万”；另一个长侧面为“其固若山并隋昙荣法师译大藏真经卅部以镇太平结塔僧悟圆为记”；一面短侧面为一宝塔图像，上部

[1]“应天塔：在惠安寺侧，梁天监二年建，明景泰中僧巨元修，天启二年僧法瑞修，国朝顺治二年雷震裂一角。……塔上旧砖有永明二年、永元元年及天监二年、大同九年数年号。”（清）蔡以瑺：《同治嵊县志》卷一，清同治九年刻本。

[2]“千佛院：在石城山，齐永明中建。佛塔上有宋咸淳九年邑中乡荐题名。……遂题名于古塔。”（明）张元忭等：《万历绍兴府志》卷二十一，明万历十五年刊本。

[1]“长庆院：在（余姚）县东北三十五里，唐长庆四年建，号柯城道场院，会昌废，大中二年重建，天祐六年吴越改今额。”（宋）施宿等:《嘉泰会稽志》卷八，载《宋元方志丛刊》第七册，中华书局，1990 年。

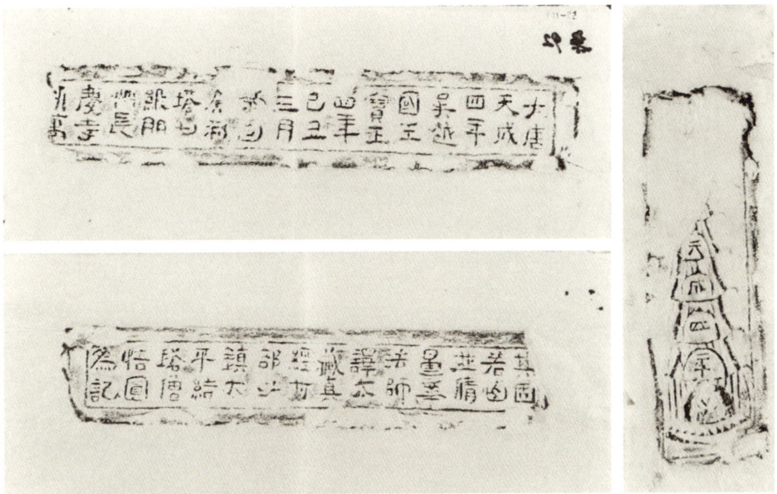

图 2-61　明州长庆寺塔砖拓本（浙江省博物馆藏）

缺损，残存四级，第五级露出一角，大约原为七级，每级有一字，为“天成四年”，底层有一着交领袈裟的佛像端坐其中。

明州长庆寺，即明州慈溪县梅川乡长庆院，在明州慈溪县和越州余姚县的县境边界，后世属于余姚县。唐长庆四年（824）建寺，名为柯城道场院，吴越天宝二年（909）改额长庆[1]。据塔砖文字，吴越宝正四年（929）三月时，明州长庆寺建造七级舍利塔，塔内除舍利之外，还安置了隋昙荣法师译的《大藏真经》三十部。

图 2-62　20 世纪初期明州天封塔旧影（引自〔日〕常盘大定、关野贞《中国文化史迹》第四卷，上海辞书出版社 2017 年版）

图 2-63　明州天封塔现状（沈芳漪摄）

二、天封塔（952）

明州城南有天封塔院，史料称建于吴越乾祐五年（即广顺二年，952），北宋大中祥符三年（1010）改名天封院[1]。天封之名，可能源于后汉朝廷来使册封钱俶为吴越国王，于是明州建天封塔院以资纪念[2]。至于有后世史料称天封塔建于武周万岁通天至万岁登封之间，应是牵强附会[3]。

吴越时期的天封塔，六角七层，高十八丈，后毁于建炎之乱。南宋绍兴间重建，又名僧伽塔。绍兴年间重建的天封塔，于嘉定年间烧毁，元泰定间崩塌。元末重修天封塔，下两层砖身沿用，其上五层砖身新砌[4]。"以贯计三十万，粟以石计千，范铜铁三万斤有奇，甓四十万片，瓦减甓一十万，材木灰蜃类，多至无算。"[5]完成之塔"面面辟户以规眺览"，"中干巨木，上冠相轮"，"朱阑碧甍"，"宝铎四垂"，六角七级，高51.5米。内置楼梯，每层砌出倚柱、阑额、壶门。原有塔檐、平座和栏杆等木构部分均毁。1983年发掘塔基遗址和地宫时，在地宫中出土天封塔地宫殿银殿、小银塔等珍贵文物140件，可知天封塔地宫为南宋绍兴十四年（1144）修建[6]。1996年修复了外檐木结构。现为全国重点文物保护单位。

三、二灵塔（约960）

南宋时，明州东南五十里的东钱湖东侧有二灵庵，庵前有旧塔基，为"国初韶师"始建。韶师，即天台国师德韶。国初，大约为建隆初年（约960）。

宋代时，又建新塔于旧基之上，并有塔铭详述其事[7]。塔内有石龛，藏骨身舍利[8]。

现存二灵塔为方形楼阁式石塔，四面七层，高9.98米。塔身中空，每层有腰檐，各层壶门式券龛内均有浮雕佛像。塔底层东壁有"政和□年"

图2-64　明州二灵塔现状（黎毓馨摄）

[1]"天封院……鄞县南一里半，旧号天封塔院……寺有僧伽塔。"（宋）胡榘修等：《宝庆四明志》卷十一，载《宋元方志丛刊》第五册，中华书局，1990年。

[2]后汉册封在"（乾祐二年）冬十月，敕遣散骑常侍张煦等持节备礼，册王为吴越国王，仍赐玉册、金印、法物等"。（宋）钱俨：《吴越备史》卷四，载傅璇琮等主编《五代史书汇编》第十册，杭州出版社，2004年。

[3]"天封院：在西南隅，唐通天登封年间建。僧伽塔，高十有八丈，以镇郡城，汉乾祐五年建天封塔院。"（元）马泽等：《延祐四明志》卷十六，载《宋元方志丛刊》第六册，中华书局，1990年。

[4]"天封塔既饬，高凡一百八十尺，为七成，其下二成因其旧，其上则撤而新焉。……塔再毁于宋嘉定间……泰定丙寅秋忽大圮。……至顺元年岁次庚午八月，元僧梦堂昙噩记。"（清）闻性道：《康熙鄞县志》卷六，载《中国地方志集成·浙江府县志辑》第十八册，上海书店出版社，2000年。

[5]（清）闻性道：《康熙鄞县志》卷六，载《中国地方志集成·浙江府县志辑》第十八册，上海书店出版社，2000年。

[6]林士民：《浙江宁波天封塔地宫发掘报告》，《文物》，1991年第6期。丁友甫：《浙江宁波天封塔基址发掘报告》，《南方文物》，2011年第1期。

[7]"东钱湖：在县东三十里……有庵曰二灵，盖以山而名之也。……前有国初韶师所筑故塔基，近已重建塔于其上，庵有塔铭，详言其事。凡四方名人胜士往来其间，莫不以为东南之佳地也。"（宋）张津等：《乾道四明图经》卷二，载《宋元方志丛刊》第五册，中华书局，1990年。

[8]"二灵山：在十五都，距城五十里，临东钱湖之东，有二灵寺及塔。……塔则九峰韶国师所建也。尊者藏骨身舍利石龛。"（清）闻性道：《康熙鄞县志》卷五，载《中国地方志集成·浙江府县志辑》第十八册，上海书店出版社，2000年。

刻文，可知该石塔为北宋政和年间（1111—1118）重建。

四、翁山・翠萝寺铁塔（约960）

明州翁山县金塘乡之海西，有翠萝寺，今已不存。建隆元年（960），大宋敕升明州为奉国军后，钱俶于此镇以铁塔一座[1]。可见该寺院当海路险要，故受到吴越王的特别注意。有当地学者考证寺址应位于现舟山市岱山县西岱山岛[2]。该铁塔至少留存到元代，今已不存。

五、国宁寺铁塔（960—963）

明州城内有国宁寺，建于唐大中五年（851）。北宋改名崇宁，又改天宁，南宋改名报恩光孝寺。寺前两侧原有唐代砖塔一对，建于唐咸通四年（863），西塔保留至今，是我国长江以南现存唯一的唐代方形砖塔。

据史料记载，吴越时期国宁寺有铁塔一座，建隆年间钱亿建[3]。钱弘亿（929—967），字延世，小字和尚，钱元瓘第十子，为避宋讳，改名亿。任明州刺史、奉国军节度使，谥号康宪。

六、东山塔（966）

鄞县东南四十里有东山塔院，建于吴越乾德四年（966）。北宋改额福胜院[4]。

七、慈溪・护国院砖塔（948—972）

慈溪县西四十里，有护国院，吴越清泰二年（935）建，后改名金绳院。该寺有德韶国师所得的隋文帝感应舍利一颗。由寺院主僧德升建砖塔于殿前，供奉该舍利[5]。元至元初，塔遭雷击而损坏[6]。

隋文帝于仁寿年间三次分感应舍利，于全国百余州建塔。其中吴越国境内有苏州武丘山塔、越州会稽山大禹寺塔、杭州天竺寺神尼舍利塔三座。慈溪护国院砖塔的这颗舍利，不知得自何处。

[1]“翠萝寺：在金塘乡之海西，成于唐开成，废于会昌。往宋建隆中锡以铜钟。吴越国受封奉国，又镇以铁塔。寺一名金钟。”（元）郭荐：《大德昌国州图志》卷七，载《宋元方志丛刊》第六册，中华书局，1990年，第6103页。

[2] 林斌：《揭开千年古寺——海西山翠萝寺的谜团》，《浙江国际海运职业技术学院学报》，2014年第4期。

[3]“报恩光孝寺：子城西百步，在唐为国宁寺，大中五年置。皇朝崇宁二年诏改崇宁万寿禅寺，遇天宁节赐紫衣度牒各一道。政和元年八月七日，敕改天宁万寿。绍兴七年改报恩光孝禅寺，是年又改今额。专一充追崇徽宗皇帝道场。有铁塔，建隆间康宪钱公亿所建。”（宋）罗浚等：《宝庆四明志》卷十三，载《宋元方志丛刊》第五册，中华书局，1990年。

[4]（宋）罗浚等：《宝庆四明志》卷十三，载《宋元方志丛刊》第五册，中华书局，1990年。

[5]（宋）罗浚等：《宝庆四明志》卷十七，载《宋元方志丛刊》第五册，中华书局，1990年。

[6]（明）姚宗文：《天启慈溪县志》卷四，明天启四年刊本。

八、翁山·泗州堂双铁塔（948—978）

明州翁山县西北海中岛上有泗州堂，始建年代不详，北宋改名普明院。南宋时，该寺尚存双铁塔，乃吴越忠懿王钱俶所造[1]。泗州即著名的泗州大圣僧伽，在唐宋时作为观音的化身受到民众崇拜。

日僧成寻于北宋熙宁五年（1072）四月二日途经这座泗州堂。记载该寺仅有四面石壁建筑一间，木像数体[2]。但其地处明州外海，航路要冲，自然舟旅香火不绝。钱俶以双铁塔镇此，祈求海路平安，是有所由。

存疑

1. 阿育王寺东塔

据南宋史料载：“（阿育王）寺有东塔院，相去二里，即刘萨诃所礼舍利塔涌出之处。”[3] 这座东塔院，即“古阿育王寺遗址”，是西晋鄮县阿育王寺初址，现位于宁波市北仑区嘉溪村乌石岙内，已无佛塔遗存，现存有慧达大师骨塔、塔亭等文物史迹，均为民国九年（1920）重建。这座东塔院，吴越时可能得到了重建。

2. 阿育王寺西塔●

南宋史料记载，阿育王寺“西塔院，去寺五十步，其塔唐明皇时建也”[4]。今塔重建于元代，与在阿育王寺后山上所建的“上塔”相对，通称为“下塔”。塔六角七层，楼阁式砖木混合塔。该塔始建于唐代，可能在吴越时得到了重建。

3. 奉化白雀寺塔●

奉化县东北二十五里，江口有塔山，上有塔岩院。建于梁贞明二年（916），僧元绰建，明永乐间废，清代重建后改名塔山教寺[5]。后世相传五代后唐同光年间（923—926）州官童义“于甬山将尽处筑塔，以便瞭望狼烟，而备一邑文峰”[6]。塔称白雀寺塔，后世名为寿峰塔，清道光二十年（1840）重建，八角七级楼阁式塔，位于奉化甬山顶。

第九节　台　州

唐乾宁五年（899）钱镠占领台州，自此至太平兴国三年（978），

[1]“普明院：县西北海中，古泗州堂也。窣堵波二，以铁为之，世传阿育王所铸，钱氏忠懿王置之于此。皇朝大中祥符中赐院额。绍兴十八年，僧昙解、侈大之高丽入贡，候风于此。”（宋）罗浚等：《宝庆四明志》卷二十，载《宋元方志丛刊》第五册，中华书局，1990年。

[2]“参泗州大师堂。山顶有堂，以石为四面壁，僧伽和尚木像数体坐。往还船人常参拜处也。”（日）成寻著，王丽萍校点：《新校参天台五台山记》卷一，上海古籍出版社，2009年，第14页。

[3][4]（宋）张津等：《乾道四明图经》卷二，载《宋元方志丛刊》第五册，中华书局，1990年。

[5]（清）张美翊：《光绪奉化县志》卷十四，载《中国地方志集成·浙江府县志辑》第三十一册，上海书店出版社，2000年。

[6]（民国）蒋尧裳：《奉化县补义志》卷六，民国元年奉化赵氏刻曲草堂活字本。

图2-65　20世纪初期明州阿育王寺西塔旧影（引自〔日〕常盘大定、关野贞《中国文化史迹》第四卷，上海辞书出版社2017年版）

台州皆属吴越版图。台州领县五：临海（附郭县，含今临海市、三门县）、黄岩（含今黄岩区、椒江区、路桥区、温岭市）、天台（今天台县）、永安（今仙居县）、宁海（今宁波市宁海县）。吴越中后期，钱俶、钱昱等曾治理台州。

黄岩庆善寺塔，相传始建于晋永和元年（345）。萧梁时东扬州刺史、岳阳王萧詧得释迦感应舍利，建塔七座，其一即为后世的台州龙兴寺塔。

自隋代智者大师于天台山开宗立派以来，台州向来为佛门圣地。智者大师创国清寺及隋塔。天台山石梁寺，是五百罗汉化现的圣地，钱俶常年供养[1]。吴越后期，台州更是有德韶等名僧住持，佛法昌盛，寺塔之建，仅次于西都杭州。德韶为佛教法眼宗第二祖，被钱俶尊为国师，居天台数十年，大力营造寺塔。

现存台州古塔主要有吴越时期始建的临海净光塔、黄岩瑞隆感应塔、黄岩灵石寺西塔、天台国清寺大塔等，是现存吴越塔最多的地区之一。此外，还有临海龙兴寺塔、临海巾山西塔、仙居南峰塔、仙居福应山塔、黄岩净土寺塔、临海南山殿塔、仙居安洲山塔、黄岩庆善寺塔等。

[1]“其石梁圣寺在石桥之里。梵呗方作，香霭始飘，先有金色鸟飞翔后林树，石畔见梵僧，或行或坐，或招手之状，或卧空之形，眴息之间，千变万化。汉南国王钱氏频年施供养，祥瑞极繁。”（宋）赞宁撰，范祥雍点校：《宋高僧传》卷第二十七，上海古籍出版社，2014年。

一、胜光塔（938）

《嘉定赤城志》卷二十七载，临海东南二十三里，有胜光塔院，建于晋会同元年，即吴越天福三年（938）。北宋治平三年（1066）改额定光院。

二、黄岩·无名塔（938）

《嘉定赤城志》卷二十七载，黄岩县南五十里，后世温岭境内，有塔院，无额，建于吴越天福三年（938），北宋大中祥符元年（1008）改额流庆院。

三、天台·弥陀塔（约956）

《嘉定赤城志》卷二十八载，天台县治西南七十里，有弥陀塔院，国师德韶建于吴越显德中（约956），为德韶的第七道场。北宋大中祥符元年（1008）改名宝相院。

四、永安·放光塔（959）

《嘉定赤城志》卷二十二载，永安县北二里，有彩仞山，上有放光塔，由国师德韶建于显德六年（959）。该塔南宋时曾与福应山塔（北宋建）、兴道院塔（又名南峰塔，北宋建）鼎足而立。如今的仙居县，放光塔已不存，福应山塔和南峰塔犹存。

五、天台·无量寿佛塔（960）

《嘉定赤城志》卷二十八载，天台县北一百里，有无量寿佛塔院，由国师德韶建于吴越建隆元年（960），为德韶第十道场。德韶最终圆寂于此。北宋大中祥符元年（1008）改名证教院。

六、天台·赤城山塔（960）●

天台赤城山，通体红色，自古以来为浙东名胜，闻名中外。形成于南朝的《千字文》中，即有"雁门紫塞，鸡田赤城"之语。唐代人记述，飞霞寺"古今即是于国家醮祭之所。其山积石，石色赩然如朝霞，望之如雉堞，故名赤城，亦名烧山"[1]。山腰有飞霞寺，相传梁岳阳王萧詧之母居于此。飞霞寺之后，赤城山顶有塔，相传为萧詧所建。

《两浙金石志》记录了一通吴越建隆二年（961）刊刻的《天台般若新寺砖塔记》（下文简称为《般若寺塔记》）碑文，详述了赤城山塔的传奇故事。

> 按《越都图经》□古碑云：梁朝岳阳王者，是昭明太子第三子，即梁萧詧，是第二生梁王是也。于赤城山顶造砖塔三所，中有如来舍利四十九颗。其塔至唐会昌五年乙丑岁七月敕废。至咸通六年乙酉岁，僧宗立并居士倪求、徐师约与信士同修一所，至八年丁亥岁七月办毕。星霜绵远，其塔砖石隳堕。爰至显德七年庚申载，般若寺沙门德韶重建造。才启旧砖，石感雷电，风雨惊众，现如来身光，顶佩毫光，光中又现阿育王宝塔，塔中亦放五色祥光，遂获舍利四十九粒，迎归紫凝山。香花膳

[1]（唐）徐灵府：《天台山记》，载《大正新修大藏经》第51册，第2096号。

图 2-66　天台赤城山及赤城山塔现状

并众僧各燃顶臂，种种供养。遂累砖石，僧俗云芃，逾一祀圆就，再安□舍利二十八颗，前后可三十余瑞现，光与前无异。留舍利二十一颗，散安东都府内并应天寺砖塔、中吴武丘寺砖塔、国清寺砖塔、东场中兴寺砖塔各一颗。当寺二塔尽是□□舍□□□金亲造，各安舍利三颗。上赞皇王帝业，□□□□□乐康云耳。辛酉岁大□建隆二年十一月十日[1]。

这篇《般若寺塔记》，与后文中的《婺州东场县中兴寺新砖塔舍利记》（参见本章“婺州东场县中兴寺塔”条）具有直接关联。梁武帝之孙岳阳王萧詧，赴任会稽郡前，得到国都建康开善寺的高僧宝志建议，前往会稽郡萧山开善寺旧址拜访了一百岁高龄的昙彦和尚，得知自己为许玄度转世。萧詧随即在萧山开善寺旧址的许玄度所创塔基发掘，得到大批释迦真身舍利，并将其中 49 粒瘗入新建的三座赤城山砖塔中。这

图 2-67　天福四年（939）钱元瓘舍入赤城山飞霞寺的小铜塔（浙江省博物馆藏）

[1]（清）阮元：《两浙金石志》卷五，浙江古籍出版社，2012 年，第 100 页。

三座砖塔于唐会昌中（841—846）敕废。唐咸通六年至八年（865—867），当地僧俗重建赤城山砖塔。百年后的吴越显德七年（960），这座唐代砖塔残破不堪，德韶国师意欲再次重建砖塔。拆除唐塔塔砖时，出现了佛祖才有的头光和身光，光中出现的却是阿育王宝塔，塔中放出五色祥光。这座阿育王塔内，即藏有萧譬感应所得的真身舍利 49 粒。同年，德韶开始重建赤城山砖塔，一年后完工，并安置其中的 28 粒舍利并阿育王塔入内。在建塔和安置舍利的过程中，又出现了三十余次阿育王塔祥光瑞现。剩余的 21 粒舍利，分别安置在东都府内、应天寺砖塔、中吴武丘寺砖塔、国清寺砖塔、东场中兴寺砖塔和天台般若新寺塔中。吴越建隆二年（961），东场中兴寺和天台般若新寺等建塔之处，分别立造塔记碑，记载德韶分赤城山舍利建塔的事迹。

图 2-68　20 世纪初期天台赤城山塔旧影（引自〔日〕常盘大定、关野贞《中国文化史迹》第六卷，上海辞书出版社 2017 年版）

从“遂累砖石，僧俗云芃，逾一祀圆就，再安□舍利”的建造顺序来看，该塔的舍利和阿育王塔是在砖塔建成之后放入的，应安置于砖塔的天宫中。

据民国方志记载：“塔四面七级，高约二十丈，砖砌。每层开一扇假门，层间有短檐突出。”[1] 从该塔的老照片可知，20 世纪初时，上部三级已毁，下部也破损不堪，原应为一座砖木混合塔。1947 年该塔拆毁重建。其内安置的 28 粒舍利，已下落不明。

七、天台·般若寺双塔（961）

《嘉定赤城志》卷二十八记载，天台县西北二十里有般若寺，

图 2-69　20 世纪初期天台般若寺双塔旧影

[1]（民国）褚传诰：《民国天台县志稿》卷十三，载《中国地方志集成·浙江府县志辑》第三十二册，上海书店，1993 年，290 页。

[1]（清）齐周华：《台岳天台山游记》，载许尚枢主编《天台山游记选注》，西安地图出版社，2004年，第140页。

[2] 徐三见：《天台国清寺塔发现之隋代线刻菩萨像研究》，《东南文化》，1992年第3、4期合刊。

[3] 陈从周：《浙江古建筑调查记略》，《文物》，1963年第7期。金祖明等：《试论天台山国清寺塔的建筑年代》，《东南文化》，1990年第6期。

建于吴越显德四年（957），是天台国师德韶的第九道场。北宋大中祥符元年（1008）改名护国寺。

上文所述的《般若寺塔记》碑，即出自该寺。德韶于建隆二年（961）在天台般若寺新建双塔。天台山般若寺，是德韶最重要的道场，他在塔记中，即自称为“般若寺沙门德韶”，并提到“当寺二塔尽是□□舍□□□金亲造，各安舍利三颗”。当寺二塔的施建者应是德韶，故用“亲造”一语。

般若寺后称护国寺，南宋以来为钱氏家族墓地所在，香火颇盛。清代齐周华在《台岳天台山游记》中写道：“入护国寺，内有阮鹗游记，石勒诗文，清朗可读。又有唐碑纪宝塔放光事，嵌殿壁。出寺，前有塔，有巨碑，字被风日所蚀。行里许，有大古冢，碑书‘会稽郡钱王墓’，字大于斗，笔法苍老整饬。其旁书钱王墓凡十余处，岂亦疑冢耶？”[1]唐碑，应即是《般若寺塔记》碑。漫漶的巨碑，则可能是德韶的建寺记碑。

清代以来护国寺衰败不堪，民国时仅存双塔，如今仅存一张摄于20世纪初的老照片。据照片可知双塔方形五级，叠涩出檐，应为砖木混合塔烧失木构后的状态。至20世纪60年代时双塔被拆毁，用于修建村中的大会堂。据说拆塔时，塔砖内发现了大量开元通宝钱，应该是吴越时期铸造的，但安放的六粒赤城山舍利及其他供养物不知去向。

八、天台·国清寺大塔（隋塔，961）

据前文所述的《般若寺塔记》，德韶于建隆二年（961）在国清寺砖塔安置舍利一粒。这座国清寺砖塔，应该就是如今天台国清寺外俗称“隋塔”的那座大砖塔。

国清寺大砖塔，六面九级，残高59.4米，边长4.6米，砖木混合楼阁式塔，木构已失，依旧高耸入云。底层东西向各开一壸门，内设塔心室；二至九层六面均开壸门。部分塔身和龛内装饰千佛砖。

此前有学者认为此塔为隋代始建之原塔[2]，也有学者认为应是南宋重建之塔[3]。考虑到安置舍利之塔，不应为未经重建或重修的前代旧塔；且国清寺大砖塔的材质和平面均非隋代典型特征，而北宋张存曾在《游国清记》卷十三也记载了这座大砖塔：“其东山之麓，旧有大浮屠，高九级，甃砌坚致，插入霄汉，不知何

图 2-70　20 世纪初期的天台国清寺大塔及七佛塔（引自〔日〕常盘大定、关野贞《中国文化史迹》第六卷，上海辞书出版社 2017 年版）

图 2-71　20 世纪初期的天台国清寺大塔（引自〔日〕常盘大定、关野贞《中国文化史迹》第六卷，上海辞书出版社 2017 年版）

年为何僧所建。”故推测吴越建隆二年（961）时，应该是在隋塔的基础上重建的，并安置有一粒赤城山舍利。该塔在南宋建炎二年（1128）重修。

九、天台·国清寺双塔（约 962）

天台山国清寺大殿前，旧有国师德韶所建两座砖塔，今已不存。据明代《天台山全志》记载：“（国清）寺内二砖塔，德韶建，分安赤城塔舍利各三颗。”[1] 关于这两座砖塔的位置，据北宋张存在《游国清记》卷十三中记载：“造两浮屠，分东西立，而殿据其中。”由此来看，国清寺大殿前的这两座砖塔，安放有六粒赤城山舍利。考虑到建隆二年（961）十一月的《般若寺塔记》只提到该砖塔（大塔）安放一颗舍利，未提到双塔各安放三颗舍利，故推测双塔的建造年代应在建隆三年（962）之后不久。

[1]（明）张联元：《天台山全志》卷九，清康熙刻本。

图 2-72　天台国清寺大塔细部

十、黄岩·瑞隆感应塔（963）

黄岩县东南三里有瑞隆感应塔院，天台国师德韶建。北宋改名兴善院。北宋末毁，南宋初重修[1]。

该塔现位于台州市黄岩区城关镇九峰山下九峰公园。八面七级楼阁式砖塔，高 35.2 米。塔身中空，单层塔壁。塔基为石砌须弥座，有束腰，束腰处雕刻有佛像及麒麟、狮子等图案。塔身底层每面辟有壶门式壁龛，无佛像。塔底层置木质副阶，为当代重建。腰檐为砖身木椽，层层菱角牙子结合平砖叠涩出檐，檐上覆瓦。塔刹残缺。该塔历史上多次重修，外观已失吴越原貌。2013 年列入第七批全国重点文物保护单位。

1983 年黄岩博物馆对塔进行维修，发现了一块有印模的塔砖，

图 2-73 黄岩瑞隆感应塔现状

[1]“兴善院……国朝大中祥符元年赐今额，俗呼山奥寺。宣和中毁于寇，绍兴二十八年僧文异新之。”（宋）施宿等：《嘉泰会稽志》卷二十七，载《宋元方志丛刊》第七册，中华书局，1990 年。

上有铭文“建隆四年岁次癸亥六月□日”[1]，可知塔始建于吴越建隆四年（963）。综合该塔的“感应”之名、施建人德韶以及始建年代等因素考虑，该塔应藏有德韶得自萧詧的感应舍利。

据清代方志记载，清同治八年（1869）修缮瑞隆塔时在塔的第二层发现了一件铁函，函盖有“弟子钭□□宗显钭十八娘□□□□五娘黄臻□共舍银瓶□□□舍利皇甫一娘舍□□”，腹部有“释迦如来舍利函”七字款识。铁函中贮一瓷盒，瓷盒内藏一银瓶，上刻“浮桥浦北保黄珍舍，塔既成，因将银瓶、瓷盒仍贮函中，藏之第二层”[2]。函内又藏经卷，“所书经文皆题大观三年”[3]。由此可见，吴越始建的瑞隆感应塔在北宋大观三年（1109）重修，感应舍利被再次舍入塔中，安放于第二层天宫。

[1] 杨松涛：《黄岩瑞隆感应塔及其佛造像》，载《东方博物》第 68 辑，中国书店，2018 年。

[2]（清）王棻：《光绪黄岩县志》卷三十四，载《中国地方志集成·浙江府县志辑》第五十一册，上海书店出版社，2000 年。

[3]（民国）喻长霖：《民国续修台州府志》卷八十六，载《中国地方志集成·浙江府县志辑》第四十四、四十五册，上海书店出版社，2000 年。

[4]“教忠崇报寺……在县西五十里，东晋隆安二年建。……后以寇孙恩屯兵其处，忽有飞石击之退，遂改名灵石。……殿前有浮图二，藏舍利及贝叶等书云。”（宋）陈耆卿：《嘉定赤城志》卷二十八，载《宋元方志丛刊》第七册，中华书局，1990 年。

十一、普明院塔（964）

《嘉定赤城志》卷二十七记载，临海东南七里，有普明院，吴越乾德二年（964）建，北宋改名保寿院。寺院东部有塔，为国师德韶所建，俗称白塔。该塔应是在南宋时缺失了木构，砖塔涂成白色，故称白塔。

十二、黄岩·灵石寺双塔（965）

黄岩灵石寺，始建于东晋，南宋时大殿前有双塔，相传藏舍利和贝叶经[4]。

这两座立于灵石寺大雄宝殿前的塔，东塔清初已毁，现存西塔，于 1963 年公布为省级文保单位。塔残高 21.1 米，六面七级，砖构，使用木筋，菱角牙子叠涩出檐。每层有倚柱、槏柱，明间开壶门式壁龛。

灵石寺西塔于 1987 年大修，并进行了塔藏文物的清理工作。大修时发现，塔体从底层至顶层，层层设置有佛像和供养品的天宫，共计 16 个。从塔中清理出各类金银器、造像、铜镜、钱币等共计 4000 多件，为江南诸多佛塔所罕见。现均藏于黄岩博物馆。根据出土文物题记及塔砖铭文，可发现灵石寺西塔始建于吴越乾德三年（965），后经北宋咸平元年（998）、治平四年（1067），

图 2-74　黄岩灵石寺西塔现状

[1] 本条目材料大部分来源于金祖明：《浙江黄岩灵石寺塔文物清理报告》，《东南文化》1991年第5期。部分内容经笔者核对实物后修改。

清康熙二十年（1681）多次重修[1]。现分述如下。

1. 第一次建造（乾德三年至太平兴国六年，965—981）

第一、二、三层的塔砖，纪年主要是“乾德三年”和“乾德四年”。乾德年间的塔砖，内容包括“造塔兴工计两年，劝于施主结良缘。倘蒙恩力随心舍，代代生归忉利天。乾德三年八月日寺主经律大德嗣卿劝”，“刺史裴、县令徐、副寺主大德敬颙记，寺主经律大德嗣卿”，“都镇通使马仁霸、县令赐绯鱼袋徐时、刺史裴迎、潮际铺将吴忻”，“寺主大德经律嗣卿，省补长命法花经文章经文，大德德湘在涌泉寺受业”，“国师德韶……塔记”，“天台般若寺监……赐紫大德……寺主经律大……”，“长愿吴越国钱万万岁岁”，“愿吴越国王姓钱代代万岁”等。

第四层天宫出土铜盒一件，高9厘米，口径10.6厘米。盖内墨书“丙寅岁当寺主经律大德嗣卿造闰八月十二日记”，盒内壁朱书“乾德四年闰八月十一日下行寺主经律大德嗣卿造”，内贮绿色玻璃球1枚和“开元通宝”钱17枚。

第四层天宫还有一件记事木牌，内容为：

> 清信佛弟子王廷煦/右廷煦伏遇吴王并育分舍利于金园僧敬凡皈建浮图于宝地况以/我佛真容虽隐舍利不藏接引沉迷祓除罪、苦但廷煦有幸得生善国获/遇明时八方而尽兴大觉之宗九土竞膳圣像但廷熙既遇/真身现相惟念惟缘佛言一念之心便果千生之善但廷熙今则倾/心发愿志意皈依特抽济世之财入右塔龛为信伏乞/释迦化主舍利真身不舍慈悲乞垂鉴恳但廷熙惟愿生生圆满/世世崇荣渐圆八地之功早证四弘之觉乾德肆年上元岁次丙寅玖月/拾伍日信佛弟子王廷煦发愿记。

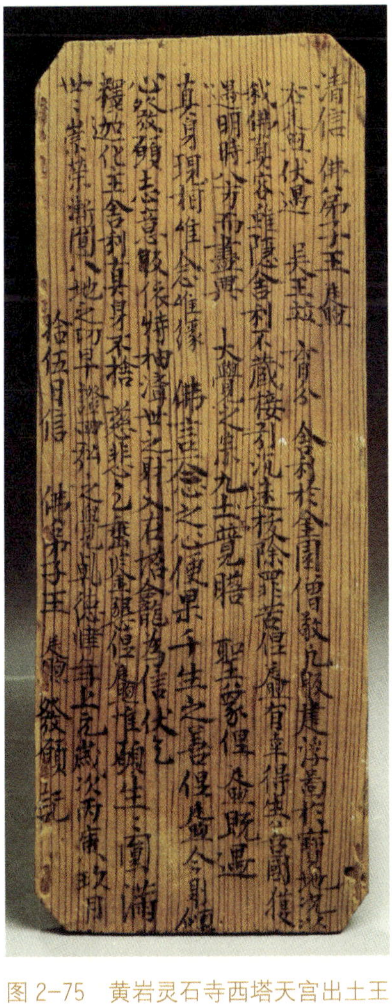

图2-75　黄岩灵石寺西塔天宫出土王廷煦发愿记（引自浙江省博物馆《吴越胜览》，中国书店2011年版）

这些吴越乾德年间的记载，说明灵石寺双塔的始建，应该得到了吴越国王批准，有国师德韶的参与，有台州刺史、天台县令等官员的支持，由寺主嗣卿主持建造。塔始建于乾德三年（965），预计两年落成。西塔（右塔）的主要功德主为王廷煦，在乾德四年（966）九月十五日时，将大量供养品伴随真身舍利舍入西塔天宫封缄。灵石寺塔吴越时期天宫的位置、舍利安置方式及供养品构成，已经不太确切，但这枚真身舍利一直流传了下来，作为后世灵石寺塔的主舍利供养。

灵石寺西塔还出土千佛砖126块，均为长方形，26厘米×20厘米×3厘米。每砖分上下两排，每排五尊坐佛像。部分全模，部分半模加彩绘。砖上方两角模印“千佛”二字。佛像施红、紫红、橙红、金、青绿等彩绘，各不相同，五彩斑斓。佛像之间饰菩提树。砖背面有墨书“台州城下香客金太舍五十文收赎此身佛，永充供养，甲戌十月日记”“灵石寺大德嗣卿众缘造一万身纳一片中身舍入死坊宅道场供养丁丑六月日记□□□□”等。

灵石寺西塔出土陶佛像130尊，均为千佛题材。背面的题记有“□僧绍记乙丑年期奉在为堂慈母造”，“寺主经律大德嗣卿记，今生为寺主，来世作僧王。文章成七步，佛法播诸方。太平兴国六年十月。姓袁，其年七十五。十四在寺业家，三十五省补寺主。太平兴国六年十月初五日记”。

塔内发现的彩色千佛砖，是寺主嗣卿在太平兴国二年（977）开始烧造，装饰在塔身上的。原有共计1000枚砖，10000身佛像。装饰完毕后，将剩余的126枚砖舍入塔身的天宫之中。但后世的灵石寺塔，外壁没有遗存千佛砖的装饰。塔内发现的130尊陶佛像，建造年代从乙丑年（965）到太平兴国六年（981），由寺主嗣卿及寺僧舍造，大约在太平兴国六年（981）舍入塔身天宫。从以上出土文物题记来看，西塔虽然预计建造两年，实际耗时多年，大约在太平兴国六年始得以完工。

灵石寺西塔第三层至第四层之间，叠放有一座六块方形小石塔组成的六层石塔。小石塔的刻铭从开宝三年（970）到太平兴国三年（978）不等。应该是寺主嗣卿在重建塔时，将早年建造的这六座小石塔舍入天宫之内，重新组建了一座六层石塔[1]。

2. 第二次建造（咸平元年，998）

第四、五、六层的塔砖，除了“乾德”以外，还发现了“咸平元年”的纪年砖，内容包括“咸平元年四月日，勾当寺主僧子韶□□□”“咸平元年八月十日，造塔砖人朱仁霸、金仁福、朱兴公，灵石寺兼都勾当僧子韶”“造砖瓦并及四人等月造砖瓦，董招、李添、陈涡、李乌同会造砖瓦，永充供养，咸平元年九月初五日记”“……九月初六日当寺僧……同勾当重新修盖东……在此龛重新修整□……先韶寺主收得……见在同前……莲龛永充奉答……有者监修塔僧□□□住持传教沙门……”等。

第四层天宫出土银盒一件，高4.5厘米，口径7.4厘米，盖周缘刻铭文：“许仁德为父母舍清财造置舍利盒一枚，重半两，永充供养，丙寅八月日。”盒内贮放乳香若干块。金盒一件，高4.5厘米，口径4.9厘米，盖上刻铭文：“许仁德并妻应二十一娘、男从政等，舍金盒半两。”

[1] 关于这六座小石塔的考证，详见附录三“吴越国的石阿育王塔”。

盒内存放玻璃1粒，舍利子350粒。

第四层天宫另有五件咸平元年的记事木牌，其中一件内容为：

台州黄岩县备礼乡下岙保清信弟子许仁德并妻应/二十一娘男从政从渥一门眷属等同舍净财铸造此/塔相轮并舍金合银合各壹盛舍利各舍随年钱三/般宝器一志制成永镇莲龛终期胜报乃为词曰/……/时皇宋咸平元年十一月二十四日书记相轮。

反面书：

计钱贰拾伍贯金盒子计钱伍贯已上共计叁拾贯文足。

另一件内容为：

……当寺童行奉询右奉询伏遇浮图于宝地得见释迦如来真身舍利……特抽微妙之财入在□为慈伏乞释迦真身舍利不舍慈悲乞垂朗鉴□□□□圆满崇荣世世眷属团圆早登无上菩提咸平元年□□□□□盛舍四日童行奉询□。

当年的调查报告认为："塔每层平面结构，砌筑方法与第四层以下均有异样，铺作不同，表明第四层至塔刹部分在治平四年曾有过一次大修。"但第四层以上未出现治平四年（1067）的塔砖，反而主要是咸平元年（998）的塔砖。西塔在太平兴国三年（978）左右完工之后，历经近20年，可能因火灾而损毁第四层以上部分。咸平元年（998），由寺主子韶主持，从第四层开始重新砌砖修造，并重造相轮。目前的灵石寺塔四层以上塔身和内部天宫，应该大多是此时建造的。这一次重建，在第四层建造主要的天宫，由供养人许仁德一家舍财铸造相轮，并舍入金银盒、随年钱等供养品。吴越时期舍入的释迦真身舍利，被纳入其中。

1987年发现的第四层北天宫，贮有一大铁函，内有逐件套置的铜盒、银盒、金盒各一件，舍利子350粒，另有瓷器、丝织品、乳香以及秦汉至北宋钱币3000余枚。铁函外有《佛说预修十王生七经》5卷，黄八娘造铜阿育王塔底座1件，钱俶造铁阿育王塔1件，记事木牌16块，铜镜16枚等。这个天宫应该是北宋咸平重修时安置舍利的主要天宫，释迦真身舍利和供养品均在咸平时重新舍入，并放入了残缺的吴越时期供养品（铜阿育王塔底座）。后来在治平四年（1067），又增加了部分舍利和供养品。

3. 第三次建造（治平四年，1067）

第四层天宫还有一批记事木牌，记载有：

治平四年九月初六日当寺僧思照并童行/元亮元鉴等伏睹本寺宝塔建立年赊/但思照等同发志心勾当重新修盖东西/宝塔二所所期净福庄严无上菩提然后/上答四恩下资三有法界众生仗此善缘俱出/苦轮同生净土修到此龛睹见舍利重新修/整安入莲龛永充供养但思照等愿世世/生生投佛出家遇善知识早得为僧隆兴/三宝渐次修行同归/净土永彰不朽。

反面书：

勾当僧思照随年舍太平钱三十六文童行元亮随年舍太平钱四十八文。

下岙保弟子许信期今伏睹灯明寺僧思照勾/当重修宝塔二所于西塔内收得信期翁/许五郎名仁德舍金合银合子盛/舍利元是咸平二年入今是治平四年/丁未岁九月二十一日再入永充供养者。

反面书：

弟子许信期今因修塔抽舍家财壹贯五百文足雇匠又舍光钱壹佰文足入宝塔永充供养治平四年丁未岁九月十二日弟子许信期抽舍。

大宋治平四年丁未岁九月勾当僧思照并行 / 者蒋元亮朱元鉴募缘修砖塔二中小珠 / 盛释迦真身舍利外安诸杂舍利有辟 / 支佛舍利一千用记将来修塔人知之 / 住持传华严教僧嗣宗自书记之 / 东塔亦有辟支佛舍身舍利 / 及诸尊者舍利。

在咸平修塔近 70 年后，两塔均有破损，由寺僧思照主持，重修。重修中打开了咸平元年（998）封缄的天宫，除保留原先的释迦真身舍利外，舍入了诸杂舍利，包括辟支佛舍利、诸尊者舍利等。在打开西塔天宫时，供养人许信期发现了自己的爷爷许仁德于咸平二年（999）舍入的金银盒子及舍利，感佩无极，对天宫重新修整后，重新封缄。

4. 第四次建造（康熙二十年，1681）

在第七层和塔刹中，除了“乾德”和“咸平”两种纪年砖，还发现了有“康熙乙丑年黄钟月日徒明瑢重建”“康熙二十年十月十五日方丈法尚重修”等文字的砖，这说明清康熙年间（1662—1722），第七层塔砖和塔刹再次得到了重修。

十三、净光塔（巾山东塔，967）

《嘉定赤城志》卷二十七记载，台州城内有巾子山，山顶有净光塔院，始建于吴越乾德五年（967），为吴越时期台州刺史钱昱所创，北宋大中祥符四年（1011）改名明庆塔院。

钱昱有诗云：“数级崔巍万木中，最堪形势似难同。阑干夜压江心月，铃铎秋摇岳顶风。重叠画栏遮世界，稀疏清盘彻虚空。有时问着禅僧路，笑指丹霄去不穷。”

北宋知州章得象有诗云：“步步云梯彻上层，回头自觉欲飞腾。频来不是尘中客，久住

图 2-76 台州净光塔现状

[1][2]（清）黄瑞：《台州金石录》台州砖录卷五，载《石刻史料新编》第一辑第十五册，台北新文丰出版公司，1982年。

偏宜物外僧。下寺钟声沉地底，前峰塔影落阶棱。凭栏未尽诗人兴，却拟乘闲又一登。”

可见净光塔原为砖木混合结构楼阁式塔，有阑干、铃铎、云梯等。明正德年间（1506—1521），塔木构部分被烧毁。清咸丰年间（1851—1861），塔完全毁圮。清同治四年（1865），台州知府刘璈重建，砖石结构，五级六面，以菱角牙子叠涩出跳，下部用砖砌须弥座，每层塔身隐出角柱、额枋、槏柱、串枋等，腰檐叠涩而成，塔刹呈葫芦形制。这就是如今临海巾子山双塔中的东大塔。

章得象诗中提到的“前峰塔影”，即后世的巾山西塔，北宋大中祥符元年（1008）始建，现塔为清代重修。

十四、灵穆寺塔（967）

临海东南一百十九里，有灵穆寺，始建于东晋，为台州大寺。北宋大中祥符元年（1008）改额大中祥符寺。寺有一塔，据《嘉定赤城志》卷二十七记载，南宋时发现塔砖有“上元丁卯灵穆寺塔记”字样。上元丁卯为吴越乾德五年（967）。

清代时，临海黄氏藏有文为“上元丁卯季灵穆寺塔记”“上元丁卯季灵穆寺”的铭文塔砖[1]，可与《嘉定赤城志》互证。

十五、涌泉寺塔（968）

清代时，临海陈氏藏有铭文砖一方，文为：“上元戊辰岁建造塔砖五万记，都勾当僧行宏、师春、道贤、谢行等，涌泉寺主张。”[2]“上元戊辰岁”为吴越开宝元年（968）。《嘉定赤城志》卷二十七记载，涌泉寺，在临海县东南七十九里，始建于西晋太康年间（280—289）。前文灵石寺西塔出土塔砖中有“大德德湘在涌泉寺受业”字样，可知涌泉寺应为吴越时期大寺。

十六、天台·大觉普光塔（948—972）

张联元《天台山全志》卷六记载，天台县治西北三十里，有大觉普光塔院，为德韶第十三道场，应为德韶所建。北宋大中祥符元年（1008）改名慧觉，后又改为普光。

十七、普光塔（977）

《嘉定赤城志》卷二十七记载，临海县东南一百二十五里，有普光塔院，太平兴国二年（977）建。僧人智颢于寺南和寺北建两座放生池，并造阿育王塔，号普光塔院。北宋景祐三年（1036）时，有《台州海门普光塔院记》，其中有“建双塔以镇之”之语，说明在北宋时普光塔院有双塔。

十八、育王塔（吴越）

临海县东南一百二十里，有育王塔院，建于吴越时期，僧师拱建。北宋治平三年（1066）改额崇相院。

存疑

1. 龙兴寺塔●

《嘉定赤城志》卷二十七记载，唐代台州开元寺，后改龙兴寺，在州城巾子山西麓，为台州第一大寺。北宋时改崇宁寺、天宁寺，南宋时改报恩光孝寺。南宋时寺东有一古塔，相传为梁岳阳王萧詧以释迦舍利所建七塔之一。清末民国时，巾子山西麓出了一方刻有“唐天宝三载龙兴寺塔砖”铭文的塔砖[1]。塔第二层有元大德三年（1299）修塔记碑石，显示“杭州路灵隐禅寺僧男淳具，谨抽衣资建筑第二层宝塔……大德三年二月日题”[2]，说明现塔

图 2-77　台州龙兴寺塔现状

[1]（民国）喻长霖：《民国续修台州府志》卷八十五，《中国地方志集成·浙江府县志辑》第四十四、四十五册，上海书店出版社，2000 年。

[2] 彭连生：《以临海千佛塔新发现铭文砖试论其建成年代及宗教功能》，载《东方博物》第 61 辑，中国书店，2016 年。

[1][2]（日）成寻著，王丽萍校点：《新校参天台五台山记》卷一，上海古籍出版社，2009年。

在元代重修。

该塔现存为六角七层砖塔，因塔身有千佛砖，故称“千佛塔”。龙兴寺古塔是萧詧所建最重要的佛塔之一，可能在吴越时期得到重建。塔身的千佛砖也是吴越时期流行的装饰，符合吴越塔的特征。

2. 隐迹院塔

《嘉定赤城志》卷二十七记载，临海县东四十五里，有隐迹院，旧名隐然，唐光化二年（899）刺史骆延训建，吴越时改名隐龙，后又改隐迹，北宋治平三年（1066）改额灵鹫。寺中有一古塔，僧智颉所创。这位智颉，从年代来看不可能是隋代高僧智顗，可能与普光塔的创立者智颉是同一人，为吴越时期台州僧人。

3. 天台·赤城山前石塔

日僧成寻于熙宁五年（1072）访问天台，于赤城山前五里，“见石塔，高五丈许，名何方洋塔”[1]。该石塔可能为吴越时期所建。

4. 天台·国清寺山前石塔

在经过赤城山前的何方洋塔之后，成寻随后于天台国清寺前五里，又见到一座石塔。“入国清寺山，见石大塔，高五丈，五重塔也。”[2]该石塔可能为吴越时期所建。

赤城山前和国清寺山前的两座石塔，均在山前五里、高五丈左右，可能有统一的设计，为镇护寺山之用。

5. 黄岩·无量寿塔

黄岩县治南四里，有无量寿塔院，北宋大中祥符元年（1008）改名天长院。无量寿塔虽未记载始建年代，但从改额来看，建寺立塔可能是在吴越时期。

第十节　温　州

唐天祐四年（907），钱镠命钱元瓘克温州，自此至太平兴国三年（978），温州皆属吴越版图。温州领县四：永嘉（附郭县，含今温州市区、永嘉县）、乐清（含今乐清市、洞头区、玉环市）、瑞安（含今瑞安县、泰顺县、文成县）、平阳（含今平阳县、苍南县）。吴越天福四年（939），温州升为静海军。钱镠幼弟钱铧，曾长期治理温州。

永嘉罗浮双塔，相传始建于西晋元康五年（295），为已知浙江始建年代最早的古塔。相传乐清在东晋建邑时就有三塔：九牛山石塔、翔云峰塔和西山石塔。州城内松台山东麓，“有宿觉禅师真身塔，唐僖宗赐塔名净光”[1]，该塔在吴越国时为浙南佛教圣迹。州城江心屿西塔，始建于唐咸通十年（869）。

温州古塔遗存众多。吴越时期的永嘉江心屿东塔、平阳宝胜寺双塔、瑞安广福院东塔保存至今。北宋是温州造塔的鼎盛时期，白象塔、慧光塔、国安寺石塔、妙果寺千佛塔、瑞安垟坑石塔、瑞安观音寺石塔、瑞安明因院宝塔、乐清东塔、乐清西塔、乐清白象石塔、苍南涌泉寺石塔、苍南广福寺双塔，大多遗留至今。

一、瑞安·悟空院塔（946）

瑞安涨西乡有悟空院，“石晋开运三年建塔立院”，北宋祥符间赐额悟空院[2]。

二、平阳·普照院铁塔（948—952）

吴越国杭州高僧愿齐陪同国王钱俶，拜访天台国师德韶后，愿齐又独自巡礼著名的温州宿觉塔，并于南雁荡山顶结茅而居[3]。“居二岁，钱氏命建道场，尽以平阳之赋给之。”[4]后来在吴越开宝四年（971）时，普照院迁平阳莒溪（今属苍南县）。

相传，钱王夫人吴氏赐普照院两座塔，一座沉香塔，高二尺；一座铁塔，高一丈有余。两塔均有吴氏款识[5]。钱王夫人吴氏，应是钱俶之母，吴越国顺德太夫人吴汉月。她去世于广顺二年（952），两塔应是在此之前施舍的。

沉香塔以沉香木建，应是供养于殿中的小塔，不能算作地面工程化塔。但铁塔高丈余，类似吴越国同时期铁塔体量。“相传院迁而铁塔重不可举，一夕水涨，塔自出焉”，颇有神异。后人有诗云：“吴氏有铭留铁塔，钱王遗德照珉碑。”[6]

三、平阳·宝胜寺双塔（965）

温州平阳钱仓镇水泥厂，原为宝胜寺旧址。宝胜寺建于唐代，原有大佛殿、钱王楼等建筑物，历史上有过多次重建。至清末时，仅有寺门两侧东西两塔尚存。寺于民国时改为灵顺庙。两座宝塔存

[1]（明）王瓒等：《弘治温州府志》卷十六，明弘治十六年刻本。

[2]（明）朱绰等：《嘉靖瑞安县志》卷十，明嘉靖三十四年刻本。

[3]“愿齐姓江氏，钱塘人，初同吴越钱王参天台韶国师，因礼宿觉塔，游南雁荡山，结茅其间。”（清）吕弘诰：《康熙平阳县志》卷十二，清康熙刻本。

[4][5]（明）朱东光：《隆庆平阳县志》卷一，隆庆五年修、康熙中增补钞本。

[6]（民国）符璋等：《平阳县志》卷九十五，载《中国方志丛书》第72号，台北成文出版社，1970年。

留至今。

宝胜寺双塔，六角五级楼阁式砖塔，高 15.2 米，东西相距 11.8 米。底层较高，原应有木构副阶，二至五层有砖砌腰檐[1]。

1984 年维修双塔时，在东塔第二层北面壁龛内发现造塔碑记一方，碑额篆书“清河弟子造塔记录”八字，笔者据平阳县博物馆藏拓本录文如下：

> 弟子上军正兵马使知昭德回图都务银青光禄大夫检校国子祭酒守右千牛卫将军同正省兼御史大夫上柱国张从轸，并弟上军正十将兼节度副兵马使兼侍御史上柱国从千等。右从轸等伏闻：五天真诰，遍称造塔功深；三藏灵文，极赞率（窣）波果大。近招梵福，远获菩提。仰遵大觉之言，辄效圣贤之志。但从轸叨逢济世，幸长善门，愧曩劫以修崇，致今生而丰赡。得不专营胜利，广建良缘，为趋圣之阶基，作超凡之梯凳。今特发心，舍净财，烧造砖瓦，雇召工匠。于宝胜寺大佛殿前，建造宝塔两所。东西二塔之内，各请得天台赤城山塔内岳阳王感应舍利，又备银瓶，并育王铜塔盛贮，并铜尊像。阖家眷属，共赎《宝箧陀罗尼》及《造功德经》等十二卷。诸般珍宝，宝盖、宝镜、金银、随年钱、发愿文疏，永充镇塔供养。谨录长少眷属姓名于后。

[1] 陈余良：《浙江平阳宝胜寺双塔及出土文物》，载《东方博物》第 23 辑，浙江大学出版社，2007 年。

图 2-78　平阳宝胜寺双塔现状（郭欣摄）

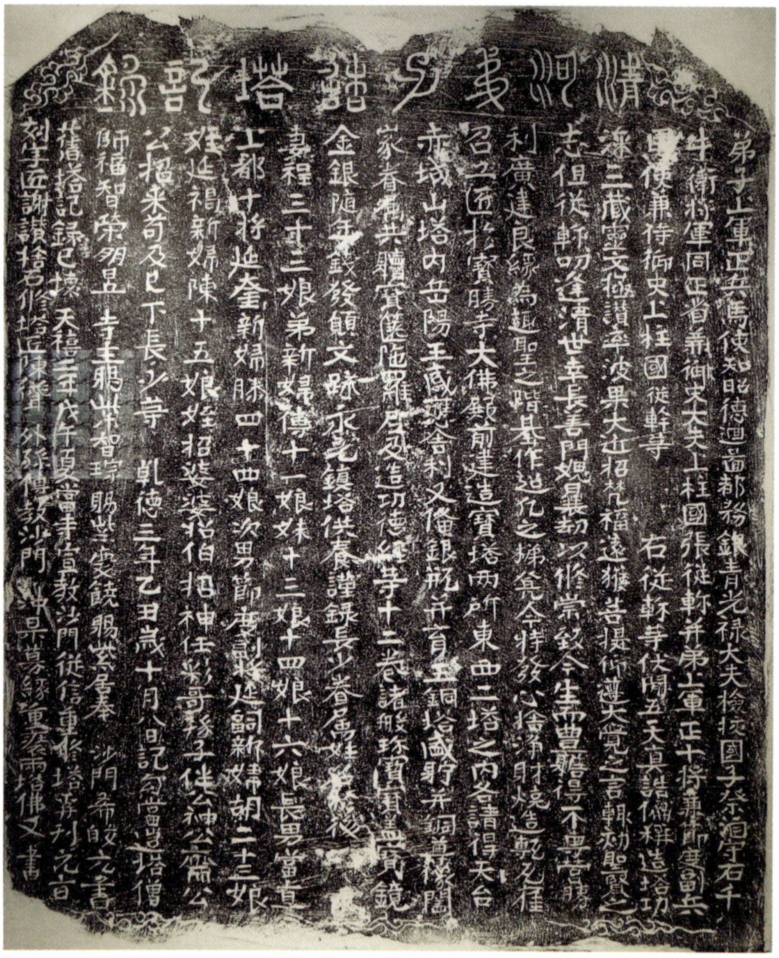

图 2-79　平阳宝胜寺东塔天宫出土《清河弟子造塔记录》拓本（平阳县博物馆藏）

妻程三十三娘，弟新妇傅十一娘，妹十三娘、十四娘、十六娘，长男当直上都十将延奎、新妇滕四十四娘，次男节度副将延嗣，新妇胡二十三娘，侄延禂、新妇陈十五娘，侄招婆婆、招伯、招神、任彩哥，孙子伴公、神公、斋公、公招、来苟，及已下长少等。

乾德三年乙丑岁十月八日记。勾当造塔僧：师福、智荣、朋昱，寺主赐紫智琮、赐紫庆饶、赐紫居奉，沙门希皎元书。

"造塔记录"明确记录了双塔的建造位置、过程、造塔僧众、供养物及历史上的维修情况，由此得知该塔始建于吴越乾德三年（965）。目前除了造塔记石碑之外，造塔记中提到的舍利、铜塔、铜像、佛经、供养品尚未被发现。

在这段"造塔记"之后，还有如下文字，记载了北宋天禧二年（1018）宝胜寺重修双塔，并重装塔内佛像之事；同时可知，这件造塔记录是在天禧二年重刻的。笔者据平阳县博物馆藏拓本录文如下：

旧塔记录已坏，天禧二年戊午夏，当寺宣教沙门从信重修塔，并刊。元吉。刻字匠谢赞舍石修塔。匠陈耸、外孙传教沙门冲杲，募缘重装两塔佛，又书。

1984年，在双塔第三至第五层的壁龛中，发现了18尊陶质佛像，具有吴越时期造像特征。这批陶质造像应该就是乾德三年（965）建塔时制作的，并在天禧二年（1018）得到了重新装銮[1]。

在“造塔记”碑的背面，还有南宋建炎二年（1128）宝胜寺再次重修双塔的浅刻文字：

□元甲子、建炎二年戊申岁二月初十日重修。沙门希后重修，匠人朱师写。

宝胜寺前原有经幢两座，后世将双塔双幢合称为“钱仓四塔”。民国《平阳县志》记载：“钱仓四塔，俱在宝胜寺前，其一已圮，尚存三残塔。”[2]从民国时尚存的这一经幢可知，宝胜寺双塔双幢均为张从轸所建（详见本书第五章“温州平阳宝胜寺双幢”条）。

[1] 陈余良：《浙江平阳宝胜寺双塔及出土文物》，载《东方博物》第23辑，浙江大学出版社，2007年。

[2]（民国）符璋等：《平阳县志》卷五十四，载《中国方志丛书》第72号，台北成文出版社，1970年。

[3]（明）朱绰等：《嘉靖瑞安县志》卷十，明嘉靖三十四年刻本。

四、瑞安·广福院塔（969）

图 2-80　瑞安广福院塔现状（郭欣摄）

瑞安广福院塔，位于如今的瑞安老城东南，寺、塔均建于吴越开宝二年（969）。北宋大中祥符年间（1008—1016）正式赐额广福院。元代寺院毁，明代重建寺院[3]，俗称东塔。

广福院塔虽经后代重建，砖身仍保留了吴越始建时期的特征。该塔六角五级，楼阁式，砖砌，空筒式结构，高17米。塔基为高须弥座，每层做出腰檐平座，转角砌倚柱，每面由槏柱隔为三间，明间辟壶门，内雕刻佛像尚存三十余尊，样式古老。塔刹已毁。塔身内部原有木楼板、楼梯，可登临。

五、江心屿东塔（970）

瓯江江心屿有东西两峰，两峰上建有东西二塔。历史上，双塔成为船舶夜航的重要灯标，于夜间大放光明，灯火辉煌。

图 2-81 温州江心屿双塔，图左为西塔，图右为东塔（郭欣摄）

关于双塔的建造年代，一般认为西塔始建于唐咸通十年（869），东塔始建于吴越开宝三年（970）。北宋时，东塔赐名普寂院，西塔赐名净兴院[1]。据南宋刘愈《东西塔记》载，东塔“倾因兵火，与院俱烬，惟故址存，绍兴戊午……鸠工修建，撤而筑之……凡形制严饰，悉与西塔等”[2]。可知东塔毁于北宋末年，南宋初重建，形制仿西塔。此后东西塔又经多次修缮。

图 2-82 温州江心屿东塔现状（陆易摄）

双塔均为六角七层，东塔残高 28 米，西塔残高 32 米。砖身木檐，单层砖壁，塔心无柱，空筒式结构。双塔底基均低矮简单，素面无纹。

[1]“唐咸通间建西塔，宋开宝间建东塔，元丰年间赐东塔为普寂院，西塔为净兴院。”（明）王继明:《万历温州府志》卷四，万历三十三年序刊本。

[2]（宋）刘愈:《东西塔记》，载（清）陈舜咨订修《孤屿志》卷五，温州江心屿办事处影印本，1990 年。

存疑

1. 罗汉院双塔

温州礼贤坊罗汉院，吴越天福间（936—944）建，北宋改名崇信。明代时，寺有石塔二、砖塔七[1]。七座砖塔应是宋代流行的七佛塔，而两座石塔可能为吴越时期所建。

2. 广慈院塔

温州井华坊有广慈院，吴越乾德间（963—968）建，初无寺号，北宋赐名广慈，南宋改名广恩。明代时，寺有塔院。该塔可能为吴越时期所建。

3. 乐清·千佛塔

乐清县东一百六十里，雁荡山东谷，有僧人德蟾建于吴越天福六年（941）的寺院，北宋治平二年（1065）赐额大明，元丰二年（1079）改额明因。该寺有千佛塔院。当时有僧人嵩大悲，能持念"秽迹金刚神咒"，有降魔之绩，于是建塔刻千佛像，并创塔院。塔院无额，附于明因院之下[2]。该塔可能为吴越时期所建。

4. 瑞安·香山院塔

瑞安有香山院，建于吴越末北宋初的太平兴国年间（976—984），后改宝香院。明代时，前屿有塔院，后有阁[3]。清代时，宝香院已废，遗址在宝香山[4]。该塔可能为吴越时期所建。

第十一节　婺　州

唐天祐三年（906），钱镠夺取婺州，自此至太平兴国三年（978），婺州皆属吴越版图。婺州领县七：金华（附郭县，含今婺城区、金东区）、东场[5]（今东阳市）、义乌（今义乌市）、兰溪（今兰溪市）、永康（今永康市）、武义（今武义县）、浦江（今浦江县）。吴越天福五年（940），升婺州为武胜军。钱镠第五子钱元懿及其子钱仁仿，长期治理婺州。

婺州城内开元寺和济仓寺皆有唐塔。义乌双林寺为南朝高僧傅大士之道场，并归葬于此，是吴越时期的佛教圣迹。北宋嘉祐七年（1062）所建的密印寺塔（万佛塔），曾是婺州千年来的地标性建筑，1957年于地宫中发掘得到大批珍贵文物。

现存的婺州古塔，主要有义乌双林寺铁塔、义乌大安寺塔、浦

[1]"崇信教院：在城内礼贤坊，晋天福间建。马大卿舍廨以为寺，号罗汉寺。"（明）王瓒等：《弘治温州府志》卷十六，明弘治十六年刻本。

[2]（明）侯一元：《永乐乐清县志》卷五，明隆庆六年刻本。

[3]（明）王瓒等：《弘治温州府志》卷十六，明弘治十六年刻本。

[4]"宝香山，小屿临江，三面水绕，状如浮虹，今东西涨淤，唯北临水，有卓敬读书处。"（清）章昱等：《乾隆瑞安县志》卷十，载《中国地方志集成·浙江府县志辑》第六十四册，上海书店出版社，2000年。

[5]吴越天宝三年（910），武肃王因厌恶淮南杨行密，凡属地与"杨"同音者均更名，奏改东阳县为东场县。宋咸平二年（999）复为东阳县。

江龙德寺塔、兰溪香溪宝塔、武义发宝塔等。

一、西山塔（948）

婺州城南二十里，有西山塔院，建于吴越乾祐元年（948）[1]。

二、义乌·双林寺双铁塔（952）

义乌双林寺建于南朝梁时期，由傅大士开山，故傅大士又称双林大士。双林寺原有大铁塔两座，镇于寺院山门内两侧[2]。西铁塔已毁，现存东铁塔。

该塔仅存三层台基、两层塔身、四层塔檐和部分塔刹，残高2.15米，四周设有八面铸花卉铁围栏，转角设瓜棱望柱。铁塔原为八面五层，仿木结构楼阁式。塔檐铸有椽子、飞子、筒瓦、板瓦、瓦当、角梁等构件，制作精细。檐下补间铺作一朵，单拱素枋。塔身八面，四正面设槏柱，开壶门。倚柱圆形，各雕蟠龙一条。阑额施“七朱八白”。

塔身铸有大量佛像和各类人物、瑞兽、花卉纹饰，三层台基铸有“九山八海”纹图案，海水中还有海兽图案。铁塔的造型图案线条流畅，虽历经千年沧桑，仍然乌黑油亮，是吴越时期冶金技术高度发达的实证。

现存第一层四正面开壶门，四隅面上则各有9尊佛坐像，共36尊。现存第二层不开门，每面各有12尊佛坐

图2-83　义乌双林寺东铁塔现状（胡波摄）

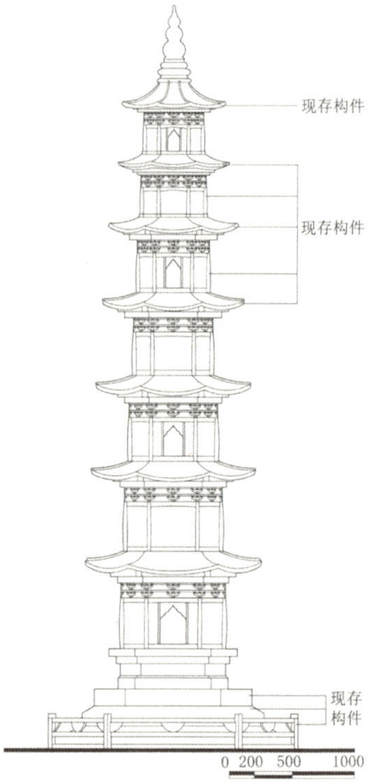

图2-84　义乌双林寺东铁塔复原立面图（引自张剑葳《中国古代金属建筑研究》，东南大学出版社2015年版）

[1]（清）邓钟玉等：《光绪金华县志》卷五，载《中国地方志集成·浙江府县志辑》第四十八册，上海书店出版社，2000年。

[2]“宝林禅寺：县南廿四都，云黄山下，梁普通元年傅大士依双梼木结庵。大同六年，檀越贾昙颖即此开基建寺，名双林佛殿。大士于寺前制两铁浮图，或云野塘朱氏铸。”（清）程瑜等：《嘉庆义乌县志》卷十八，载《中国地方志集成·浙江府县志辑》第五十三册，上海书店出版社，2000年。

像，共计 96 尊。据张剑葳根据底座、塔顶和残存塔身的尺度比例，复原原塔为七层，现存塔身构件分别属于原塔的第五层和第六层[1]。从塔身佛像数量来看，双塔表现的应是千佛形象[2]。

民国时期学者朱中瀚考证，双铁塔由吴越时期本地信徒朱禄建造。“见双林寺宇岿然，僧舍繁华，诚不虚大士之道场。以为梁木必有坏时，不若镇以铁塔，令后人睹塔存而寺亦因葺之而不废。遂于山门内两边，捐资鸠工，凿两方池，各铸铁塔，竖立于其中，与宝刹并峙，意深远也。”朱禄又以余铁造罗汉十八尊，分授子孙，并于广顺二年（952）撰写《铁罗汉记》[3]。则铸造铁塔的时间，大约在此前不久。

三、东场·中兴寺塔（961）

东阳县南五里有唐代法华寺，吴越时期改名中兴寺[4]。明正统间，中兴寺为寇所毁。直至近代，寺院一直未曾恢复。

中兴寺塔，后亦称南寺塔，一直保存到 20 世纪 60 年代初。该塔建于生土层上，用一层石板衬底作基，砖塔就砌在石板层上。塔外观四面九层，楼阁式，砖砌，残高 26.63 米。平面方形，底边长 4.75 米。塔体略呈纺锤形，中间大，两端渐收，比例适度。塔壁简洁，白灰粉刷，门楣及佛龛上采用圆形拱券，用菱角牙子与平砖相间叠涩出檐。塔刹在简单台座上置铁管，铁管上置相轮及宝珠。倒塌前，佛龛中尚有造像，大多无头。

由于塔基下沉，长年失修，中兴寺塔于 1963 年 4 月 23 日倾倒。当年 5 月，浙江省文物管理委员会于现场发掘清理，从废墟中发掘大量文物，清理出土金银器、铜器、陶瓷器、漆木器、石器、玻璃器、经卷、钱币等 200 余件（组）。其中的线刻佛像石函、贴金彩绘石雕经函、墨书《妙法莲华经》7 卷、多件铜阿育王塔、宝相花纹金盒、莲花纹银盒、扁圆腹绿玻璃瓶、鎏金铜观音菩萨立像均为吴越时期舍入的珍贵文物。

[1] 张剑葳：《中国古代金属建筑研究》，东南大学出版社，2015 年，第 78 页。

[2] 第五层四面开壸门，其他四面筑佛像 36 尊；第六层八面铸有佛像 96 尊。由于下面四层塔身壁面更大，推测七层铁塔应该能容纳总共 1000 尊佛像。

[3]（民国）朱中瀚：《双林寺考古记》，载《文澜学报》第三卷第一期。转引自王士伦：《寺塔之建倍于九国》，载周峰主编《吴越首府杭州》，浙江人民出版社，1996 年，第 121 页。

[4]“中兴寺在县南五里，旧名法华，梁天监六年建，唐武德中废，至德二年厉乾耀舍宅，请法华废额建，乾符四年僧贯休书‘雪山道场’四字，至宋太平兴国中改今额，寺有环翠阁。”（明）郑准：《隆庆东阳县志》卷十五，明隆庆六年刻，明万历贡修龄补刻本。

图 2-85　20 世纪中期东场中兴寺塔旧影（东阳市博物馆提供）

图 2-86 东场中兴寺塔天宫出土《婺州东场县中兴寺新砖塔舍利记》石碑（东阳市博物馆藏）

2011 年东阳市文物部门再次调查中兴寺塔遗址，但未能在塔基下发现地宫。

塔内出土石碑多方，其中一方《婺州东场县中兴寺新砖塔舍利记》最为重要，其内容为：

梁第四附庸国主岳阳王萧詧，初抚会稽，虑阻惊涛，乃于开善寺礼谒志公大师，觊示臧否。师云：但于旧址问彦师，必晓今昔。王如所陈，将欲离京。时昙彦和尚俗年一百岁，预谓门人曰：却后三日，有圣者来，宜净房宇。初闻未信，寻而果至。师出户相迎曰：许玄度来何暮？昔日浮图今如故。云：弟子姓萧名詧，非许玄度也。寻悟前事，乃往萧山旧址，果见前生所创塔也。便于塔下，掘得舍利，分四十九粒，入天台赤城山砖塔。会昌五年乙丑岁，敕废。咸通六年乙酉岁，有僧宗立，居士倪求、徐师约等重建。至咸通八年丁亥岁甃毕。时移星改，风华霜摧。建隆元年庚申岁，天台国师德韶，罄舍资金，鼎新构砌。寺有僧文捷、敬温、敬超、匡信、师德，并近居檀越葛仁皎、郑□、金晖、徐□□，同力募缘，结兹砖塔。特款于国师，蒙分一粒，缄在第三层。□悠久与一切人天植福矣。时建隆二年太岁辛酉九月二十五日，设大/斋入舍利。虑年序遐□，故□石记。镌雕毛承邺[1]。

另有一方造塔记已残，其内容为：

……乡存信保……□……募男女弟子并僧……层逐……□身舍利，永往鹿苑……坊作九类皈……云际岷立，天心光明。而……灵不侧，但彦怨……曩遭逢将怀虔仂之诚祖着……今次特抽金帛，减舍□/……一条，并衣物等，奉为资荐先逝二亲

[1] 魏祝挺等：《浙江东阳吴越国中兴寺塔出土文物》，《东南文化》，2020 年第 4 期。

亡考□郎、亡妣王氏九娘、亡兄三郎、亡妻章氏九娘、亡妻周六娘等，并及自身、妻室周三娘、长男徐老、次男睢儿、新妇贾一娘等。自发心结造第八层，又迎请双林大士舍利归家，严洁特置三夜三日，香花、灯烛、汤药、斋饭等，种种供养，于七月中旬迎入寺中。安着宝龛，装严妙塔，一一圆就，事事功成，胜善殊因，良缘福祉。当愿先亡离苦，佛国受生，诸佛会中，一时证果。次愿彦惣并妻室男女等，多生罪彰，今世疵瑕，故悟之僭，邪心忘念，俱希消殄，尽愿蠲除。世世生生，福缘□□，七珍俱足，八胜财高，威势超人，善因淳厚，良缘妙果，早证真如，遇诸善□□安乐。然后十方世界，九类四生，俱休胜因，一时离苦。时建隆三年岁次□□□□□□酉朔十五日。楼彦惣书记[1]。

根据这些内容，可知中兴寺塔建于吴越建隆二年（961），主持者为中兴寺僧文捷和居士葛仁皎等人。塔中至少供奉两粒舍利。一粒为德韶赠予的天台赤城山砖塔所得岳阳王萧詧感应舍利，建隆二年（961）九月封缄在第三层，可与《天台般若新寺砖塔记》互证（参见本章“台州天台赤城山塔”条）；另一为傅大士舍利，建隆三年（962）七月封缄于第八层。由于中兴寺塔一共九层，根据之前建塔的平均速度，第九层应大致花费2至3个月，加上安置塔刹的时间，故中兴寺塔应该于建隆三年（962）年底左右完工。

四、东场·通济院弥陀塔（973）

东场县西七里有通济院，吴越开宝年间（968—976）由僧人绍隆募建。通济院内，两池水之间有一座七层塔，为该寺名胜[2]。清咸丰年间（1851—1861），寺院毁于太平天国运动，仅存该塔，名凌云塔，又名西七里寺塔。

民国十一年（1922），西七里寺塔倒塌。僧人从废墟中发现释迦、弥勒佛像六尊，并出土《东场县西七里通济茶院塔铭》碑记一方[3]。这块石碑出土时文字清晰，保存完好[4]。全文如下：

大教斯来，殊因遍立。旁收十信，竟仗有为。故经云“先欲以勾牵，后令入佛智”，具兹谓矣，得以尚焉。斯弥陀宝塔者，始自绍隆长老，止县西七里，见路及四悬，虽曰要津，无堪驻足。长老乃发乎良愿，冀遇信人。果有县司杂职盛仁曜，押目录事斯仁安，遵

[1] 魏祝挺等：《浙江东阳吴越国中兴寺塔出土文物》，《东南文化》，2020年第4期。

[2] “昭德寺：在县西七里，旧名通济，曰教院。宋开宝间僧绍隆募建。淳化中改名重元，今仍昭德。康熙初年修葺。中有石塔七层，在两池间，登楼视之，其影常倒。往来宦客，历有题咏。康熙戊申，僧大云、玄绪以张公义、王公常等积资重修。”（清）赵衍修，东阳市人民政府地方志办公室整理：《康熙新修东阳县志》卷十六，西泠印社出版社，2018年。记载虽为石塔，但根据后文中的塔记，应是砖塔。

[3] “通济院即昭德院。民国十一年大风雨，寺塔倾倒，院僧拾得释迦、弥勒佛六尊，及塔碑一座。碑额刻有‘东场县西七里通济塔院塔铭’十二字。”（民国）党金衡编，东阳市历史文化研究会搜集整理：《民国东阳县志》卷二十二，西泠印社出版社，2018年，第1038页。

[4] “《吴越东场县弥陀宝塔铭》：民国十年东阳城西七里寺古塔圮发见。塔建于吴越忠懿王二十六年，即宋太祖开宝六年。首题东场，因武肃王与杨行密交恶，以阳、杨声近，故于梁开平时，奏改东阳为东场，后至宋咸平时始复旧称。吴越石刻，载籍罕见，仅隆庆志云，昭德寺碑记系称东场，而石又久佚。此刻完善如初，的为瑰物。”载《美术生活》第三十四期，1937年。

以垂言，形于正念，预于兹处议立茶堂。斤斧未停，利济斯溥，续以邑大夫高阳公专其榜道，乃构是因，尝未经年，已闻诸备。像分六面，高及七层。因勒贞珉，用标不朽。铭曰：巍巍插汉，屹屹凌空。一瞻一敬，功果胡穷？大宋开宝六年癸酉岁五月十七日记。勾当人张廷演、周彦偬、郑德兴、葛仁皎、陈文浩，同勾当郎思义撰并书。僧守真、继昌甃砌，功德主前守令赐绯鱼袋许光赞、毛公寿镌字[1]。

据碑记，该寺位于交通要道，最初为茶堂，同时建塔。该塔为吴越开宝六年（973）所建，名为通济茶院弥陀宝塔。该塔为砖木混合塔，七层六面，每面皆有佛像。造塔工程的参与人绍隆长老、周彦偬、郑德兴、葛仁皎、思义、守真等，均是建隆元年（960）建造东场中兴寺砖塔的参与者。

东场县广济院（俗名东七里寺）另有一塔，寺创于吴越开宝八年（975），塔建于北宋至道二年（996）。西七里寺塔和东七里寺塔共同屹立数百年，是东阳宋代以后的著名景观。

五、永福塔（吴越）

婺州城东十里，有永福塔院，吴越时期建。北宋天圣八年（1030）重建并改名兴教寺。

存疑

1. 义乌·双林寺小铁塔●

据20世纪50年代浙江省文管会调查，义乌双林寺其实原有铁塔四座，两座久毁，两座当时尚存。其中大铁塔就是现存的双林寺东铁塔，而另一座小铁塔，“塔身在该寺智静禅院内，也是八面，今残剩三层，塔顶已失，通高154厘米。斗拱、腰檐‘五铺作’（第二层最为完整），平座‘四铺作’，底层八面开门，第二层‘壶门’间隔开设，壁面浮雕着许多供养人。倚柱上有花草纹饰。柱础作覆盆状。此塔就形制来看，系属宋代建筑”[2]。小铁塔今已不存，原先也为两座，可能也为吴越时期建造。

2. 义乌·云黄山傅大士行道塔

义乌云黄山是南朝高僧傅大士修行及安葬之地[3]。吴越时期，特

[1]（民国）党金衡编，东阳市历史文化研究会搜集整理：《民国东阳县志》卷二十二，西泠印社出版社，2018年，第1038页。

[2] 黄涌泉：《浙江省的纪念性建筑调查概况》，《文物参考资料》，1956年第4期。

[3] “云黄山：县南二十五里，一名松山，周三十里二百步，梁傅翕大士于此行道。……又有七佛峰、行道塔、漩蛳池，灵异之迹。”（清）沈麟趾等：《康熙金华府志》卷三，载《中国地方志集成·浙江府县志辑》第四十九册，上海书店出版社，2000年。

为尊崇傅大士，吴越王钱弘佐遣亲信大将胡进思至义乌云黄山，开启坟塔，获取傅大士全身骨节，迎归杭州龙华寺建傅大士塔并塑像（详见本章“杭州傅大士塔”条）。东阳中兴寺塔第八层也曾舍入傅大士舍利。明代时，云黄山上有傅大士行道塔，高七级，大小三座[1]。

傅大士坟塔在取出傅大士舍利后，可能在吴越时期得到重建，继续作为傅大士的圣迹得到崇拜，即后世的傅大士行道塔。

3. 东场·华严院塔

东场县城内有华严教院，创于吴越乾德元年（963），规模宏大，“宏阔精严之舍，画檐铄日，绀宇来风，密迩康庄，旁俯阛阓”。北宋改名法界寺。法界寺有塔，后人有诗云“已看塔影凌空现，会有莲花窣地开”[2]。该塔有可能为吴越时期所建。

4. 永康·兴圣寺双铁塔

《正德永康县志》卷七记载，永康兴圣寺，始建于南齐永明二年（484）。明代时大殿前有二铁塔，左右对峙，年代不详。这两座铁塔可能为吴越时期所建。

第十二节　衢　州

唐天祐三年（906），钱镠平定衢州制置使陈璋叛乱，自此至太平兴国三年（978），衢州皆属吴越版图。衢州领县四：西安（附郭县，含今柯城区、衢江区）、江山（今江山市）、龙游[3]（今龙游县）、常山（含今常山县、开化县）。衢州最古之塔，相传为南朝梁始建的天王寺塔。现存衢州古塔有龙游湖镇舍利塔、龙游横山塔等。衢州目前没有发现可确认的吴越时期舍利塔案例。

存疑

1. 天王寺塔●

衢州天王寺，位于衢州朝京门内水亭街。寺院始建于梁普通六年（525），原名显明院。明洪武年间（1368—1398）改名天王寺，未几年因火灾被毁，后不再重建[4]。至民国时，仅存小庙三间。寺院仅存一塔，木构也同时被烧毁，仅存砖身。明崇祯十五年（1642），大风吹落了天王寺塔的塔刹，塔刹铸文上写有梁天监年号（502—519）[5]。

天王寺塔作为衢州的地标建筑，一直保存到 20 世纪 50 年代。

[1]“云黄庵：县南二十五里云黄山顶，旧名七佛庵，明初更今名，有七佛阁，梁傅大士行道塔七级，大小三座。”（清）程瑜等：《嘉庆义乌县志》卷十八，载《中国地方志集成·浙江府县志辑》第五十三册，上海书店出版社，2000 年。

[2]“法界寺，在县西百四十步，宋乾德元年建，名华严，曰教院。祥符中易今名。”（清）赵衍修，东阳市人民政府地方志办公室整理：《康熙新修东阳县志》卷十六，西泠印社出版社，2018 年。

[3] 吴越宝正六年（931），钱镠改龙丘为龙游。

[4]（清）徐之凯纂：《康熙西安县志》卷八，清康熙三十八年刻本。

[5]（清）徐之凯纂：《康熙西安县志》卷二，清康熙三十八年刻本。

因年久失修，1952年被拆毁。从拆塔时拍摄的老照片看，该塔高30米以上，木结构外檐和平座均已不存，塔刹和顶层大部也已拆除。塔为六面七层楼阁式砖塔，每层皆砌出平座、柱枋、斗拱形式，每层每面中央均辟有壸门或壸门式佛龛。在拆塔过程中，陆续发现了书画、经卷20卷，砖刻观音一尊，铜质佛像一尊及“徐十一娘造塔”“建葬此中大吉富贵”“咸丰五年四月五日”等铭文砖，说明既有建塔用砖，也有修塔时用的墓砖。2013年，文物部门清理天王塔的塔基遗址，发现边长2.9米的六角形砖塔遗址，在塔心地砖之下发现开元通宝、乾元重宝钱币9枚，周围清理出数百片碎瓷片[1]。发现塔基下有地宫，但未打开。

结合该塔的形制特点和塔基出土文物，天王寺塔应为吴越北宋时期重建的六角七层砖木结构混合塔。重建的天王寺塔依旧使用了梁天监时期的塔刹构件，可能是从旧塔上拆下来的。

2. 龙游·湖镇舍利塔●

龙游湖镇舍利塔院，始建无考。据赵抃撰写的《大宋衢州龙游县白革湖新修舍利塔院记》，北宋时这里“有舍利塔院，年祀弥远，栋坏梁仆”。乡绅江延厚重修塔院，新建释迦殿与殿内造像，并陆续增葺法堂、方丈、门、廊、官院。工程开始于北宋明道二年（1033），至庆历四年（1044）完工。庆历五年（1045）十月，乡贤赵抃作记[2]。

舍利塔院重修十四年后的嘉祐三年（1058），江延厚又重修完成了舍利塔院的主体建筑——舍利塔。当年赵抃又撰写了《新建舍利塔铭》[3]，铭中有云：“其庙有塔，是瞻是崇。完坚弗隳，永焉无穷。”最后写道：“嘉祐三祀，素秋之季。建者江氏，铭以为识。”考虑到嘉祐三年是舍利塔重修完成之年，则重修工程可能持续了十余年。

《民国龙游县志》认为该塔不是北宋新建，否定了两种旧志的说法，这是正确的[4]。从时间跨度来看，龙游湖镇舍利塔院应该始建于唐五代时期，很可能始建于吴越时期。

现存湖镇舍利塔为六面七层楼阁式实心砖塔，2001年列入第五批全国重点文物保护单位。高31.5米，平面呈六角形，边宽2.3米。该塔于明清时均进行了大修。每层皆砌出平座、柱枋、斗拱形式，一至六层每面中央均辟有壸门式佛龛，清光绪大修时每层都放入了释迦牟尼汉白玉雕像。塔檐用菱角牙子层层叠涩出檐，起翘弧度较大，顶层檐角安铁制风铎，转角及补间用四铺作单抄斗拱。塔顶以黄铜

图2-87　1952年衢州天王寺塔拆毁前夕旧影

[1] 巫少飞：《天王塔：从最古老到最年轻》，《衢州晚报》2021年9月9日第6版。

[2]（明）曹闻礼：《万历龙游县志》卷九，明万历四十年修、民国十二年重排印本。

[3]（宋）赵抃：《赵清献公文集》，北京图书馆出版社，2004年。

[4]“舍利寺：在县东三十里，何时建无考。（案两旧志云，宋明道中建，误。盖赵抃记明言：‘古太末之地，有舍利塔院，年祀弥远，栋坏梁仆。邑人汪延厚，遽新其废。’其非始于明道可知，兹故不录。）宋明道二年县人江延厚重建，赵抃为之记。”余绍宋：《民国龙游县志》卷二十四，民国十四年铅印本。

[1] 吴越天宝三年（910），改松阳县为长松县。天福四年（939），改长松县为白龙县。北宋咸平二年（999），白龙县复改为松阳县，县名一直沿用至今。

图 2-88 龙游湖镇舍利塔现状

铸成葫芦形，安铁制刹柱，置相轮六重，六根铁索连塔顶于六檐角。

1991 年修缮时，考古工作者在塔上部两层发现了一批文物，其中第七层五面佛龛各有铜佛像一尊，朝北佛龛有小铜塔一座。小铜塔，方形七级楼阁式，台座上有"甲午岁二月日王居晟舍□奉答四恩三有者"题记，大约铸造于北宋皇祐六年（1054），小铜佛和小铁佛则具有吴越北宋时期造像风格，现藏于龙游博物馆。

第十三节 处 州

唐天祐四年（907），处州刺史卢约归降钱镠。自此至太平兴国三年（978），处州皆属吴越版图。处州领县六：丽水（附郭县，含今丽水市区、云和县、景宁县）、龙泉（含今龙泉市、庆元县）、遂昌（今遂昌县）、缙云（今缙云县）、青田（今青田县）、白龙[1]（今松阳县）。

处州城北十里，山顶旧有白塔，唐代构建[1]。唐光启二年(886)，丽水县北普照寺建有木塔一座[2]。龙泉过去曾有著名的崇因寺双塔和崇仁寺金沙塔。崇因寺又叫金鳌寺，双塔位于城中，建于唐代，形成龙泉名胜“平林塔影”；崇仁寺又叫金沙寺，在城外五里，寺后有金沙塔七级，建于五代吴越，历代多有题记。此三塔是处州遗留到当代的最古建筑，可惜均毁于1956年。现存古塔中，有北宋咸平二年(999)的松阳县延庆寺塔，六角七级砖木混合楼阁式塔，可视为吴越造塔风格的延续。

龙泉·金沙塔（977）●

金沙塔院位于龙泉县城南五里，吴越时建[3]。北宋咸平三年（1000）左右杨亿撰写的《处州龙泉县金沙塔院记》中提到：

> 缙云西鄙之邑曰龙泉，实欧冶子淬剑之地。……邑人李文进施财百万，造塔七层，货泉之费已殚，土木之功未毕。桑门延通与其徒鸿显暨大姓李仁禄，共唱其事，薄敛于人，经斯营斯，载朴载斫；基扃环回而固护，堂陛崛起以穹崇。斫材也，必取山木之良，砻之以密石；购匠也，必择云梯之巧，赏之以兼金。极剞劂之工，加丹臒之饰。筑室斯广，盖百堵之有余；为台甚高，非三休莫能诣。鸟鼠攸去，燕雀是依。名翚轩而欲飞，巨鳌兀以方抃。由余谓之使鬼，士茁疑其胜人。殆岁星之周天，始祇园之讫役。凡堂以陈宾主之次，虚室以备晏息之所。高门洞启，回廊翼舒，庖厨载严，井榭攸设。举其成数，凡四十间。涌塔屹于中庭，反宇耸于天半。泛朝日以增丽，蒙夕霭而如失。作镇兹壤，垂厥方来。且以岳阳王感应舍利、李长者《华严合论》，匮而藏之，目之曰“华严宝塔”。举其一而称焉，亦取夫百宝庄严之义也[4]。

后世，金沙塔院改名崇仁寺。

据老照片，金沙塔为六面七级的楼阁式砖塔，高约30米。每层正面开壶门，通塔心室，侧面开壶门形佛龛。每层皆砖砌出平座、柱枋、斗拱。原有木结构腰檐、平座、底层副阶。塔刹缺失。金沙塔的形制构造，应该十分接近于北宋咸平二年（999）建造的松阳延庆寺塔，该塔也是六面七级，塔高38.32米，二者年代也十分接近。

1956年，因缺乏文物保护意识，在未经文物主管部门批准的情

[1]（清）朱肇济等：《雍正处州府志》卷十八，清雍正十一年刊本。

[2]“光启二年，檀信创木浮屠一座。”（清）皮树棠：《光绪宣平县志》卷十四，清光绪四年刊本。

[3]“崇仁寺：县南五里，即金沙寺，五代时建，有华严塔。”（清）周荣椿等：《光绪处州府志》卷九，载《中国地方志集成·浙江府县志辑》第六十二、六十三册，上海书店出版社，2000年。

[4]（宋）杨亿：《处州龙泉县金沙塔院记》，转引自邢东风：《〈金沙塔院记〉看龙泉华严塔》，载《中国佛学》第39期，社会科学文献出版社，2016年。

[1] 尤文贵：《不可忘却的教训——龙泉拆塔事件亲历记》，载《浙江文史资料》第六十八辑，浙江人民出版社，2000 年，第 375—380 页。

[2] 关于三塔遗存文物，详见赵万里：《南行日记》，《文物》，1962 年第 9 期；王丽苹：《温州博物馆藏龙泉东大寺双塔及金沙塔文物整理》，载《东方博物》第 57 辑，中国书店，2015 年。

[3] 朱伯谦：《浙江两处塔基出土宋青花瓷》，《文物》，1980 年第 4 期。

图 2-89 20 世纪中期的龙泉金沙塔

况下，当地擅自拆毁了崇因寺双塔和崇仁寺金沙塔。三塔内藏的大量北宋舍入的唐宋佛经、绘画被烧毁，金像被熔化[1]。只有少量佛经被有识之士抢救，现存浙江省博物馆和温州博物馆。金沙塔中的出土品较少，也未发现杨亿提到的舍利和《华严合论》[2]。

1957 年浙江省文管会朱伯谦调查了金沙塔的塔基，没有发现地宫，但发现了模印“太平兴国二年”文字的纪年塔砖[3]。由此可知，该塔应建于吴越太平兴国二年（977），大约在 20 年后完工。

第十四节 福 州

五代时福州原为王氏闽国都城，时称长乐府。五代中期闽国内乱，吴越开运四年（947）钱弘佐出兵福州，击退南唐军，福州并入吴越版图。至太平兴国三年（978）纳土归宋，吴越国辖福州共 32 年。福州领县十一，闽、侯官（二县为附郭县，含今福州市区、闽侯县）、长乐（含今长乐区、平潭县）、福清（今福清市）、连江（今连江县）、永泰（今永泰县）、闽清（今闽清县）、永贞（今罗源县）、长溪（含今霞浦县、福鼎市、福安市、柘荣县）、古田（含今古田县、屏南县）、宁德（含今蕉城区、周宁县、寿宁县），大约相当于今天的福州地区加上宁德地区。晚唐和五代闽时，福州设威武军节度使，广顺元年（951）改名彰武军，太平兴国二年（977）复名威武军。吴越后期，钱弘佐之子钱昱曾治理福州。

五代王氏闽国历代国王均崇佛，“王氏入闽，更加营缮，又增寺二百六十七”，数十年间于福州境内建寺 267 所。吴越统治时期，福州崇佛之风不减，“吴越首尾才三十二年，建寺亦二百二十一”[1]。宋代黄干曾写道：“闽中塔庙之盛甲天下，家设木偶绘像，堂殿之属，朝夕事之。髡其首而游于他州者，闽居十九焉。”[2]

唐末五代初期，福州有两位著名高僧，分别是雪峰广福院的义存禅师，以及其弟子玄沙院的师备禅师。他们都是开宗立派的大宗师，受到闽王王审知（897—925 年在位）的厚待，其禅学思想和弟子门徒，传播四方。吴越国的许多禅宗高僧，都出自二人门下。吴越后期的僧统赞宁，这样描述玄沙师备：“至今浙之左右山门，盛传此宗，法嗣繁衍矣。”[3]

福州建塔，始于萧梁。“闽之浮屠，始于萧梁，高者三百尺，至有倍之者，铦峻相望。乾符五年，巢寇焚殄无遗。”[4] 可考最早的塔是长溪县昭明寺塔，建于梁大通元年（527），昭明太子所建[5]。福州清廉里方山寺的阿育王塔，建于陈天嘉元年（560）[6]。清代金石志还记录了一件隋开皇十五年（595）建造的舍利塔铃[7]。隋仁寿二年（602）分舍利，又于福州城中建塔。闽清有始建于唐的台山石塔，今塔则为明代重建。连江有始建于唐的护国天王寺石塔，今塔尚存二层。太姥山国兴寺有八角七级楼阁式石塔，名“楞伽宝塔”，建于唐乾符年间（874—879），至今尚存。

唐以前的福州城内古塔，几乎全毁于唐末黄巢起义。五代闽国开国君主忠懿王王审知崇佛有加，建寺刊经，敬僧护教，使闽国成为五代时期的东南佛国。“奉大雄之教，崇上善之因，象法重兴，道师如在。虹梁雕栱，重新忉利之宫；钿轴牙签，更演毗尼之藏。而又盛兴宝塔，多舍净财，日丽飞甍，霞攒彩槛。”[8] 他特别看重造塔兴福之事业，在位期间新建了七级木构的开元寺寿山塔（901），七级砖构的万岁寺定光塔（904），七级木构的安福寺崇庆塔（912），重建了九级的大中寺定慧塔和七级的报恩寺神光塔（907—911 年间，唐大中始建）；后来的闽王王延曦重建了七级石构的石塔寺坚牢塔（941，唐贞元始建，原名无垢净光塔）；加上当时民间募建的育王塔，五代至北宋间，福州城内共有七座高塔。

因此后来吴越国镇守福州的节度使钱昱，在重修祭祀王审知的忠懿王庙碑记中，称赞王审知“素钦释典，大廓法门”，“苾刍散布于诸方，伽蓝遍满于乐国”[9]。北宋景德元年（1004）知州谢泌有诗云“城里三山千簇寺，夜间七塔万枝灯”，即是描述此时的盛况。

[1][4][6]（宋）梁克家：《淳熙三山志》卷三十三，载《宋元方志丛刊》第八册，中华书局，1990 年。

[2]（清）鲁曾煜：《乾隆福州府志》卷二十四，清乾隆十九年刊本。

[3]（宋）赞宁撰，范祥雍点校：《宋高僧传》卷十三，上海古籍出版社，2014 年。

[5]（明）朱梅：《万历福宁州志》卷十五，明万历四十四年刻本。

[7]“隋舍利塔铃铭：铃高三寸二分，围六寸，重四两。铭十一行，凡七十字，正书。在同安金门林氏。‘大隋开皇十五年岁次乙卯四月己丑朔维那冯坚敬造舍利塔铃上为皇帝陛下州县令长次为七世父母援及一切众生咸同斯福都维那惠礼都劝缘传法比丘净慧匠胡翀造。’”（清）陈棨仁：《闽中金石略》卷十四，载《石刻史料新编》第一辑第十七册，台北新文丰出版公司，1982 年。

[8]（唐）于兢：《恩赐琅琊郡王德政碑》，见（清）陈棨仁辑《闽中金石略》卷二，载《石刻史料新编》第一辑第十七册，台北新文丰出版公司，1982 年。

[9]（吴越）钱昱：《重修忠懿王庙碑铭》，见（清）陈棨仁辑《闽中金石略》卷二，载《石刻史料新编》第一辑第十七册，台北新文丰出版公司，1982 年。

开宝九年（976），钱俶在福州永泰县支提山废寺遗址，建大华严寺。同年十一月，有“天下大元帅吴越国王钱俶庆寺疏”发给寺院，寺院刻石，南宋时尚存。疏内写道：“国家自辛未年中，爰舍金帛，命所司建精舍，仍铸天冠菩萨梵容，斤斧功成，藻绘事就。谨舍铜金帛三百八十七千八百一十八文，建道场一会，修设五千僧功德庆赞。兼舍本州铁金帛二千绳，充长生供给常住，及差灵隐寺副寺主辨隆为寺主。数年挂意，今日召工。”[1] 后世，福建宁德支提山就成了天冠菩萨的道场。

因闽国在福州城内广建佛塔，故而吴越国未在福州城内（包括附郭之闽、侯官两县）有建塔之记载。目前见诸记载的吴越时期福州属县所建七处塔，分布于宁德、长溪、永贞、永福、福清等县，但无一存留至今。另外，传世之古田县吉祥寺石塔（979）为纳土归宋后一年所建，八角七级，仍可一窥五代时期福州特色的楼阁式石塔营造风格。

一、宁德·育英塔（963—968）

宁德县金仙山上，明代以前有金仙寺及金仙塔，后寺毁塔存。乡民长期拆塔砖，至明嘉靖时，金仙塔仅存下层。到清乾隆时，金仙塔已成废墟。宁德县官绅打算在金仙塔旧址建镜台，挖掘台基时发现一块石碑，上有“育英塔”三字，文字漫漶不清，落款年代处可识别“乾德”二字。又在其旁发掘得到一块南宋嘉泰四年（1204）的重修塔记碑。由是可知，金仙塔始建于吴越乾德年间（963—968），原名育英塔，南宋嘉泰四年时重修。

明初地方官林保童、陈癸曾有诗句描述育英塔，有“九天风铎闻东岛，七级星灯映北辰”“何年金饰石浮图”“半檐风度喧铃铎”“兵火烧残多剥落”的描述[2]，可知育英塔高七级，为可登临的楼阁式石塔，上有金饰，檐角遍布铃铎，塔上有石龛，塔身有雕刻兽形。该塔在明初时已为兵火烧残，雕饰多有剥落。

二、长溪·灵泉塔（967）

《淳熙三山志》卷三十五记载，福州长溪县擢秀里有灵泉塔院，吴越乾德五年（967）建。

[1]（宋）梁克家：《淳熙三山志》卷三十三，载《宋元方志丛刊》第八册，中华书局，1990年。

[2]“《金仙浮图》林保童诗：谁采精英丽水珍，宛然铸出洞中宾。九天风铎闻东岛，七级星灯映北辰。金塔鲸音惊鹤梦，石龛兽篆降仙轮。锵锵碧落云璈动，绝顶登真有异人。《金仙霁色》陈癸诗：玉洞仙人识面无，何年金饰石浮图。半檐风度喧铃铎，一朵云横缀峤壶。兵火烧残多剥落，山烟卷尽不模糊。晴峦景物真堪爱，直上尖头望帝都。”（清）张君宾：《乾隆宁德县志》卷一，清乾隆四十六年刻本。

三、长溪·明宗塔（968）

《淳熙三山志》卷三十五记载，福州长溪县万安里有明宗塔院，吴越开宝元年（968）建。

四、永泰·无名塔（约968）

《万历永福县志》记载，福州永泰县越绛山有风水塔，始建于吴越开宝初（约968），塔名失考。后因风水之说被毁[1]。该塔遗址于明万历时建八角三层文昌阁，“上施相轮，拟乎浮屠”，模拟佛塔[2]。

五、永贞·白塔（969）

《淳熙三山志》卷三十八记载，福州永贞县安金里有白塔院，吴越开宝二年（969）建。该塔为石塔[3]。明万历年间（1573—1620）毁，清康熙年间（1662—1722）重建。

六、长溪·灵山塔（970）

《淳熙三山志》卷三十五记载，福州长溪县崇丘里有灵山塔院，吴越开宝三年（970）严氏舍地建。

七、福清·黄檗塔（976）

《淳熙三山志》记载，福州福清县清远里有黄檗塔，吴越太平兴国元年（976）建[4]。

存疑

1. 连江·南门小石塔●

1953年，连江县在城南修筑防洪堤时，于南门城楼西向墙下发掘出一座石塔。塔双层，高7.9米，底层直径为1.72米，呈八角形，造型与连江仙塔（唐大中三年，849）相似。塔基地宫中藏有小铜塔一座，上面铸有“吴越国王钱俶敬造八万四千宝塔乙卯岁记”字样。

[1]“邑之先科第无闻，至宋开宝初建寺于越绛，晨昏钟鼓，与县漏相应。作桥以续西山龙脉，建塔于东南之水口，而象龙角。于是人文日盛，科第蝉联，闾阎殷富，甲于诸邑。……元末有善青乌之术者，见辱于县之巨室，遂欲破其县以泄忿。乃诳县尹，废寺毁桥与塔，以泄其忿。自此，邑遂渐耗。”（明）谢肇淛：《万历永福县志》卷六，明万历修、清钞本。

[2]“高七丈一尺，径五丈九尺，而题其榜曰文昌，祀梓潼帝君于阁上。”（明）谢肇淛：《万历永福县志》卷六，明万历修，清钞本。

[3]“原在县西十里，宋开宝间建，并造石塔一座。”（清）林乔蕃：《康熙罗源县志》卷十，清康熙六十一年刻本。

[4]“黄檗塔：清远里，太平兴国元年置。运使张徽诗云：晓塔影分山店北，暮钟声落海门西。”（宋）梁克家：《淳熙三山志》卷三十六，载《宋元方志丛刊》第八册，中华书局，1990年。

在塔腹夹层（天宫）中，藏有铜钱及铜镜等物。镜青铜制作，方边约16厘米，镜背铜纽左刻“湖州真石家，念二叔照子”十个字。铜钱有“崇宁通宝”和“至元通宝”年号。这座双层石塔，当时重新埋入地下，作为防洪堤之基石。塔内出土的铜塔、铜镜、铜钱则移交给省文管会，今藏于福建博物院[1]。

从铜镜和铜钱等出土文物来看，这座小石塔天宫的最后封缄时间为元代，小石塔的建造年代有可能是吴越时期。

2. 闽侯·龙台山石塔●

福州市闽侯县侯官镇侯官村龙台山曾有一座石塔，毁于民国时期。20世纪70年代初，在石塔基发现一件钱俶于显德二年（955）铸造的铜阿育王塔，与连江出土的铜塔形制相同。故推测龙台山石塔有可能建于吴越时期。

3. 长溪·珠胜庵古石塔

民国时，霞浦县四十六和四十七都之间的琴山，有珠胜庵遗址，宋初时建。民国时尚存石塔基址。该石塔有可能建于吴越时期。

附：福州七塔考

南宋梁克家《淳熙三山志》卷三十五记载：“闽之浮屠，始于萧梁，高者三百尺，至有倍之者，铦峻相望。乾符五年，巢寇焚殄无遗。开平中，闽王审知复其二，大中定慧是也。及是时，复创万岁定光、安福崇庆及太平开元塔。延曦又建石塔。谢郎中泌诗：‘城里三山千簇寺，夜间七塔万枝灯。’”描述了福州寺塔唐末毁后，历代闽王恢复建塔的事迹。谢泌在北宋初期担任过福州知州，他的诗句很好地表现了当时福州寺塔鼎盛的景象，“七塔”遂成为福州佛寺在五代北宋时期的象征。如今福州七塔的盛况早已不复存在，本文试图通过考证福州七塔的建造经过，还原五代闽国时期（893—945）都城福州的佛塔建造史。

1. 开元寺寿山塔（901）

唐天复元年（901），朱温和李茂贞于京洛交兵，唐昭宗西狩避难。时任威武军节度使、琅琊王的王审知，为祈祷天子车驾平安还都，在福州城东的开元寺建造了寿山塔[2]。该塔高七层，木结构[3]。这是王审知建造的第一座大塔。

天祐二年（905）四月，王审知将整套经藏，共计五百四十一函，五千零四十八卷，藏入寿山塔院之中[4]。

[1] 林钊：《福建省四年来发现的文物简介》，《文物参考资料》，1955年第11期。

[2]“天复元年辛酉，天子西巡，岐汴交兵京洛周禺。我威武军节度使、相府、琅琊王王公，祝天地鬼神，以至忠之诚，发大誓愿，于开元之寺造塔，建号‘寿山’。仍辅以经藏，乞车驾之还宫也。”（唐）黄韬：《大唐福州报恩定光多宝塔碑记》，见（清）福建通志局纂《福建金石志》卷四，载《石刻史料新编》第二辑第十五册，台北新文丰出版公司，1979年。

[3]“怀安太平寺……又造木塔七层。”（宋）梁克家：《淳熙三山志》卷三十三，载《宋元方志丛刊》第八册，中华书局，1990年。

[4]（清）冯登府：《闽中金石志》卷三，载《石刻史料新编》第一辑第十七册，台北新文丰出版公司，1982年。

天祐三年（906）七月，王审知在九仙山定光多宝塔边，铸金铜佛像一身，高一丈六尺；金铜菩萨像两身，各高一丈三尺。是年十二月，在盛大的典礼中，将三尊大像迎入开元寺寿山塔院的大殿之中。天祐四年（907）正月十八日，福州城举办了二十万人规模的无遮斋会，庆祝佛像落成[1]。

后唐同光元年（923），王审知将寿山塔院从开元寺中分出，改名太平寺。北宋天禧中，太平寺木塔遭火灾焚毁，后屡毁屡建[2]。寿山塔大约毁于宋末，未再重建。

2. 万岁寺定光塔（903）●

唐天复三年（903），王审知为亡故的父母和兄长追荐冥福，于福州城东南的九仙山之西，建定光塔，全称“报恩定光多宝塔”。塔基五十尺深，一百余尺见方，夯土积石而成。该塔八角七层，砖木混合塔，砖身用砖40万块，木构精巧。塔宽七十七尺，高两百尺，内含四十尺高的相轮。塔刹有190枚悬铃。每层每角都有悬铃和脊兽，共计56组。每层四正面之

[1]（唐）黄滔：《开元寺丈六金身碑》，见（清）福建通志局纂《福建金石志》卷四，载《石刻史料新编》第二辑第十五册，台北新文丰出版公司，1979年。

[2]“怀安太平寺：州东，本开元寺地。后唐同光元年，闽忠懿王析建。……又造木塔七层，天禧中尽焚。庆历中修完。元丰中复灾。后太守程公命僧守恩新之，及大观乃成。”（宋）梁克家：《淳熙三山志》卷三十三，载《宋元方志丛刊》第八册，中华书局，1990年。

图2-90 福州定光塔（白塔）现状

门均有金像装饰[1]。

塔院名万岁寺，天祐元年（904）建造，翌年赐名[2]。塔东建有经藏，八角二层楼阁式，内有转轮藏，藏《大藏经》一套，共计5048卷，十卷一函，共541函。旁有毗沙门天王殿。塔西建有塔殿，内有王审知亲自设计的一座十三层塔模型。塔北有报恩变相堂，九间大殿，应该供奉有报恩经变的绘画或者壁画。塔院内另有僧堂、茶堂、地藏殿、功德堂、公厅、库厨、浴室、行廊等建筑设施[3]。

五代以来至两宋时期，万岁寺一直作为以佛法祈求天子圣寿之所[4]。明嘉靖十三年（1534），定光塔大火，火光如巨烛，照亮城中。明代重修后，不再恢复木构，仅存砖身，高41米，如今依然矗立在九仙山脚下。因其通体白色，俗称“白塔”。

3. 大中寺定慧塔（905）

《淳熙三山志》卷三十三载，萧梁普通二年（521），福州太

[1]“其三年甲子，以大孝之诚，发大誓愿，于兹九仙山造塔，建号‘定光’，仍辅以经藏。为先君司空、先秦国太夫人、元昆故司空，荐祉于幽阴也……以斯塔取如来之嘉号，号之曰‘定光’。以其感珠之现，侔于自地之涌，故联之于‘多宝’。本于孝思荐旸，故冠之以‘报恩’。”（唐）黄韬：《大唐福州报恩定光多宝塔碑记》，见（清）福建通志局纂《福建金石志》卷四，载《石刻史料新编》第二辑第十五册，台北新文丰出版公司，1979年。

[2]“闽县万岁寺：九仙山西南，天祐元年琅琊王审知所造，明年赐名。”（宋）梁克家：《淳熙三山志》卷三十三，载《宋元方志丛刊》第八册，中华书局，1990年。

[3]（唐）黄韬：《大唐福州报恩定光多宝塔碑记》，见（清）福建通志局纂《福建金石志》卷四，载《石刻史料新编》第二辑第十五册，台北新文丰出版公司，1979年。

[4]“闽县万岁寺……梁开平中，表请其寺，祝天子寿，盖取其名也。至今诞节前一月，太守率僚属及倚郭令佐，若寓居文武官，下至军员父老等班，拜于庭，以佛法启祝。及是日，拜祝如初。”（宋）梁克家：《淳熙三山志》卷三十三，载《宋元方志丛刊》第八册，中华书局，1990年。

图2-91　“恩赐琅琊郡王德政碑”即“王审知德政碑”，唐天祐三年（906）

守袁士俊舍宅为寺，寺名“袁寺”。隋仁寿二年（602），天下各州分舍利建塔，福州以袁寺建舍利塔。大业二年（606），袁寺改名鸿业寺，又改为钟山寺。唐上元元年（674），改名福唐寺。会昌五年（845），寺废。大中四年（850），寺院恢复，并赐额大中寺。

唐乾符五年（878），黄巢烧毁寺塔。天祐二年（905），王审知于福州城西的大中寺重建寺塔，可能依据的是隋舍利塔之旧基[1]。该塔名定慧塔，高达九层[2]。其建塔之目的，是为军旅祈福[3]。

北宋天圣中（1023—1032），寺塔均因火灾烧毁。数年后，寺塔重建，后又遭火灾。元丰元年（1078），寺塔再次重修[4]。定慧塔大约毁于明代，未再重建。

4. 报恩院神光塔（905）

《淳熙三山志》卷三十三记载，唐大中十一年（857），福建观察使杨发舍宅为寺，命僧人鉴空建寺及七层塔。咸通九年(868)，朝廷赐塔名“神光之塔”，塔院名“报恩塔院”。唐人有诗云“风云会处千寻直，日月中时八面明”，可见为一八角楼阁式高塔。

唐乾符五年（878），黄巢烧毁寺塔。天祐二年（905），王审知重建[5]。其建塔之目的，是为闽中人民祈福。该塔也应是八角七层塔。

吴越太平兴国二年（977），报恩塔院升为报恩寺。该塔在明代尚存，明陈亮有《登神光塔诗》[6]。神光塔大约毁于清

图 2-92 《重修忠懿王庙碑铭》拓本，吴越开宝九年（976）（浙江省博物馆藏）

[1] 据《大唐福州报恩定光多宝塔碑记》，可见天祐二年（905）时，大中寺已经开始重建。据《开元寺丈六金身碑》，可见天祐四年（907）时，该塔已经建成。

[2][4] “有定慧塔，旧九层。朱梁开平四年，伪闽建。”（宋）梁克家:《淳熙三山志》卷三十三，载《宋元方志丛刊》第八册，中华书局，1990 年。

[3] “造塔四……其三、其四，大中、神光，为军旅也，为人民也。”（唐）黄韬:《开元寺丈六金身碑》，见（清）福建通志局纂《福建金石志》卷四，载《石刻史料新编》第二辑第十五册，台北新文丰出版公司，1979 年。

[5] 据《大唐福州报恩定光多宝塔碑记》，可见天祐二年时，神光塔已经开始重建。据《开元寺丈六金身碑》，可见天祐四年时，该塔已经建成。

[6] “宝塔层层见，天灯面面红。玉毫光不夜，火树迥当空。七级高标壮，千门属望同。朱栏清映月，金铎远鸣风。弛禁逢元夕，焚修溢梵宫。”（清）鲁曾煜:《乾隆福州府志》卷十六，清乾隆十九年刊本。

代，未再重建。

5. 安福寺崇庆塔（912）

位于福州城东南丁戊山，唐咸通十三年（872）建寺。梁乾化二年（912），王审知于山上建七层木塔，名为崇庆塔，俗称“新塔”。北宋元丰中（1078—1085），寺院管理不善，又遭火灾，木塔焚毁，未再重建。寺院也被废，南宋时大部已成民居[1]。

后世已无安福寺和崇庆塔遗存。但据记载，清道光九年（1829），有人在福州东南城墙下得到一块古砖，上书“九仙塔”三字，因此推测仙塔街旁的塔崎巷，就是崇庆塔所在[2]。聊备一说。

6. 净光寺坚牢塔（941）●

位于福州城南，乌石山东麓。唐贞元十五年（799），福建观察使柳冕为庆贺德宗圣寿，特于此地建塔。唐德宗赐名“贞元无垢净光之塔”。根据塔铭中“高标闽中，影护下界，形仪太空，金盘纳景”之语，可知该塔是一座木结构或砖木结构楼阁式塔[3]。

图 2-93　福州坚牢塔（乌塔）现状

[1]（宋）梁克家：《淳熙三山志》卷三十三，载《宋元方志丛刊》第八册，中华书局，1990 年

[2]“崇庆塔：故在安福院。梁乾化二年，忠懿王建。今塔崎是也。按《左海文集》：道光九年，有于东南城堞得古残砖，真书阳文‘九仙塔’三字者。或曰，今塔崎巷外有街通焉，俗呼仙塔街。疑九仙塔即安福院之崇庆塔也。《三山志》云：安福院塔号新塔。《闽都记》云：俗呼新塔。疑土音新、仙相近，故讳‘仙’为‘新’，而志从之，不知仙塔之名，乃沿于古也。”（民国）陈衍：《民国闽侯县志》卷二十，民国二十二年刊本。

[3]《皇帝降诞日为国建无垢净光塔铭》，见（清）冯登府辑《闽中金石志》卷一，载《石刻史料新编》第一辑第十七册，台北新文丰出版公司，1982 年。

南宋《淳熙三山志》误认为唐代石塔。

唐乾符五年（878），黄巢烧毁寺塔。闽永隆三年（941），闽国皇帝王延曦在皇宫南望，发现城中西来山（即乌石山）山色苍翠，形势绝佳，希望在原塔址上重建一座新塔，“安之窣堵，镇此高冈”，名为“崇妙保圣坚牢之塔”。在塔记中，详细记载了原计划建造的是一座九层高塔，开16座门，有72檐角，全塔共雕出佛像62尊[1]。不幸的是，闽永隆六年（944）三月，王延曦为臣下所弑，闽国灭亡，该塔此时只建设到了第七层，匆匆结顶。明代以来，净光寺逐渐被民居所占，仅存一塔，留存至今。

现存的坚牢塔，为五代闽国原构，高32.86米，楼阁式石塔。塔为花岗石砌建，风化后呈黑色，故俗称“乌塔”。第一层塔身东面设门，七面塔壁各设一供佛石龛。第二至第七层，均两面对称设门，其余六面设龛。龛下为须弥座，龛内镶黑色页岩高浮雕佛像一尊，佛肩左右上方分别刻佛名、捐资祈福者题名。每层统一供奉一种佛像，自下而上分别为：第一层南无金轮王佛，第二层南无当来下生弥勒尊佛，第三层南无无量寿佛，第四层南无多宝佛，第五层南无药师琉璃光佛，第六层南无龙自在王佛，第七层南无释迦牟尼佛。只是不知原初设计的第八和第九层该是何种佛像。第一层塔身八角各立一尊金刚，着盔披甲，各执剑、锏、牙铲以及宝珠、铃铎、琵琶、凉伞等法器，是明天启元年（1621）镶嵌上去的。

塔名碑为“崇妙保圣坚牢之塔”，楷体双行，上款功德主王延曦名号等四十二字，下款监造官员名号等八十字，嵌于第四层东面塔壁。造塔记碑嵌于第五层南面塔壁。供养人题名碑嵌于第七层南面塔壁。

7. 育王塔（907—943）

《淳熙三山志》中提到了福州城中的“七塔”，但仅列出了其中五塔的名称。根据既有材料，可推知原文应为“闽王审知复其二，大中定慧、报恩神光是也”，遗漏了“报恩神光”四字。但即使这样，一共也才六塔，第七塔的名称不见记载。

《民国闽侯县志》卷二十提出，第七塔应是福州城中的育王塔。据《淳熙三山志》卷三十三，福州城内兴文坊北，有育王塔院，闽王时造，北宋康定二年（1041）重建。育王塔应毁

[1]《大□崇妙保圣坚牢塔记》，见（清）冯登府辑《闽中金石志》卷五，载《石刻史料新编》第一辑第十七册，台北新文丰出版公司，1982年。

图2-94 《敕贞元无垢净光塔铭》，唐贞元十五年（799）

图2-95 闽永隆三年（941）“崇妙保圣坚牢之塔”碑拓本（浙江省博物馆藏）

于康定二年之前的一次火灾。从时代上来看，育王塔至少存在于五代到北宋初期，在时代上十分符合，因此笔者也赞同这一观点。

小　结

唐末五代时期，王审知新建开元寺寿山塔（901）、万岁寺定光塔（903）、安福寺崇庆塔（912），重建大中寺定慧塔（905）、报恩院神光塔（905），其子王延曦建净光寺坚牢塔（941），加上同时期建成的育王塔，福州城内共有七座高塔。五代吴越至北宋初期，这七座高塔依旧矗立在福州城内，气势非凡。“城里三山千簇寺，夜间七塔万枝灯”的景象，持续了一百余年。北宋中期以后，开元寺寿山塔、大中寺定慧塔、安福寺崇庆塔、育王塔相继焚毁，报恩院神光塔最终毁于清代，留存至今的仅有劫后余生的万岁寺定光塔（白塔）和坚固无比的净光寺坚牢塔（乌塔）。这一座砖塔、一座石塔，如今东西对立，静静地守护在福州城南的两山之下。

第三章　吴越国舍利塔的相关问题研究

笔者考证所得的吴越舍利塔共计 109 处，另有 59 处存疑。在本章中，将依据这 109 处基本确定的吴越舍利塔案例，讨论吴越舍利塔的地域分布、分期、供养人、建筑类型、材质、建塔时长、平面、高度、层数、形制、装饰、寺院布局、舍利来源、舍利安置、舍利函、供养品、旧塔重修、模型石塔等问题。存疑的 59 处案例，不作为案例进行讨论。

第一节　舍利塔的分布和分期

一、地域分布

在明确的 109 座吴越舍利塔中，数量上来看，杭州（30 处）最多，其次是台州（18 处），再次是越州（12 处），之后依次是明州（8 处）、苏州（8 处）、福州（7 处）、秀州（6 处）、温州（5 处）、婺州（5 处）、湖州（4 处），数量较少的是睦州（3 处）、衣锦军（2 处）、处州（1 处）、衢州（0 处）。除衢州外，吴越国各州军均有明确的吴越时期建造的舍利塔。

因为杭、越两州为吴越镇海、镇东两镇节镇，时为吴越国的西都和东都，寺塔之建，自然最多。而台州天台山，自隋唐以来为佛教圣地，吴越后期又有国师德韶长年经营，故建寺修塔很多。

苏州自古为江南重镇，寺塔的历史均可追溯至南朝隋唐甚至三国两晋时期。明州有著名的阿育王寺，自六朝以来为佛教圣地。福州自五代初期闽王王审知崇信佛法，大修寺塔，早已为东南佛国。婺州有著名的双林寺，为南朝高僧傅大士道场，唐代以来备受尊崇。秀、湖、温等州，也是人口稠密、经济发达之处，造塔之风盛行。衣锦军为钱镠龙兴之地，一里之地，寺塔相望。

睦州、处州、衢州建塔较少，一个重要的原因是，北宋末年的方腊起义发生在睦州，对睦、衢、婺、处、杭、秀等处的寺塔都有很大破坏。南宋建炎时金兵入寇，对两浙寺塔也有毁坏。

当然，各地寺塔的数量差异，在一定程度上也是由于史料不均衡造成的。经济发达的杭、越、苏、湖、秀、睦、明、台、福等州，自宋代以来修志不断，现均存有宋元方志，资料相对较多。而婺、温、衢、处等州，宋元方志失传，仅有明清以来方志，资料相对较少。

二、时代分期

109 处吴越舍利塔中，大致可以确定营造年代的有 99 处。吴越初期（893—932），即钱镠在位时期，有 10 处；吴越中期（933—947），即钱元瓘、钱弘佐、钱弘倧在位时期，有 9 处；吴越后期（948—978），即钱俶在位时期，有 80 处。

年代较早的吴越舍利塔，有唐末无著禅师所建的秀州崇德常乐寺双塔、唐天祐元年（904）的越州诸暨五峰塔、唐天祐五年（908）的越州诸暨归寂塔、吴越天宝五年（912）的湖州西峰塔，数量不多。这些塔，是由寺院僧人或地方官员主导营造的，是唐代造塔行为的延续。

吴越时期真正意义上的官方寺塔建设，是从衣锦军和杭州开始的。吴越天宝八年（915），钱镠亲赴衣锦军，督造功臣寺和竹林寺，“以功臣山之奇峰，爰崇禅室；观竹林寺之湫隘，重构莲宫。半载之中，庄严俱毕”[1]，并营造功臣山顶的功臣塔。天宝九年（916），钱镠命其弟钱铧从明州阿育王寺，将闻名于世的释迦真身舍利小塔迎来杭州，次年建九层的城南宝塔供奉真身舍利，名为真身舍利塔寺。吴越佛法之兴，寺塔之建，正是始于此时。

吴越中期，钱元瓘时期建造了杭州南高峰塔。钱弘佐则仿效祖父钱镠，从婺州引回傅大士舍利，在龙华寺建傅大士塔供奉。

吴越后期营造的佛塔数量众多，这主要源于吴越末代国王钱俶和国师德韶、高僧延寿等，以造寺建塔为功德，毕生致力于佛教兴福事业。如今杭州的保俶塔、雷峰塔、六和塔、闸口白塔、灵隐寺双石塔，湖州的飞英塔，苏州的云岩寺塔、灵岩山塔、楞伽寺塔，上海的龙华塔，绍兴的应天塔，宁波的天封塔，台州的巾山东塔、黄岩瑞隆感应塔、灵石寺塔，平阳的宝胜寺双塔，都是吴越后期建造的。

清代朱彝尊在《曝书亭集》中做过的著名论断“寺塔之建，吴越武肃王倍于九国”后世不断被引用，以证明吴越国崇佛之盛，寺塔之多。但其实朱氏之说略有不当，说“寺塔之建，吴越忠懿王倍于九国”，更加符合事实。

[1]（清）阮元：《两浙金石志》卷四，浙江古籍出版社，2012 年。

第二节　建塔制度、供养人和造价

一、建塔制度

关于吴越时期舍利塔的建塔制度，史无明载，但可以通过相关材料推测。

浙江省博物馆藏有一件吴越时期的衣锦军保庆禅院知院僧崇定进呈给国王钱俶的奏本。内容为：

> 当院住持岁久，励志年深，每将课祝之功，上赞当今宝位，恒用虔祈之福，永助军庶之道。以院前后奉旨养于院，四面竹木，并皆成长，坚作常住，形胜□□炭□。院宇修造日久，隳损至多。今拟于所养之内，采斫木植，重修僧堂、厨库、行廊、三门。所冀功德，上报君亲之道，次及庶民。伏乞圣恩睿慈，特降宣命，永远为凭。谨具奏闻，伏候进止。闰七月□日衣锦兴国军宝庆禅院知院僧臣崇定。

这件批文的最后一行月日上盖有“宝庆禅院□□”朱印。奏本上有钱俶亲笔的签押，并钤盖“天下兵马都元帅府印”朱印。从闰七月和“天下兵马都元帅”的封号来看，当年为显德五年（958）。可见，当时保庆禅院周边的竹木是“奉旨”所养，砍伐竹木，重修寺院，都要获得吴越国王的亲自批准。这件奏本获得批准的同时，吴越国还会下达一道国王制书，发给宝庆禅院，“特降宣命，永远为凭”。

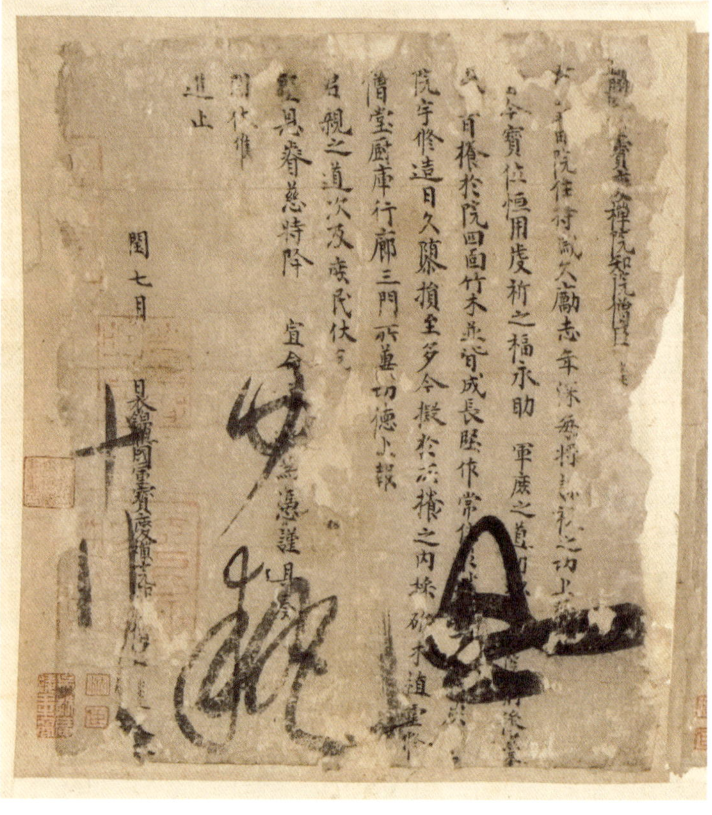
图 3-1　钱俶批衣锦兴国军宝庆禅院奏本（浙江省博物馆藏）

相比之下，建造舍利塔是更为重大的工程，当然也需要获得国王的批准。越州萧山县崇化寺西塔基记，有如下记载：“吴越王长舅郑国公吴延福载兴砖塔二所，香泥木石，为此镃基，厚二丈余，其固若山。他日制为请，无疑也。唐下元戊午年七月二十八日。勾当并结塔僧契庄，劝缘僧延祝。”[1]。可见吴延福在建设崇化寺双塔的塔基时，尚未获得批准。但他确定自己可以获得吴越国王

[1] 笔者据浙江省博物馆藏拓本录文。

的“制”，“他日制为请，无疑也”。在塔基完工的同时，崇化寺双塔的制书批文可能也已经下达，双塔的佛像砖、舍利容器（阿育王塔）相继于当年的七月至十一月制作完成。

由此来看，吴越时期舍利塔的建设也需要得到吴越国王的制书批准。由于末代国王钱俶热衷于建寺立塔，可能制书的获得相对容易。而获得了制书后，这所寺院和舍利塔，也就可以算作是吴越国王敕建的。这也可以解释，在后世的方志记载中，钱俶敕建寺塔的比例为什么如此之高。

二、供养人

109 处舍利塔中，供养人可考的塔，大约有 68 处。

吴越国王中，钱镠建有 5 处，钱元瓘建有 1 处，钱弘佐建有 1 处，钱俶则至少建有 15 处。王族中、钱亿、钱昱、钱偡、钱元瓘夫人吴汉月、钱俶夫人孙太真均建有塔，此外还有不确定姓名的钱氏建塔 3 处。吴越国官员中，胡进思、吴延福、吴延爽、薛温、韩承德、张从轸兄弟、陈承裕、孙承祐、张仁泰建有塔。吴越国僧人中，国师德韶建塔最多，与其相关的至少有 15 处。此外，无著文喜、法云大师、悟圆、智明、琮远、道圆、集惠大师、文捷、延寿、全实、智顗、师拱等建有塔。吴越国百姓中，陈承郸、张廷演、柳训、李文进建有塔，但占比不多。

建塔投入巨大，除了国王敕建的国家工程（如城南宝塔、城北宝塔、六和塔），一般都有一个庞大的供养人群体集体施财建造。这些挂名于前的供养人，往往只是因为地位较高，并不代表是其全资投入，也并不代表建塔的供养人全貌。

以东场中兴寺塔为例。据塔记记载，该塔由国师德韶分赤城山舍利 1 粒，缄入第三层，“僧文捷、敬温、敬超、匡信、师德，并近居檀越葛仁皎、郑□、金晖、徐□□，同力募缘结兹砖塔”，一共提到了主要供养人 9 人。葛仁皎、葛仁遇兄弟在第三层舍入了经函及《法华经》。而第三层以上的兴建，则又有其他供养人的参与，如杜公牙、陈五娘等人发心结造了其中一层，楼彦緫全家发心结造了第八层。全塔各层天宫中，有供养品舍入塔中的供养人，留下姓名者多达数十人[1]。由中兴寺塔的案例来看，若说该塔是由国师德韶、中兴寺主文捷，抑或是东场县檀越葛仁皎兴建，都是

[1] 魏祝挺等：《浙江东阳吴越国中兴寺塔出土文物》，《东南文化》，2020 年第 4 期。

不全面的。

因此除非一座舍利塔有详细的塔记出土，如东场中兴寺塔、黄岩灵石寺西塔、平阳宝胜寺双塔等，否则以方志史料的简略记载，是不足以了解一座舍利塔的供养人全貌的。

三、造价

关于吴越时期舍利塔的造价，案例较少，本文仅有砖木混合塔的案例，且包含了宋元时期的案例。

八角七层的杭州皇妃塔“计砖灰土木、油铁瓦石，与夫工艺像设、金碧之严，通缗钱六百万”[1]。该塔为新建塔，包含了全部工序，合计六百万贯，可能是吴越国造价最昂贵的舍利塔。南宋重修八角七层的杭州六和塔时，利用了吴越六和塔的旧塔基和塔身，合计“用工百万、缗钱二十万”[2]。南宋重修六角七级的杭州南高峰塔时，“以青铜钱五百万而成就之”[3]，可能是因为砖身无须重建，故而花费不大。元末重修明州天封塔，“以贯计三十万，粟以石计千，范铜铁三万斤有奇，甓四十万片，瓦减甓一十万，材木灰蜃类，多至无算”[4]。

由以上材料来看，新建一座砖木混合结构的楼阁式舍利塔，包括夯筑塔基、砌筑塔身、搭建木构、像设庄严等全部工序，砖灰、土木、瓦石、铜铁、金银等材料费，泥工、石工、木工、金工、画工及人夫等人工费，费用可能高达一百万贯以上。而重修一座遭到火灾的砖木混合塔或砖塔，由于砖身部分几乎都能保留下来，无须重新修筑塔基和大部分砖身，费用相对较低，依据受损程度，多则二三十万贯，少则低于一万贯也有可能。

第三节　舍利塔与寺院布局

吴越时期舍利塔在寺院中的布局，情况多样，有单塔，也有双塔；有塔院之塔，也有寺院之塔；有建于寺内的，也有建于寺外的；有建于中轴线上的，也有建于中轴线以外的。综合上述情况，笔者将所有的舍利塔分成塔院、寺院内的双塔、寺院内的单体小塔三种情况，分别进行讨论。

[1][2][3]（宋）潜说友：《咸淳临安志》卷八十二，载《宋元方志丛刊》第四册，中华书局，1990年。

[4]（清）闻性道：《康熙鄞县志》卷六，载《中国地方志集成·浙江府县志辑》第十八册，上海书店出版社，2000年。

[1] 杭州市文物考古研究所：《杭州南高峰塔》，文物出版社，2018 年，第 68—69 页。

一、塔院

舍利塔是塔院内的主体建筑，体量较大，位于塔院的中轴线核心位置。吴越时期的塔院内都是单体塔，没有发现双塔的塔院。109 处吴越时期舍利塔，大致明确属于塔院的，共计 50 余处。除去双塔、规模较小的铁塔和石塔等情况，大多数的单体舍利塔均有塔院。可见塔院是吴越舍利塔的主要布局方式。同时也说明，吴越时期的舍利塔地位较高，大体量的单体楼阁式塔，基本都有独立的塔院。

两浙地区多山，山顶为建塔的极佳场所。吴越时期的塔院，常建于山顶，如杭州崇寿院应天塔、皇妃塔、南高峰塔、北高峰塔、神尼舍利塔，衣锦军功臣寺塔，苏州灵岩山塔、楞伽寺塔，越州应天塔，天台赤城山塔、台州净光塔等。山腰塔院数量不多，如杭州城南宝塔、六和塔等，可能是因为这些塔规模庞大，山顶难以容纳。

吴越时期塔院的布局，根据考古发掘、实物遗存和文献记载，可大致推测和复原的，有以下几处：

杭州城南宝塔寺，即后世的梵天寺，寺前南北二幢遗存至今。根据现状及旧照片可知，城南宝塔所在的塔院，坐西朝东，山门东向。现塔院遗址有多级台地，应是前塔后殿的格局。

杭州神尼舍利塔院，位于杭州天竺寺山后的飞来峰顶南侧平台，坐西朝东。塔院始建于隋代，一直保持着传统的前塔后殿式格局。根据摩崖题刻，钱元瓘于天福四年（939）重建了塔院后侧的观音殿，前侧的塔也应于同时完工。该塔院历经兴废，如今在遗址上，仍能分辨出前侧的砖塔遗址与后侧的大殿台地。

杭州南高峰塔院，在考古发掘中，发现塔基、大殿台基、甬道、围墙及其他房屋遗址，根据山门的老照片，复原了后世南高峰荣国寺的平面布局，推测为山门、前院、塔（塔身开东西两侧门）、甬道、大殿的主体序列，整体轴线坐西朝东，为前塔后殿的格局。这一格局，应与吴越初建时期相仿[1]。

杭州崇寿院应天塔，塔西侧有大型建筑基址，应是塔院大殿遗址，可能在吴越时期是前塔后殿、坐西朝东的格局。

杭州寿宁院六和塔，塔西侧有开化寺遗址，后世已改为坐北朝南格局，但格局逼仄，可能在吴越时期是塔院后殿、坐西朝东的格局。

杭州皇妃塔遗址，在考古发掘中，发现塔身虽然八面开门，但塔基须弥座仅有东西两侧有踏道。考虑到文献中记载，塔西侧的雷

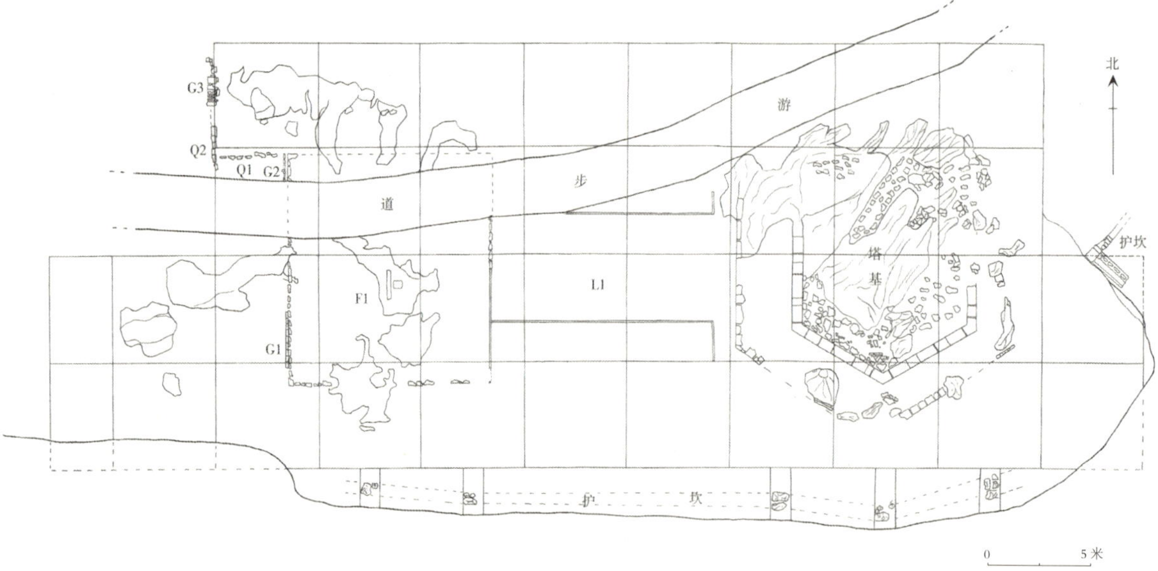

图 3-2　杭州南高峰塔遗址平面图，图左为大殿遗址，图右为塔基遗址（杭州市文物考古研究所提供）

峰庵（后改显严院）位于“院后”，则皇妃塔院的原始格局应为坐西朝东。南宋重修塔记记载：“（显严）院旧在塔西，礼奉莫便。及审度地势，更为法堂，与塔对峙。僧堂两庑，以及三门，翼然崇新，院始合而为一。”[1] 依旧是前塔后殿、坐西朝东的格局。

衣锦军功臣塔，位于功臣山巅东侧，其西侧地面平整，应为建筑基址，可能也是前塔后殿、坐西朝东的格局。

苏州灵岩山寺，“弘治中……寺皆毁后，更建一小殿，今东向面塔者是，旁列僧舍数楹，余不能复起”[2]。可见明代重建时，是前塔后殿、坐西朝东的格局，可能也是吴越原始布局的延续。

明州鄞县二灵庵，“前有国初韶师所筑故塔基，近已重建塔于其上”[3]。根据现状，二灵庵与二灵塔大致为西南—东北轴向，符合前塔后殿、坐西朝东的格局。

南北轴线的塔院较少。杭州安吴塔院的主塔安吴塔十分特殊，是一座仿楼阁式石塔，体量很小。根据安吴塔第三层匾额的位置可知，安吴塔南向，则安吴塔院也应是南北轴向。该塔可能如同湖州上乘寺塔一般，外有砖木混合塔或木塔罩护。

从以上案例来看，吴越时期的塔院，大多为坐西朝东、前塔后殿式的布局，塔通常位于寺院中轴线的东侧，面向东方。前塔后殿的格局，自南北朝时期即流行中国，如北魏洛阳永宁寺，北齐邺城赵彭城佛寺遗址（大总持寺），北齐邺城核桃园佛寺遗址（大庄严寺）

[1]（宋）施谔纂修，（清）胡敬辑：《淳祐临安志辑逸》卷五，载（清）丁丙、丁申辑《武林掌故丛编》第十二册，广陵书社，2008 年。

[2]（明）王焕如：《崇祯吴县志》卷三十二，明崇祯刻本。

[3]（宋）张津等：《乾道四明图经》卷二，载《宋元方志丛刊》第五册，中华书局，1990 年。

等。但这些佛寺和塔院均为南北轴线、坐北朝南的格局，目前还没有发现唐代以前流行过东西轴线的寺院或塔院。吴越时期流行的东西轴线的塔院，大多为山顶塔院，可能是因自然山势设计，也可能有深刻的含义，还需进一步探究。

除了以上这些独立的塔院，也有一些塔院附属于大寺院之中。安吉永安禅院西侧有塔院，后世独立为灵芝塔院。湖州上乘寺西侧有塔院，后世独立为飞英塔院。越州清化纯一塔院西侧有清化西塔院。可见，附属于寺院的塔院，一般位于寺院的西侧。

吴越时期的塔院，舍利塔与佛殿，通常是缺一不可的。塔院的大殿，一般为佛殿，但也有特殊情况。如杭州神尼舍利塔院，根据吴越时期题记可知，当时塔院大殿为观音殿，塔院周围也雕有大量的观音造像，代表了吴越时期观音信仰的兴起。

大型塔院，通常还有大量的附属建筑。城南宝塔寺内藏入了整套吴越国官定的金银书《大藏经》，共计5048卷，可见塔院内另有经藏的设置[1]。外有三门，通透如亭，称为“三门亭”[2]。塔院门外有两座高大的石幢，至今尚存。

龙泉金沙塔院的塔记记载，“高门洞启，回廊翼舒。庖厨载严，井榭攸设。举其成数，凡四十间。涌塔屹于中庭，反宇耸于天半”。

唐末福州《报恩定光多宝塔碑记》载：“（定光塔）其东则翼以经藏焉。……仍卫以华堂七间，名之转经。……又感应天王殿一间两厦。……其西则翼之别殿，曰塔殿。其塔也，我公萌誓愿之先，因心以制十有三层之妙形。……其北则报恩变相堂九间。……又僧堂五间，上五门，下之与茶堂五间，直联曲交。……又华钟之楼……长明灯之台……其东南之一臂，复建地藏殿一间两厦，功德堂五间，僧堂五间。……公厅四间一厦……又库厨五间，浴室三间。……环周辏之行廊，凡三十有三间。”[3]可见当时一座规模宏大的塔院，除了位于中心的舍利塔之外，还由各类佛殿、经藏、僧堂、茶堂、钟楼、灯台、库厨、浴室、回廊等建筑构成。虽然吴越国时期的资料缺乏，但参照上述记载，推测城南宝塔寺等吴越时期大型塔院，也应有类似的规模。

二、寺院内的双塔

寺内并建双塔的布局，大致起源于南北朝时期，流行于唐代。

[1]（宋）潜说友:《咸淳临安志》卷七十六，载《宋元方志丛刊》第四册，中华书局，1990年。

[2]“钱塘慧日永明寺释道潜，及诣杭礼阿育王塔，忽见遍吉御象在塔寺三门亭下。”（宋）赞宁撰，范祥雍点校：《宋高僧传》卷十三，上海古籍出版社，2014年。

[3]（唐）黄韬：《大唐福州报恩定光多宝塔碑记》，见（清）福建通志局纂《福建金石志》卷四，载《石刻史料新编》第二辑第十五册，台北新文丰出版公司，1979年。

唐代长安城大寺中有许多双塔。这种双塔制度还流传到了东亚各国，如统一新罗庆州、日本藤原京和平城京的大寺中。部分大寺的双塔，各自有独立的塔院。两浙地区寺院，也在盛唐以后出现了双塔格局。

唐代两浙地区的双塔案例，已知的有杭州开元寺双塔、奉化岳林寺双塔、龙泉崇因寺双塔、明州国宁寺双塔等 4 例。

盛唐时期的杭州开元寺，就曾营造双塔，“庭基坦方，双塔树起”。双塔位于“庭基”，即大殿前两侧（参见第二章“杭州城北宝塔”条）。

晚唐始建的奉化岳林寺双塔，遗存到清代。奉化岳林寺东塔内有塔记：“诚知殿塔之位，阙而不可。兹寺二所，即女弟子傅氏二娘之建也。……大中五载，再创□□殿□□焉，阙者唯塔。”[1]奉化岳林寺西塔内也有塔记：“大中十年，岁□□子，正□□己丑廿日甲子。建新□者，□□道宗施主□□弟子傅二娘。”[2]岳林寺双塔大致建于大中五年（851）到大中十年（856）之间。功德主傅二娘在完成岳林寺大殿的重建工程后，又施建了双塔。从“殿塔之位，阙而不可”的描述来看，殿前双塔已经成为一种制度。

龙泉崇因寺双塔，曾位于崇因寺大雄宝殿前，东西对峙，均为方形七层实心砖塔，大约始建于唐，北宋熙宁时期曾经重修。方志《光绪龙泉县志》卷一记载“寺中有台，立二宝塔，远近瞩目”，双塔位于大殿前高台的两侧。

始建于咸通二年（861）的明州国宁寺（即后世的天宁寺）双塔，其中西塔遗存至今，方形五级，是浙江仅有的唐塔遗存，十分珍贵。东塔遗址距西塔 72 米。寺前二塔，左右分列。同时双塔之间发现了唐代斜砖平砌道路遗迹，向北延伸至寺院山门。明州国宁寺双塔，是两浙地区最早的建于寺前两侧的双塔实例。

这四处唐代双塔，三处为大殿前双塔，一处为寺门外双塔，均是附属于寺院的双塔，未设独立的塔院。

吴越时期的双塔，主要也是在大殿前建双塔，延续了唐代的主流风格，共有 6 例，分别为杭州灵隐寺双石塔、慧日永明院双石塔、萧山崇化寺双塔、天台国清寺双塔、黄岩灵石寺双塔、平阳宝胜寺双塔。灵隐寺双石塔，千年来双塔与大殿的关系未发生变化，至今仍屹立于大殿前两侧。据南宋《西湖清趣图》，慧日永明院双石塔所属的两座重阁位于寺院大殿前两侧。从旧照片和遗址得知，萧山崇

[1][2]（清）阮元：《两浙金石志》卷三，浙江古籍出版社，2012 年。

化寺双塔位于大殿前两侧。天台国清寺双塔，据北宋张存《游国清记》卷十三记载："两浮屠，分东西立，而殿据其中。"[1] 黄岩灵石寺双塔，现存西塔位于大殿前西侧，《嘉定赤城志》卷二十八也记载："殿前有浮图二。"平阳宝胜寺双塔，据塔记可知："于宝胜寺大佛殿前，建造宝塔两所。"[2] 从以上六处案例可知，双塔建于大殿之前两侧，是吴越时期普遍模式。

此外，类似唐代明州国宁寺双塔建于寺门外两侧的案例也不少，有昆山南翔寺双塔、秀州灵光寺双塔、天台般若寺双塔、义乌双林寺双铁塔4处。昆山南翔寺双塔遗存尚在，现位于南翔寺门外两侧。《崇祯嘉兴县志》卷八描述"门侧二舍利塔"，则秀州灵光寺双塔也应位于寺门外两侧。天台般若寺双塔，据史料记载，"出寺，前有塔"[3]，双塔应该位于寺门外两侧。义乌双林寺双铁塔，后世多次搬迁，原位已失，但据文献记载，双铁塔原在山门内两边。由以上四处案例可知，吴越时期寺前建双塔也颇为流行。

位置不详者4例。其中杭州龙兴寺双石塔，位于南宋时的军器所作院，大约在原龙兴寺的中轴线上，可能是殿前双塔。海盐宝兴寺双塔，后唐清泰中乡民丘郜在故基新建[4]。双塔位于"故基"之前，可能是寺前双塔。此外，杭州安吴寺双石塔、翁山泗州堂双铁塔的位置，也不能确定。

综上所述，吴越时期的双塔案例共计14例，其中大殿前双塔6例，寺门前双塔4例，位置不确定4例。大殿前双塔案例较多的原因，除了延续唐代传统以外，与吴越国经幢的寺内布局特点也有一定的关系。唐代时，多在大殿前建经幢，数量不定。吴越时期，则多在寺门外建双幢，使得大殿前多出了空间，双塔建于大殿前东西两侧，正好弥补了经幢的缺失。不过，吴越时期也有殿前双幢的配置，如衣锦军竹林寺、杭州西莲院等。

唐代双塔的朝向一般有两种形式，若是南北轴线的寺院，或是统一面朝南侧开门，或是东西相对开门。如灵隐寺双石塔的牌匾，东塔位于第三层西向，西塔位于第三层东向，相对而设，表现的应是相对开门的设计。但其他案例都缺少资料，无法深入讨论。

三、寺院内的单体小塔

小规模的单体塔，一般没有塔院，多为铁塔，其位置也不固定。

[1]（宋）张存：《游国清记》，载张联元编纂《天台山全志》卷十三，清康熙刻本，第251页。

[2] 笔者据平阳县博物馆藏拓本录文。

[3]（清）齐周华：《台岳天台山游记》，载许尚枢主编《天台山游记选注》，西安地图出版社，2004年，第140页。

[4]（明）柳琰：《弘治嘉兴府志》卷十，明弘治刻本。

杭州灵隐寺铁塔，位于大殿之后。湖州正法明寺铁塔，位于寺院西侧子院内的殿后。杭州报慈院铁塔，“古屋犹存，殿内有古铁塔”[1]，位于寺院大殿之内。杭州云龙院铁塔，由吴越王妃孙太真建，“铁塔乃古婕好孙氏造植于西偏，后移值殿之中……淳祐十二年重创佛殿、钟楼、僧堂、廊庑，移立铁塔于法堂前”[2]。可知云龙院铁塔，吴越时期最初也是位于寺院西侧，后移入大殿之中，南宋重建寺院时，将铁塔移到法堂之前，体现了不同时期对铁塔在寺院中布局的不同认识。

[1][2]（宋）潜说友：《咸淳临安志》卷七十八，载《宋元方志丛刊》第四册，中华书局，1990年。

第四节　舍利塔的建筑类型、材质等问题

一、建筑类型

印度和中亚地区的早期舍利塔，大都为覆钵式塔，但佛塔传入中国后，建筑类型逐渐丰富多彩。今人区分中国古代佛塔之建筑类型，主要有楼阁式塔、密檐式塔、亭阁式塔、覆钵式塔、卵塔、阿育王塔、花塔等。这些塔流行的时代不同，比如密檐式塔主要流行于辽金时期的砖塔，亭阁式塔主要流行于唐代以前的高僧塔，覆钵式塔主要流行于元明清时期的喇嘛塔，卵塔主要流行于宋代以后的七佛塔和高僧塔，阿育王塔主要流行于宋代浙闽沿海地区。只有楼阁式塔，贯穿从东汉到清代的近两千年，是中国塔建筑始终不易的流行建筑类型。

吴越时期109处舍利塔中，共有49处舍利塔可大致确认建筑类型信息，均为楼阁式塔。楼阁式塔，二层以上由平座、屋身、腰檐组合而成，每层重复，如楼阁一般。层高在3米以上的大型楼阁式塔，大多四面开有壶门和甬道，内设塔心室，内部有楼梯可登临。层高在3米以下的中型楼阁式塔，大多只开有壶门式龛，内部无塔心室，也不设楼梯，不可登临。更有层高在1米以下的楼阁式塔，仿造楼阁式塔的塔檐、平座、屋身等外观，也称为仿楼阁式塔，可以算作楼阁式塔的一种变体。

笔者推断，其余的吴越国舍利塔，应该也是楼阁式塔。楼阁式塔，几乎是吴越时期舍利塔的唯一类型，这在中国佛塔发展史上是罕见的。原因可能是吴越国官方对于舍利塔建筑有一定的规范。

二、材质

109 处吴越舍利塔中，可大致确定材质的有 69 处，分为砖、木、石、铁四大类。

砖塔（含砖木混合塔和砖塔）最多，共计 44 处，约占总数的 64%。唐代以来，砖木混合塔流行。唐天祐二年（905）王审知于福州建造的报恩定光多宝塔即为砖木混合塔。塔记中记载："内甃以砖，凡四十万，外构以木，盖百其巧。……砖者，专也。谓山度之材，有蠹朽之日；火化之壤，无销铄之期。其本乎土也，资乎火也，及投诸水火，则不归乎土、不壤于水，历千秋而其质坚然。乃以专至坚贞之诚，寓于是，则斯诚也如是，得无感乎？"[1] 很好地解释了以砖作为建塔材料的原因。

衣锦军功臣寺塔，杭州崇寿院应天塔、皇妃塔、六和塔，苏州武丘山塔、楞伽寺塔，湖州上乘寺外塔，天台国清寺大塔等大型楼阁式塔，依据遗存或旧照片资料可知，原为砖木混合塔，塔身砖砌，平座和檐部用木结构。这类砖木混合塔，容易发生火灾，灾后往往能剩下砖身。明代以后，这类仅剩砖身的砖木混合塔，很多都不再修复木结构，故常使人将其与砖塔混淆。五代两宋时期，这些砖木混合塔一般直接被称为"砖塔"，偶有被称为"木塔"者（仅有湖州上乘寺外塔一例），并无"砖木塔"一词。

砖塔中也有纯用砖砌，不用木构者。如苏州灵岩山塔，"于山之椒，累砖而就。基其岩，所以远骞崩之患;黜其材，所以绝朽蠹之虞。不挥郢匠之斤，止运陶公之甓"。此外，安吉灵芝禅院塔、黄岩灵石寺西塔、平阳宝胜寺双塔、苏州甲辰巷砖塔，规模较小，用砖叠涩出檐。昆山南翔寺双塔、崇德常乐寺双塔更为特殊，甚至用砖雕出斗拱、平座、门窗等仿木构件。

木塔 4 处，占总数的 6%。木塔数量不多的主要原因是南方潮湿多雨，木构容易腐朽。唐代李华在《杭州开元寺新塔记》中就提到，开元二十六年（738）建造的杭州开元寺双木塔，"日月逝矣，材朽将倾"。才过了 20 多年，到永泰元年（765）三月，西塔就倒塌了。另外木塔容易遭雷击而起火，钱镠建造的城南宝塔，40 年后即毁于雷火。再次是木塔造价成本高昂。永泰元年重建开元寺西木塔，使用了"剑南荆扬之巨材，诸郡傩输之懿匠，竭耗神明，三年毕事"[2]。吴越时期虽然不缺能工巧匠，但本地缺乏大型木材，大型木塔关键

[1]（唐）黄韬：《大唐福州报恩定光多宝塔碑记》，见（清）福建通志局纂《福建金石志》卷四，载《石刻史料新编》第二辑第十五册，台北新文丰出版公司，1979 年。

[2]（唐）李华：《杭州开元寺新塔碑》，载（清）董诰辑《全唐文》卷三百十九，上海古籍出版社，1990 年。

的塔柱巨材很难备办，因此只能满足城南和城北两座真身舍利塔共计 4 次营造的备材需要。

石塔 9 处，占总数的 13%，数量不少。吴越地区盛产太湖石。广义上的太湖石，包括两浙地区山岩上的石灰岩，石材丰富。太湖石属于石灰岩，其色泽以白石为多，少有青黑石、黄石。水蚀形成的太湖石，形态各异，玲珑剔透，有皱、漏、瘦、透之美，最适合作为庭园假山使用，也成为北宋徽宗时征集“花石纲”的主要目标。太湖石色泽秀丽雅致，质地细腻坚实，非常适合雕刻，因此吴越国的石塔、石幢均大量使用太湖石作为原材料。但太湖石成本较高，所以难以建造大型楼阁式石塔，一般只适用于雕造小型仿楼阁式石塔。福建地区的楼阁式石塔，则用花岗岩砌筑，质地粗糙坚硬，适合大型建筑。

铁塔的数量相对较多，共计 12 处，占总数的 17%，比例较高。铁在古代虽然不是贵金属，但也是军事、生产中不可缺少的原材料，相当宝贵。钱俶于吴越显德二年（955）、乾德三年（965），效仿古印度阿育王，分别以铜、铁铸“八万四千”座小型宝箧印经塔，流布四方，反映了吴越时期金属铸造技术的发达。而大型工程化铁塔的铸造，则体现了更高级的铸造工艺。

五代两宋时期，南方地区普遍流行砖塔，而木塔、石塔、铁塔的材质显得较为特殊，所以此类塔通常会注明材质种类，如梵天寺木塔、龙兴寺石塔、安吴寺铁塔等。吴越时期之塔，若没有材质信息可考，一般来说都是砖塔。如果把剩下 42 处无材质信息的舍利塔作为砖塔来看待，则砖塔的总占比应为 79%。这个比例可能比较符合当时的造塔用材情况。

三、建造时长

不同材质、体量的塔，建造时长不同，只能分案例讨论。其中关于木塔的资料较少，关于砖塔的资料较多，石塔和铁塔则缺乏资料。

杭州城南宝塔和城北宝塔，纯木结构。这两座巨型木塔的建造，可以参考吴越国著名匠师喻皓建造北宋初期东京开宝寺木塔的记载：“每建一级，外设帷帟，但闻椎凿之声，凡一月而一级成。”[1] 一月一层，木塔的建造速度很快，但实际上，木塔的备料时间很长，再加上前

[1]（宋）黄鉴笔录，宋庠重订：《杨文公谈苑》卷六，载戴建国等主编《全宋笔记》第八编第九册，大象出版社，2017 年，第 107 页。

期建造塔基和地宫、后期的庄严像设，开宝寺木塔的建造，总计花费了八年[1]。

建塔时间最为精确的是全砖结构的苏州灵岩山塔。塔记中写道：“自于经始，迨尔贺成，凡九旬有六日。”这可能是因为灵岩山砖塔原有旧塔基，无须重建，而且又是一座砖塔，砌砖完毕之后，无须再搭建木构。

萧山崇化寺双塔，可能为砖木混合结构。根据塔记的记载：“起自戊午年秋初，讫于己未岁冬首。甃成双塔，并建五层。”[2]包含了塔基的建筑，共耗时一年零三个月。

天台赤城山塔，可能为砖木混合结构。“遂累砖石，僧俗云芃，逾一祀圆就”，重建共花费约一年时间。

东场中兴寺砖塔，可能为砖木混合结构，于建隆元年（960）开始营造。据多件器物题记，建隆二年（961）九月二十五日，是第三层天宫安置真身舍利的日子，据此可以推测第三层大致完工于建隆二年（961）九月间。据建隆三年（962）八月十五日所刻《楼彦恖造塔记》记载，当年“自发心结造第八层，又迎请双林大士舍利归家，……于七月中旬迎入寺中，安着宝龛，庄严妙塔，一一圆就，事事功成”[3]。加上第九层和塔刹的建造，推测该塔大致完工于建隆三年（962）底。中兴寺塔的建造，大约耗时两至三年。

苏州武丘山砖塔，砖木混合结构。根据一层塔砖的最早纪年为“己未”，可知塔始建于显德六年（959）。建隆二年（961）三月，真身舍利及供养品被舍入第三层的天宫封缄。同年十二月十七日，金书《法华经》被舍入第二层的天宫封缄，佛塔也可能完工于此时。武丘山塔的建造，大约耗时两至三年。

杭州皇妃塔（雷峰塔），砖木混合结构。根据一层塔砖的最早纪年为“辛未”，可知塔始建于开宝四年（971）。乙亥岁（975）雕印的“八万四千”卷《宝箧印陀罗尼经》，主要发现在塔的第五层。七层塔完工之后，钱俶题写的《华严经跋》，记载了西关砖塔最终被命名为“皇妃塔”，这大约是太平兴国二年（977）初的事情。因此皇妃塔的建造，总共花费了大约六至七年。

黄岩灵石寺西塔，可能为砖木混合结构。乾德三年（965）八月开工烧制塔砖时，底层塔砖中有“造塔兴工计两年”的劝缘砖，预计于两年后完工。但后期由于制作千佛砖等装饰材料耗时较长，大

[1]“所费亿万计，前后逾八年。”（宋）李焘：《续资治通鉴长编·宋纪·宋纪十五》，中华书局，1980年。

[2]（明）张元忭等：《万历绍兴府志》卷二十一，明万历十五年刊本。

[3] 魏祝挺等：《浙江东阳吴越国中兴寺塔出土文物》，《东南文化》，2020年第4期。

约完工于太平兴国六年（981），耗时十余年。

总体来看，木塔和砖塔只要完成备料，其搭建速度均十分迅速，一般一至两月可建造一层。一座七层或九层的大塔，建造时长一般在一到两年。但如果算上装饰工程，则往往长达数年甚至十余年。

四、古塔重建

自汉代佛教入华，寺塔的兴建就在中华大地上流行开来。两浙地区，自三国时起开始兴建舍利塔。有三国吴的苏州普济禅院舍利塔，秀州华亭县龙华塔；东晋时期的越州应天塔，鄮县阿育王寺东塔，苏州支硎山石塔、半塘法华塔；南朝宋的越州龙兴寺塔；南朝梁的苏州报恩寺通玄塔、灵岩山塔、妙利普明塔，昆山至尊多宝塔、邓尉山光福塔，嘉兴东塔，台州龙兴寺塔，天台赤城山塔；南朝陈的杭州孤山永福寺辟支塔，湖州孝义寺塔，长兴报德寺塔；隋代的苏州横山塔、虎丘山塔，杭州神尼舍利塔，越州会稽山塔，天台国清寺塔等。唐代所建之塔更是不计其数。

这些古塔遗存，经历了晚唐的会昌灭法、唐末的黄巢起义、唐末五代初年的战乱，加上自身年代久远，大多已残破不堪。

吴越初期，钱镠新建城南、城北两座大型楼阁式木塔，重建了北高峰塔。

吴越中期，由于观音瑞象出现于天竺山谷，钱元瓘重建了唐末夷为平地的天竺山上的神尼舍利塔院，建造了塔院内的观音殿和舍利塔。苏州瑞光寺塔也得到了重修。

吴越后期，对境内旧塔进行了大规模的重建。德韶重建了睦州善导和尚坟塔，并将其改建为舍利塔；重建天台赤城山塔，并利用其中发现的岳阳王感应舍利，重建苏州武丘山塔、越州应天塔、天台国清寺大塔、东场中兴寺塔。国王钱俶重建了被毁的城南、城北双塔和北高峰塔、华亭龙华寺塔。中吴军节度使孙承祐重建了苏州妙利普明塔、灵岩山塔和楞伽寺塔。同时，杭州灵鹫寺塔等，也在这一时期得到重建。

总体来看，吴越初期和中期，杭州地区的古塔基本得到了重建。吴越后期开始，在国师德韶的主持下，又将境内大多数的古塔进行了重建。这些重建，有些是将早期的木塔替换成了吴越时期流行的砖塔，如杭州神尼舍利塔、苏州武丘山塔。如果旧塔本就是砖塔，则基本会保留原塔的平面（多为方形），在旧塔基础上砌筑而成，如天台赤城山塔、东场中兴寺塔。旧塔地宫中瘗埋的舍利和供养品，也会重新安置于新塔的天宫之中，并补充新的舍利和供养品。

第五节　舍利塔的分类

通过确认吴越舍利塔的建筑类型，可知吴越时期的舍利塔，几乎均为楼阁式塔，材质有砖、木、铁、石四种。接下来，笔者就结合吴越舍利塔的建筑类型和材质，将吴越时期的舍利塔，分成楼阁式木塔、楼阁式砖木混合塔、楼阁式砖塔、楼阁式石塔、仿楼阁式砖塔、仿楼阁式石塔、仿楼阁式铁塔，共计7类，分别探讨。

一、楼阁式木塔

楼阁式木塔盛行于佛教传入中国初期，历东汉、两晋、南北朝，直到隋文帝在仁寿年间分舍利，发图样命天下各州建塔，也应是楼阁式木塔。从唐朝起，因防火、造价等原因，砖塔逐渐取代木塔，成为主流。木塔的防火、防腐性能很差，存世多不过数十年。

五代两宋时期，在称呼塔时，即使是砖木混合塔，一般也称为“砖塔”，如“西关砖塔”“应天寺砖塔”“武丘寺砖塔”等。一般只有纯木楼阁式塔，才称呼为“木塔”，如“梵天寺木塔”（即杭州城南新宝塔）。目前依据史料，大致可确认 4 座吴越楼阁式木塔，即杭州城南宝塔、城北宝塔、城南新宝塔、城北新宝塔。

吴越初期建造的城南宝塔，用于供奉明州阿育王寺释迦舍利，“凡九层八面，高三百七十尺，中外旋绕皆通，其制度形势，皆出王之心匠焉”。城南宝塔，八角九层，双筒结构，由钱镠亲自设计建造。十余年后建设的城北宝塔，因为供奉越州余姚舜井发掘出土的南朝瘗埋的古佛舍利，“一如城南之制”。

城南新宝塔和城北新宝塔之建，已处于吴越后期舍利塔营造之成熟时期。重建的城南新宝塔，“新其浮屠，其层如前数，而藻饰有加焉”[1]，可见还是原先的八角九层双筒结构，只是增加了更多的装饰。城北新宝塔，想必也是同样的规模制度。

另外，在砖木混合塔盛行的吴越国，依旧营造纯木构塔，还

[1]（明）宋濂：《阿育王山广利禅寺铭并序》，见（明）郭子章编纂《明州阿育王山志》，载《中国佛寺史志汇刊》第一辑第 11—12 册《明州阿育王山志》，明文书局，1980 年，第 235 页。

图 3-3　楼阁式木塔案例：辽代应州佛宫寺释迦塔（张小杨摄）

有更深层次的原因。城南宝塔供奉的释迦舍利小塔来自明州阿育王寺，据史料记载，梁武帝时曾造大木塔保护这座小塔。这座大木塔唐代尚存，舍利小塔即放在木塔底层[1]。这座大木塔不知是否存续到了吴越时期。钱镠和钱俶相继营造纯木构的城南宝塔来供奉释迦舍利小塔，可能也是延续自梁武帝以来的传统。

楼阁式木塔技术，至吴越时达到巅峰。北宋初期杨亿撰的《杨文公谈苑》记载了喻皓在建设东京开宝寺木塔时的精湛技艺[2]，北宋后期的杭州人沈括则在《梦溪笔谈》卷十八中记载了喻皓年轻时参与城南新宝塔建设时的巧思，这一故事当时已在杭州流传了百年。

遗憾的是，由于楼阁式木塔容易遭雷火烧毁，如今中国大地上，仅有一处古代的楼阁式木塔幸运地保留至今，即建于辽清宁二年（1056）的应州佛宫寺释迦塔。

[1]“今在大木塔内。……其舍利者在木塔底。”（唐）道宣：《集神州三宝感通录》，载《大正藏》第52册，第2106号。

[2]（宋）黄鉴笔录，宋庠重订：《杨文公谈苑》卷六，载戴建国等主编《全宋笔记》第八编第九册，大象出版社，2017年。

二、楼阁式砖木混合塔

楼阁式砖木混合塔，也称为砖身木檐塔，指的是塔身砖砌，以木构出跳塔檐和平座等木结构。砖木混合塔大约出现于魏晋南北朝时期，宋代以后遍布中国，成为中国塔的主流形式。从目前遗存来看，临安功臣寺塔是现存叠涩砖出檐的砖塔过渡到砖木混合结构，并使用木构塔檐和平座的早期实例。吴越初期、中期、末期，皆有砖木混合塔之营造，是造塔主流形式。

图3-4　楼阁式砖木混合塔案例：湖州上乘寺外塔

目前可大致明确为砖木混合塔

的吴越时期舍利塔，有衣锦军功臣寺塔，杭州南高峰塔、崇寿院应天塔、寿宁院六和塔、皇妃塔，苏州瑞光禅院塔、武丘山塔、楞伽寺塔，湖州上乘寺外塔，华亭龙华寺塔，越州应天塔，明州天封塔，天台赤城山塔、国清寺大塔、般若寺双塔，东场中兴寺塔，温州江心屿东塔，龙泉金沙塔等，数量庞大。这些砖木混合塔，均为中到大型楼阁式塔，大多内部中空，可以登临。现存的砖木混合塔，其木檐和木平座大多为后世重修，或者木结构已经不存。

楼阁式砖木混合塔，因建造简便，外观优美，又能在一定程度上抵抗火灾，因而大量留存后世，成为中国塔的代表类型。

三、楼阁式砖塔

狭义上的砖塔，也称为砖身砖檐塔，指的是砖砌塔身之外，腰檐和平座部分也仅用砖叠涩出跳。砖塔和砖木混合塔，在史料中同为砖塔，不易区分。除非有明确记载或实物遗存，否则较难确定其具体分类。

安吉永安禅院塔、黄岩瑞隆感应塔、黄岩灵石寺西塔、平阳宝胜寺双塔、苏州甲辰巷砖塔等属于楼阁式砖塔。这些塔的层高较低，内部实心，腰檐用菱角牙子叠涩出跳，檐上覆瓦。这种楼阁式砖塔，大部分使用砖瓦材质，几乎不使用木结构，只在墙体和檐部使用了少量木筋支撑。相比砖木混合塔，出檐较短，檐部仅具有象征意义。

图 3-5　楼阁式砖塔案例：安吉永安禅院塔

图 3-6 楼阁式石塔案例：北宋古田吉祥寺塔

同时，平座层的结构基本缺失。大型楼阁式砖塔，其底层往往有不属于塔的主体结构的木构副阶。

吴越时期的苏州灵岩山塔在塔记中明确记载，不使用木材，只使用砖。但从灵岩山塔的旧照片可以看出，该塔内部空心，可以登临，塔身也未做出砖叠涩塔檐和平座，是楼阁式砖木混合塔塔身的典型做法，可能是该塔在宋代时添加了木构部分。

砖塔由于不怕火灾，建造简便，逐渐成为明清时期江南地区新建楼阁式塔的流行形式。

四、楼阁式石塔

楼阁式石塔的建造，历史悠久。《魏书》卷一百一十四《释老志》记载，北魏平城“皇兴中，又构三级石佛图。榱栋楣楹，上下重结，大小皆石，高十丈。镇固巧密，为京华壮观”。但一直以来，楼阁式石塔由于造价高昂，相比木塔和砖塔，案例相对较少。

中国现存最早的楼阁式石塔实例，是唐代的福州连江仙塔（849），尚存两层楼阁。这种可登临的大体量楼阁式石塔，流行于福建地区，是当地佛塔建筑的一大特色。

吴越时期可以明确的楼阁式石塔只有 1 处，即福州宁德育英塔（963—968）。此外，福州永贞县白塔（969），史料记载为石塔，应该也是这类楼阁式石塔。

唐宋时期福州地区的楼阁式石塔，利用当地的砂岩石材，体型高大，雕刻精美。唐代的连江仙塔、五代闽的福州崇妙保圣坚牢塔（941）、吴越时期的宁德育英塔、北宋的古田吉祥寺塔（979）、南宋的长乐三峰寺塔（1127）可谓一脉相承，均是典型闽地风格的楼阁式石塔。

五、仿楼阁式砖塔

仿楼阁式砖塔，纯用砖砌，用砖雕刻出檐部、屋身和平座，表现的是木结构或砖木混合结构楼阁式塔的外观。吴越时期的这类案例相对较少，目前可以明确的仅有昆山南翔寺双塔、崇德常乐寺双

图 3-7 仿楼阁式砖塔案例：昆山南翔寺双塔（郭欣摄）

塔2处。这2处4座砖塔，均为八角七层塔，高约11—12米，内部实心，不可登临。各层均有砖雕檐部、梁柱、斗拱、门窗、平座、勾栏等，砖刻仿木结构逼真。每层四面设壶门龛，另四面雕出直棂窗，方向各层互换。但由于砖构易损，后世重修部分较多，较难保存初建时的细部结构和尺寸。

六、仿楼阁式石塔

中国建造石塔的历史悠久，目前已知最早的仿楼阁式石塔实例为朔州崇福寺的北魏天安元年（466）九级小石塔（现藏台北历史博物馆）、五台山南禅寺的北魏太和年间（477—499）五级小石塔（2012年被盗）。两塔皆平面方形，每层每面均满刻佛像，但在仿木结构上刻画不够准确。唐代的仿楼阁式石塔，如河北赞皇治平寺石塔（749），整个塔身由下大上小三个不同的亭阁叠落而成，每一层的仿木结构雕刻精美、比例真实，但三层的尺度不同，可能并非真实楼阁式塔的形制。总体而言，在唐代及唐代之前，没有出现过逼真的仿楼阁式石塔案例。

图 3-8　仿楼阁式石塔案例：杭州安吴塔（郭欣摄）

吴越时期现存的仿楼阁式石塔共有四座，即安吴塔、灵隐寺双石塔和烟霞洞石塔，均位于杭州，原高度均在 15 米以下，体量较小。其中，安吴塔、灵隐寺双石塔这三座仿楼阁式石塔，所有的塔刹、塔檐、塔身、梁柱、壶门、须弥座，甚至到细部的斗拱、角梁、脊兽，均按照原样同比例缩小，是一座大型八角九层楼阁式塔的微缩模型。因此，利用这三座石塔的数据，可以还原吴越时期楼阁式木塔的建筑数据，堪称不朽的木结构建筑。这种等比例微缩的模型石塔，在中国仿楼阁式石塔的历史上是空前绝后的，后文中将专门讨论。

七、仿楼阁式铁塔

汉传佛教初期的东汉至隋代，并无铁塔的遗存或记载。这一时期的佛塔建筑，主要以木塔、砖塔、石塔为主。从文献可知，中国最早的一批铁塔案例出自唐代。

唐代之所以能出现铁塔，实际上具有技术和理论两方面的基础。首先，唐代的大型铁铸件铸造技术十分发达。据《资治通鉴》卷二百五十载："（天册万岁元年，695）夏四月，天枢成。高一百五尺，径十二尺，八面，各径五尺。下为铁山，周百七十尺，以铜为蟠龙麒麟萦绕之。"这座武周时期铸造的高达 30 多米的铁柱，空前绝后，代表了唐代最高超的铁铸件铸造技术，"是在当时大型铸件范铸技术成熟的技术背景下铸造而成的"[1]。铸造技术的发达，为唐代铁塔的产生奠定了扎实的技术基础。

[1] 白云翔：《隋唐时期铁器与铁器工业的考古学论述》，《考古与文物》，2017 年第 4 期，第 74 页。

图 3-9　仿楼阁式铁塔案例：义乌双林寺铁塔（胡波摄）

其次，建造铁塔的理论条件，此时也已经具备。唐代的各类佛教典籍中，出现了不少铁塔的意象。唐沙门僧祥大约撰于开元年间（713—741）的《法华经传记》云："昔外国有铁塔，高丈余，于中安置芬陀利迦、阿差摩、摩诃毗卢舍那经等梵夹，各有百千偈。时有一天女，夜时时来，以天曼陀罗华供养铁塔。"[1]唐沙门海云撰于大和八年（834）的《两部大法相承师资付法记》云："如《金刚顶义决》中说：南天竺国有大铁塔，中有金刚界曼荼罗，圣者形象铁铸所成。其塔中有梵夹，广如床，广八九尺，高下五六尺，尽是《金刚界大教王广梵本经》。"[2]中晚唐时期沙门遍满撰《金刚顶菩提心论略记》云："（龙树）上游四王自在处，下入龙海中宫，诵持所有一切法门。遂则入南天铁塔中，亲授金刚萨埵灌顶，诵持秘密最上曼荼罗，教流传人间。"[3]

值得注意的是，不论是天女供养的铁塔，还是南天竺铁塔，其功能都是用来储存佛经梵夹。梵夹最怕火，不宜置于木塔之中。玄奘就设想过以石塔存储梵夹的方案，可以防火，以存储印度带来的珍贵梵夹[4]。唐代佛经中出现的这批铁塔，皆用以储存梵夹，应该不是巧合，可能主要还是因为铁塔具有防火功用。

图 3-10　仿楼阁式铁塔案例：五代南汉广州开元寺铁塔（王宣艳摄）

由以上例子可见，唐代佛经中出现了多处关于天竺、西域营造铁塔的记载。虽然目前无法确定这些佛经中外国铁塔的真实性，但佛经中的铁塔意象，应该为中国铁塔的问世提供了

[1]（唐）僧祥：《法华经传记》卷第十，载《大正新修大藏经》第 51 册，第 2068 号。

[2]（唐）海云：《两部大法相承师资付法记》，载《大正新修大藏经》第 51 册，第 2081 号。

[3]（唐）遍满：《金刚顶菩提心论略记》，载《新纂续藏经》第 46 册，第 777 号。

[4]"（玄奘）法师欲于寺端门之阳造石浮图，安置西域所将经像，其意恐人代不常，经本散失，兼防火难。"（唐）慧立：《大慈恩寺三藏法师传》，载《大正新修大藏经》第 51 册，第 2053 号。

必要的理论基础。

日僧圆仁于唐开成五年（840）巡礼五台山，并记录了各台顶所见的几座“则天铁塔”。这几座铁塔相传皆为武则天所铸。从圆仁描述来看，铁塔没有楼阁式的层级，没有相轮塔刹，单层，如同一座覆地的铁钟。但除此之外，登州法云寺铁塔（665）、韶州宝林寺降龙铁塔（684—705）等，应该都是仿楼阁式铁塔。

五代南汉时期的铁塔，存世较多。如广州乾亨寺铁塔（即如今的广州光孝寺西铁塔，963）、敬州修慧寺铁塔（965）、广州开元寺铁塔（即如今的广州光孝寺东铁塔，967）等，均为方形七级仿楼阁式铁塔。

吴越时期的12处铁塔，只有义乌双林寺铁塔1处现存，为仿楼阁式塔。考虑到目前传世的所有中国古代铁塔，均为仿楼阁式塔，推测其余11处铁塔应也都是此类型[1]。

从吴越时期的双林寺铁塔和五代南汉的几座铁塔遗存来看，五代时期的仿楼阁式铁塔，在仿木结构表现上较为粗糙，仅能表现檐部、梁柱、壶门等仿木结构，斗拱未能出跳，平座结构则完全没有表现，因此不能算作忠实还原的仿木结构楼阁式塔。

第六节　舍利塔的平面

印度和中亚地区的佛塔，几乎均为覆钵式塔，平面也大多为圆形。但自佛塔传入中国以后，平面形式逐渐丰富多彩，圆形、方形、六角、八角、十二角，种类繁多。吴越时期也不例外，目前可大致确认平面类型的吴越时期舍利塔，约有42例，分为方形、六角、八角三种。具体情况如下：

方形7例：杭州北高峰塔，衣锦军功臣寺塔、朗瞻院塔，萧山崇化寺双塔，天台赤城山塔、般若寺双塔，东场中兴寺塔。

六角11例：杭州南高峰塔、越州应天塔、明州天封塔、天台国清寺大塔、黄岩灵石寺双塔、平阳宝胜寺双塔、台州净光塔、瑞安广福院塔、温州江心屿东塔、东场通济院弥陀塔、龙泉金沙塔。

八角24例：杭州城南宝塔、城北宝塔、神尼舍利塔、烟霞洞石塔、安吴塔、崇寿院应天塔、城南新宝塔、城北新宝塔、灵隐寺双石塔、六和塔、皇妃塔、江干砖塔，苏州瑞光禅院塔、武丘山塔、灵岩山塔、楞伽寺塔、甲辰巷砖塔、昆山南翔寺双塔，华亭龙华寺塔，湖州上

[1] 魏祝挺：《唐五代铁塔略考》，载《东方博物》第68辑，中国书店，2018年。

乘寺外塔，安吉永安禅院塔，崇德常乐寺双塔，义乌双林寺双铁塔，黄岩瑞隆感应塔。

从数量上来看，方形占 17%，六角占 26%，八角占 57%。半数以上的吴越舍利塔平面呈八角形，这也是吴越时期佛塔的一个重要特征。吴越塔上承唐塔的四方形平面传统，下启宋代八角、六角形平面的新风尚，是佛塔平面样式发生剧烈变化的时期。

从地域分布来看，八角塔多分布于浙西，24 例中占了 22 例；六角塔多分布于浙东，11 例中占了 10 例。可见浙东和浙西地区，在塔平面上有独特的偏好。方形塔，浙西 3 例，浙东 4 例，大致均匀分布。

一、方形

佛塔自传入中国，其最早的平面形式，即为方形。东汉两晋之佛塔，已难考证，但北朝佛塔之形制，尚存于佛塔的建筑遗址和雕刻作品中。建筑遗迹，如大同北魏方山思远佛寺遗址（481—484）、朝阳北魏思燕佛图遗址（485）、洛阳北魏永宁寺塔遗址（516），其建筑本体都是方形楼阁式塔。雕刻作品，如朔州崇福寺小石塔（466）、五台山南禅寺小石塔（477—499）、云冈第 6 窟中心柱窟第二层四角塔柱（477—499）、云冈 39 窟佛塔（477—499）、唐代的楼阁式砖塔也多为方形，如长安的慈恩寺大雁塔（652）、兴教寺玄奘法师塔（669）、香积寺善导大师塔（706）、荐福寺小雁塔（707）等。两浙地区的唐塔，也与中原相似，现存的明州国宁寺西塔（851），方形五级，为两浙地区仅存之唐塔。

图 3-11　方形塔案例：唐明州国宁寺西塔（沈芳漪摄）

吴越初期佛塔，上

承唐代佛塔方形平面之风格。衣锦军功臣寺塔、朗瞻院塔为方形平面，即是唐代风格的延续。钱镠和钱俶时期，两次重修唐代北高峰塔，始终保持其方形平面。吴越后期，又一次出现了方形平面的高潮，如萧山崇化寺双塔、天台赤城山塔、东场中兴寺塔等大多是重建唐代以前旧塔所致。北宋政和年间重建的明州东钱湖二灵塔，塔身方形，可能延续的就是吴越时期平面。

图 3-12 方形塔案例：北宋诸暨东化成寺塔

吴越故地在宋代虽大量流行八角、六角形塔，但方塔之营造仍时有发生，如苏州昆山千灯镇秦峰塔（1008）、上海松江方塔（1068—1094）、苏州吴江华严塔（1089）、绍兴诸暨东化成寺塔（1092）、上海嘉定法华塔（1205—1207）等。方形塔虽然逐渐式微，但始终生生不息，延续了中国传统佛塔造型的传承。

二、八角形

5 世纪以来，八角塔的相关理论依据逐渐出现在佛教经典中。5 世纪初的后秦长安，佛陀耶舍、竺佛念译出了《四分律》，其中记载："有檀越作如是言：'若世尊听我等为其起塔者，我当作？' 诸比丘白佛。佛言：'听作。' 彼不知云：'何作？' 佛言：'四方作，若圆，若八角作。'"[1] 信众就造塔一事请问于佛陀时，佛陀明确回答，造塔可以有"四方""圆""八角"三种平面。《四分律》中的这一记载，应该是东亚地区佛经中关于八角塔的最早记载，同时也是现存印度佛经原典中唯一关于八角塔的记载。

从史料记载来看，八角塔可能因《四分律》的译成而创始于后秦长安城，并由僧人惠始将《四分律》的造塔思想带入北魏平城，

[1]（后秦）佛陀耶舍、竺佛念等译：《四分律》卷五十二，载《大正新修大藏经》第 22 册，第 1428 号。

[1] 关于中国八角塔的起源及其发展，详见魏祝挺：《五至八世纪东亚地区八角塔的起源及其发展》，《云冈研究》，2021 年第 4 期。

图 3-13　八角塔案例：唐五台山佛光寺无垢净光塔基（浙江大学文化遗产研究院提供）

在平城建造了八角寺，随后在 5 世纪时传入高句丽。现存的定陵寺、清岩里废寺、上五里废寺、土城里废寺等多个有八角塔的寺院遗存，就是这一时期八角塔流行的标志。

唐代以来，八角楼阁式塔逐渐流行，大型楼阁式塔已经开始采用八角平面，如洛阳香山寺塔（约 687）、长安兴圣寺塔（约 708）、五台山佛光寺无垢净光塔（752）、长安资圣寺塔（8 世纪末期）等。东亚地区的新罗、日本也陆续有八角塔出现，如新罗庆州灵庙寺双塔（635）、日本樫原废寺塔（7 世纪中期）等。但直到 9 世纪之前，八角楼阁式塔始终未能取代方形楼阁式塔的地位[1]。

八角楼阁式塔在吴越时期已经相对成熟。23 例八角塔中，有 21 例分布在浙西，且多在杭州，体现了以吴越国王为首的钱氏供养人群体对于八角塔的独特偏好。以吴越初期的城南宝塔和城北宝塔为代表，八角塔成为吴越高等级楼阁式舍利塔的标准平面。后来的苏州武丘山塔、湖州上乘寺外塔、杭州六和塔、杭州皇妃塔等大塔，无一例外，均为八角塔。

从结构上来说，八角形比方形稳定，承受风压的能力更强。吴越时期，既有大体量的八角楼阁式木塔、八角楼阁式砖木混合塔、八角楼阁式砖塔，也有小体量的八角仿楼阁式砖塔、八角仿楼阁式石塔、八角仿楼阁式铁塔。这批塔的集中出现，表明吴越时期，八

图 3-14　八角塔案例：杭州六和塔顶部（鳟鱼摄）

角真正成为舍利塔的主流形式。中国从东汉开始流行了近千年的方形塔，终于在吴越时期，被八角塔所取代。宋、辽以后，八角塔成为中国佛塔主流，以至于英语中出现了“pagoda”（八角塔）这个单词，专门指代中国的这种塔。

三、六角形

六角塔并没有任何佛教经典理论的支持。实际上，六角塔在力学上比八角塔更为稳定，承受风压的能力也更强，是十分有益的创新。

图 3-15　六角塔案例：温州江心屿东塔内部（陆易摄）

图 3-16　六角塔案例：北宋浦江龙德寺塔内部

六角单层塔早在唐代即在高僧塔上有所尝试，如山西五台山佛光寺祖师塔（晚唐）即为实例。但在唐代及以前，尚未发现六角楼阁式塔的遗存实例，吴越国可能是中国六角形楼阁式塔的最早起源地。

现存吴越塔中采用六角形平面的实例共有 11 例，浙西地区仅有南高峰塔是六角平面，有多达 10 例分布在浙东地区，可见浙东地区对于六角塔的偏好。黄岩灵石寺双塔、温州江心屿东塔、平阳宝胜寺双塔、东场通济院弥陀塔、龙泉金沙塔等相继采用六角形平面。后世重建的明州天封塔、越州应天塔、台州净光塔、温州瑞安广福院塔等，在吴越时期也应是六角形平面。

宋代以后吴越故地的浙东地区依旧流行六角形平面，典型案例如婺州浦江龙德寺塔（1016）、衢州龙游湖镇舍利塔（1058）等。

第七节　舍利塔的层数和高度

一、层数

吴越时期舍利塔，大致明确层数的，有 47 处，其中五层塔 7 处，七层塔 25 处，九层塔 15 处，未见有单层塔和三层塔的案例，也没有超过九层的案例。

五层塔有临安功臣塔、萧山崇化寺双塔、天台般若寺双塔、平阳宝胜寺双塔等。总体来看，五层塔的体量都不大，多为双塔、方形平面，延续了唐代寺前双塔的风格，如晚唐明州国宁寺前的东西双塔，均为方形五级。

七层塔的主要代表是杭州北高峰塔、南高峰塔、皇妃塔，苏州武丘山塔、楞伽寺塔、妙利普明塔，湖州上乘寺舍利塔，华亭龙华寺塔，黄岩瑞隆感应塔、黄岩灵石寺双塔、龙泉金沙塔、宁德育英塔等，数量最多。总体来看，七层塔的平面多为八角形，杭州烟霞洞石塔、昆山南翔寺双塔、崇德常乐寺双塔这几座雕刻精美的仿楼阁式塔，应该就是吴越时期最为流行的八角七层楼阁式塔的真实案例。

吴越国九层塔，一般为最高等级舍利塔，平面多为八角形。吴越国前期，钱镠就在杭州兴建两处大型佛塔，即城南宝塔和城北宝塔，均为八角九层楼阁式高塔，以安置吴越国地位最高的明州阿育王寺真身舍利小塔和上虞古井中发现的古佛舍利。吴越国后期，国舅吴延爽在杭州宝石山兴建八角九层的应天塔。之后，钱俶又在杭州相继重建城南宝塔，重建城北宝塔，新建六和塔等，均为八角九层的参天巨塔。这与钱镠时期兴建的八角九层塔一脉相承，应为供养吴越国内最高级别舍利所用。而几座八角九层的仿楼阁式石塔，如安吴塔、灵隐寺双石塔等，应是对这种八角九层高塔的真实写仿。值得注意的是，八角九层塔几乎全部建于杭州，可以说是吴越国国都杭州的象征。

禁止营造超过九层的佛塔，可能是吴越国佛塔营造的一条规定。但在吴越国末期，因为一颗佛螺髻发舍利的出现，这种规定发生了松动。

根据钱俶在皇妃塔须弥座上所题《华严经跋》记载，杭州皇妃塔原来设计层数为十三层，这或许是因为佛螺髻发舍利的地位崇高，也可能是因为这一时期的造塔技术已突飞猛进。虽然最后因为财力有限，最终只完成了七层塔，但九层楼阁式塔的层数限制，已经开始动摇。可惜终吴越之世，建成的楼阁式塔的最高层数仍是九层。

吴越国纳土归宋以后，造塔不再有九层之限，因为北宋通行的舍利塔最高层数是十三层[1]，以喻皓为代表的吴越国造塔大匠师，在北宋各地兴建了不少高耸的八角十三层木塔，案例包括安置僧伽舍利的泗州普照王寺木塔（982）、安置明州阿育王寺释迦真身舍利的东京开宝寺木塔（982—989）等[2]。这些佛塔均为北宋最高级别佛塔，安放的舍利崇高无比，结合吴越国高超的造塔技术，将中国古代楼阁式塔，推到了空前绝后的高度。11世纪以后，八角十三重

[1] 在吴越纳土归宋以前，北宋已有十三重塔的营造，如郑州开元寺塔，八角十三层砖木结构楼阁式塔，完工于开宝九年（976）。

[2] 关于喻皓所建的几座佛塔，沈芳漪有深入的考证。详见沈芳漪：《略论喻皓及〈木经〉相关问题》，载《东方博物》第76辑，中国书店，2020年。

[1] 张颖：《苏州云岩寺塔复原研究》，《建筑史》，2009 年第 2 期。

[2] 杨鸿勋：《杭州雷峰塔复原研究》，《中国历史文物》，2002 年第 5 期。

塔传入辽国，并产生了新的建筑形式——八角十三重密檐式砖塔，大量流传后世。

二、高度

吴越国遗存至近现代的舍利塔，大多有实测高度数据。其中砖塔案例较多：最高的是湖州上乘寺外塔，塔顶和塔刹为当代复建，现在的复原高度为 55 米（七层，塔刹含）。苏州武丘山塔，顶层为当代复建，高 47.68 米（七层，塔刹残）。上海龙华寺塔，高 40.6 米（七层，塔刹含）。黄岩瑞隆感应塔，高 35.2 米（七层，塔刹残）。倒塌前的龙泉金沙塔，高约 35 米（七层，塔刹残）。苏州楞伽寺塔，高约 28.32 米（七层，塔刹含）。倒塌前的东场中兴寺塔，高 26.6 米（九层，塔刹残）。临安功臣寺塔，高 25.12 米（五层，塔刹残）。安吉永安禅院塔，高 22.5 米（九层，塔刹含）。黄岩灵石寺塔，高 21.2 米（七层，塔刹残）。平阳宝胜寺双塔，高 15.2 米（五层，塔刹残）。

安吴塔、灵隐寺双石塔、武丘山塔、六和塔等案例，由下而上的各级比例关系都是以等比级数递减。张颖依据武丘山塔的收分比例及同时代的塔刹做法，推定吴越时期武丘山塔的完整高度为 57.55 米[1]。杨鸿勋依据皇妃塔考古发掘和旧照片资料，推定塔体从二级至七级以九成等比递减，复原了吴越时期七层皇妃塔原状，推定吴越时期七层皇妃塔的高度为 68.1 米[2]。

史料中的吴越国高塔，高度更是非比寻常。杭州城南宝塔，三百七十尺，约合 110 米。城北宝塔，高度相同。包括后来重建的城南新宝塔和城北新宝塔，高度也相同。钱塘江边的六和塔，高达四十余丈，约合 120 米以上，体量更是惊人。这些八角九层楼阁式巨塔，是吴越国楼阁式塔最高技术水平的体现。时人描述这些高塔，“峻峙蟠固，人天鬼神所共瞻仰”（苏州妙利普明塔），“上耸地以千仞，塔拔山而九层”（苏州秀峰寺塔），“突兀插天三百尺”（越州应天塔），确实是耸立云霄，气势磅礴。

相比之下，仿楼阁式石塔和仿楼阁式砖塔的体量就小得多。安吴塔高 14.4 米（九层，塔刹基本完整），灵隐寺双石塔高 11.5 米（九层，塔刹缺），慧日永明院双石塔高“三丈许”，约合 10 米，昆山南翔寺双塔高约 11 米，崇德常乐寺双塔高约 12 米。这些仿楼阁式石塔和砖塔，精雕细琢，栩栩如生，但体量较小，实心，不可登临。

由于材料贵重，铁塔的体量更小。吴越时期铁塔高度可考者，唯有双林寺铁塔残件。该塔现存2层，残高2.1米，张剑葳复原其为七级，推测其原高大致在6米左右[1]。其他铁塔，估计大都是这一体量。唯有杭州龙兴寺大铁塔，表述时特意用了“大”字，应是不同寻常之尺寸。

[1] 张剑葳：《中国古代金属建筑研究》，东南大学出版社，2015年，第78页。

第八节　舍利塔的形制结构

吴越时期的舍利塔，其中的楼阁式木塔、砖塔、石塔，大多是可以登临的，而仿楼阁式的砖塔、石塔、铁塔，却不可登临。但不论材质如何，其形制结构，蓝本大都是楼阁式木塔，自下而上分为塔基、塔身和塔刹三个部分。

一、塔基

本文中的塔基，定义为生土和自然山岩之上、塔身第一层地面以下的部分。

吴越塔基，一般建于生土或岩石之上，经平整、改造后利用，自下而上分为台基和须弥座两部分。台基和须弥座的平面形状，一般与塔身平面形状相同。砖塔之台基用夯土垒砌，外包以石，须弥座则用砖石砌筑。石塔和铁塔之塔基，则同为石和铁。总之，塔基须采用坚固材料，方能屹立长久。

图3-17　杭州皇妃塔东侧塔基及踏道（引自浙江省文物考古研究所《雷峰塔遗址》，文物出版社2005年版）

目前吴越塔基有资料可考的，大型楼阁式塔有杭州皇妃塔、杭州南高峰塔、龙泉金沙塔的发掘资料，萧山崇化寺西塔的文献资料；小型仿楼阁式塔则有杭州安吴塔、杭州灵隐寺双石塔、义乌双林寺铁塔的实物资料。

1. 台基

萧山崇化寺西塔基记记载：“香泥木石，为此镃基，厚二丈余，

图 3-18　杭州南高峰塔塔基（杭州市文物考古研究所提供）

其固若山。”可见其夯土混合了香泥、木、石等多种材料，厚达二丈有余。皇妃塔的台基利用自然山岗，经过平整改造，主体是混合了土石的夯土，对径 36—37 米，边长 15 米，高出地表 0.9—2.7 米，外围砌有盘石基座，平面为八角形，最外一圈的边长为 17 米，对径 43 米，体量较大 [1]。龙泉金沙塔，塔基平面呈六角形，直径 10 米，深 3.72 米，由土石混合分层夯打而成，分 15 层，第四层开始用石块垫底，越往下石块越大 [2]。这些都是吴越时期夯土台基的案例。

南高峰塔的台基，利用了峰顶高凸的山体岩石，经平整、填筑而成，外围砌有盘石基座，塔内地坪铺砖，平面为六角形，底边边长 5.07 米，对径 10.14 米，体量较小 [3]。这是利用自然山岩作为台基的案例。

吴越舍利塔的台基，位于须弥座下部，有部分没入土中，一般有一至三层不等，底层面积最大，往上逐层面积减小，但即使是最上层部分，其平面面积也要大于须弥座与塔身许多。台基更多承担的是结构作用，其宽广的表面积，均匀分散了塔身重量的压力。这些台基，一般会在东西两侧台基的中部开辟踏道，以供行走。

[1] 浙江省文物考古研究所：《雷峰塔遗址》，文物出版社，2005 年，第 16 页。

[2] 朱伯谦：《浙江两处塔基出土宋青花瓷》，《文物》，1980 年第 4 期，第 1—2 页。

[3] 杭州市文物考古研究所：《杭州南高峰塔》，文物出版社，2018 年，第 22—25 页。

图 3-19　杭州安吴塔须弥座（郭欣摄）

2. 须弥座

须弥座位于台基之上，其平面略大于塔身，小于台基。灵隐寺双石塔须弥座的束腰上下各有三层叠涩，自下而上由圭角、下枋、下枭、束腰、上枭、上枋、平座组成。下部三级向内收分，上部三级向外伸展，束腰为最内收之部分。其中平座其实已经属于塔身部分，但从视觉观感来看，也属于叠涩部分。安吴塔较为特别，下部和上部的叠涩各有四层，显示出更高的规格。

须弥座的中心部位为束腰，多有佛像或经咒雕刻，雕饰精美，更多承担的是装饰作用。14.4 米高的安吴塔，须弥座就高达 1 米，其中束腰高约 0.4 米，满雕《大佛顶陀罗尼经》。35.2 米高的瑞隆感应塔，须弥座却仅有半米高，石砌，束腰雕刻有佛像、瑞兽、佛经故事图案。皇妃塔底部有长达百米的《华严经》和《金刚经》的刻经石碑，嵌在底层塔身之内，正是须弥座束腰的位置。

总体而言，吴越时期的楼阁式砖木混合塔或砖塔，由于底层多有副阶，故其须弥座不太显眼，隐于副阶之中。仿楼阁式石塔则体量较小，无副阶，须弥座十分显眼。

二、塔身

吴越时期舍利塔的塔身，自下而上一般由副阶、平座、屋身、塔檐等部分组合而成，平面结构也不尽相同。

图 3-20　黄岩瑞隆感应塔副阶（当代重建）

图 3-21　苏州武丘山塔副阶复原立面图（引自张籁《苏州云岩寺塔复原研究》,《建筑史》2009 年第 2 期）

1. 副阶

塔身檐柱外包绕一圈外廊，即《营造法式》所谓的“副阶周匝”。佛塔副阶之营造，大约始于唐代。吴越时期舍利塔的共同特点是底层高大，逐层收缩，这与底层副阶的存在直接相关。

晚唐五代时期岐王李茂贞控制的凤翔，有著名的法门寺塔，塔内藏佛骨舍利。五代初期，塔坏需要重修，“天复十二年，以旧寺主宝真大师赐紫沙门筠……爰命大师绕塔修覆阶舍二十八间，至十三年迄”[1]。这是目前最早直接记载造塔副阶的史料。

在杭州安吴塔、灵隐寺双石塔、烟霞洞石塔这些仿楼阁式石塔中，并没有表现出副阶。因此笔者推测，吴越时期的城南宝塔、城北宝塔等楼阁式木塔，可能也没有副阶。目前发现有副阶的，有杭州皇妃塔、湖州上乘寺外塔、安吉永安禅院塔、苏州武丘山塔、天台国清寺大塔、平阳宝胜寺双塔、黄岩瑞隆感应塔等，均为吴越后期砖木混合塔或砖塔。如此来看，副阶的营造可能首先在这些砖塔上开始流行。副阶出现的原因，大概有以下几点：

一、佛教徒绕塔巡礼，一般在塔底层。南方地区降水较多，对绕塔礼佛干扰甚大。营造副阶以后，僧众可免却雨雪天绕塔之烦恼。

二、对塔基起到防雨雪作用。没有安装副阶的楼阁式塔，其出檐不过三分之一柱高左右，雨水难免侵袭到塔基。而安装副阶以后，大大增加了塔基到外部露天的距离，可保无水患之忧。

三、副阶可以增加楼阁式塔的美感。吴越时期砖木混合塔或砖塔普遍很高，七层、九层者很多，增加副阶以后，其外形看起来更

[1]（清）王昶：《金石萃编》卷一百十九，载《石刻史料新编》第一辑第二册，台北新文丰出版公司，1982 年。

图 3-22　苏州武丘山塔的砖砌平座结构（郭欣摄）

加稳定，比例和谐。

四、楼阁式木塔的底层本就有屋檐遮挡，副阶的需求不是那么迫切。而砖塔的底层缺少大屋檐遮挡，副阶正好满足了出檐需要。因此副阶首先在砖塔上开始流行。

2. 平座

平座是楼阁式建筑中下层和上层之间的结构层。平座的应用，在楼阁式木塔中由来已久，可见日本奈良法隆寺五重塔、药师寺东塔等 7—8 世纪实例。唐代砖石楼阁式塔，大多对楼阁式木塔的平座没有专门仿制。吴越时期，开始大规模在砖石塔身上施用平座，全面模仿楼阁式木塔的外观形制。

衣锦军功臣寺塔，用砖叠涩出平座，下有砖砌斗拱支撑，外部架设木构平座，勾栏。类似的还有苏州武丘山塔、天台国清寺大塔、湖州上乘寺外塔、华亭龙华寺塔等。杭州皇妃塔的平座部分全用木构，以木梁和木斗拱出挑，承托平座、勾栏。杭州安吴塔和灵隐寺双石塔，每层平座皆有勾栏，系于石上凿榫卯插入。

图 3-23　苏州武丘山塔屋身（郭欣摄）

一些小型楼阁式砖塔，内部实心，不能登临，因此平座部分构造简单。如黄岩瑞隆感应塔之平座

图 3-24　天台国清寺大塔屋身（郑嘉励提供）

图 3-25　杭州安吴塔屋身（郭欣摄）

图 3-26　杭州安吴塔腰檐

用平砖叠涩出五层砖，平阳宝胜寺双塔出四层砖，安吉永安禅院塔则仅出两层砖。这些砖平座部分显然无法立人。

3. 屋身

屋身是平座和塔檐之间的部分，由墙、门或龛、窗、柱、额等部分组成。二层以上的屋身，每层大致相同。

砖塔的屋身部分，多以砖雕出倚柱、槏柱、阑额。大塔开壶门，通往塔心室，内部供奉佛像。壶门的上部雕出五瓣花形，代表佛教的神圣空间。小塔开壶门式龛，外形与壶门一致，龛内供奉佛像。吴越时期的砖木混合塔或砖塔，壶门流行逐层错开，以增强结构支撑。如苏州楞伽寺塔、灵岩山塔、甲辰巷砖塔、南翔寺双塔，崇德常乐寺双塔等。

仿楼阁式石塔，以安吴塔和灵隐寺双石塔为例。屋身每面转角皆施圆形倚柱，上承阑额，下接地栿。每层正面以槏柱隔为三间，明间开壶门，雕门扇、门钉、金环铺首，上部开直棂窗。第三层正南面门上有匾额刻塔名。阑额做成七朱八白式样。

4. 腰檐

腰檐可以保护塔壁免受风雨侵蚀，也可以为平座上眺望风景之人遮挡风雨，同时为笔直向上的塔身平添一种韵律之美。

隋唐砖石塔多以砖石叠涩出檐，不做出木檐。较早的实例如山东历城县神通寺的隋代四门石塔（611），为石块叠涩出檐。唐代砖塔叠涩出檐中的典型案例如河南嵩山永泰寺塔、法王寺塔，云南大理崇圣寺千寻塔，浙江宁波天宁寺西塔等。吴越时期的砖塔，延续了唐代砖叠涩出檐的传统，腰檐一般用菱角牙子叠涩出檐，如安吉永安禅院塔、黄岩瑞隆感应塔、黄岩灵石寺西塔、东场中兴寺塔、平阳宝胜寺双

图 3-27　杭州安吴塔第三层复原立面图（引自高念华《杭州闸口白塔》，浙江摄影出版社 1996 年版）

塔等，内部应用了木筋，更加稳固。

吴越时期的大型砖木混合塔流行挑出木檐，故也称为砖身木檐塔。做法多在砖叠涩檐上施加木檐，木构腰檐即使缺失，也有砖檐保持其完整性。以致有一段时期，把这类塔当成是砖檐塔。如武丘山塔，以砖叠涩出檐，椽子架在叠涩砖檐之上，檐下斗拱砖砌。木檐木斗拱之外，其砖檐砖斗拱本身已自成一体。

砖木混合塔中，也有纯用木檐木斗拱的，如皇妃塔。其以木构出檐为主，斗拱、檐檩、檐椽全部木构，由柱上的阑额承托木斗拱，木斗拱承托檐部。故檐椽需插入塔壁中间的交圈木枋，才能获得足够的支撑。因此皇妃塔的木结构烧毁以后，只剩一个光秃秃的空筒矗立，充满了沧桑之感。

仿楼阁式砖塔、石塔、铁塔，塔身檐下之斗拱、檐椽、瓦垄，雕刻均十分清晰，反映了当时楼阁式木塔、楼阁式砖木混合塔在腰檐部分的做法。安吴塔、灵隐寺双石塔的檐下斗拱为单抄单下昂偷心造五铺作，八条戗脊上均立有脊兽，角梁皆用老角梁承子角梁，翼角起翘舒缓。唐末王审知建于福州的报恩定光多宝塔，八角七层，“悬层之铎五十有六，角瓦之神五十有六”，反映了楼阁式塔每层每角有铜铎、每层每条戗脊均有脊兽的设置。

5. 平面结构

由于木塔实例不存，铁塔和石塔无内部结构，因此笔者主要讨论砖塔的平面结构。砖塔的平面结构，主要可分为单筒空心、单筒分层和双筒三种结构。

单筒空心式塔，一般将塔体砌成上下贯通的空筒状塔壁，外侧

图 3-28 单筒空心结构的衣锦军功臣寺塔内部（莲莲摄）

以木构搭建塔檐、平座，内部搭建木楼板和楼梯。去掉木构部分以后，仅剩一个空心砖筒。这种砖塔的体量较小，底层砖身的对径通常在10米以内，案例如衣锦军功臣寺塔、温州江心屿东塔等。

单筒结构，实际上有很大问题，最重要的一点是塔体缺乏横向联系的力，塔壁仅靠木楼板横向支撑，无法抵抗地震的横波，以及长年累月的风压。其次，塔壁只有单层，纵向的支撑力全靠塔壁厚度支撑，需砌筑十分厚实之壁，内部空间也并不大。最后，一旦起火，其上下贯通的空筒就如一个巨大的烟囱，而里面的木楼板和楼梯，就是最好的引火材料，塔内木结构将烧得一点不剩，甚至将砖塔身也烧毁。

单筒空心塔，逐渐演变为复杂的单筒分层砖塔，在砖砌一圈塔壁的基础上，每层楼板均用砖砌筑，中心往往还有一个实心砖柱支撑，塔身外侧以木构搭建塔檐、平座。这种塔的体量较大，底层砖身的对径通常在15米左右，案例如杭州南高峰塔、杭州崇寿院应天塔、苏州瑞光禅院塔、天台国清寺大塔等。这种砖塔，结构坚固，同时适合砌筑天宫，是吴越砖塔最常用的结构。

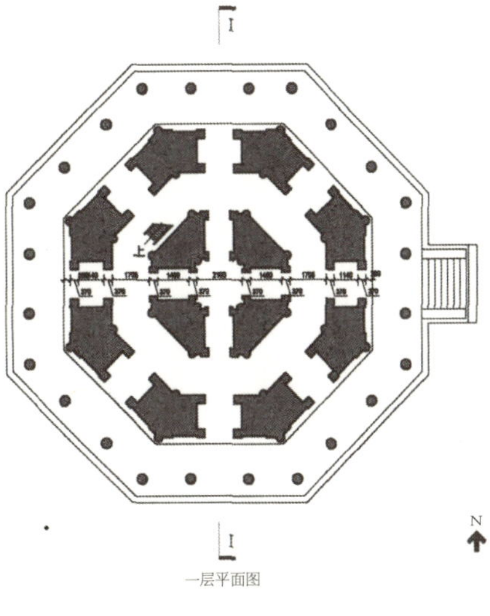

图 3-29 双筒结构的苏州武丘山塔底层平面图（引自张颖《苏州云岩寺塔复原研究》，《建筑史》2009年2月）

最复杂的是双筒结构塔。最早使用双筒结构的案例，可能是木塔。吴越初期建于杭州的城南宝塔（917），“中外皆通旋绕”，指的就是双筒结构，出自钱镠的设计。这也是目前所知中国最早采用双筒结构的楼阁式塔。

此后，双筒结构应用在了砖塔上，外侧以木构搭建塔檐、平座，在砖砌一圈外塔壁之后，设内回廊一周，内侧再砌一圈内塔壁，中心为塔心室。这种塔的体量相当庞大，底层砖身的对径最大可以达到 25 米，高度则通常在 50 米以上，甚至超过 100 米，如杭州皇妃塔、六和塔，苏州武丘山塔等。

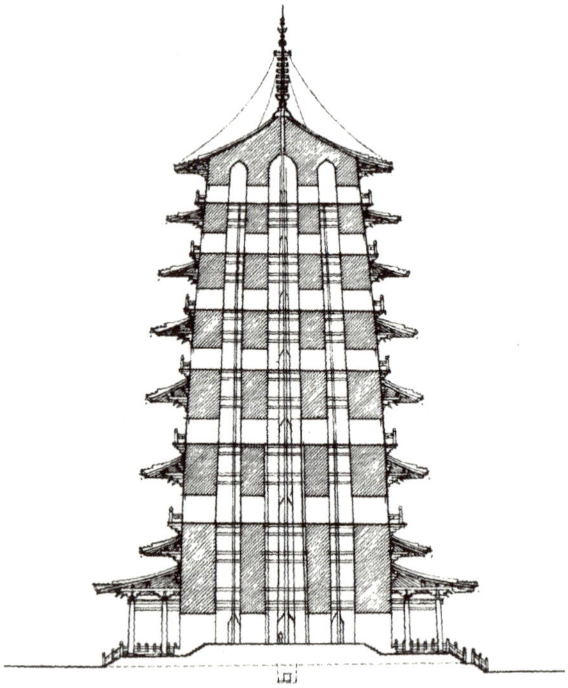

图 3-30　双筒结构的杭州皇妃塔复原剖面图（引自杨鸿勋《雷峰塔复原研究》，《中国历史文物》2002 年第 5 期）

双筒结构起源于吴越，在当时确实是一种巨大的创新。双筒结构砖塔，相比单筒砖塔，其平面尺度必须加大，故多应用八角平面。塔外壁通过各层回廊，与内壁相互支撑，大大加强了稳定性。同时，楼梯也可以设置在内回廊中，不影响塔心室的空间。

双筒结构砖塔，塔心室在内套筒中，除常见的八角平面外，还有方形平面，用于安置佛像。且常于一塔中，交错设置。如虎丘云岩寺塔，第一层塔心室平面方形，第二层八角形，第三至第六层再改回方形。

湖州上乘寺塔是个罕见的塔中塔案例，其外侧的砖木混合塔，大约类似双筒结构的外套筒，内侧中空，安置石塔。

三、塔刹

塔刹，位于塔顶端。历代佛塔之塔刹，形式多样。由于塔刹位于塔之最顶端，多为金属制，常遭雷击，故十刹九毁，难以保存，给塔刹之断代、形制研究带来很大障碍。吴越现存舍利塔，多数塔刹或已毁，或经后代重修，已非原貌。目前可见的吴越原物，有义乌双林寺铁塔、杭州安吴塔、安吉永安禅院塔。

双林寺铁塔，塔刹部位仅存两层鼓形铁制覆钵，外观葫芦形，塔刹上部已不存。

安吴塔的塔刹，现存构件自下而上由覆莲、覆钵、仰莲、相轮（原至少有七重，20 世纪 80 年代末期曾被人破坏，仅存两重）、宝盖、刹杆等部分组成，顶部不存。仅有覆莲石制，其他均为生铁铸成。

永安禅院塔，由多个构件组成，自下而上依次为覆钵、仰莲、套筒、九重相轮、宝盖、露盘、圆光、宝珠。所有塔刹构件均套在塔心木外，并在宝盖与顶层塔檐每面戗脊之间用铁链牵引。塔刹的覆钵和仰莲内的盖盘部分，有吴越时期所铸的阳文题记，有两件套筒上则分别发现北宋庆历七年（1047）、南宋景定元年（1260）的錾刻题记[1]，但字迹潦草，并非铸造，应该是刻的。因此可以证明，永安禅院塔的塔刹为吴越时期原物。

[1] 周意群：《安吉五代灵芝塔》，载《东方博物》第53辑，中国书店，2014年。

综上所述，杭州安吴塔、义乌双林寺铁塔之塔刹皆为原物，但都有残缺，唯有永安禅院塔的塔刹近乎完整。由于有关吴越塔之塔刹材料仍显不足，故以北宋太平兴国七年（982）所建苏州罗汉院双塔之塔刹为辅助材料，一并讨论。该塔去吴越纳土不过4年，反映了吴越后期塔刹的形制构造。

苏州罗汉院双塔，八角七级楼阁式砖塔，双塔之形制、结构、体量均相同。塔刹由覆钵、仰钵、套筒、七重相轮、宝盖、露盘、宝珠等铸铁部件组成。露盘与顶层八条戗脊之间用铁链牵引。虽有后代修理痕迹，但大体应为原物。

综上，吴越时期舍利塔之塔刹，多用铸铁构件。而其结构，大致由刹座、刹柱和套筒、相轮、宝盖和链条、刹顶等六部分组成。

1. 刹座

连接塔檐顶部与铸铁塔刹，从砖石材质过渡到铁制。一般分为下、中、上三层。

刹座的下层一般为覆钵，形似印度窣堵波，下宽上窄，形似覆钵，故称覆钵，为佛塔中国化之后，残留于塔上的印度风格。永安禅院塔之覆钵，即为此类窣堵波式样，最为传统。双林寺铁塔、罗汉院双塔之下层刹座，已演变成上下收缩、中间突出的鼓形，是覆钵的变体。安吴塔的下层刹座，则是覆莲形制，已经完全脱离了覆钵造型。

刹座的中层，一般较上下层为窄，如同须弥座的束腰一般。安吴塔、双林寺铁塔、罗汉院双塔，均为较小的突出鼓形，也是覆钵的变体。永安禅院塔，没有中层刹座。

刹座的上层，一般上承仰莲。安吴塔、永安禅院塔均为仰莲，其中永安禅院塔的仰莲内有盖盘。但罗汉院双塔改成了仰钵式样，减少了繁复的花纹。

2. 刹柱和套筒

刹柱是佛塔中支撑塔刹的柱子，外包金属套筒。早期南北朝隋唐佛塔，都有塔心柱，贯穿塔身。吴越时期，楼阁式塔的塔心柱已演化成刹柱，仅位于塔身最上两层，以便于塔刹的安装。

永安禅院塔、罗汉院双塔之木制刹柱上端露出塔顶，外包铁制套筒，通过套筒、刹座等结构分担其重量，将荷载分散到塔顶。永安禅院塔的套筒，共计 19 件。北宋重修的杭州崇寿院应天塔，在 1933 年维修时，发现顶层位置有木制刹柱。南宋重修的杭州六和塔和湖州上乘寺外塔，也是在顶部两层采用了刹柱的设计。吴越大体量之砖身木檐塔，其刹柱类似以上三塔，刹柱下端贯通顶部两层左右，上端露出塔顶，由铁制套筒包裹。因而吴越时期的九层六和塔、九层崇寿院应天塔、七层皇妃塔，可能均因刹柱焚毁而导致顶部二层坍塌，分别在宋代重建时降低了两层。

功臣寺塔等单筒空心砖塔，缺少支撑刹柱的平面。刹下圆木刹杆，长 5.6 米，只能由上下两层交叉梁承托，梁端插入内壁转角。这种类型的砖塔，刹柱和塔刹都不能过大。

小型石塔没有刹柱和套筒，仅有刹杆。安吴塔之刹杆，铁制，高 3.375 米[1]。下部贯通石塔，上部露出约 3 米多，与砖塔刹柱之形制类似。安吴塔之铁刹杆，牢牢固定在石塔顶层石块中，应是铁水直接浇铸在石孔中而成。其焊接技术之高超，使得该铁刹屹立千年不倒。

3. 相轮

为塔刹最显眼的部位，由若干铁制相轮组成。安吴塔、罗汉院双塔、永安禅院塔，其相轮的整体截面自下而上，逐渐收分，并非明清时期的纺锤形截面，代表了唐宋时期相轮的整体特征。

九层的安吴塔遗存至少有七重相轮，七层的罗汉院双塔的相轮有七重，九层的永安禅院塔的相轮有九重。可见，吴越时期舍利塔，相轮的数量与塔身层数应该一致，安吴塔的相轮可能原有九重。

4. 宝盖和锁链

宝盖，位于最上层相轮之上，铁制，用来悬挂锁链。锁链上部挂在宝盖伸出的钩子上，下部则挂在顶层檐的戗脊上。锁链的数量由塔的平面决定，方形塔有四条，六角塔有六条，八角塔有八条。永安禅院塔、罗汉院双塔的锁链和顶层檐均为后修。安吴塔的宝盖尚存，锁链虽已不存，但在顶层檐的戗脊前，各凿有一小孔，应是挂锁链的位置。

唐末王审知建于福州的报恩定光多宝塔，八角七层，共有八条

[1] 高念华:《杭州闸口白塔塔刹考》，载《浙江省文物考古研究所学刊》，长征出版社，1997 年，第 311—312 页。

锁链，其上满挂铜铎，“悬轮之铎一百九十”[1]，大约在每条锁链上都有 20 多枚铜铎。钱弘佐曾登临城南宝塔，有“长时金铎振风声”的诗句，可见城南宝塔也有大量的铜铎。《洛阳伽蓝记》记载的北魏洛阳永宁寺塔，“至于高风永夜，宝铎和鸣，铿锵之声闻及十余里”。这种塔刹和塔檐满布铜铎的设置，延续了数百年。

[1]（唐）黄韬：《大唐福州报恩定光多宝塔碑记》，见（清）福建通志局纂《福建金石志》卷四，载《石刻史料新编》第二辑第十五册，台北新文丰出版公司，1979 年。

5. 刹顶

一般由多重装饰组成，铁制。安吴塔这些部件都已缺失，唯有

图 3-31　杭州安吴塔塔刹残件（仰莲、底层相轮）

图 3-32　杭州安吴塔塔刹立面图（引自高念华《杭州闸口白塔》，浙江摄影出版社 1996 年版）

图 3-33　安吉永安禅院塔塔刹（沈琰摄）

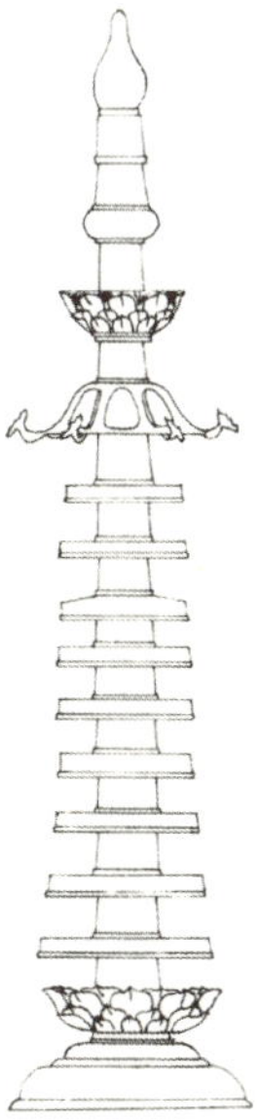

图 3-34　安吉永安禅院塔塔刹立面图（引自高念华《杭州闸口白塔》，浙江摄影出版社 1996 年版）

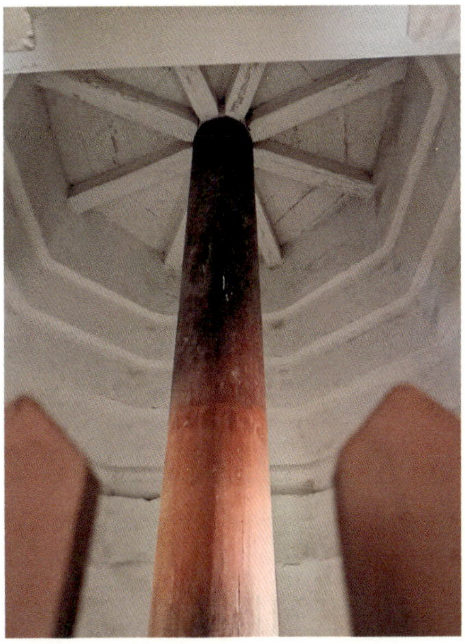

图 3-35　杭州六和塔第六层刹柱

刹杆高高树立。罗汉院双塔，刹顶由水烟、圆光、宝珠等部分组成。永安禅院塔之刹顶由露盘、圆光、宝珠等部分组成。水烟为四片镂雕的装饰片，露盘则为镂雕的装饰盘，圆光为球状，宝珠为葫芦状，顶部尖锐。总体来看，刹顶部件类似，水烟或露盘之上，圆光、宝珠依次累叠，使塔刹轮廓丰富多样。

最后，讨论一下塔刹高度。安吴塔高 14.4 米，塔刹残高 3.37 米。罗汉院双塔，塔高约 33.3 米，塔刹高约 8.7 米。永安禅院塔，高 22.46 米，塔刹高约 6 米。可以看出，吴越舍利塔的塔刹高度，大约占塔总高度的四分之一。

第九节　舍利塔的装饰

一座佛塔的石作、砖作、木作、瓦作等工序完成之后，需要进行内部和外部装饰，才能算完工。其装饰内容，主要包括塔基装饰、塔外壁装饰、塔内壁画、塔内像设等。

舍利塔的装饰费用十分高昂。杭州皇妃塔的总造价高达六百万贯，其中就包括了“工艺像设、金碧之严”的大量装饰费用。

图 3-36　杭州皇妃塔东侧台基九山八海纹雕刻（引自浙江省文物考古研究所《雷峰塔遗址》，文物出版社 2005 年版）

一、塔基装饰

唐代以前的佛塔基座，基本素面无纹，简洁朴素。但唐代高僧塔的基座率先开始变化，其雕饰开始繁复起来。盛唐时期，河南省登封县会善寺净藏禅师塔（746），须弥座束腰各面均砌出三个壶门，为后世须弥座壶门式样之滥觞。中唐时期，山西省运城市报国寺的泛舟禅师塔（822），其须弥座束腰部分出现了雕刻精美的壶门，刻莲叶尖形，并装饰菱形花样。至于晚唐时期的山西平顺海慧院明惠大师塔（877），其须弥座上下三层叠涩，束腰部分每面雕刻四个壶门，门内浮雕石狮十六，狮身环绕花草及绫带纹样。

吴越时期的石塔和铁塔的塔基雕饰，保存基本完好。砖塔能够保存至今的塔基雕饰，基本都为石造。大部分的砖塔塔基为砖砌，后代修复时用素面砖，原始雕饰无法保留下来。

吴越塔基的台基部分，以九山八海纹的装饰著称。九山八海纹，雕饰华丽，八个侧面浮雕连绵山岳，上部平面浮雕大海波涛，即佛教中所谓“九山八海”之形象，第九座中峰须弥山，即是塔本身。石塔一般只在最上层台基雕凿九山八海纹，其余下层台基皆为素面，如安吴塔、灵隐寺双石塔。有些砖塔和铁塔则在每层台基均施九山八海纹，如皇妃塔的台基，外缘皆包砖砌石，其中东侧台基两层雕刻九山八海纹，西侧

图 3-37　皇妃塔东北侧台基山岳纹雕刻（引自浙江省文物考古研究所《雷峰塔遗址》，文物出版社 2005 年版）

图 3-38　皇妃塔东侧台基海水纹及摩羯鱼雕刻（引自浙江省文物考古研究所《雷峰塔遗址》，文物出版社 2005 年版）

图 3-39　杭州灵隐寺东石塔台基的九山八海纹雕刻

则因地势较高，仅用单层台，上面雕琢仰覆莲瓣；义乌双林寺铁塔，台基三层，下两层满刻九山八海纹，顶层刻花卉、佛像等纹饰。另外，有些塔的九山八海纹，雕刻细致，更在海中雕出摩羯鱼（皇妃塔）、各类海兽（双林寺铁塔）的图案。

吴越塔基的须弥座部分，多在上下枭处雕刻莲瓣纹，束腰处则通常有两类装饰，一为雕刻造型图案，一为雕刻佛经。

束腰雕刻以造型图案为主的，有黄岩瑞隆感应塔，其须弥座束腰上，雕刻有佛像、瑞兽等图案。

须弥座束腰雕刻佛经的，有安吴塔、灵隐寺双石塔、皇妃塔等。安吴塔和灵隐寺双石塔，束腰八面阴刻《大佛顶陀罗尼经》。皇妃塔的须弥座束腰也刻佛经，但比上两处石塔更加精美。在皇妃塔遗址的考古发掘中，发现“石刻安放在石灰岩质地的束腰须弥座上，有迹象表明，这些石经原先放置在外套筒的外壁面上”[1]。束腰佛经石刻高约1米，遍绕须弥座，长达百米，刻有《大方广佛华严经》（约39000字）和《金刚般若波罗蜜经》（残存约2000字）两种佛经。另外，出土的束腰须弥座石刻上，口沿下、束腰部位也都雕刻有仰覆莲瓣纹。皇妃塔的须弥座刻经是在造

图 3-40 义乌双林寺东铁塔台基的九山八海纹装饰（胡波摄）

图 3-41 杭州灵隐寺东石塔须弥座雕刻的《大佛顶陀罗尼经》

图 3-42 杭州皇妃塔须弥座石刻《大方广佛华严经》残件拓本（浙江省博物馆藏。引自浙江省博物馆《雷峰藏经》，文物出版社 2011 年版）

[1] 黎毓馨：《杭州雷峰塔地宫的清理》，《考古》，2002 年第 7 期。

塔完工之后雕刻的。钱俶写道："塔之成日，又镌《华严》诸经，围绕八面，真成不思议劫数大精进幢。"从这一表述来看，在佛塔上刻经，是想将经幢的功能加诸舍利塔之上。

二、塔外壁装饰

吴越大型舍利塔的塔身，常装饰有千佛图案。

萧山崇化寺双塔，方形五级，"其第二层已上，则涌起千佛，面于四方，众宝庄严，五彩绘素"。与上文中讨论的第一层壸门龛中安置的石佛像不同，第二层至第五层，属于塔身雕饰，模印的是千佛图像。《两浙金石志》里记载，东方塔出佛像刻铭砖一块，显示一名供养人即烧制了 1500 块佛像砖，据此推算，则两塔应各有千佛，共计 2000 块佛像砖。这样算下来，二至五层，每层需要有 250 块佛像砖，

图 3-43　黄岩灵石寺塔出土千佛砖（黄岩博物馆藏）

图 3-44　萧山崇化寺东方塔出土佛像砖正背面拓本（引自王屹峰《萧山崇化寺五代金石刻铭及拓本》，《东方博物》第 17 辑）

图 3-45　天台国清寺大塔塔身千佛砖（郑嘉励提供）

每面大约为 60 块。这批佛像砖，砌筑于塔身外侧，“五彩绘素”，模印彩色千佛，确实庄严灿烂。

前文已述，黄岩灵石寺西塔的各层天宫内，出土千佛砖 126 块（详见本书第二章“黄岩灵石寺双塔”条）。这些彩色千佛砖，是寺主嗣卿在太平兴国二年（977）开始烧造，装饰在塔身上的。原有共计 1000 枚砖，10000 身佛像。装饰完毕后，将剩余的 126 枚砖舍入塔身的天宫之中。但后世的灵石寺塔，外壁没有遗存千佛砖的装饰。

图 3-46　天台国清寺大塔塔身千佛砖（郑嘉励提供）

越州应天塔，北宋时赵抃有登塔赋《宝林院塔偶成》诗，提到：“突兀插天三百尺，庄严容佛一千名。”（详见本书第二章“越州应天塔”条）可见塔身上应有千佛装饰。

天台国清寺大塔、东场中兴寺塔，也发现有模印佛像砖的装饰。国清寺大塔的塔身有两种模印佛像砖，

图 3-47 东场中兴寺塔出土千佛砖，东阳博物馆藏（引自东阳市博物馆《天心光明》，文物出版社 2019 年版）

图 3-48 义乌双林寺铁塔千佛图案（胡波摄）

图 3-49 皇妃塔遗址出土塔图碑拓本（局部）（引自《雷峰塔遗址》，文物出版社 2005 年版）

一种为三尊菩萨并排而坐的横长方形砖，一种为单尊佛结跏趺坐，外部带龛的竖长方形砖。东场中兴寺塔出土的是类似后一种砖。

最清晰的图案，则是来自皇妃塔遗址出土的线刻塔图碑，忠实再现了吴越时期皇妃塔的外观。塔图中，塔身每层布满千佛，包括平座、屋身、塔檐的各个部分。这应该是一种透视画法，表现了塔身砖壁上的通体千佛砖。塔檐戗脊上的龙头，以及子角梁上翘起的龙头，均是当时流行的装饰形象。

义乌双林寺铁塔，如果一、三、五、七层四正面开壸门，四隅面为佛造像；二、四、六层不开门，八面为佛造像，则合计大约可以达到 500 尊佛像，双铁塔共计为 1000 尊左右。另外，双林寺铁塔每层每根倚柱上各雕蟠龙一条。

三、仿楼阁式石塔的外壁雕饰

图 3-50 杭州安吴塔正射影像图，自下而上为须弥座及九层塔身共八十面图像（浙江大学文化遗产研究院提供）

吴越小型仿楼阁式石塔，有安吴塔和灵隐寺双石塔，均在塔身上雕饰有各种佛、菩萨、弟子、罗汉、天王、龙王造像及刻经。这三座八角九层的石塔，每层东南西北的四个正面均雕刻壶门，除了第二层的四隅面刻经外，第一层和第三至第九层的四隅面，均雕刻有精美的佛像图案。第一层为两引导菩萨共四面；第三层分别为释迦及六胁侍一面、弥陀及六胁侍一面、弥勒及六胁侍一面、药师及六胁侍一面；第四层为宝冠佛及四胁侍共二面、文殊骑狮及四胁侍一面、普贤骑象及四胁侍一面；第五层为菩萨及二胁侍共三面、行脚僧及童子一面；第六层为菩萨及二胁侍共四面；第七层，安吴塔为四罗汉共四面，灵隐寺双石塔为天王及二胁侍共四面；第八层，安吴塔为天王及二胁侍共四面，灵隐寺双石塔为龙王及二胁侍共四面；第九层，安吴塔为龙王及二胁侍共四面，灵隐寺双石塔为四罗汉共四面。

[1] 吴庐春：《杭州闸口白塔图像研究》，浙江大学硕士学位论文，2018 年。

第一层至第六层，安吴塔与灵隐寺双石塔大致相同。第一层和第二层的图像和刻经，作为铺垫出现。第三层也是塔身的核心层，塔额的牌匾即安放于这一层的正面，塔身表现的是释迦、弥陀、弥勒和药师这四大主佛的形象。第四层为华严三圣及宝冠佛，第五层为菩萨和神僧，第六层为菩萨形象，虽然在具体造像题材上仍需要探索，但佛菩萨的等级地位，应是随着层数提高而依次降低的。第七层至第九层，安吴塔和灵隐寺双石塔各不相同，安吴塔的顺序是十六罗汉、四大天王和四大龙王，灵隐寺双石塔是四大天王、四大龙王和十六罗汉。这也表现了各塔在建造之时，对于罗汉、天王和龙王的等级关系，有着不同的认识。

安吴塔和灵隐寺双石塔的第二层四隅面雕刻佛经。安吴塔第二层的刻经如下：东南面刻《南无千手千眼观世音菩萨广大圆满无碍大悲心神妙章句真言》，西南面《大宝楼阁善住秘密陀罗尼》《阿閦如来灭恶趣陀罗尼》等，西北面《佛菩提不退转真言》《无量寿如来陀罗尼》《宝胜如来真言》《金刚秽迹陀罗尼》《护国界回向陀罗尼》《愿生内院真言》《不空罥索毗卢遮那佛大灌顶光真言》《揭谛真言》等，东北面《佛顶尊胜陀罗尼》《无垢净光大陀罗尼》《拔济苦难陀罗尼》等[1]。灵隐寺双石塔之第二层四隅面的刻经，与安吴塔基本一致。

这些造像，每座石塔多达上百身，在建造之初，可能均是金身彩绘的，而刻经可能也是金色装饰。

四、塔内壁画

由于楼阁式木塔已全毁，存世的楼阁式砖塔经过历代重修，内

图 3-51　苏州武丘山塔拱眼壁雕刻（郭欣摄）

图 3-52　杭州六和塔塔心室仿木结构砖雕（南宋）及彩画（清）（朱泽昀摄）

部壁画已荡然无存。而仿楼阁式塔，内部实心，无须壁画。因此，实际上吴越时期舍利塔内部壁画的案例，已经一无所存。

杭州崇寿院应天塔，据塔记记载："第一级图八会功德像。"[1]八会功德像，应该是描绘华严八会的图像，即华严经变相图。依六十卷《华严经》所载，佛陀说该经的处所有七处，其中人间三处，天界四处，前后共计八次说法会，故云"七处八会"[2]。华严变相图的绘制，也体现了吴越国的华严信仰。这类八会图，共计应该八幅，也符合八角塔的结构特点。这类宏大的壁画，画在塔外壁的情况较少，应该是绘制于应天塔副阶内的回廊壁。

双筒结构的楼阁式塔，内回廊的四正面开门（或三面开门），四隅面正适合绘制壁画。辽代的应州佛宫寺释迦塔，双筒结构的内回廊中，不开门的四隅面内壁，均绘制有巨幅的壁画。南宋重修的六和塔，在每层甬道两侧和内回廊的四隅面都留下了砖雕须弥座，表明当时应该绘制有大幅的佛像壁画，可能继承的是吴越六和塔的传统。安吴塔、灵隐寺双石塔等仿楼阁式石塔的九层四隅面上共计 36 面浮雕造像和刻经，很可能反映的就是一座九层楼阁式木塔或砖塔的每层内回廊四隅面的壁画原貌。

武丘山塔拱眼壁墙面，至今遗存有早期的花卉纹雕刻图案，应是反映了当时拱眼壁的壁画图样。六和塔内回廊和塔心室的清代彩画，也绘制于南宋的仿木结构砖雕之上，可以看出建筑彩画传统的延续。

南宋重修的南高峰塔，"龛室之内，绘佛菩萨像合二十有四，尊严雍肃，仰止如生，卫以天龙部属，十六善神"[3]，表现的即是南宋重修后的佛塔之内，壁画庄严的场景。

五、塔内像设

佛塔内部的庄严，除壁画外，主要就是像设。像设即安置在塔心室或壸门中的造像，材质可能为石、木、泥塑、金铜等。这批像设，与壁画一样，大多没有保存到后世。但依旧可以通过文献和塔身雕饰来推测复原。

萧山崇化寺双塔，塔记中记载："其第一层，则俨天人师，列大石像。"[4]崇化寺双塔在第一层塔心室内，安置有释迦（天人师）大石像。由于是体量较小的五层方塔，可能在二至五层的塔心室内就没有安置像设。

[1]（清）阮元：《两浙金石志》卷四，浙江古籍出版社，2012 年。

[2] 六十卷《华严经》共计"七处八会"，八十卷《华严经》共计"七处九会"。

[3]（宋）潜说友：《咸淳临安志》卷七十八，载《宋元方志丛刊》第四册，中华书局，1990 年。

[4]（明）张元忭等：《万历绍兴府志》卷二十一，明万历十五年刊本。

婺州东场通济院弥陀塔，塔记中记载：“像分六面，高及七层。”[1]这是一座体量较小的楼阁式砖塔，七层六面，每面开壶门龛，造像安置其中。

较大体量的楼阁式舍利塔，塔身开壶门，像设一般安置于每层塔心室之内，如同小型佛殿一般。杭州城南宝塔底层，原本安置有十六罗汉的金铜造像。吴越后期，高僧道潜请求钱俶将供养于城南宝塔下的十六罗汉造像，移入显德元年（954）新建的慧日永明院供奉。

南宋重建的六和塔，“塑五十三善知识，备尽庄严。至于佛菩萨众，各以次位置。凡所以镇静山川，护持法界，调伏魔境者，莫不阕而存焉”[2]，表现了南宋时期的七层六和塔，各层均有佛、菩萨、诸天、护法神像，无所不包，其中一层还有一铺“五十三参”的大型塑像。可以推知吴越时期的大型楼阁式舍利塔，每层塔心室应该也都有满堂造像。

像设之前，当然还有桌案和器物陈设，南宋南高峰塔记中就提到：“至于案几器用，罔不备举。”[3]

[1]（民国）党金衡编，东阳市历史文化研究会搜集整理：《民国东阳县志》卷二十二，西泠印社出版社，2018年，第1038页。

[2][3]（宋）潜说友：《咸淳临安志》卷八十二，载《宋元方志丛刊》第四册，中华书局，1990年。

第十节 舍利塔的舍利安置

本节主要讨论吴越时期舍利塔的舍利来源、舍利安置场所，以及舍利容器的特点。此外，还讨论舍利容器组合、舍利安置仪式等问题。

本节采用的案例主要包括杭州皇妃塔、杭州南高峰塔、苏州瑞光禅院塔、苏州武丘山塔、湖州上乘寺塔、安吉永安禅院塔、萧山崇化寺双塔、黄岩瑞隆感应塔、黄岩灵石寺西塔、东场中兴寺塔、平阳宝胜寺双塔、龙泉金沙塔等吴越北宋时期佛塔塔基、地宫和天宫的考古案例。

一、舍利来源

从建塔供奉的舍利来区分，吴越舍利塔主要分为供奉佛舍利的佛舍利塔、供奉高僧舍利的高僧舍利塔。

1. 佛舍利

根据现存佛舍利遗存和佛经记载，可以得知佛舍利大致有两种：一种是真身舍利，一种是感应舍利。

严格意义上的真身舍利，指未烧尽的遗骨残片，如佛牙、佛骨、佛螺髻发等，被视为最正统的真身舍利，由中土取经僧或天竺僧人携来，中土无法创造。吴越时期的真身舍利，有两种来源，一是传承自前代的传世真身舍利，一是由当时的天竺僧携来（五代时几乎没有中土去天竺的取经僧）。

吴越国等级最高的真身舍利，是城南宝塔供奉的明州阿育王寺释迦真身舍利，该舍利自西晋就供奉于明州阿育王寺，自南朝以来就是国家圣物，历来置于阿育王小塔之中供奉，流传有序。城北宝塔供奉从越州余姚县舜井出土的传世古佛舍利数十粒，这批舍利瘗埋于南朝，由钱镠派人发掘而得，也是流传有序的佛舍利。由于舍利来源可靠，城南、城北二塔，成为吴越国最重要的两座舍利塔。杭州南高峰塔的舍利，得自当时自天竺来吴越国的梵僧；杭州皇妃塔供养的佛螺髻发舍利，也是真身舍利的一种，这些是吴越时期为数不多新获得的真身舍利。

感应舍利，一般是光莹坚固的珠状舍利子，也有清净砂石、草木根节。“若无舍利，以金银、琉璃、水精、马脑、玻梨、众宝等造作舍利。珠如上所用，行者无力者，即至大海边，拾清净砂石，即为舍利;亦用药草、竹木、根节，造为舍利。”[1] 吴越时期的感应舍利，也有两种来源，一是传承自前代，一是当时新获得。

南朝岳阳王萧詧获得感应舍利的传说由来已久，萧山崇化寺塔、临海龙兴寺塔、临海赤山寺塔、天台赤城山塔等处舍利塔都有萧詧瘗埋的感应舍利。这些感应舍利，在吴越时期也被视为流传有序的真身舍利。其中，国师德韶于天台赤城山发现岳阳王感应舍利 49 粒，并安置于十余座吴越国后期新建或重建的舍利塔之中，如天台赤城山塔、天台般若寺双塔、天台国清寺大塔、天台国清寺双塔、越州应天寺塔、苏州武丘山塔、东场中兴寺塔、黄岩瑞隆感应塔、平阳宝胜寺双塔、秀州灵光寺双塔、龙泉金沙塔等处。这是吴越国后期一次重要的舍利安置事件[2]。此外，吴越国境内的杭州神尼舍利塔、苏州武丘山塔，均始建于隋仁寿年间，其舍利来自隋文帝的感应舍利[3]。除了上述几种情况之外，吴越时期大部分的新建舍利塔，应该都是采用新获得的感应舍利。

不过在唐宋时期，感应舍利也可以视为广义上的真身舍利的一种，因此供养了感应舍利的舍利塔，有时也被称为真身舍利塔，容易混淆。

[1]（唐）不空译：《如意宝珠转轮秘密现身成佛金轮咒王经》，载《大正藏》第 19 册，第 961 号。

[2] 魏祝挺：《吴越国赤城山舍利的发现及相关问题略考》，载《东方博物》第 76 辑，中国书店，2020 年。

[3] 慈溪护国院砖塔虽然不属于隋文帝敕建的 111 座仁寿舍利塔之一，但据记载，也供养了隋文帝感应舍利，

[1] 据冉万里研究，隋大业七年（611）建成的山东济南神通寺塔天宫，是目前已知最早的天宫实例。唐代天宫的实例，可见陕西长安天子峪国庆禅寺第三层中部、陕西周至仙游寺法王寺塔第二层北壁。参见冉万里：《中国古代舍利瘗埋制度研究》，文物出版社，2013 年，第 41、262 页。

2. 高僧舍利

高僧火化后遗留的头发、骨骼、骨灰等，一般安葬于高僧坟塔内，不会供奉于舍利塔中。但如果是前代著名高僧，在后世被认为是佛菩萨的化身，则其遗骨就会被视作圣物，可称为高僧舍利。如南朝高僧傅翕，人称傅大士或双林大士，被认为是弥勒化身。唐代高僧僧伽，人称泗州大圣，被认为是观音化身。唐代高僧善导，被认为是阿弥陀佛的化身。这些前代高僧的舍利，就可以视为等同于佛舍利之物，可为之建造楼阁式舍利塔供养。高僧塔升级成为舍利塔的制度，详见后文。

吴越时期楼阁式舍利塔中供奉高僧舍利的，目前案例有杭州龙华寺傅大士塔，杭州崇寿院应天塔，睦州善导和尚塔，东场中兴寺塔等处。其中傅大士塔和中兴寺塔供奉有傅大士舍利，崇寿院应天塔和善导和尚塔供奉有善导和尚舍利（其实为“后善导”少康的舍利）。而北宋初期时，北宋朝廷甚至在泗州普照王寺，为僧伽舍利建造了一座八角十三层的巨塔。

崇寿院应天塔同时安置了感应舍利和善导和尚舍利，而东场中兴寺砖塔同时安置了感应舍利和傅大士舍利。从这两例可以看出，佛舍利与高僧舍利可以共存于一塔中。

二、舍利安置场所

安置舍利时，位于塔基中的场所，一般称为“地宫”；位于塔壁的场所，一般称为“天宫”。地宫与天宫两词，均始见于宋代，目前未见唐五代时期有此称呼，但笔者为行文方便，暂且使用这两个词来代指这两种舍利安置场所。

唐五代时期，舍利一般安置于佛塔的地宫或天宫内。在南北朝时期的佛塔地宫基础上，隋唐时期的舍利塔出现了天宫[1]。这也是由于砖塔或砖木混合塔在唐代逐渐流行后才能产生的。因为纯木结构的佛塔，很难在上层塔身中挖出一个空间来封缄舍利和供养物。

从建造顺序来说，地宫与天宫也不同。地宫建造于塔基工程之时，是塔身建造之前就已完成的。天宫则建造于塔身工程之时，一般于该层塔身完工时封缄，也有在全塔完工后重新安置的。

从时代分布来看，吴越初期，依旧使用地宫安置舍利。如衣锦军功臣寺塔发现有地宫，这应该是唐塔以地宫安置舍利传统的延续。

而衣锦军朗瞻院塔，在倒塌的塔身中发现舍利石函，可见已是安置于天宫。

杭州城南宝塔供养的明州阿育王寺传世真身舍利小塔，安置于九层佛塔的第三层塔心室内的七宝龛中，并未安置于地宫之中。因此显德五年（958）城南塔大火时，僧人尚能冒险登塔抢出，可能是因为阿育王寺的真身舍利小塔，自六朝以来一直采取的是开放供养形式的缘故。当然也可能是因为木塔不似砖塔，难以修建出天宫这一壁藏空间来。另一座安置越州余姚舜井传世舍利的杭州城北宝塔，其舍利应该也是安置于第三层塔心室内。杭州龙华寺傅大士塔，傅大士顶骨藏于宝函之中，北宋末年被盗，可见也是安置于塔心室之中，并未封缄于天宫，类似城南宝塔的供养方式。

吴越国中期的案例较少。杭州南高峰塔经考古发掘，未发现有地宫营造痕迹，可推断其是以天宫瘗埋舍利。

图 3-53　杭州皇妃塔地宫发掘现场（引自浙江省文物考古研究所《雷峰塔遗址》，文物出版社 2005 年版）

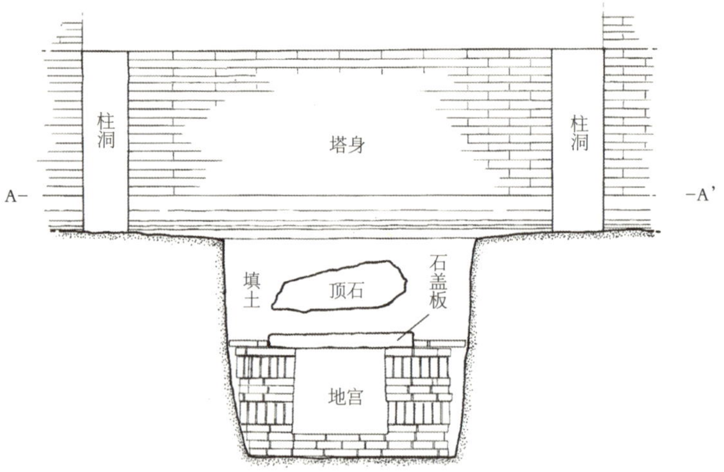

图 3-54　杭州皇妃塔地宫剖面图（引自浙江省文物考古研究所《雷峰塔遗址》，文物出版社 2005 年版）

吴越国后期杭州重建的两座木塔，自然也不用地宫。城南新宝塔，依旧将释迦真身舍利小塔安置于第三层塔心室中，“中龛杂用百宝，范黄金为座，悬珠瓔以庄严之”[1]，舍利宝龛的装饰更加华丽。城北新宝塔应该类似。

吴越国后期的砖塔案例很多。目前大致确定舍利封缄于天宫中的，有苏州武丘山塔、苏州灵岩山塔、湖州上乘寺塔、萧山崇化寺双塔、天台赤城山塔、黄岩瑞隆感应塔、黄岩灵石寺双塔、东场中兴寺塔、平阳宝胜寺双塔、龙泉金沙塔等，占绝大多数。

苏州武丘山塔，塔基没有地宫，第二、三层均筑有天宫，舍利函出自第三层天宫[2]。苏州灵岩山塔，舍利和经书“置彼珍函，藏诸峻级”，明确安置于天宫之内。湖州上乘寺外塔第二层天宫发现吴越时期舍入的经函，目前尚未在外塔发现安置舍利的天宫，但考

[1]（明）宋濂：《阿育王山广利禅寺碑铭并序》，见（明）郭子章编纂《明州阿育王山志》卷四，载《中国佛寺志丛刊》第89册，广陵书社，2006年。

[2]“至于（虎丘云岩寺塔）塔底，在挖到2.25米深处仍未发现有地宫。”苏州博物馆：《苏州博物馆藏虎丘云岩寺塔、瑞光寺塔文物》，文物出版社，2006年，第14页。

图 3-55　杭州皇妃塔地宫内部供养品安置情况（引自浙江省文物考古研究所《雷峰塔遗址》，文物出版社 2005 年版）

图 3-56　苏州瑞光禅院塔第三层天宫现状

虑到吴越时期外塔的底层中心位置为唐代石塔，应该没有设置地宫的空间。萧山崇化寺双塔，塔身上层塌毁后发现安置真身舍利的阿育王小塔，应是天宫安置。天台赤城山塔，在耗时一年的重建工程完工后才安置舍利，可见是安置于天宫。黄岩瑞隆感应塔，舍利函出自第二层天宫，为北宋重新安置。黄岩灵石寺双塔，舍利函出自第四层天宫，为北宋重新安置。东场中兴寺塔，未发现地宫，据塔记，真身舍利函封缄于第三层天宫，傅大士舍利安置于第八层天宫[1]。平阳宝胜寺双塔，塔记记载“东西二塔之内”舍入舍利及供养品，应是舍入天宫。杭州灵鹫寺塔，据明代史料记载，在塔身中发现了铁函、小铁塔等舍利函和供养品。龙泉金沙塔塔基未发现地宫，其写经等供养品均自塔身中拆出，舍利应安置于塔身之中[2]。

考虑到吴越舍利塔大多为砖木混合塔或砖塔，能满足修建天宫的需要，因此大多数吴越舍利塔的舍利安置位置，可能也均为天宫。

以上砖塔天宫的安置案例中，明确为吴越时期修建的天宫，且层位明确的，仅有两例，即苏州武丘山塔和东场中兴寺塔。这两座塔的舍利均来自赤城山塔中的岳阳王感应舍利，并明确安置于第三层天宫。像武丘山塔和中兴寺塔这样，将真身舍利封缄于砖木混合塔的第三层天宫之内，应该是吴越国砖塔安置舍利的一种流行风格。

[1] “2011 年东阳市文物部门再次调查中兴寺塔塔基遗址，向下勘探挖掘，但未发现有地宫，也未有新出土文物。”魏祝挺等：《浙江东阳吴越国中兴寺塔出土文物》，《东南文化》，2020 年第 4 期。

[2] 浙江省文物管理委员会于 1957 年调查金沙塔塔基，未发现地宫。参见朱伯谦：《浙江两处塔基出土宋青花瓷》，《文物》1980 年第 4 期，第 1—2 页。

与此类似的是，杭州城南宝塔，即是将明州阿育王寺请来的释迦真身舍利小塔，安置于九层塔的第三层七宝龛中。而安吴塔、灵隐寺双石塔的塔额牌匾均安置于第三层，并在第三层四隅面浮雕中，均表现了最高等级的四主佛形象，可见吴越舍利塔的第三层，可能是安置最高等级舍利和最高等级佛像的神圣空间。

与其他案例相比，十分特别的是杭州皇妃塔，其地宫中安置的是佛螺髻发舍利，而天宫中另有一枚舍利，各藏于一座银阿育王塔之中。这种地宫、天宫兼具的舍利塔，目前在吴越舍利塔中是孤例。在几乎全为天宫瘗埋舍利的吴越国后期舍利塔中，也是十分特殊的存在。

吴越时期的舍利塔，也会在后世重建时，重新设置天宫。黄岩瑞隆感应塔，北宋重建时，在第二层设置了主要的天宫。苏州瑞光禅院塔，北宋重建时，在第三层设置了主要的天宫。黄岩灵石寺西塔，北宋重建时，在第四层设置了主要的天宫。安吉永安禅院塔，在第九层发现北宋修建的天宫及供养品。

三、舍利容器

隋唐时期的舍利容器，层层嵌套。隋代定州静志寺塔地宫出土的舍利函，由石函、铜函、银碗、银塔、玻璃瓶等七重容器组成，“上下累叠，表里七重”[1]；唐代凤翔法门寺地宫出土的舍利函，甚至由八重宝函组成[2]。吴越时期的舍利容器并没有这么繁复。笔者将吴越时期的舍利容器，自外向内，分为函形外重容器、阿育王塔形次重容器、核心容器等三类，分别讨论。其中阿育王塔形次重容器是吴越时期最具特色的舍利容器，因此放在最后重点叙述。

1. 函形外重容器

南北朝以来，安置舍利的外重容器，最流行的是盝顶石函，其平面方形，分为盒盖和盒身两部分，盒盖的剖面呈梯形，盒身为内部中空的方盒。此外，唐代还有棺椁、灵帐等外重容器[3]。

吴越时期的外重容器，依旧保留了这种盝顶函形的传统。东场中兴寺塔、苏州武丘山塔的第三层天宫等，出土的就是这种盝顶石函。衣锦军朗瞻院塔出土的石函，形制不详。

吴越时期也流行盝顶铁函。武丘山塔第三层天宫、黄岩灵石寺西塔第四层天宫、皇妃塔地宫出土的就是盝顶铁函。其中武丘山塔

[1] 浙江省博物馆：《心放俗外——定州静志、净众佛塔地宫文物》，中国书店，2014年。

[2] 陕西省法门寺考古队：《扶风法门寺塔唐代地宫发掘简报》，《文物》，1988年第10期。

[3] 参见冉万里：《中国古代舍利瘗埋制度研究》，文物出版社，2013年；于薇：《圣物制造与中古中国佛教舍利供养》，文物出版社，2018年。

图 3-57　苏州武丘山塔天宫出土石函（苏州博物馆藏。引自《苏州博物馆藏虎丘云岩寺塔、瑞光寺塔文物》，文物出版社 2006 年版）

图 3-58　杭州皇妃塔地宫出土铁函（浙江省博物馆藏。引自浙江省文物考古研究所《雷峰塔遗址》，文物出版社 2005 年版）

的盝顶石函之内，嵌套了一个盝顶铁函，双重保护。灵鹫寺塔出土的也是铁函，形制不详。

总体来看，吴越时期的函身较高，这主要也是因为内部需要安置阿育王塔形容器这一特殊需求所导致的。

2. 核心容器

直接安置舍利的容器，称为核心容器。唐代瘗埋舍利的核心容器主要有棺、瓶、函、塔、盒、钵、罐等[1]。吴越时期一般为小型金银瓶、玻璃瓶、金银铜盒等。

使用小型金银瓶的，有皇妃塔、武丘山塔、平阳宝胜寺双塔等。皇妃塔天宫出土银阿育王塔中，塔身内悬挂一件金瓶，高 4.4 厘米，口径 1.3 厘米，最大腹径 2.4 厘米。武丘山塔第三层天宫出土的铁阿育王塔中，塔座中心凹一洞，内放一件金瓶，高 2.9 厘米，腹径约 2 厘米[2]。平阳宝胜寺双塔以“银瓶”盛放舍利。

使用小型玻璃瓶的，有东场中兴寺塔、皇妃塔等。东场中兴寺塔出土的圆球形绿玻璃瓶，瓶腹为圆球形，细颈，底径 2 厘米，最大腹径 3.7 厘米，残高 4 厘米。根据出土残片判断，可能至少有 3 件形制相同的玻璃瓶。杭州皇妃塔地宫出土的圆球形绿色玻璃舍利瓶 1 件，形制类似，最大腹径 2.9 厘米，残高 3.2 厘米。

[1] 参见冉万里：《中国古代舍利瘗埋制度研究》，文物出版社，2013 年，第 141—147 页。

[2] “金瓶高 2.9、腹径 7 公分。”苏州市文物保管委员会：《苏州虎丘云岩寺塔发现文物内容简报》，《文物参考资料》，1957 年第 11 期。但从图片来看，该数据有误。7 厘米可能是指周长，最大腹径约为 2 厘米。

使用小型金银铜盒的，有东场中兴寺塔和黄岩灵石寺西塔等。东场中兴寺塔出土小金盒一件，直径2厘米，似为舍利核心容器。莲花纹鎏金银盒一件，直径约7厘米，原有小锁，刚出土时内部原有疑似舍利之物。崇德常乐寺双塔，由“吴越国王赐铜亭银盒，盒内藏舍利、宝贝等物于西塔上”。明代时从银盒中发现了舍利等供养品[1]。

图3-59 杭州皇妃塔天宫出土银阿育王塔内的小金瓶（浙江省博物馆藏。引自浙江省文物考古研究所《雷峰塔遗址》，文物出版社2005年版）

图3-60 东场中兴寺塔出土小金盒（东阳博物馆藏。引自东阳市博物馆《天心光明》，文物出版社2019年版）

图3-61 东场中兴寺塔出土小银盒（东阳博物馆藏。引自东阳市博物馆《天心光明》，文物出版社2019年版）

图3-62 黄岩灵石寺西塔天宫出土“乾德四年”铭铜盒（黄岩博物馆藏。引自黄岩博物馆《黄岩博物馆馆藏精品图录》，西泠印社出版社2017年版）

黄岩灵石寺西塔出土铜盒一件，高9厘米，口径10.6厘米。盖内墨书“丙寅岁当寺主经律大德嗣卿造闰八月十二日记”，盒内壁朱书“乾德四年闰八月十一日下行寺主经律大德嗣卿造”，内贮放绿色玻璃球1枚和“开元通宝”钱17枚。银盒一件，高4.5厘米，口径7.4厘米，盖周缘刻铭文：“许仁德为父母舍清财造置舍利盒一枚重半两永充供养丙寅八月日。”盒内贮放乳香若干块。金盒一件，高4.5厘米，口径4.9厘米，盖上刻铭文：“许仁德并妻应二十一娘男从政等舍金盒半两。”盒内存放玻璃1粒，舍利子350粒。从这批金银盒舍利函来看，乾德四年（966）嗣卿所舍的铜盒，应该是吴越时期的舍利核心容器；许仁德所舍的银盒和金盒，北宋咸平二年（999）重建塔时再次舍入塔内。

[1]（清）梅峄：《嘉庆石门县志》卷九，清嘉庆二十三年刊本。

图 3-63　东场中兴寺塔天宫出土绿玻璃瓶（东阳博物馆藏。引自东阳市博物馆《天心光明》，文物出版社 2019 年版）

图 3-64　杭州皇妃塔地宫出土绿玻璃瓶（浙江省博物馆藏。引自浙江省文物考古研究所《雷峰塔遗址》，文物出版社 2005 年版）

3. 阿育王塔形次重容器

吴越时期的舍利容器，在外重容器之内、核心容器之外，还有一重容器，可称为次重容器。就考古发现来看，唐代的次重容器，主要有函、盒、棺、塔等，多为金银铜器。其中棺形次重容器，在唐代十分流行，是舍利瘗埋中国化的反映。相比唐代的次重容器，吴越时期有着十分独特的次重容器，即阿育王塔。

吴越国宝、明州阿育王寺的释迦真身舍利，藏于一件材质、形制、纹饰均十分独特的方形单层小塔之中，被称为“释迦舍利塔”或“阿育王塔”。

唐代高僧道宣曾描述这件阿育王塔的形制：“灵塔相状青色，似石而非石，高一尺四寸，方七寸，五层露盘，似西域于阗所造。面开窗子，四周天铃，中悬铜磬，每有钟声，疑此磬也。绕塔身上，并是诸佛、菩萨、金刚、圣僧、杂类等像，状极微细。瞬目注睛，乃有百千像现，面目手足，咸具备焉。”[1]

唐代高僧鉴真及其弟子在东渡日本途中，目睹此塔，记载为：“其塔非金非玉、非石非土、非铜非铁，紫乌色，刻镂非常。一面萨埵王子变，一面舍眼变，一面出脑变，一面救鸽变，上无露盘，中有悬钟。”[2]

唐代不仅有僧人专程赶赴明州阿育王寺巡礼圣物，更有僧人仿制这座小塔的外形，带回长安顶礼观瞻，使得阿育王塔的形制流传开来[3]。

[1]（唐）道宣：《集神州三宝感通录》，载《大正新修大藏经》第 52 册，第 2106 号。

[2]（日）真人元开撰，梁明院校注：《唐大和上东征传校注》，广陵书社，2010 年。

[3]“唐京师大安国寺子邻传：……请往鄮山礼阿育王塔。”（宋）赞宁撰，范祥雍点校：《宋高僧传》卷三，上海古籍出版社，2014 年。“唐京师奉慈寺惟则传：……未久之间，闻四明鄮山有阿育王塔。东晋刘萨诃求现，往专礼焉。乃匠意将七宝为末，用胶范成摹写，脱酷似。自甬东躬自负归奉慈寺供养，京邑人皆倾瞻归信焉。”（宋）赞宁撰，范祥雍点校：《宋高僧传》卷二十七，上海古籍出版社，2014 年。

这种形制的塔，后世因其来自明州阿育王寺，为阿育王所舍，故称之为“阿育王塔”；或因钱俶仿制塔多藏《宝箧印陀罗尼经》，而称之为“宝箧印塔”；或因钱俶仿制塔多为鎏金铜制，而称之为“金涂塔”。

吴越时期，这座阿育王塔被迎入杭州，供奉在城南宝塔之上，视为镇国之宝。这座阿育王塔的外观形制，在吴越时期也被大量模仿，当作舍利容器使用。

吴越后期，阿育王塔的信仰更是达到顶峰。吴越建隆二年（961）的《天台般若新寺砖塔记》记载了重修赤城山塔时的阿育王宝塔的瑞现事件，试图说明，自南朝以来，舍利与阿育王塔就有着密不可分的关系。赤城山塔的重建耗时一年，德韶将 49 粒感应舍利中的 28 粒，重新安置回重建的砖塔之内。

安置余下 21 粒赤城山感应舍利的舍利塔，如苏州武丘山塔、东

图 3-65　苏州瑞光禅院塔天宫出土“乙卯年”铭铜阿育王塔（苏州博物馆藏。引自苏州博物馆《苏州博物馆藏虎丘云岩寺塔瑞光寺塔文物》，文物出版社 2006 年版）

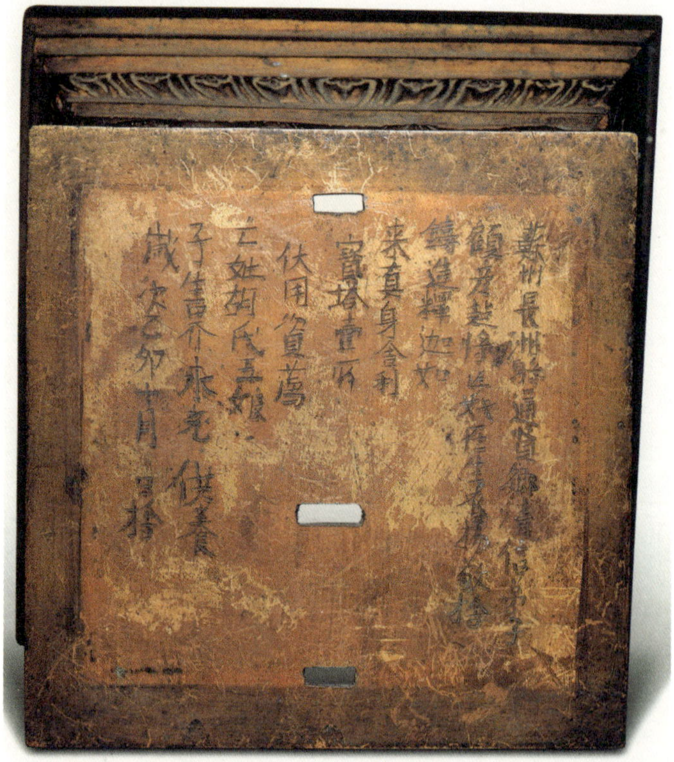

图 3-66　苏州瑞光禅院塔天宫出土“乙卯年”铭铜阿育王塔台座铭文（引自苏州博物馆《苏州博物馆藏虎丘云岩寺塔瑞光寺塔文物》，文物出版社 2006 年版）

场中兴寺塔、平阳宝胜寺双塔等，均以阿育王塔作为次重容器。其他安置赤城山舍利的舍利塔，推测应该也均以阿育王塔作为次重容器。

图 3-67　萧山崇化寺东方塔天宫出土“显德五年”铭铜阿育王塔（萧山博物馆藏。引自浙江省博物馆《越中佛传》，中国书店 2019 年版）

图 3-68　萧山崇化寺西方塔天宫出土“显德五年”铭铜阿育王塔（塔刹为清代后配）（萧山博物馆藏。引自浙江省博物馆《越中佛传》，中国书店 2019 年版）

根据文献和出土文物资料，明确使用阿育王塔作为舍利容器的吴越舍利塔有杭州城南宝塔、杭州城南新宝塔、苏州瑞光禅院塔、萧山崇化寺双塔、天台赤城山塔、苏州武丘山塔、东场中兴寺塔、平阳宝胜寺双塔、杭州皇妃塔等。

城南宝塔和城南新宝塔，使用的是明州阿育王寺迎来的阿育王塔原物，而城北宝塔和城北新宝塔，模仿城南塔，应该具有一致的舍利安置方式。瑞光禅院塔天宫出土一件“乙卯年”（955）铭铜阿育王塔，铭文称该塔为“释迦如来真身宝塔”，可见为舍利容器。武丘山塔的舍利外函为盝顶石函，内套盝顶铁函，其内为铁阿育王塔，塔内用金瓶盛放舍利。萧山崇化寺的东西二方塔，各出一件阿育王铜塔，两塔铭文一致，称两座阿育王铜塔为“真身舍利塔”，可见为舍利容器。天台赤城山塔，重新安置回了发现的南朝阿育王塔原物。平阳宝胜寺双塔“东西二塔之内，各请得天台赤城山塔内岳阳王感应舍利，又备银瓶，并育王铜塔盛贮”，说明双塔各有一件阿育王铜塔，安置舍利。皇妃塔在考古发掘中，分别在天宫和地宫各发现一件银阿育王塔，安置舍利。

图 3-69　萧山崇化寺西方塔天宫出土“显德五年”铭铜阿育王塔台座铭文拓本（浙江省博物馆藏。引自浙江省博物馆《吴越胜览》，中国书店 2011 年版）

在以上这些案例中，城南宝塔和城南新宝塔中安置的阿育王塔原物，其内有铜铎安置舍利，外有七宝龛，则阿育王塔本身可视为次重

图 3-70 苏州武丘山塔天宫出土“辛酉岁”铭铁阿育王塔（苏州博物馆藏。引自浙江省博物馆《吴越胜览》，中国书店 2011 年版）

图 3-71 杭州皇妃塔地宫出土银阿育王塔（浙江省博物馆藏。引自浙江省博物馆《越中佛传》，中国书店 2019 年版）

图 3-72 杭州皇妃塔天宫出土银阿育王塔（浙江省博物馆藏。引自浙江省博物馆《越中佛传》，中国书店 2019 年版）

容器。武丘山塔的铁阿育王塔，外有石函和铁函双重保护，内有金瓶安置舍利，则铁阿育王塔可视为次重容器。平阳宝胜寺双塔的两座阿育王铜塔，应有外函，内部有银瓶安置舍利，则两座阿育王铜塔可视为次重容器。皇妃塔的两座银阿育王塔，外有铁函[1]，内部有金瓶[2]安置舍利，则两座阿育王银塔可视为次重容器。这批内藏舍利的阿育王塔的发现，说明吴越时期流行以阿育王塔作为舍利次重容器来使用，这似乎成为吴越时期舍利安置的一种定式。这与唐代的舍利次重容器差别很大，可以说是吴越时期的独特创造。

此外，崇德常乐寺双塔，由“吴越国王赐铜亭银盒，盒内藏舍利、宝贝等物于西塔上”[3]。后人描述的铜亭有可能是阿育王铜塔。秀州灵光寺双塔，据说舍利纳入内有金铎的两座小铜塔之中，小铜塔有可能即是阿育王铜塔。明代时，杭州灵鹫寺塔在塔身中发现小铁塔，内有铁函盛放供养品，这座小铁塔可能是铁阿育王塔。东场中兴寺塔由于倒塌，出土了九件残损的阿育王塔，不确定是否为舍利容器。这些都可能是吴越时期阿育王塔作为次重舍利容器的案例。

从体量上来看，皇妃塔地宫出土的银阿育王塔高 35.6 厘米，天宫出土的银阿育王塔经复原后高 33.5 厘米。萧山崇化寺东塔天宫出土的铜阿育王塔高 33.5 厘米，崇化寺西塔出土的铜阿育王塔

[1] 皇妃塔天宫银阿育王塔的外重容器已经丢失。

[2] 皇妃塔地宫银阿育王塔的内部至今未被打开，但可见其中有一金瓶状容器。

[3]（清）梅峄：《嘉庆石门县志》卷九，清嘉庆二十三年刊本。

的塔刹已残，但塔身尺寸与东塔阿育王塔一致。这四座阿育王塔，通高在 33.5—35.6 厘米之间，比较接近明州阿育王寺所藏阿育王塔原物“一尺四寸”的高度，整体上可能是最接近原物的现存阿育王塔实例。

四、舍利容器的组合

上述吴越时期的舍利容器组合，包含外重容器、次重容器和核心容器，很难完整流传后世。有大致完整的舍利容器组合遗存的吴越时期舍利塔，只有苏州武丘山塔、东场中兴寺塔、杭州皇妃塔等几例。此外，平阳宝胜寺双塔的塔记也可资利用。

武丘山塔的舍利纳入金瓶，安放于铁阿育王塔中，置于盝顶铁函和石函两重函形外重容器之中，藏于第三层天宫。东场中兴寺塔，在倒塌的废墟中发现盝顶石函、多件阿育王塔、玻璃瓶、金银铜盒等物，推测应为一套舍利函组合，藏于第三层天宫。平阳宝胜寺双塔，“东西二塔之内，各请得天台赤城山塔内岳阳王感应舍利，又备银瓶，并育王铜塔盛贮，并铜尊像”，核心容器和次重容器的组合清晰，外重容器虽然没有提及，推测应是石函。皇妃塔的主舍利纳入金瓶，安放于银阿育王塔之中，置于盝顶铁函之内，瘗埋于地宫；此外，皇妃塔另有一枚舍利，纳入金瓶，安放于另一件银阿育王塔之中，封缄于天宫，因塔身塌毁，未发现外重容器。

从以上吴越时期舍利塔出土的舍利容器来看，吴越时期流行的舍利容器组合是：舍利直接盛放于小型金银瓶（或小型金银铜盒、小型玻璃瓶）之内，作为核心容器；核心容器安置于内部中空的阿育王塔（材质为铜、铁、银等）之内，作为次重容器；次重容器安置于盝顶方函（材质为石、铁等）之内，作为外重容器。外重容器一般安置于天宫之内，偶有安置于地宫者，与其他供养品一起封缄。

这种舍利容器组合，与北朝隋唐的舍利容器组合形式有较大的区别[1]，应该是直接继承了南朝以来的舍利安置方式。据《梁书》记载，梁武帝在大同四年（538）“高祖又至寺设无得大会，竖二刹，各以金罂，次玉罂，重盛舍利及爪发，内七宝塔中。又以石函盛宝塔，分入两刹下，及王侯妃主百姓富室所舍金、银、镮、钏等珍宝充积”[2]。这种核心容器（金罂＋玉罂两重）＋七宝塔＋石函的组合形式，使用了塔作

[1] 北朝舍利容器组合一般为石函＋核心容器（琉璃瓶或金、银瓶）的两重结构；隋代舍利容器的组合一般为石函＋方形铜函或圆形铜盒＋核心容器（银瓶或琉璃瓶）；唐代舍利容器组合十分复杂，但一般会有金属制棺椁的存在。参见冉万里：《中国古代舍利瘗埋制度研究》，文物出版社，2013年，第 23—24、59—62、158—168 页。

[2]（唐）姚思廉：《梁书》卷五十四，中华书局，1973 年。

为舍利容器，十分特别。相比之下，使用塔作为舍利容器，在北朝隋唐时期案例较少[1]。

实际上，吴越时期发现了南朝的舍利组合实物。吴越宝正四年（929），钱镠发掘越州余姚舜井土墩，发现南朝塔基遗址的石函，石函上有南朝宋元徽四年（476）题记。石函内有一座高一尺的五层银塔，塔内有金瓶，内盛两颗舍利。此外石函内还有其他供养品[2]。这是已知最早的以塔作为舍利容器的案例。

根据北宋契嵩为北宋初年的高僧慈云遵式（964—1032）作的传记：台州临海县东南一百三十里有赤山，山有寺，赤山之巅常有神光浮现，光中现七层宝塔形象。遵式指点乡人，在山巅高爽靠海处挖掘，果然发掘得到石函，于是建塔七级[3]。而据《嘉定赤城志》卷十九记载，当时遵式从赤山顶古塔遗址发掘得到的石函，内有小铜塔，铜塔之内有一个银壶，银壶内盛放舍利，是南朝梁岳阳王萧詧所施的感应舍利。

以上三则案例，均是南朝塔基的舍利容器组合，由外到内，也是石函、小金属塔、核心容器的组合方式。梁武帝使用的是“七宝塔”；余姚舜井发现的是一座楼阁式银塔；台州临海赤山塔，次重容器是小铜塔，具体形制不详。可见南朝时期采用的塔形容器，形制各异。这与吴越时期统一形制的阿育王塔，有着较大的差异。

当然，吴越时期流行的阿育王塔，本身也来源于南朝。明州鄮县阿育王塔，在南朝梁武帝时寺塔得到重建，并成为国家信仰[4]。而吴越后期，德韶又发现了天台赤城山塔中安置岳阳王萧詧感应舍利的南朝阿育王塔。这两座流传数百年的阿育王塔，作为舍利容器本身，深刻影响了吴越时期舍利次重容器的形制。

由此来看，吴越时期的舍利容器组合，是在采用了南朝流行的舍利容器组合基础上，次重容器明确用阿育王塔替换了楼阁式小塔，成为具有鲜明吴越时期特色的舍利容器组合。

北宋以后，不少吴越时期舍利塔，因为后人重修，天宫或者地宫受到扰动。在重新安置和供养舍利后，舍利容器也会发生变化。北宋重修的黄岩瑞隆感应塔第二层天宫，舍利纳入银瓶、瓷盒、铁函之内，瓷盒替代了阿育王塔作为次重容器使用。北宋重修的黄岩灵石寺西塔第四层天宫，舍利纳入金银盒，直接放入铁函之内，缺少阿育王塔。北宋重修的安吉永安禅院塔顶层天宫，舍利直接纳入

[1] 北朝时期未见有塔形舍利容器案例，隋唐时期的塔形舍利容器也是十分罕见。目前实例仅有河北定州静志寺塔地宫出土有唐大中十一年（857）的六角形银塔 1 件，并在唐代塔记中记载了隋代地宫以银塔和小石塔安置舍利；陕西扶风法门寺塔地宫出土唐咸通十五年（874）安置的方形单层石塔和方形单层铜塔各 1 件。

[2] 参见本书第二章“杭州城北宝塔”条。

[3]“台有赤山寺，高爽而濒海。法师尝谓人曰：此宜建塔。其众乡人乐闻，皆曰：是山之巅，每有异光照耀海上，其光之间，益见七层浮图之影。然其所照之至处四十里，皆捕鱼者，簄梁周之。法师知其发光欲有所警，益励众必塔之。及其事址发土，果得石函之效。塔成，亦以七级应其先兆，而斯民不复渔也。”（宋）契嵩：《杭州武林天竺寺故大法师慈云式公行业曲记》，载《大正新修大藏经》第 52 册，第 2115 号。

[4]“先是，二年，改造会稽鄮县塔，开旧塔，出舍利，遣光宅寺释敬脱等四僧及舍人孙照暂迎还台，高祖礼拜竟，即送还县，入新塔下，此县塔亦是刘萨何所得也。”（唐）姚思廉：《梁书》卷五十四，中华书局，1973 年。

银阿育王塔之中，缺少内函和外函，安放于天宫之内。由此来看，吴越时期的舍利容器组合，与唐宋时期均有差异，确实具有自身的鲜明特征。

五、阿育王塔的铸造

现存纪年最早的吴越时期阿育王塔，为黄岩灵石寺西塔天宫出土的乾祐三年（950）陈八娘造铜阿育王塔基座，但塔身不存[1]。此外，东场中兴寺塔出土的一件鎏金铜阿育王塔上刻有“吴越国龙册寺弥陀会弟了潘彦温……勾当僧惠归”字样，无纪年款。但1935年天台发现的吴越天福四年（939）飞霞寺铜塔（该塔并非阿育王塔形制）的塔座上，也有吴越国龙册寺弥陀会供养人的相关题记，负责造塔的僧人也是“勾当僧惠归”[2]。潘彦温造鎏金铜阿育王塔的时代，应该也可以上溯到天福四年（939）左右，制作地是杭州龙山南麓的龙册寺。龙册寺由钱元瓘始创于清泰元年（934），高僧镜清道怤禅师住持，为吴越国禅宗重要寺院[3]。这里设有专门铸造阿育王塔及其他类型小塔的工房。

从发现的这批阿育王塔来看。方形中空，外形作单层束腰状，

[1] 台北“故宫博物院”藏有一座“天祐二年”铭铜鎏金阿育王塔，但其来源不详，形制类似宋代阿育王塔，不能确定其真实性。

[2] “里壁刻‘天福四年岁次己亥六月，再舍入飞霞寺，永充供养。吴越国王记’。……另有塔座，上刻‘吴越国龙册寺弥陀会朱铨、章德荣、赵荣、范彦超、姚大娘、十四娘、张十娘、周二娘共造。勾当僧惠归’。”引自王士伦：《寺塔之建倍于九国》，载周峰主编《吴越首府杭州》，浙江人民出版社，1997年，第127页。

[3] “次文穆王钱氏创龙册寺，请怤居之，吴越禅学自此而兴。”（宋）赞宁撰，范祥雍点校：《宋高僧传》卷十三，上海古籍出版社，2014年。“天华寺：清泰元年吴越王建，系镜清禅师道场，旧名千春龙册。”（宋）潜说友：《咸淳临安志》卷七十七，载《宋元方志丛刊》第四册，中华书局，1990年。

图3-73 黄岩灵石寺西塔天宫出土“乾祐三年”铭铜阿育王塔须弥座（黄岩博物馆藏。引自浙江省博物馆《吴越胜览》，中国书店2011年版）

图3-74 东场中兴寺塔天宫出土“龙册寺弥陀会”铭铜阿育王塔（东阳市博物馆藏。引自东阳市博物馆《天心光明》，文物出版社2019年版）

自下而上由基座、塔身、塔顶三部分组成，塔顶盖四角耸立四根蕉叶状山花，中为塔刹，自下而上由覆莲刹座、五重相轮、宝盖、圆光、火焰宝珠等部分组成。金属材质或为铜，或为铁，或为银，均有鎏金，保存情况较好；非金属材质的有木、漆等，保存状况较差。高僧延寿曾“募缘造夹纻育王塔一万所”[1]，就是属于生漆脱胎的夹纻塔。

阿育王塔塔身四面均为佛本生故事画面，均为透雕，内容分别为“萨埵太子舍身饲虎”“尸毗王割肉贸鸽”“快目王舍眼”和“月光王施首”[2]，表现释迦牟尼降生前的善行故事，只不过排列顺序各有不同。塔身四角各立一只金翅鸟。

阿育王塔之山花蕉叶的表现形式各异，外侧以众多画面表

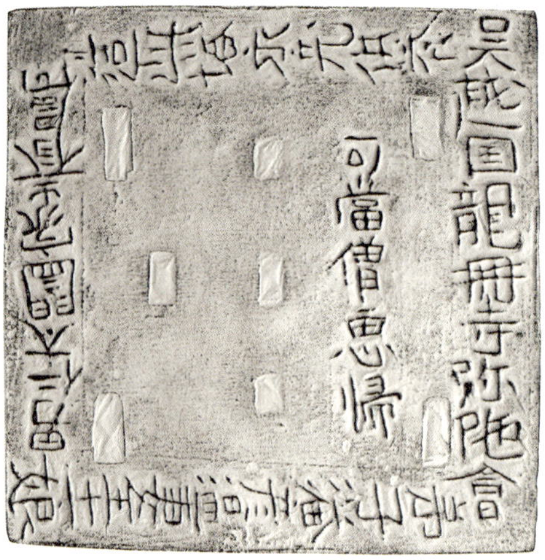

图 3-75　东场中兴寺塔出土“龙册寺弥陀会”铭铜阿育王塔台座拓本（引自东阳市博物馆《天心光明》，文物出版社 2019 年版）

图 3-76　皇妃塔天宫出土银阿育王塔塔身图案“萨埵太子舍身饲虎”（浙江省博物馆藏）

图 3-77　皇妃塔天宫出土银阿育王塔塔身图案“尸毗王割肉贸鸽”（浙江省博物馆藏）

[1]（宋）圆照：《永明智觉禅师方丈实录》，载于德隆点校《永明延寿大师文集》，九州出版社，2014 年。

[2] 关于“快目王舍眼”这一面的本生图像，争议较大。吴天跃认为该面在铁塔和银塔中可能为“快目王舍眼”，在铜塔中可能为“须大拏王变”或其他题材。参见吴天跃：《材质、形制、图像与信仰——五代吴越国阿育王塔的综合研究》，中央美术学院博士学位论文，2016 年。任平山认为该面为“虎噬王足”图式的未知题材。参见任平山：《吴越阿育王塔四本生图辨》，《文物》，2019 年第 3 期。

图 3-78　皇妃塔天宫出土银阿育王塔塔身图案“快目王舍眼”（浙江省博物馆藏）

图 3-79　皇妃塔天宫出土银阿育王塔塔身图案“月光王施首”（浙江省博物馆藏）

现了佛诞生、在家、出家、成道与传教等佛传故事，部分山花蕉叶尺寸较大者，佛传故事画面分为两层甚至三层；内侧或饰以禅定坐佛，或饰以护法力士，或无雕饰。

六、阿育王塔的藏经功能

阿育王塔除了安置舍利以外，钱俶还推动了阿育王塔藏经的风潮。显德二年（乙卯岁，955），钱俶第一次大规模铸造“八万四千”件铜阿育王塔。这些小塔，形制与上述藏舍利的阿育王塔类似，同样模仿的是明州阿育王寺的阿育王塔。但因为是大规模铸造，四面本生故事为浮雕，山花蕉叶外侧饰以护法力士，内侧饰以禅定坐佛。

铜阿育王塔的“萨埵太子舍身饲虎变”的塔身铜片内壁上铸“吴越国王钱弘俶敬造八万四千宝塔乙卯岁记”4 行 19 字题记，下侧有“万”“大”“三”“金”等编号字。“八万四千”座小铜塔，内藏显德三年（丙辰岁，956）雕印的“八万四千”卷《宝箧印陀罗尼经》。经文卷首题记曰：“天下都元帅吴越国王钱弘俶印宝箧印经八万四千卷在宝塔内供养显德三年丙辰岁记。”

乾德三年（乙丑岁，965），钱俶在高僧永明延寿的请求下[1]，第二次大规模铸造“八万四千”件铁阿育王塔，铁塔与铜塔形制类似，但山花蕉叶外侧改饰以双层的佛传故事。铁阿育王塔则在塔座底部铁片上铸“吴越国王俶敬造宝塔八万四千所永充供养时乙丑岁记”4 行 23 字题记。“八万四千”座小铁塔，内藏同年雕印的“八万四千”卷《宝箧印陀罗尼经》。经文卷首题记曰：“吴越国王钱俶敬造宝箧印经八万四千卷永充供养时乙丑岁记。”

《宝箧印陀罗尼经》中提到：“若人书写此经置塔中者，是塔即为一切如来金刚藏窣堵波，亦为一切如来陀罗尼心秘密加持窣堵波，即为九十九百千俱眩如胡麻如来窣堵波，亦为一切如来佛顶佛眼窣堵波，即为一切如来神力所护。”[2] 强调了该经供养于塔中的神通之力。安置在阿育王塔中的《宝箧印陀罗尼经》，可视为法舍利，也是阿育

[1] “及请国家铸八万四千铁塔，与一切众生作得度缘。”（宋）圆照：《永明智觉禅师方丈实录》，载于德隆点校：《永明延寿大师文集》，九州出版社，2014 年。

[2] 据钱俶丙辰岁（956）刻本《宝箧印陀罗尼经》。

图 3-80 东场中兴寺塔天宫出土“乙卯岁”铭钱俶造“八万四千”铜阿育王塔及内侧铭文拓本（东阳博物馆藏。引自东阳市博物馆《天心光明》，文物出版社 2019 年版）

图 3-81 安徽无为宋塔地宫出土“丙辰岁”铭钱俶造“八万四千”《宝箧印陀罗尼经》卷首部分（安徽博物馆藏。引自浙江省博物馆《远尘离垢：唐宋时期的〈宝箧印经〉》，中国书店 2014 年版）

王塔藏舍利的功能体现。

由于钱俶不遗余力的推广，推动了阿育王塔和《宝箧印陀罗尼经》在东亚地区的信仰和传播。南宋志磐《佛祖统纪》记载：“吴越王钱俶，天性敬佛，慕阿育王造塔之事，用金铜精钢造八万四千塔。中藏《宝箧印心咒经》，布散部内，凡十年而讫功。”[1] 南宋《洛水集》卷七记载：“后有西竺僧曰智，冰炎一楮袍，人呼纸衣道者。走海南诸国，至日本，适吴忠懿王用五金铸千万塔，以五百遣使颁日本。”均记载了吴越国王钱俶在铸造“十六万八千”座阿育王塔、雕印“十六万八千”卷《宝箧印陀罗尼经》后，散布海内外供养的故事。至今在日本、朝鲜半岛仍有一定数量的钱俶造阿育王塔遗存[2]。

图 3-82 绍兴大善寺遗址出土“乙丑岁”铭钱俶造“八万四千”铁阿育王塔及底座铭文（绍兴博物馆藏。引自浙江省博物馆《越中佛传》，中国书店 2019 年版）

日僧道喜撰《宝箧印经记》（现藏于大阪府河内长野金刚寺），最早记载了丙辰岁（956）钱俶造《宝箧印陀罗尼经》安置于“八万四千”铜阿育王塔中的史实：

[1]（宋）志磐撰，释道法校注：《佛祖统纪校注》卷四十三，上海古籍出版社，2012 年。

[2] 据吴天跃统计，日本现藏 9 座完整的钱俶造阿育王铜塔和 2 件不同遗址出土的残片，韩国藏有 1 座钱俶造阿育王铜塔。高丽穆宗十年（1007）总持寺印行的《宝箧印经》在版式、构图、发愿文上，与钱俶雕印的《宝箧印经》也非常相似。参见吴天跃：《日本出土的吴越国钱俶造铜阿育王塔及相关问题研究》，《艺术设计研究》，2017 年第 2 期；吴天跃：《韩国出土的吴越国钱俶造铜塔和石造阿育王塔研究》，《美术学报》，2019 年第 5 期。

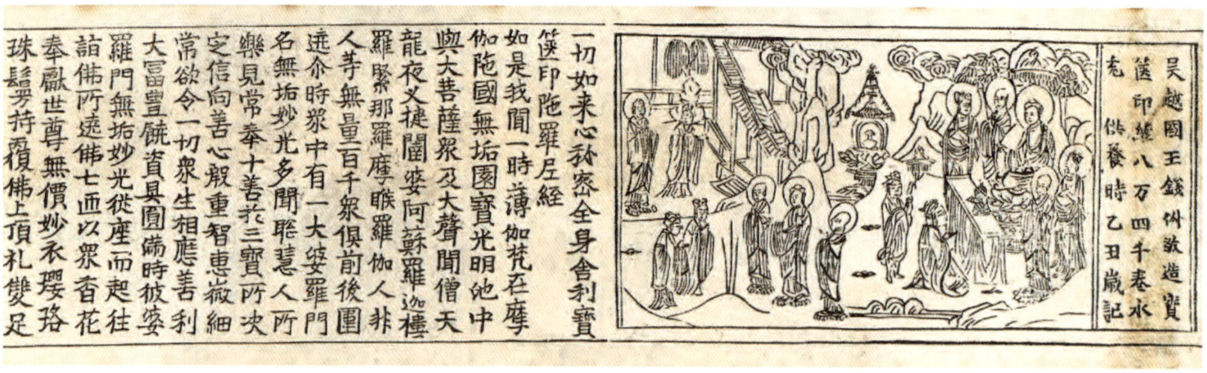

图 3-83　绍兴大善寺遗址出土“乙丑岁”铭钱俶造“八万四千”《宝箧印陀罗尼经》卷首部分（绍兴博物馆藏。引自浙江省博物馆《越中佛传》，中国书店 2019 年版）

> 应和元年春，游右扶风。于时肥前国刺史称唐物，出一基铜塔示我，高九寸余，四面铸镂佛菩萨像，德宇四角，上有龛，龛形如马耳，内亦有佛菩萨像，大如姜核。捧持瞻视之，顷自塔中一囊落，开见有一经，其端纸注云：天下都元帅吴越国王钱弘俶折本《宝箧印经》八万四千卷之内，安置宝塔之中，供养回向已毕。显德三年丙辰岁记也。……但当州沙门日延，天庆中入唐，天历之杪归来，即称唐物，付嘱其塔之次谈云。……康保二年岁次乙丑七月廿六日甲午道喜记[1]。

由于小塔本身可以拆解，里面的藏经可以取出，所以在一千年后的今天，小塔和藏经在发现和出土时，大都是孤立的存在。幸运的是，1971 年绍兴大善寺遗址出土了一座乙丑岁（965）钱俶造铁阿育王塔，塔内放有一小木筒，一端有木套，筒内完整无恙地藏有乙丑岁（965）《宝箧印陀罗尼经》一卷，印证着小塔藏经的历史。

七、安置舍利的仪式

东场中兴寺塔出土的《婺州东场县中兴寺新砖塔舍利记》，在记载了中兴寺塔的舍利来源和建造原委后写道：“时建隆二年太岁辛酉九月二十五日设大斋入舍利。”说明建隆二年（961）九月二十五日举行了“大斋”仪式，舍利封缄入第三层天宫。

中兴寺塔另外出土有一方残碑，三面刻字，正书，正面存 13 行 163 字，背面存 14 行 158 字，另有侧面 1 行 10 字。该碑记载了建隆二年（961）九月二十五日，“已设大斋庆赞讫”，表明安置真身舍利的“大斋庆赞”仪式中，信仰天台般若的“僧俗弟子各念《般

[1] 转引自吴天跃：《材质、形制、图像与信仰——五代吴越国阿育王塔的综合研究》，中央美术学院博士学位论文，2016 年。

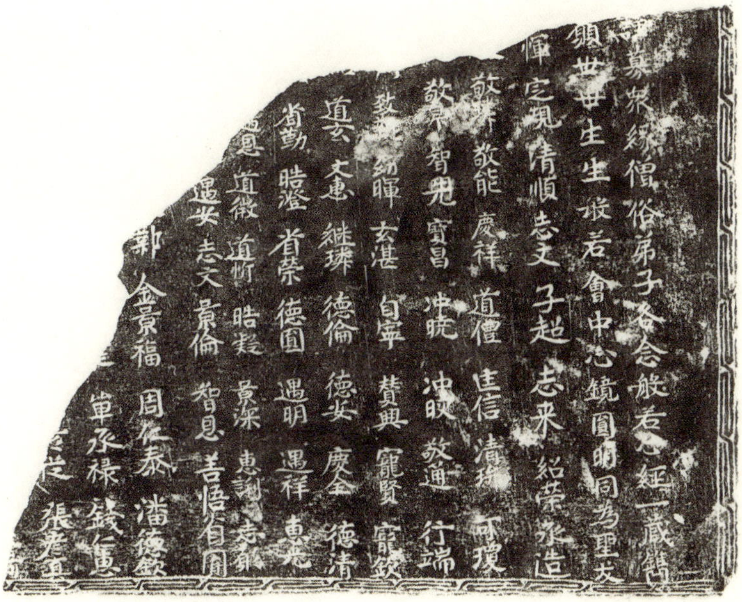

图 3-84　东场中兴寺塔天宫出土“僧俗弟子姓名”残碑正面拓本（引自东阳市博物馆《天心光明》，文物出版社 2019 年版）

若心经》一藏”，并记录下每一个人的姓名，“愿世世生生，般若会中，心镜圆明，同为圣友”，“舍生法界，同沾福善，共证菩提，般若……”中兴寺塔的供养人主体，应是该“般若会”的会友，并且该般若会应该就是中兴寺内的结社组织。中兴寺的前身法华寺即为天台宗系统，十分推崇般若思想。因此中兴寺般若会的会友，在真身舍利入塔的大斋上，人人念诵《般若心经》。从这段史料可以知道吴越时期舍利塔安置舍利的仪式内容，以及僧俗信众对于建塔和安置舍利的美好祝福。

第十一节　舍利塔的供养品

本文中舍利塔的供养品，不是指塔心室或壁龛内的造像、陈设，而是专指封缄在塔基地宫或塔壁天宫内的供养品，通常与舍利容器安置在一起。供养品通常有佛经、造像、器皿、随身物、随年钱等。

本节采用的案例主要包括杭州皇妃塔、苏州瑞光禅院塔、苏州武丘山塔、黄岩灵石寺西塔、东场中兴寺塔、平阳宝胜寺双塔等吴越时期舍利塔的天宫和地宫中的出土品。

一、佛经

吴越舍利塔的天宫之内，通常安置有佛经。相对于舍利塔内的

图 3-85　湖州上乘寺外塔天宫出土的墨书《妙法莲华经》七卷（湖州博物馆藏。引自浙江省博物馆《吴越胜览》，中国书店 2011 年版）

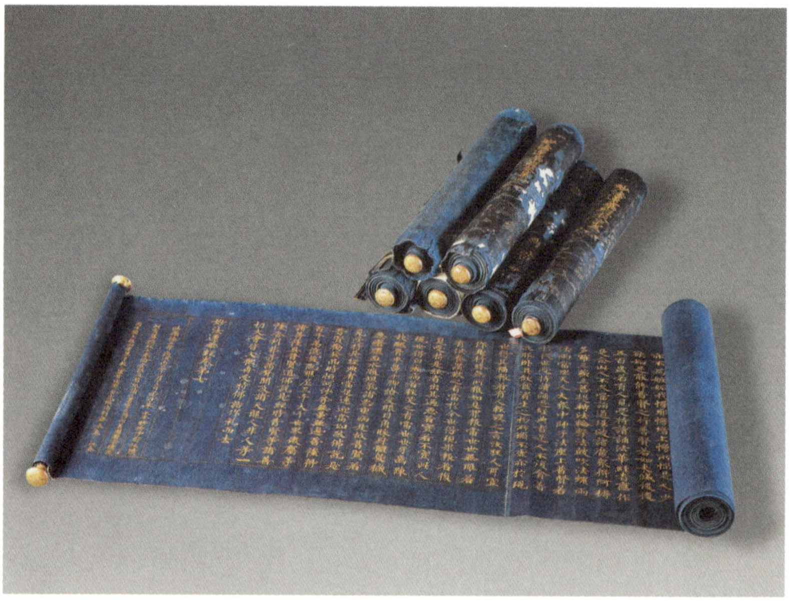

图 3-86　苏州瑞光禅院塔天宫出土碧纸金书《妙法莲华经》七卷（苏州博物馆藏。引自苏州博物馆《苏州博物馆藏虎丘云岩寺塔、瑞光寺塔文物》，文物出版社 2015 年版）

真身舍利，佛经也被视作法身舍利。吴越舍利塔中供奉的佛经，主要有《法华经》《宝箧印陀罗尼经》以及其他佛经。

苏州武丘山塔第二层天宫、苏州瑞光禅院塔第三层天宫、东场中兴寺塔第三层天宫、湖州上乘寺外塔第二层天宫均安置有《法华经》写经七卷。《法华经》提到：“若经卷所住处，皆应起七宝塔，极令高广严饰，不须复安舍利。所以者何？此中已有如来全身。”[1] 表明了《法华经》作为法身舍利的独特功用。安置《法华经》的吴越舍利塔也都安置了真身舍利，故法身舍利与真身舍利并不冲突，可以于一塔内供养。

[1]（姚秦）鸠摩罗什译：《妙法莲华经》，载《大正新修大藏经》第 9 册，第 262 号。

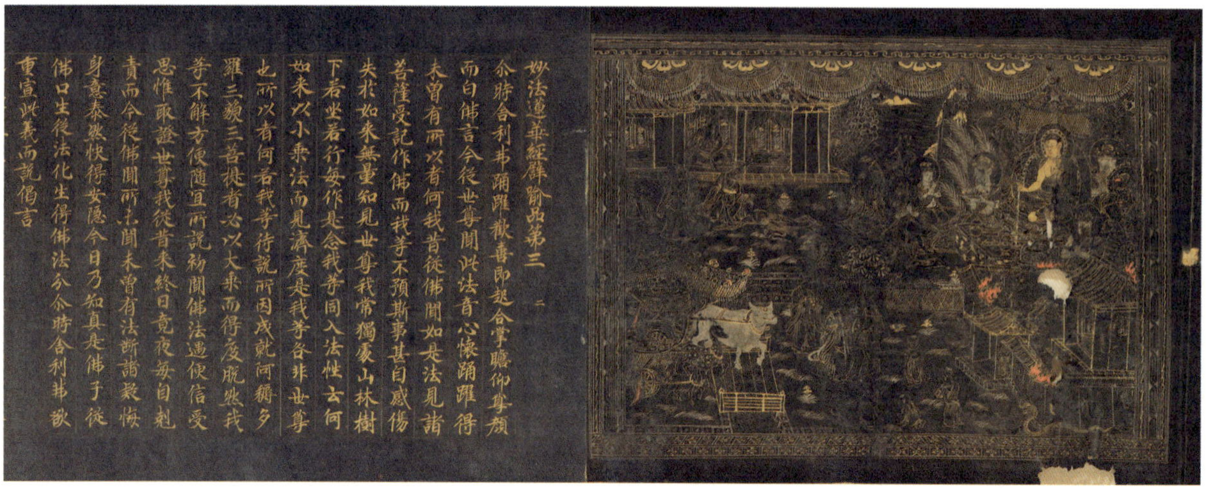

图 3-87　苏州武丘山塔天宫出土碧纸金书《妙法莲华经》七卷卷首部分（苏州博物馆藏。引自苏州博物馆《苏州博物馆藏虎丘云岩寺塔、瑞光寺塔文物》，文物出版社 2015 年版）

图 3-88　苏州瑞光禅院塔天宫出土嵌螺钿经函（苏州博物馆藏。引自苏州博物馆《苏州博物馆藏虎丘云岩寺塔、瑞光寺塔文物》，文物出版社 2015 年版）

图 3-89　东场中兴寺塔天宫出土彩绘经函（浙江省博物馆藏。引自东阳市博物馆《天心光明》，文物出版社 2019 年版）

这些塔内的《法华经》，各不相同。中兴寺塔、上乘寺外塔安置的是墨书写经。瑞光禅院塔、武丘山塔则是华丽的碧纸金书写经。武丘山塔、中兴寺塔的经函，模仿长方形的舍利石函，做成了长方形的盝顶石经函。瑞光禅院塔、上乘寺外塔的经函，使用了嵌螺钿的华丽装饰。写经和经函上的装饰，体现了《法华经》的特殊地位。后世两浙地区宋代舍利塔中大量安置《法华经》，即是吴越时期开始的风气。

1924 年杭州皇妃塔倒塌后，塔身内出土了大量藏经砖。如前文所述，钱俶于丙辰岁（956）和乙丑岁（965）分别雕印“八万四千”卷《宝箧印陀罗尼经》，分别藏于“八万四千”件铜、铁阿育王塔之中，这一次，则是直接供养于舍利塔之中。这批经卷，外套绢袱，以小竹签为轴心，裹以黄绢经袱，再以锦带束腰，安置于“八万四千”块内部有孔眼的藏经砖之中。经卷藏入砖孔后，再以黄泥封口，砌筑于塔身之内。此外，平阳宝胜寺双塔内安置《宝箧印陀罗尼经》及《造功德经》等十二卷。后世两浙地区宋代舍利塔中大量安置《宝箧印陀罗尼经》，正是吴越时期开始的风气。

图 3-90　杭州皇妃塔出土铭文砖及藏经砖（浙江省博物馆藏。引自浙江省文物考古研究所《雷峰塔遗址》，文物出版社 2005 年版）

此外，其他种类的佛经还有明州长庆寺塔内藏入的“隋昙荣法师译大藏真经卅部”，苏州灵岩山塔内安置的《金刚经》，龙泉金沙塔内安置的《华严合论》等。

吴越时期的舍利塔，并没有仅供养佛经

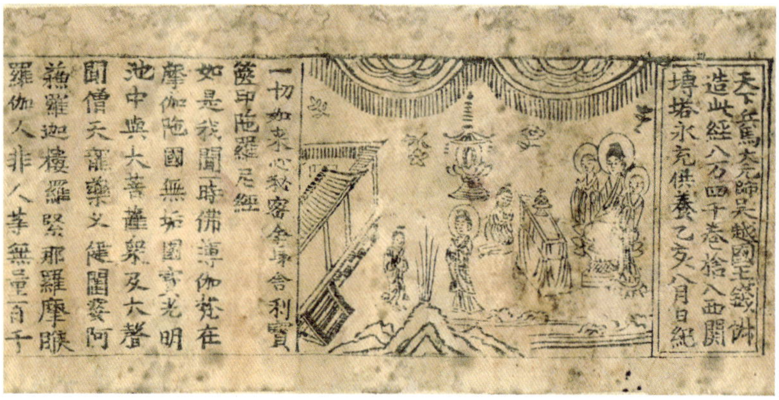

图 3-91　杭州皇妃塔出土“乙亥岁”铭钱俶造“八万四千”《宝箧印陀罗尼经》卷首部分（浙江省博物馆藏。引自浙江省博物馆《远尘离垢：唐宋时期的宝箧印经》，中国书店 2014 年版）

（法身舍利）而不安置真身舍利的情况。只有部分石阿育王塔仅藏《法华经》（详见本书附录三“吴越国的石阿育王塔”），以及钱俶造“八万四千”铜铁阿育王小塔仅藏《宝箧印陀罗尼经》，所以这类小塔不能算作舍利塔。

二、造像

吴越时期舍利塔中，出土有造像的有衣锦军朗瞻院塔、苏州瑞光禅院塔、苏州武丘山塔、东场中兴寺塔、黄岩灵石寺西塔、平阳宝胜寺双塔、杭州皇妃塔等。

1955 年倒塌的朗瞻院塔，出土了铜造像，具体信息不详。瑞光禅院塔内天宫，发现了 9 件吴越时期风格的金铜造像，包括阿弥陀像 4 件，释迦像 2 件，观音像 2 件，地藏像 1 件。其中 1 件观音像有开宝二年（969）的墨书，表明了舍入时间。武丘山塔内天宫发现了一批吴越时期风格的金铜、铁、木、石等不同材质的佛、菩萨、供养人像，共计 10 件。中兴寺塔内天宫发现

图 3-92　苏州瑞光禅院塔天宫出土铜阿弥陀像（苏州博物馆藏。引自苏州博物馆《苏州博物馆藏虎丘云岩寺塔、瑞光寺塔文物》，文物出版社 2015 年版）

图 3-93　苏州瑞光禅院塔天宫出土“开宝二年”铭铜观音像（苏州博物馆藏。引自苏州博物馆《苏州博物馆藏虎丘云岩寺塔、瑞光寺塔文物》，文物出版社 2015 年版）

吴越时期风格的陶阿弥陀佛像 2 件、木弟子像 1 件、木制檀龛宝像 1 件。黄岩灵石寺西塔则出土佛、菩萨、供养人像共计 148 件，以泥塑、陶塑为主，时代为吴越到北宋时期。平阳宝胜寺双塔，塔记中记载双塔均有“铜尊像”安置。湖州上乘寺内塔天宫出土吴越时期风格的金铜西方三圣像一组 3 件。杭州皇妃塔地表遗址出土金铜像 7 件、铁像 1 件、石像 10 件、陶像 10 件，有释迦、弥陀、弥勒、观音、天王、罗汉、供养人等题材。皇妃塔地宫出土金铜造像 5 件，有龙座释迦像、小佛像、观音、毗沙门天等题材，另有玉造的童子像和观音像各 1 件。

以上这些吴越舍利塔天宫或地宫供奉的造像，材质涉及铜、铁、木、石、泥、陶、玉，题材涉及佛、菩萨、弟子、天王、罗汉、供养人等，表现了吴越时期造像的多样性材质和丰富题材。这些造像与塔心室或壁龛内的大型造像，来源和功能都有不同，一般是供养人将自己舍造的佛像舍入，为自身祈福之用。皇妃塔地宫的龙座释迦像，显然是

图 3-94　东场中兴寺塔天宫出土彩绘涂金泥塑阿弥陀像（东阳市博物馆藏。引自东阳市博物馆《天心光明》，文物出版社 2019 年版）

图 3-95　杭州皇妃塔地宫出土龙座释迦像（浙江省博物馆藏。引自浙江省博物馆《吴越胜览》，中国书店 2011 年版）

图 3-96　杭州皇妃塔地宫出土玉童子像（浙江省博物馆藏。引自浙江省博物馆《吴越胜览》，中国书店 2011 年版）

地宫中的主造像，与舍利构成组合。宝胜寺双塔中的铜尊像，在描述中，也是与舍利构成组合的配置。

三、器皿

吴越时期舍利塔的地宫和天宫之内，还安置有大量的器皿，材质主要有金银器、陶瓷器等，器型多样。

东场中兴寺塔出土银匙 2 件、银箸 2 副，其中 1 件匙柄写有“辛酉建隆贰年玖月廿伍日募众缘舍匙箸壹副入真身舍利宝塔永充供养”字样。据北宋温州瑞安仙岩寺塔出土的庆历三年（1043）造塔供养人记，其中提到：“劝募众缘，制造盛舍利金瓶一所并盂子，请舍利箸等共三事。”[1] 可知舍利在放入金瓶之中时，需要用“请舍利箸”这一道具安置。因此东场中兴寺塔中出土的银匙和银箸，应是用于安置舍利入舍利内函时使用的。

皇妃塔地宫出土“千秋万岁”铭鎏金银盒 1 件，是吴越舍利塔中出土的最大一件金银器皿，下垫有鎏金银垫。整个银盒，盒盖倒扣，用于承托其上的舍利容器——银阿育王塔。

武丘山塔出土灰陶碗形香炉 1 件，炉中插有檀香一支；青瓷香炉和碗各 1 只，其中一只内放一油盏，碗内有油垢。中兴寺塔出土吴越时期铜炉 2 件，其中一件器腹浅刻“中兴寺岁次辛酉建隆二年九月二十五日当寺僧敬恩舍”铭文；另有明代风格的鼎式铜炉 1 件。这些香炉和油盏的发现，说明吴越时期在安置舍利的过程中，有燃香供养和点灯的仪式。而明代中兴寺塔重修和再舍入舍利的仪式上，

[1] 笔者据浙江省博物馆藏原件录文。

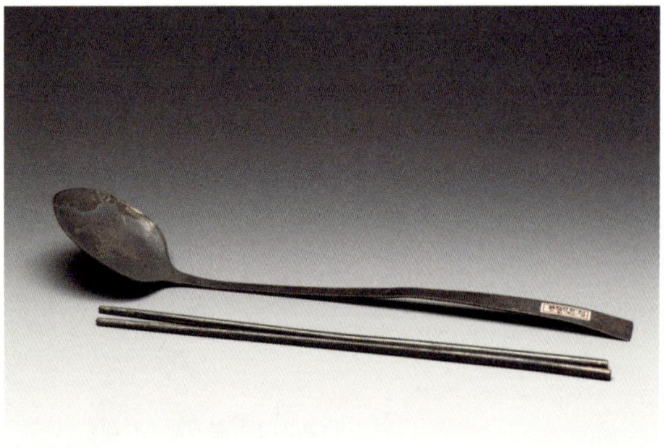

图 3-97　东场中兴寺塔天宫出土“建隆二年”铭银匙箸一副（东阳市博物馆藏。引自东阳市博物馆《天心光明》，文物出版社 2019 年版）

图 3-98　杭州皇妃塔地宫出土“千秋万岁”铭鎏金银盒（浙江省博物馆藏。引自浙江省博物馆《吴越胜览》，中国书店 2011 年版）

图 3-99　苏州武丘山塔天宫出土陶碗形香炉（苏州博物馆藏。引自苏州博物馆《苏州博物馆藏虎丘云岩寺塔、瑞光寺塔文物》，文物出版社 2015 年版）

图 3-100　东场中兴寺塔天宫出土“建隆二年”铭铜炉（东阳市博物馆藏。引自东阳市博物馆《天心光明》，文物出版社 2019 年版）

图 3-101　苏州武丘山塔天宫出土秘色瓷莲瓣香炉（苏州博物馆藏。引自苏州博物馆《苏州博物馆藏虎丘云岩寺塔、瑞光寺塔文物》，文物出版社 2015 年版）

也有燃香供养。

武丘山塔出土秘色瓷莲瓣香炉。中兴寺塔出土玻璃盆，青瓷盆、碗、盏托、盘、碟、盖罐、碗形香炉，白瓷碗、盘，漆碗、盘等。部分器底有供养人姓名。这些日用器皿，应该是安置舍利仪式上盛放茶水、鲜花、瓜果等供养品的。

四、随身物

在舍利塔的地宫和天宫之内，还出土有大量供养人的随身物品，包括镜、腰带、首饰等。镜多为铜器，其他随身物多为银器。

武丘山塔天宫出土铜镜 3 件，其中一件写有“女弟子陆七娘敬舍大镜一面入武丘山塔上”等字样。

东场中兴寺塔出土铜镜 18 件，部分铜镜刻有“婺州东场县松山乡□郭内奉化保居住清信弟子童仁铧舍入

图 3-102　东场中兴寺塔天宫出土“童仁锂”铭海兽葡萄镜（东阳市博物馆藏。引自东阳市博物馆《天心光明》，文物出版社 2019 年版）

图 3-103　杭州皇妃塔地宫出土“陈承裕”铭鎏金银腰带（浙江省博物馆藏。引自浙江省博物馆《吴越胜览》，中国书店 2011 年版）

中兴寺宝塔内保荷家眷永充供养”“婺州东场县西部乡北郭内宣政西保弟子褚仁谦舍入宝塔内永充供养”“比丘赞兴舍入真身舍利塔内长充供养”等字样。

黄岩灵石寺西塔出土吴越时期铜镜 4 件，均为线刻镜，题材为四大天王，均为乾德四年（966）九月十五日时勾当造塔僧归进舍入塔中。

杭州皇妃塔地宫出土了大量供养人的私人物品，有鎏金银腰带 2 条，其中一条刻有“弟子陈承裕敬舍身上腰带入宝塔”字样，臂钏、花钗等银饰品 9 件，其中 1 件臂钏上刻有“弟子王荦女弟子琥七娘共舍”字样，玉、玛瑙饰品 5 件，漆镯 1 件，铜镜 10 件。

造塔的供养人将自身最贴身的随身物品舍入塔中，表达了结缘供养的愿望。

五、随年钱

舍利塔中舍入的钱币，当时称为“随年钱”。平阳宝胜寺双塔和灵石寺西塔的塔记记载中，均有“随年钱”字样。北宋瑞安仙岩寺塔的一卷供养经卷末尾，有“仙岩寺看经院童行希政，行年三十五岁，遇造此塔圆就……随年钱三十五文，舍入塔内，永充供养”[1] 的内容，证明随年钱就是依据供养人年龄舍入的。

[1] 笔者据浙江省博物馆藏原件录文。

图 3-104　东场中兴寺塔天宫出土涂色“开元通宝”（东阳市博物馆藏。引自东阳市博物馆《天心光明》，文物出版社 2019 年版）

图 3-105　杭州皇妃塔地宫出土玉“开元通宝”（浙江省博物馆藏。引自浙江省博物馆《吴越胜览》，中国书店 2011 年版）

吴越时期舍利塔中，有舍入大量钱币的案例，包括衣锦军朗瞻院塔、平阳宝胜寺双塔、苏州武丘山塔、东阳中兴寺塔、杭州皇妃塔等。

朗瞻院塔的废墟中，发现有开元通宝等钱。宝胜寺双塔的塔记中记载，双塔内除了安置舍利、经卷之外，还有“诸般珍宝，宝盖、宝镜、金银、随年钱、发愿文疏，永充镇塔供养”。但“随年钱”实物未曾发现。

武丘山塔第二层天宫的经函上有一件钱囊，内装钱币 3.5 公斤；第三层天宫的石函上有一件钱囊，内装钱币 10 公斤，合计钱币总数有 3300 多枚。这些钱币的种类有半两、永安五铢、太货六铢、开元通宝、乾元重宝、唐国通宝、大唐通宝、周元通宝、宋元通宝等，以开元通宝、乾元重宝最多。

中兴寺塔出土古钱币共 188 枚。其中开元通宝 150 枚，占总数的 80%；乾元重宝 27 枚，占总数的 14%；另有五代及以前钱币 11 枚，如汉四铢半两、剪轮五铢，三国吴大泉五百，北齐常平五铢，隋五铢，史思明顺天元宝背月，五代闽永隆通宝背“闽”铁钱等。质地以铜为主，间有铁钱 2 枚。大部分保存完好，钱文有篆有隶，较为清晰。

皇妃塔地宫发现钱币约 3300 枚，大多撒放在地宫底面的地砖上，厚度可达 4—5 厘米。这些铜钱，往往用丝囊包裹，出土时尚可见到丝织品的残片，或以丝线、铜线穿连，一串铜钱有数十枚乃至上百枚之多。年代最早的是四铢半两，最晚的是宋元通宝，还有一枚日本的饶益神宝。以开元通宝最多，占总数的 92%。

此外，属于北宋时期再舍入钱币的案例，有安吉永安禅院塔和黄岩灵石寺西塔两处。永安禅院塔天宫发现钱币 6862 枚，其中开元通宝 3712 枚，北宋钱 2969 枚。灵石寺西塔发现钱币 3365 枚，年代最早的是秦半两，最晚的是北宋治平通宝。

这批钱币藏于天宫或地宫之中，为僧俗信众祈福之用。这些钱币，绝大多数为当时的流通货币，部分涂以红、黄、蓝、绿各色涂料。少数供养钱材质特殊，如中兴寺塔中有一枚鎏金开元通宝，皇妃塔中有一枚玉制开元通宝。

据文献和出土实物来看，五代时期地方割据政权，如南唐、闽等都曾铸造过“开元通宝”钱。吴越国于“丁巳四年春正月，始议铸钱”[1]。“杭州置保兴监铸钱。”[2] 但由于文献未载铸造钱币的具体种类，故只能通过出土实物来判断。

从出土钱币来看，吴越国境内主要流通货币应为开元通宝和乾元重宝。其中大尺寸的乾元重宝，可能作为当十钱使用。考虑到中兴寺塔、武丘山塔、皇妃塔的建成时间都在吴越国“始议铸钱”之后，这些吴越国后期佛塔出土的钱币，应有部分吴越国铸钱，笔者判断，吴越国后期至少铸行了开元通宝钱，同时很有可能也铸行了乾元重宝钱。但是，除了唐铸“会昌开元”较易辨认之外，唐铸开元、乾元和吴越国铸开元、乾元，目前仍难以区别。

[1]（宋）钱俨：《吴越备史》卷四，载傅璇琮等主编《五代史书汇编》第十册，杭州出版社，2004 年。

[2]（宋）薛居正：《旧五代史》卷一百四十六，吉林人民出版社，1995 年。

第四章　吴越国高僧塔通考及相关问题研究

佛寺中的塔，大体上分为两种。除了寺院核心区域的舍利塔之外，在寺院一隅或在寺院之外，还会有僧墓塔，以安葬本寺历代僧人的遗骨。僧墓塔，简称僧塔，后世大致可分为安葬历代祖师高僧的高僧塔（也称祖塔、祖师塔），以及一般僧众的合葬塔（也称普同塔、海会塔）。

由于缺乏吴越时期一般僧众合葬塔的材料，本文讨论的仅限于吴越时期的高僧塔。只有地位崇高的高僧，才能享有单独立塔的待遇。苏轼有诗云，“老僧已死成新塔”，指的就是这种高僧塔。

梳理文献材料可以发现，吴越时期所建的高僧塔，包含两种情况。一种是安葬吴越国时期的高僧，这类占了主要部分。另一种是重建前代高僧墓塔，也算作吴越时期建造的高僧塔。

本章首先考证吴越高僧塔的建立情况，并在这些资料的基础上，讨论高僧塔的制度、形制、布局、功能等问题。

第一节　吴越国高僧塔通考

笔者总计发现30例吴越时期高僧塔及4例存疑的吴越时期高僧塔。统一以高僧法号作为塔名，前注所属州县，附注大师号或塔号，按年代排序。

一、杭州吴昌·楚南塔（888）

晚唐时期，钱镠尊礼千顷山慈云院楚南禅师。唐光启三年（887），钱镠请其入杭州，并上表昭宗，赐其紫衣。文德元年（888）楚南去世，建塔于千顷山慈云院西隅，全身葬。唐末为宣州兵盗掘[1]。

[1]“杭州千顷山楚南禅师，闽中人也，姓张氏。……文德元年五月辞众奄然而化，寿七十六，腊五十六。迁塔于院西隅。景福元年（一作大顺二年）壬子二月宣州孙儒寇钱塘，兵士发塔，睹全身不散，爪发俱长，谢罪忏悔而去。师平昔著《般若经品颂偈》一卷、《破邪论》一卷，见行于世。”（宋）道元撰，朱俊红点校：《景德传灯录》卷十二，海南出版社，2011年。

千顷山慈云院，位于杭州吴昌县（即后世之昌化县），唐代元和年间由黄檗禅师开山，北宋时寺移至山巅，改名千顷山龙兴寺[1]。

二、杭州·文喜塔（无著禅师塔）（900）

晚唐时期，钱镠尊礼文喜禅师，唐光启三年（887）将其请入杭州城内的龙泉院供养。大顺元年（890）钱镠上表昭宗，赐其紫衣。乾宁四年（897），朝廷赐文喜为“无著禅师”，或称“无著”。光化三年（900），文喜去世，建塔于杭州灵隐山之西坞，全身葬。唐末为宣州兵盗掘，后钱镠重新安葬[2]。有塔院，名为无著塔院[3]。南宋宁宗时，韩侂胄取灵隐山西坞为寿地，迁无著塔于西湖灵石山小麦岭[4]。明代时该塔尚存[5]。

三、杭州余杭·道钦塔（国一禅师塔，901）

唐代杭州余杭径山寺高僧道钦（一名法钦），赐号国一禅师[6]。于唐贞元八年（792）去世，起塔于径山，全身葬。天复元年（901），山贼盗掘国一禅师塔，后钱镠重新安葬[7]。

四、明州奉化·常通塔（905）

明州雪窦山常通禅师，去世于唐天祐二年（905）七月，八月七日建石塔于雪窦寺西南隅[8]。

五、明州·慧则塔（908）

慧则为吴越初期明州阿育王寺高僧，曾受钱镠之命，于越州开元寺任临坛大德。吴越天宝元年（梁开平二年，908）去世于明州阿育王寺，由明州刺史黄晟建塔于阿育王寺后的鄮山之上[9]。

六、明州奉化·契此塔（917）

明州奉化县崇福院（即后世的岳林寺）僧人契此，后世被奉为

[1]（宋）潜说友：《咸淳临安志》卷八十五，载《宋元方志丛刊》第四册，中华书局，1990年。

[2]（宋）道元撰，朱俊红点校：《景德传灯录》卷十二，海南出版社，2011年。

[3]“无垢院：光化二年吴越王建，旧名无著，系无著禅师塔所。”（宋）潜说友：《咸淳临安志》卷七十八，载《宋元方志丛刊》第四册，中华书局，1990年。

[4]（宋）周密：《武林旧事》卷五，载（清）丁丙、丁申辑《武林掌故丛编》第一册，广陵书社，2008年。

[5]“崇恩演福教寺：在南山小麦岭。……寺后有无垢院，已并入寺，无著禅师所造塔尚存。”（明）夏时正：《成化杭州府志》卷三十一，明成化十一年刻本。

[6]“径山能仁禅院：在县北三十里，乃天目之东北山也。开山曰国一禅师法钦。唐代宗时诏杭州，即其庵所建径山寺。乾符六年改为乾符镇国院，大中祥符改赐承天禅院，政和七年（县志云开禧元年）改今额。”（宋）潜说友：《咸淳临安志》卷八十三，载《宋元方志丛刊》第四册，中华书局，1990年。

[7]（宋）道元撰，朱俊红点校：《景德传灯录》卷十二，海南出版社，2011年；（宋）志磐撰，释道法校注：《佛祖统纪校注》卷四十三，上海古籍出版社，2012年，第1003页。

[8]“明州雪窦山常通禅师，邢州人也，姓李氏。……光启中，群寇起，师领徒至四明。大顺二年，郡守请居雪窦，郁然盛化。天祐二年乙丑七月示疾，集众焚香付嘱讫，合掌而逝，寿七十二。其年八月七日建石塔于院西南隅。”（宋）道元撰，朱俊红点校：《景德传灯录》卷十一，海南出版社，2011年。

[9]“释慧则……以开平二年八月八日示疾坐亡，受生七十四，法腊五十四。窆于鄮山之冈。八戒弟子刺史黄晟营塔。”（宋）赞宁撰，范祥雍点校：《宋高僧传》卷十三，上海古籍出版社，2014年。

弥勒佛化身，人称布袋和尚。吴越天宝九年（梁贞明二年，916）去世，葬于崇福院西南二里，天宝十年（917）立塔，其塔有亭，后人称为弥勒庵[1]。北宋末年赐契此谥号“定应大师”，其塔院也赐额定应院，明代改名佛塔亭[2]。

七、杭州·宗彻塔（919）

唐代杭州罗汉院高僧宗彻，原葬于杭州州治西侧的罗汉院北隅。吴越天宝十年（917），钱镠在罗汉院旁建造城南宝塔，供养明州阿育王寺释迦真身舍利。天宝十二年（梁贞明五年，919），钱镠扩建罗汉院为安国罗汉寺，并将宗彻之塔迁葬于杭州大慈山[3]。

八、衣锦军·令因塔（普光大师塔、净土塔，924）

《两浙金石志》中记录了一篇名为“吴越国故僧统慧因普光大师塔铭”（以下简称《普光大师塔铭》）的碑文。据阮元描述，碑在临安县功臣山下净度寺桑园中，清嘉庆元年（1796），何梦华访碑至临安始拓得之。

吴越国故僧统慧因普光大师塔铭并序

镇海军节度掌书记徐（下缺）沙门□□书

盖闻道宏大觉，教演三乘，福济群生，化周□界，法□□须弥之广，□河包巨海之波。元微设喻于□□，宗旨□传于心印。绍隆大教，代有□能，□□历劫增修，多生结习，或托阴于轩裳鼎族，或降生于帝子王孙，□□不二之门，□入会三之理。其来也，随机□现，与圣合符；其往也，传化他方，归真□有。□知□身□相，妙果菩提，去住无常，古今一体。

大师俗姓钱氏，法号令因，即今天下都元帅吴越国王第十九子也。宿根净业，降庆王门，□卞玉地庭中，耀□珠于掌上，禀训而□通六籍，操心而暗达三明，晨昏每□于□□□□□□□于友爱。爰□幼岁，便断荤辛，及尔龆年，遍□惠悟。不观戏玩，厌服绮纨，□思□□之荣，□□真如之理。我王方兴正教，大转法轮，遂舍□□，得依释氏，□□而期登妙觉，修真而不□□城。于是年始十三，于梁乾化三年四月十日申

[1]“大中岳林寺：县东北五里，旧名崇福院。梁大同二年置在大溪西，唐相李绅为书院额，废于会昌中。大中三年，闲旷禅师复建于溪东。皇朝大中祥符八年赐今额。……梁贞明二年，于寺之东廊端坐磐石说偈曰：‘弥勒真弥勒，分身千百亿。时时示时人，时人自不识。’偈毕，即示寂。葬寺之西南二里，其塔亭曰弥勒庵。”（宋）罗濬等：《宝庆四明志》卷十五，载《宋元方志丛刊》第五册，中华书局，1990年。

[2]“佛塔亭：县北三里，梁贞明三年建，葬布袋和尚于亭内，名佛塔。宋元符三年改定应院，今改名佛塔亭。”（明）杨寔：《成化本宁波郡志》卷十，明成化四年刊本。

[3]“杭州罗汉院宗彻禅师，湖州吴兴县人也，姓吴氏。……后至杭州。州牧刘彦慕其道，立精舍于府西，号罗汉院，化徒三百。……师后示疾迁化，门人塔于院之北隅。梁贞明五年，钱王广其院为安国罗汉寺，移师塔于大慈山坞。今寺与塔并存。”（宋）道元撰，朱俊红点校：《景德传灯录》卷十二，海南出版社，2011年。

请住持安国罗汉寺，以释迦降圣之日，对佛披剃，脱紫绶□章之□□□□三□之衣，虽云学艺从师，实乃天生智慧。梁朝以我王匡守宗社，康济生民，日盛桓文，励高典册，能舍□门□□□□□大□□□□师于□□即□□在当令而定比□颁□□显□□特赐法号，仍□命服。自是密持秘藏，静住祇园，不□□□喻青莲之出水，以□□□□□□之无□当年于西都□□□明大□□□。梁朝恩命法相大师，加赐三十□□，当年封安国罗汉寺主。诠题妙□□□□□常念《妙法莲花经》，以为□□□□□□□□神功□□□□□□□□□□。我王□巡锦里□□□□时值中春□□庆诞，大师首登高座，讲赞《莲经》□□□□□□日景仰，咸称于法□□□□□□□□□□□□□□□。依贞明元年上元夜，又于功臣堂讲《七宝陀罗尼经》，教□□渺漫，智理纵横，演说精微，有□□□机□□□□□安不唯英雄侧□□□□□倾□加以遍披内典，兼著文章，所见一□□通□□五□俱下而又□□□□□□□宏，述作悉体于风骚，词藻皆精于雅丽。□金□誉，可并芳猷；刻烛成诗，□□敏速。二年，我王□□上□广□僧□既启号□□师主，领加法戒都监，选练大德。三年，我王以释迦真身宝塔□在□江，特建莲宫，精崇雁塔，声以□□□爰增百宝之庄严，□□□□都城永与军民□□□兹胜事，无出于□□，兼授真身宝塔寺主。莫不愈精经论，兼洁香光，匡□教门，纪纲法律，悟道而非求五□□□而益励三坚，梵□倾□□□□仰。六年，加授两浙僧统。

龙德三年，我王累功积德，冠古超今，大国褒崇，四方推戴，祇膺简册，肇启王图，文武缁□□□□□□□以大师演□□□□□□□□□□□□□□□□□□□□□□□改授吴越僧统，赐号慧因普光大师。梵刹增辉，僧徒□□，必冀永为法主，长作教宗。孰□□□□□五□示相□□□□□□□□□□□□□□□□□□□□□□□□□大□而广增福力，告灵祇而希助阴功。汤药医治，宣传骆驿，凡关祷祝，靡所不闻，□□□□□□□□□□□□□□□□□□□□□□□□□□□□□□□□□释迦顺□，弥勒往往兜率，乃知前佛后佛，万论十□殊途同归，圣贤不易。大师以宝大元年八月十三日夜召□足□□付嘱教门，亲述遗章，□□□□□王父，寻命□□云:“吾常念《法华经》，摄心不倦，今欲集众讽诵，益广胜经。”才唱真经，端恭合掌，□彻一卷，乃命鸣钟，令具奉闻□以此夜三更，便□圆寂□□□□真身宝塔寺，享年二十有四。君父号恸，棠棣哀伤。风悲而佛日沉光，烟惨而慈云□色。两都僧道，痛咽酸辛。我王唯□香花，叠修胜善，□资妙果，益证□通。仍命迁□□□卜营宅穸，遂于锦里功臣山南面峰峦，营建塔院。以其年十二月九日，归窆于塔□□□命□小师省缘、省善、省□、省勤、省贞、省□、省□、省超、省□、省希等十人，焚修住持。大师幼离慈爱，不恋荣华，洞晓大乘，了传佛性，□□方而示□□万念以□□□□双修□无□□所以不久□世者□□□果成□人天□□□赴□华演隆法教，垂梵天之景福，荫家国之延龄，□□职忝词林，叨尘翰苑，□奉□□令撰塔铭，惟知不可思议，叙述莫□□□□□□□，乃为铭曰：

□兴法教，大演真诠。福利群品，三千大千。□□□□，□□□贤，□□□□，□生王宝。河岳灵气，圭璋令质。愿舍贵□，重明佛日。博通典籍，洞晓元微。辞荣舍爱，□□□□，□□□□，□□□衣。大戒□明，□钦道德。诵论明敏，缁黄表则。□□□□，为民为国。□□□□□理教门□□□□□□□□□□□□□□□□□□□文□□□□□临机□□□人才□梵刹纪纲□门□□□□□□□□□□三□□□五□□□□□□□□□□□□□□□□□□□□□力所运□古超今，转化他方□□□□□□□□□□□□□□□□□□□□□□□□□建塔□□□□□□□□□□□□□龙天拥卫。垂荫□基，千秋万岁。

（阙）押衙□□□□□□都监□□□□□□□□□□□□□□□□□□□□□□□□□□□□□奉王旨建立，时唐应顺元年岁次甲午五月庚子朔十九日戊午建净上塔，知事□□小师省□记[1]。

碑文漫漶脱落甚多，但关键文字俱在。据碑文，慧因普光大师，俗姓钱氏，法号令因，为钱镠第十九子，即钱元玩[2]。乾化三年（913）十三岁时出家为僧，住持安国罗汉寺。梁朝赐紫衣，号法相大师，加僧腊三十。贞明三年（917），兼授真身宝塔寺主。贞明六年（920），加授两浙僧统。龙德三年（923），改授吴越僧统，赐号慧因普光大师。宝大元年（924）八月十三日夜圆寂，时年二十四岁。钱镠命于“锦里功臣山南面峰峦，营建塔院”，当年十二月九日归窆于塔，塔名“净上”。该碑为应顺元年（934）五月所立，已是建塔十年之后了。

“普光大师塔铭”碑之阴，刻有北宋绍圣元年（1094）临安县尉邹起撰的《新建释迦殿记》，“县之东南隅，左倚功臣，右带石镜，曰净土者，乃故武肃王之子僧统慧因普光大师法号令因之塔院也。以宝大元年十二月九日归窆于塔，实严香刹，以奉供养，而岁久湮圮，栋梁弗支”[3]。可知净上塔的原名应为净土塔，可能是原碑字迹不清，使得阮元误记为净上塔。吴越时期的净土塔院即北宋净土寺的前身。

图 4-1　杭州市临安区光孝明因寺遗址发掘工地（沈芳漪摄）

[1]（清）阮元 :《两浙金石志》卷四，浙江古籍出版社，2012 年。

[2] 关于慧因普光大师令因，李辉在《吴越国佛教史》中有详细的考证。见李辉 :《吴越国佛教史》，中国社会科学出版社，2015 年，第 25—27 页。

[3]（清）阮元 :《两浙金石志》卷六，浙江古籍出版社，2012 年。

图 4-2　吴越国光孝明因寺遗址平面复原图（杭州市文物考古研究所提供）

据《咸淳临安志》卷八十三记载，临安县南二里有两座净土寺，一为石照山净土寺，原名塔亭院，创于吴越宝大元年（同光二年，924），北宋治平二年（1065）改额石照山净土寺；一为净土禅寺，原名光孝明因寺，显德中（954—959）吴越王建，北宋大中祥符元年（1008）改额为净土禅寺。根据前文的《新建释迦殿记》，二寺实为一寺，北宋时期的石照山净土寺、净土禅寺之名，应都是从吴越时期的净土塔院演化而来。

综合分析上述资料，可知净土塔院的演变历史。吴越宝大元年（924）建净土塔院，俗称塔亭院；应顺元年（934）立“普光大师塔铭”碑；吴越显德中，塔院扩建为光孝明因寺；北宋大中祥符元年（1008），光孝明因寺改额净土寺；北宋绍圣元年（1094），净土寺重建释迦殿，《新建释迦殿记》刻于“普光大师塔铭”碑阴，说明净土寺的释迦殿原本就是净土塔院的大殿；南宋时期方志中，净土寺的历史已经有所混淆，分成了石照山净土寺和净土禅寺两个条目；明清以来，因本地方言“土”“度”同音，净土寺俗称净度寺；清中期，在净度寺桑园中发现“普光大师塔铭”碑，应该就是净土塔院的原址，该碑现已不存。

1962年浙江省文物管理委员会清理了临安功臣山南麓的一座五代墓葬（编号临M20）。该墓为土坑石椁墓，有前后室，前室各壁彩绘漫漶，后室各壁浮雕牡丹花纹、四神、十二生肖等[1]。《宣统临安县志》卷一记载："普光大师墓，在县治南二里净土寺，武肃王十九子普光修禅于此，圆寂后，即葬焉。墓前建塔，号普光塔，有石琢遗象。"根据墓中出土品和墓葬所在环境，文管会判断临M20为钱元玩（普光大师）墓。可见在净土塔院之内，同时设计了普光大师塔和钱元玩墓两种安葬方式。

2018年杭州市文物考古研究所对光孝明因寺（净土寺）遗址进行了抢救性发掘，发现大殿、回廊、散水等建筑遗迹。

九、杭州·从礼塔（925）

天台山福田寺高僧从礼，被钱镠召至杭州，建金光明道场，护佑国家。同光三年（925）从礼去世，立塔。其塔应位于杭州[2]。

十、杭州·幼璋塔（隐迹塔）（927）

杭州瑞龙院高僧幼璋，于吴越宝正二年（天成二年，927）即请求建坟塔。吴越王钱镠命陆仁璋于杭州西关门外的天台隐龙院为其建坟塔，并创建隐迹塔院，配置僧人守护。塔成后，幼璋即去世，遂入塔安葬[3]。

十一、杭州·景霄塔（清凉塔，927后）

杭州高僧景霄，赐号清凉禅师，曾任衣锦军竹林寺住持，于吴越宝正二年（天成二年，927）赴杭州城北宝塔寺任临坛大德，后去世于杭州城南宝塔寺。其塔立于杭州大慈山坞，塔名清凉[4]。

十二、明州·辩光塔（930—933）

明州高僧辩光，因为性格孤傲，不受钱镠重视，后归明州国宁寺。去世后，明州刺史仰仁诠将其安葬，全身葬，并造塔。塔后为淮西贼所盗掘。长兴年间（930—933）重新火葬，收舍利荼毗，起小塔，

[1] 浙江省文物管理委员会：《杭州、临安五代墓中的天文图和秘色瓷》，《考古》，1975年第3期。

[2] "释从礼……两浙武肃王钱氏……檀施优渥。……同光三年乙酉岁冬十一月入灭，春秋七十九，僧腊五十二。火葬收舍利。立塔存焉。"（宋）赞宁撰，范祥雍点校：《宋高僧传》卷十六，上海古籍出版社，2014年。

[3] "杭州瑞龙院幼璋禅师……天成二年丁亥夏四月师乞坟塔。尚父命陆仁璋于西关选胜地建塔创院修塔毕，师入府庭辞尚父，嘱以护法恤民之事。克期顺寂……寿八十有七，腊七十。"（宋）道元撰，朱俊红点校：《景德传灯录》卷十二，海南出版社，2011年。

[4] "释景霄，俗姓徐氏，丹丘人也。……迁葬于大慈山坞。以本受师号，塔曰清凉是欤。"（宋）赞宁撰，范祥雍点校：《宋高僧传》卷十六，上海古籍出版社，2014年。

塔位置不详[1]。

十三、杭州·鸿楚塔（932）

梁乾化初年（911），钱镠在杭州龙兴寺开设戒坛度僧。温州高僧鸿楚，应邀赴杭，作为临坛大德，参与其中。钱镠奏请朱梁朝廷，为鸿楚申请了赐紫衣和大师号的待遇。鸿楚去世于长兴三年（932），葬于杭州慈云岭右冈，并立塔[2]。

十四、温州·鸿莒塔（933）

温州小松山高僧鸿莒，长兴四年（933）去世，起塔于山中。迁塔之日，寺中和山中的鸟兽有灵异表现，猛犬在“迁塔日随人驯狎”，“葬后有虎绕坟嗥叫”，时人称奇[3]。

十五、杭州·道怤塔（顺德大师塔，937）

吴越国禅宗高僧道怤，通称镜清道怤，在钱镠时期主持龙山南麓的天龙寺，钱镠私署其为“顺德大师”。钱元瓘即位后，于天龙寺之南又创龙册寺，以道怤住持，成为吴越国禅宗中心。道怤于天福二年（937）去世，火葬收舍利于大慈山坞，其墓塔建于龙姥山前。墓塔的塔铭，由当时的吴越僧主汇征撰文。墓塔有塔院，名舍利院，香火不绝[4]。

据《景德传灯录》卷十二，道怤塔位于“龙母山之阳”。而据《五灯会元》卷七，道怤塔位于“龙册山”。由此来看，龙姥（母）山即龙册寺所在之山。另据《淳祐临安志》卷三，龙册寺“有祖师舍利塔，下有化生池”。这座南宋尚存的祖师舍利塔应该就是龙册寺开山祖师道怤的墓塔。

十六、台州黄岩·神禄禅师塔（942）

台州黄岩县南七十里，有神禄禅师塔院，天福七年（942）建[5]。神禄禅师，应是吴越国时期台州高僧，事迹不详[6]。

[1]“释辩光，字登封，姓吴氏，永嘉人也。……性畔岸，弗惬王情，乃归甬东终焉。……后三年，淮西贼焚之，发棺，俨若生相，鬓发爪皆长。茶毗收舍利，起小塔焉。则后唐长兴中也。”（宋）赞宁撰，范祥雍点校：《宋高僧传》卷三十，上海古籍出版社，2014年。

[2]“释鸿楚，字方外，姓唐氏，永嘉人也。……以长兴三年壬辰六月五日无疾而化。俗龄七十五，法腊五十二。道俗孺慕。其年迁塔于慈云右冈焉。”（宋）赞宁撰，范祥雍点校：《宋高僧传》卷二十五，上海古籍出版社，2014年。

[3]“释鸿莒，姓唐氏，永嘉人也。……长兴癸巳岁中恬然无疾，跏趺俨然长逝。”（宋）赞宁撰，范祥雍点校：《宋高僧传》卷二十五，上海古籍出版社，2014年。

[4]“释道怤，俗姓陈，永嘉人也。……以天福丁酉岁八月示灭，春秋七十。茶毗于大慈山坞。”（宋）赞宁撰，范祥雍点校：《宋高僧传》卷十三，上海古籍出版社，2014年。

[5]（宋）陈耆卿：《嘉定赤城志》卷二十七，载《宋元方志丛刊》第七册，中华书局，1990年。

[6]《景德传灯录》卷二十三、《五灯会元》卷八中有“温州瑞峰院神禄禅师，福州人也。久为瑞岩侍者，后开山创院，学侣依附”。但其去世于太平兴国元年（976），从地域和时代上都有差异。

十七、越州·全付塔（纯一禅师塔、清化纯一塔，945）

高僧全付，为钱元瓘所尊崇，任越州云峰山清化禅院开山祖师。钱弘佐时赐紫衣，后又赐大师号为“纯一禅师”。开运四年（947）全付去世，葬于云峰山之北坞。吴越僧主汇征为其撰塔铭，建隆二年（961）立碑[1]。

据《嘉泰会稽志》，山阴县西，有建于开运二年（945）的纯一禅师寿塔，乾祐元年（948）赐额清化纯一塔院[2]。从年代来看，纯一禅师之墓塔为生前的开运二年所建，开运四年去世，次年赐额。

十八、杭州盐官·齐安塔（悟空禅师塔，946）

盐官县城内有始建于盛唐的镇国海昌寺，会昌法难后重建，改名齐丰寺，北宋初改名安国寺[3]。寺有高僧齐安，曾为唐宣宗在寺中为僧时之师，后宣宗即位，赐已经去世的齐安“悟空禅师”之号，并建塔寺中，俗称悟空禅师塔。吴越开运三年（946），在建塔百年之后，重修悟空禅师塔。重修后的塔高三丈八尺，三十三层，多有名人题字[4]。

悟空禅师塔高三丈八尺，大约12米。三十三层的层数，并非僧塔规制，甚至超过了楼阁式舍利塔的层数。从其高度和层数来看，类似一座经幢。

十九、杭州·灵照塔（真觉大师塔，949）

《两浙金石志》录有虎跑定慧寺石刻一例，首刻金刚画像，文字为：

> 谨慕崇信，奉为先（下泐）龙华寺主慧光真觉大师建立石塔一所，并碑一□。具录入□男女弟子姓名（下泐）
>
> （首二行泐）曹州凌（下泐）坚王□潘逢□耸□□八娘张十娘周十娘闻十一娘翟四娘□十娘□五娘□□娘凌十娘钱明吴承安吴询吴五娘李□□□□□沈□昭王七娘任□□邹十二娘施□娘（下泐）周□□陶德安张□□□□□□□何□陈播（此后尚有八行字不可辨）
>
> （首二行泐）金地□□□弟子临坛大德□□□□□□志光。时乾祐二年岁次己酉七月壬寅朔十一日壬子建立。知□事小师

[1]“释全付，吴郡昆山人也。……时吴越文穆王钱氏命升阶，赐之衣衾钵器，有加礼焉。……开运四年丁未岁秋七月示疾……安然而逝……享年六十六，腊四十有五。归窆于山之北坞。”（宋）赞宁撰，范祥雍点校：《宋高僧传》卷十三，上海古籍出版社，2014年。

[2]“宝严院：在县西一百二十五里，晋开运二年建纯一禅师寿塔，汉乾祐元年吴越给清化纯一塔院额，大中祥符元年七月改赐今额。”（宋）施宿等：《嘉泰会稽志》卷七，载《宋元方志丛刊》第七册，中华书局，1990年。

[3]“安国禅寺：在县西北二百五十步，唐开元元年建，名镇国海昌。会昌五年废，大中四年复置，名齐丰。祥符元年改今额，熙宁七年僧居则建大悲阁，苏文忠公题梁，明年为之记。藏殿后有唐会昌石经幢二，寺门东有咸通石幢一，在殿下者二，无岁月，字画类唐人。悟空禅师塔前有古桧，宣和间朱勔移以去。”（宋）潜说友：《咸淳临安志》卷八十五，载《宋元方志丛刊》第四册，中华书局，1990年。

[4]“悟空禅师塔刻云：高三丈八尺，有三十三层，石晋开运三年重修，名公多有题字。”（宋）施谔纂修，（清）胡敬辑：《淳祐临安志辑逸》卷四，载（清）丁丙、丁申辑《武林掌故丛编》第十二册，广陵书社，2008年。

图 4-3 《慧光真觉大师塔记》拓本（浙江省博物馆藏）

□□，同勾当小师继贞，都勾当小师崇善大德□□□继□[1]。

阮元将该石刻命名为“后汉大慈山建幢残刻”，但其实石刻文字记载已经很清楚，这是一方高僧塔的造塔记。

1950年代，陈从周在调查后，也认为这是一处经幢。他在“浙江现存经幢表”中提到：“虎跑定慧寺经幢，杭州，后汉，乾祐二年。”[2]这一判断，是将造塔记当作了建幢记来看待。

1950年代浙江省文管会黄涌泉在调查中发现，该造塔记石刻位于虎跑寺右幢的基座上，是后世拼凑起来的。“右幢底座复莲上合列二石，成方形，抹去四角，向南石面有龙华寺主慧光真觉大师建塔记以及西南抹角处有后汉乾祐二年题记（文见阮元《两浙金石志》）。幢身八面，形制瘦细，刻着宋以后常见的七如来佛名，应是后来摩去经文重加镌刻。此幢整个形体，很不调和，似是拼凑而成。”[3]

从造塔记的内容和老照片来看，黄涌泉的判断应是准确的，这一造塔记石刻和其上的经幢应是后世重新堆叠而成，并将幢身修改成了清代流行的七如来幢。遗憾的是，虎跑寺双幢均毁于20世纪60年代，该塔记所在的石构件也已不存。幸运的是，这一方塔记清末民国时期的拓本，现藏于浙江省博物馆。

综合阮元、黄涌泉、陈从周等人描述，以及拓本、老照片资料，这处刻有建塔记的方形抹角石刻，应该就是石刻文字中提到的为慧光

[1]（清）阮元：《两浙金石志》卷四，浙江古籍出版社，2012年。

[2] 陈从周：《浙江古建筑调查记略》，《文物》，1963年第7期，第11—17页。

[3] 黄涌泉：《浙江省的纪念性建筑调查概况》，《文物参考资料》，1956年第4期。

真觉大师所建石塔的基座。其上的经幢与石塔本无关联，是后世在修建经幢时叠加而成的。而石塔的塔身以及塔铭碑，则早已不存。

造塔记上的“龙华寺主慧光真觉大师”，参照史料可知，应即灵照。灵照为高丽人，于钱元瓘、钱弘佐时期，历任杭州报慈院、龙华寺住持。钱弘佐迎取金华傅大士灵骨道具，于天福十年（945）建龙华寺并傅大士塔，龙华寺的第一任住持就是灵照。灵照去世于吴越天福十二年（947），建塔于大慈山[1]。而从石塔遗存来看，实际建塔时间已是两年之后的乾祐二年（949）了。

二十、台州天台·智𫖮塔（法空大师塔，950）

《宝刻丛编》引《复斋碑录》，记载了南宋尚存的“重修法空大师塔亭碑”，末尾一行为：“臣汇征奉制撰，臣程延翰奉制书，乾祐三年九月六日庚午建。”[2]

该碑立于吴越乾祐三年（950），为重修法空大师塔亭之碑记。汇征为当时的吴越僧主，程延翰史料不载，“制”即吴越国王钱俶之命。其塔应为隋代时所立，塔亭为木构建筑，在此时得到重修。考虑到塔亭为一座墓塔的重要组成部分，该塔应算作吴越重修之塔。

关于“法空大师”，日本渡宋僧成寻在访问天台山国清寺时，“次参大师堂，额云真觉法空大师院”。成寻访问天台山大慈寺时，“次参法华忏院……额书‘法空大师堂’者，是大梁朱皇帝敕赐额也。智者大师者，存日隋帝师，号法空大师者，灭后赐谥”[3]。由此可见，“法空大师”就是智者大师智𫖮的谥号。法空大师塔，应该就是位于天台山的智者塔院。

吴越乾祐三年，同时在台州天台山重修法空大师塔亭、在睦州乌龙山重修善导和尚塔，不是偶然现象，应该有着统一的规划。通过重修吴越国境内古代高僧墓塔，即位之初的吴越国王钱俶，表达了尊崇圣迹、弘扬佛法的思想。

二十一、婺州武义·禅主和尚塔（953）

《宝刻丛编》引《诸道石刻录》，记载了南宋尚存的《周明昭院禅主和尚寿塔记》：“大理评事章仁安撰，广顺三年六月，立在武义。”[4]

[1]（宋）赞宁撰，范祥雍点校：《宋高僧传》卷十三，上海古籍出版社，2014年。（宋）道元撰，朱俊红点校：《景德传灯录》卷十八，海南出版社，2011年。

[2][4]（宋）陈思：《宝刻丛编》卷十三，载《石刻史料新编》第一辑第二十四册，台北新文丰出版公司，1982年。

[3]（日）成寻著，王丽萍校点：《新校参天台五台山记》卷一，上海古籍出版社，2009年，第33页。

禅主和尚，史料不载，应是武义明昭院的高僧，地位不同一般，故能建寿塔。

二十二、杭州·宗靖塔（六通大师塔，954）

高僧宗靖，为吴越国王所尊崇。宗靖最初住于杭州六通寺，因此后来赐师号为“六通大师”。宗靖晚年住于龙兴寺，显德元年（954）去世，建塔于大慈山[1]。

二十三、杭州·令参塔（永明大师塔、光教塔，约954）

吴越国禅宗高僧令参，通称翠岩令参，受业于福州禅宗高僧雪峰义存。后住持杭州龙册寺，并赐师号“永明大师”[2]。他于龙册寺广收弟子，延寿为其高足[3]。吴越清泰三年（936），延寿为翠岩令参于大慈山建光教塔院，报答师恩[4]。这是为翠岩令参提前建造的寿塔院。

翠岩令参十分高寿，乾祐年间（948—950）法眼宗系统的慧明禅师在杭州传法，作为雪峰宗系统元老的翠岩令参，率领诸位大禅师，于吴越僧主思宪的寺院中，与慧明辩论说法[5]。翠岩令参大约去世于显德元年（954），永明院寺名应该就是为纪念刚去世的永明大师令参而取。翠岩令参应该是葬于早已建设完成的大慈山光教塔院之中。

二十四、台州天台·道潜塔（定慧禅师塔，970）

吴越显德元年（954），钱俶于西湖南岸慧日峰下建永明寺（即后世的净慈寺），并邀请禅宗高僧道潜作为开山祖师，住持该寺，赐号“慈化定慧禅师”。道潜于建隆二年（961）去世，火化于龙井山，获得不少舍利。开宝三年（970），天台国师德韶为道潜建石塔，瘗埋真骨[6]。该塔或位于天台[7]。

[1]“杭州龙兴宗靖禅师，台州人也。……显德元年甲寅季冬月示灭，寿八十四，塔于大慈山。”（宋）道元撰，朱俊红点校：《景德传灯录》卷十九，海南出版社，2011年。

[2]“明州翠岩永明大师令参，湖州人也。自雪峰受记，止于翠岩，大张法席。……钱王向师道风，请居龙册寺终焉。”（宋）道元撰，朱俊红点校：《景德传灯录》卷十八，海南出版社，2011年。

[3]“属翠岩永明大师迁止龙册寺，大阐玄化。时吴越文穆王知师慕道，乃从其志，放令出家。礼翠岩为师，执劳供众，都忘身宰。”（宋）道元撰，朱俊红点校：《景德传灯录》卷二十六，海南出版社，2011年。

[4]“至年三十有四，始得出家，依龙册寺慧日永明大师剃落。年三十六，于大慈山建光教塔院，以答师恩。”（宋）圆照：《永明智觉禅师方丈实录》，载于德隆点校《永明延寿大师文集》，九州出版社，2014年。

[5]“释慧明，俗姓蒋，钱塘人也。……后登闽越，殆至临川，礼文益禅师深符正理。……汉乾祐中自山出时，翠岩参公率诸禅伯，于僧主思宪院定其臧否。”（宋）赞宁撰，范祥雍点校：《宋高僧传》卷二十三，上海古籍出版社，2014年。“师盛谈玄沙及地藏法眼，宗旨臻极。王因命翠岩令参等诸禅匠及城下名公定其胜负。”（宋）普济著，苏渊雷点校：《五灯会元》卷十，中华书局，1984年。

[6]“钱塘慧日永明寺释道潜，俗姓武，蒲津人也。……汉南国王钱氏命入王府受菩萨戒，造大伽蓝，号慧日永明，请以居之，假号曰慈化定慧禅师……建隆二年辛酉九月十八日示疾而终……至十月内于龙井山茶毗。癸酉岁，塔顶放白光焉。”（宋）赞宁撰，范祥雍点校：《宋高僧传》卷十三，上海古籍出版社，2014年。

[7]“开宝庚午，韶师建塔天台藏焉。”（清）释际祥：《净慈寺志》卷八，载赵一新主编《杭州佛教文献丛刊》第六册，杭州出版社，2006年。

二十五、台州天台·德韶塔（972）

吴越国著名高僧德韶，自钱俶即位后，统领吴越国佛教二十余年，人称“天台国师”。德韶长期居住于天台山，开宝五年（972）去世于天台山无量寿佛塔院[1]。火葬后得舍利，并建塔，吴越国都僧正赞宁为其撰写碑文[2]。关于德韶塔的位置，史无详载，一般认为位于天台山，但也有后世材料认为在杭州无相院[3]。

二十六、杭州·瑰省塔（972）

杭州千光王寺高僧瑰省，为永明延寿高徒，去世于开宝五年（972），火葬后得舍利建塔[4]。

二十七、台州天台·师蕴塔（973）

天台山般若寺僧人师蕴，开宝六年（973）去世，火葬时舌根不坏，寺僧于是为其在寺中建小塔[5]。

二十八、杭州·延寿塔（智觉禅师塔、寿宁塔，976）

吴越国末期著名的禅宗高僧延寿，开宝八年（975）去世于杭州

图 4-4 20 世纪初期的杭州净慈寺永明祖塔院（引自〔日〕常盘大定、关野贞《中国文化史迹》第四卷，上海辞书出版社 2017 年版）

[1]“证教院：在县北一百里，旧名无量寿佛塔院，建隆元年建，盖僧德韶第十道场，后于此示灭。大中祥符元年改今额。”（宋）陈耆卿：《嘉定赤城志》卷二十八，载《宋元方志丛刊》第七册，中华书局，1990 年。

[2]“释德韶者，姓陈氏，缙云人也。……享年八十二，法腊六十四。即开宝五年壬申岁六月二十八日也。语录大行，出弟子传法百许人。其又兴智者道场数十所。功成不宰，心地坦夷，术数尤精，利人为上。至今江浙间谓为大和尚焉。”（宋）赞宁撰，范祥雍点校：《宋高僧传》卷十三，上海古籍出版社，2014 年。

[3]“（德韶）后示灭，钱塘其徒迎其骨，起塔于无相院。”（民国）喻长霖：《民国续修台州府志》卷一百四十，《中国地方志集成·浙江府县志辑》第四十四册，上海书店出版社，2000 年。

[4]“杭州千光王寺瑰省禅师，温州郑氏子，幼岁出家，精究律部。……后参永明，永明唯印前解，无别指喻。……开宝五年七月……示疾，集众言别，安坐而逝。阇维收舍利建塔。”（宋）普济著，苏渊雷点校：《五灯会元》卷十，中华书局，1984 年。

[5]“释师蕴，金华人也。……以开宝六年七月内无疾坐终。……及迁神座就寺之东隅。阇维煨烬中收舍利，外舌根不坏。灰寒拾之，如红芙蕖色，柔软可怜……遂议结小塔于寺中缄藏。”（宋）赞宁撰，范祥雍点校：《宋高僧传》卷二十三，上海古籍出版社，2014 年。

慧日永明院（今净慈寺），开宝九年（976）立塔于大慈山之阴，钱俶建塔亭纪念，宋太宗赐塔院额为“寿宁”[1]。

明代时大慈山寿宁塔院已经荒废，墓塔倾倒，地归民间所有。万历年间，净慈寺方丈释大壑，偷偷挖出延寿墓塔中的舍利，带回净慈寺，于净慈寺最后一进建造永明塔院，建塔供养延寿舍利，称为永明祖塔，其形制类似阿育王塔[2]。浙江省博物馆藏有万历三十七年（1609）董其昌书“唐慧日永明宗照智觉禅师之塔”碑铭拓本。永明宗照智觉禅师，即延寿。该碑即是明代永明祖塔之碑铭。

图 4-5　20 世纪初期的永明祖塔（引自沈弘《西湖百象：美国传教士甘博民国初年拍摄的杭州老照片》，山东人民出版社 2010 年版）

[1]“释延寿，姓王，本钱塘人也。……汉南国王钱氏最所钦尚。……以开宝八年乙亥终于住寺，春秋七十二，法腊三十七。葬于大慈山，树亭志焉。”（宋）赞宁撰，范祥雍点校：《宋高僧传》卷二十八，上海古籍出版社，2014 年。“永明祖塔初在大慈山，祖以开宝八年迁化，明年奉茶毗舍利灵骨，建塔于山之阴。吴越王俶树亭志焉。宋太宗赐额寿宁禅院。”（清）释际祥：《净慈寺志》卷十一，载赵一新主编《杭州佛教文献丛刊》第六册，杭州出版社，2006 年。

[2]“净慈僧壑公者，夙怀遗迹，号慕询求于蓁莽中，竟得舍利，缁白瞻礼，如重霾余慧日再见，佥谋于法堂之背建窣堵波，用严供养。并汇缉遗事，附以图赞，目曰《永明道迹》，传布四众。於戏！洪波白浪，灵骨具存，潭北湘南，塔样无改，育王七宝，古佛一锥，于未添香前，共着眼目。万历丁未首夏望日，歇庵居士陶望龄书于会稽法华山天衣精舍。”（明）释大壑：《永明道迹》，载《新纂续藏经》第 86 册，第 1599 号。

图 4-6　明虞淳熙书“净慈寺第二代智觉禅师塔铭”拓本（杭州碑林藏）

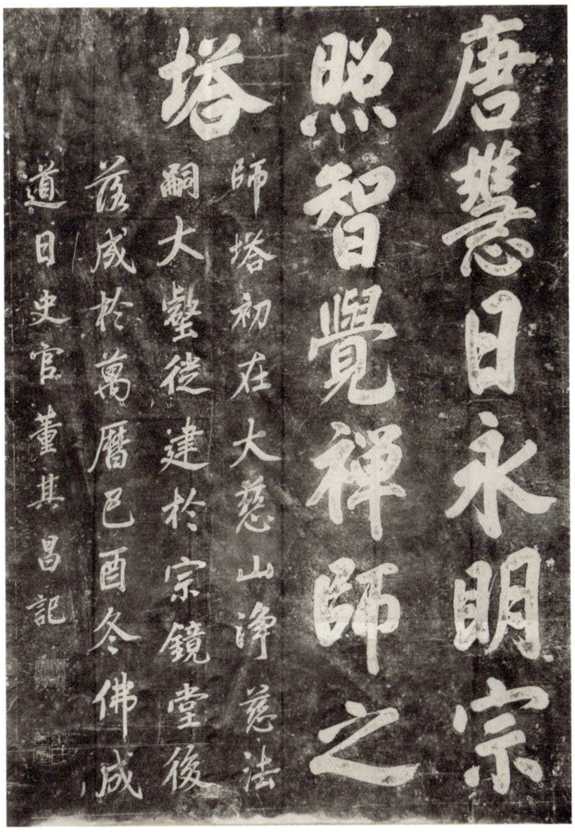

图 4-7　明董其昌书“唐慧日永明宗照智觉禅师之塔”碑拓本（浙江省博物馆藏）

图 4-8　明代永明祖塔中藏骨用的金瓶银钵（杭州博物馆藏）

杭州碑林今藏有一方塔铭，名为“净慈寺第二代智觉禅师塔铭”。碑高 46 厘米，宽 62 厘米，厚 10.5 厘米，虞淳熙书，释大壑立石。该碑详载了明代建永明祖塔的经过：

> 师名延寿，长耳和尚证为弥陀应身者也。……以开宝八年十一月二十六日坐逝，舍利鳞砌于身。九年正月六日葬大慈山寿宁院。……（万历）乙巳冬法孙大壑……潜收舍利十一粒，金色，骨一盂。丁未六月十二日……复收骨一盂。……拟营塔开基，值故法堂，仍树亭志焉。……藏骨金瓶银钵，熙以于阗铜钵，贮舍利七□之首。……

净慈寺中的永明祖塔院，清代时迁至净慈寺东北角，于 20 世纪 60 年代被毁。在永明祖塔中，发现了明代制作的藏有延寿遗骨的“金瓶银钵”，现藏于杭州博物馆。

二十九、台州·文辇塔（978）

太平兴国三年（978），天台山高僧文辇临终前为自己建造了一座小木塔，名为“浮图”，形制类似木椁（题凑）。木塔完成后，文辇入内自焚而亡，得舍利无数。后人为其建小石塔于天台山善建寺中[1]。

三十、杭州·遇安塔（978）

乾德三年（965），吴越王重建天龙寺[2]，并命德韶弟子遇安为住持。太平兴国三年（978），遇安去世，建塔。其塔应位于杭州[3]。

存疑

1. 杭州·庆祥禅师塔

吴越时期，庆祥禅师创立般若庵，吴越乾德元年（963）钱氏改额观音院，北宋治平二年（1065）改额九曲法济院。南宋时，该寺“有重建祥禅师塔记，王孝严文”[4]。可见吴越时期，观音院可能建有庆祥禅师塔。

2. 秀州·华严塔

秀州北三十五里有华严院。后梁开平初（约 907）吴越王钱镠命都水使者钱绰建，钱镠以诵《华严经》之僧人居于此寺，并亲自立寺记。北宋治平二年（1065）赐额明心教寺[5]。开山祖师僧人大通，好诵《华严经》，圆寂后弟子筑塔，名华严塔[6]。清代时“惟剩塔身峙于荒烟蔓草之中”[7]。这座华严塔，即吴越时期所建的祖师塔。

3. 越州诸暨·归一禅师塔

吴越天福四年（939），越州诸暨县于归一禅师塔院基础上，建立福田院，宋改额离相[8]。这座归一禅师塔院，可能为吴越时期所建。

4. 温州·宿觉塔

唐代温州玄觉禅师，号宿觉，是温州著名的前代高僧，唐先天二年（713）葬于温州西山，赐塔名“净光”[9]。吴越时期杭州高僧愿齐陪同国王钱俶，拜访天台国师德韶后，愿齐又独自巡礼著名的温州宿觉塔[10]。后世净光塔改建为楼阁式塔，成为温州的地标象征。宿觉塔可能在吴越时期得到重修。

[1]“释文辇，永嘉郡平阳人也。……以太平兴国三年，忽自操其斧，言伐其檀，巧结玲珑重攒，若题凑焉，号曰浮图。中开户，入内趺坐，自持火炬，誓之曰：以此残喘焚之供养十方佛诸圣贤。言讫发焰……春秋八十四。……今善建寺中累石为小塔焉。”（宋）赞宁撰，范祥雍点校：《宋高僧传》卷二十三，上海古籍出版社，2014 年。

[2]“感业寺：乾德三年，吴越王建，旧名天龙。大中祥符元年改今额。”（宋）潜说友：《咸淳临安志》卷七十七，载《宋元方志丛刊》第四册，中华书局，1990 年。

[3]“遇安，姓沈，钱塘人，出家天台山华顶峰，参德韶密契宗旨。乾德中，吴越王召居天龙寺。太平兴国三年，有宝塔见资福殿虚空中，赐号大师。”（民国）喻长霖：《民国续修台州府志》卷一百四十，《中国地方志集成·浙江府县志辑》第四十四、四十五册，上海书店出版社，2000 年。

[4]（宋）施谔纂修，（清）胡敬辑：《淳祐临安志辑逸》卷五，载（清）丁丙、丁申辑《武林掌故丛编》第十二册，广陵书社，2008 年。

[5]（元）徐硕：《至元嘉禾志》卷十，载《宋元方志丛刊》第五册，中华书局，1990 年。

[6]“寺有石函观音像，又有华严塔，因僧大通好诵《华严经》，圆寂筑塔，故名。”（清）俞樾：《同治上海县志》卷三十一，清同治十一年刊本。

[7]（清）朱采：《上海明心寺志》，载白化文《中国佛寺志丛刊》第 130 册，江苏古籍出版社，2006 年，第 177—178 页。

[8]（宋）施宿等：《嘉泰会稽志》卷八，载《宋元方志丛刊》第七册，中华书局，1990 年。

[9]“释玄觉，字明道，俗姓戴氏。……先天二年十月十七日于龙兴别院端坐入定……其年十一月十三日殡于西山之阳，春秋四十九。……终敕谥号无相。塔曰净光焉。”（宋）赞宁撰，范祥雍点校：《宋高僧传》卷八，上海古籍出版社，2014 年。

[10]“愿齐姓江氏，钱塘人，初同吴越钱王参天台韶国师，因礼宿觉塔，游南雁荡山，结茅其间。”（清）吕弘诰：《康熙平阳县志》卷十二，清康熙刻本。

第二节　吴越国高僧塔相关问题研究

一、建塔制度

高僧是否被许可建塔，有严格的制度。中晚唐以来，寺院建高僧塔需要向朝廷报批，获得谥号和塔号，方可建造。经武宗灭佛的破坏后，各地寺院祖师塔损坏严重。唐宣宗复法后，于大中七年（853）“诏修天下祖塔，未经赐号谥者，所在以闻太常考行颁赐”[1]。将过去未赐谥号和塔号的祖塔，追赐完毕，一并纳入管理。这也从制度上规定了此后高僧立塔必须获得朝廷的批准。

吴越国初期，僧人的赐紫、号、谥号，大都报送五代的中央政权批准。如钱镠幼子令因，“梁朝恩命赐法相大师，加赐三十僧腊”。温州高僧鸿楚，钱镠为其“奏荐梁太祖赐紫衣并号”。但后唐以来，多为吴越国王私署。如龙册寺祖师道怤，钱镠“私署顺德大师”；六通寺宗靖，“署六通大师”。因此关于高僧塔建造许可，大多也由吴越国官方直接批准。

浙江省博物馆藏有一件梁龙德二年（922）吴越王钱镠亲自为杭州崇吴禅院长老嗣匡加大德号的牒文原件，可以一窥吴越时期的佛教管理制度。笔者据浙江省博物馆藏原件录文如下：

天下都元帅　牒

崇吴禅院长老僧嗣匡

牒奉处分。前件“僧戒珠朗洁，法性融明，三乘洞究于真宗，

[1]（元）念常：《佛祖历代通载》，载《大正新修大藏经》第 49 册，第 2036 号。

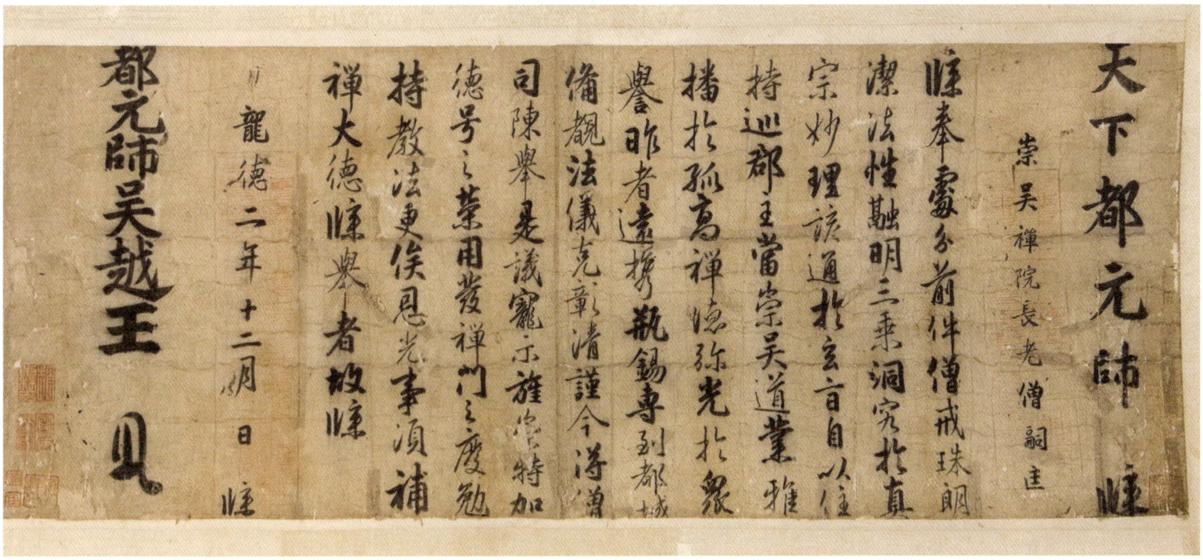

图 4-9　钱镠为崇吴禅院长老嗣匡加大德号牒（浙江省博物馆藏）

妙理该通于玄旨。自以住持巡郡，主当崇吴，道业雅播于孤高，禅德弥光于众誉。昨者远携瓶锡，专到都城，备睹法仪，克彰清谨。今得僧司陈举是议，宠示旌崇，特加德号之荣，用发禅门之庆，勉持教法，更俟恩光”事，须补禅大德牒举者，故牒。

龙德二年十二月　日　牒　都元帅吴越王（押）

虎跑定慧寺天福八年（943）大佛顶陀罗尼经幢的经文之后，有如下文字：

（行阙）上柱国思宪迁窆于此。国恩以大师□□功深，道业弥著，特造院宇，将欲建石塔，以光不朽。爰准教文，非果位即无立浮图之理。乃议树石幢，圣旨喻允。繇是镌《大佛顶陀罗尼》《大随求神咒》，屹标翠琰，遍列金文，作佳城之福田，与世人之恭□。或讽读，或顶瞻，胜利长存，果报无极。时天福八年，岁在（下泐）奉立（阙）舍钱重立[1]。

文字记载了吴越天福八年（943）时安葬的一位无法建塔的大师。由于石刻漫漶，名姓不详。他去世之后，“上柱国思宪”将其葬于此地。思宪应该就是此时的吴越国僧主。因为大师德高望重，特为其建造了一所院宇。但是根据“教文”规定，生前如果没有“果位”，就没法在院中为其建石塔。于是只好申请为大师立石经幢，这一次得到了“圣旨”的批准，于是以石经幢代替石塔，瘗埋这位大师。

这里的“教文”，应该就是吴越国的佛教管理制度，其中当然包括高僧建塔制度。“果位”，可能是依据高僧生前的功绩，在去世时由吴越国王所赐的谥号。“圣旨”，则是吴越国王之旨，此时已无须上报中原朝廷。

由此来看，在吴越时期高僧建塔制度中，最严格的是建塔本身，需要依照“教文”，获得“果位”后，方可由“圣旨”（正式名称应为“制”）批准立塔。而如果没有“果位”，则可以申请建经幢，但也需要“圣旨”批准。相比之下，建造一所院落，以纪念和供养去世的高僧，反而没有那么严格。

唐代即有以幢代塔的先例，《全唐文》中有《陀罗尼经幢记》：“先师俗姓张氏，法讳皈敬，当邑人也。……春秋□有七，去景福之首五月九日，已归大寂。门人全意等，以绝粒斋心，香花供养，素服之载，礼之如存。遂则舍兹所有，建彼尊胜幢焉。于是召良匠，凿嘉山，穿厚地而取奇石，剪长林而出珍材，役百千人功，计半一之岁……若不镂石于斯，何表将来之纪？”[2] 表现了唐景福元年（892），

[1]（清）阮元：《两浙金石志》卷四，浙江古籍出版社，2012 年。

[2]（清）董诰：《全唐文》卷九百八十七，清嘉庆内府刻本。

门人弟子为一位去世高僧于寺院内建造尊胜幢之事。这也反映出，即使在晚唐时期，高僧建塔制度依旧严格，但建幢则相对宽松。晚唐始建、吴越重修的海宁盐官悟空禅师塔，高三丈八尺，三十七层，可能就是一座石幢形式的高僧塔。

目前来看，吴越时期建塔的高僧，大都有相应的师号：令因为慧因普光大师，道怤为顺德大师，全付为纯一禅师，圆照为慧光真觉大师，宗靖为六通大师，令参为永明大师，道潜为慈化定慧禅师，延寿为智觉禅师等，他们应该也都获得了相应的“果位”。如此看来，依照吴越的高僧建塔制度，能够建塔者可能还有僧主思宪、僧主汇征、文光大师希觉[1]、崇法大德皓端[2]、湛玄大德文捷（据第二章“东场中兴寺塔”条）、经律大德嗣卿（据第二章“黄岩灵石寺双塔”条）等。这些地位崇高的高僧所建之塔，史料不载。

二、形制

遗憾的是，没有一例吴越时期高僧塔的实物遗存至今，笔者只能通过其他资料来推测其形制。

高僧墓塔，大约从北朝末年开始盛行华丽之风。唐代神清在《北山录》中评价当时的高僧塔：“周隋之后，竞尚僭拟。其有高华轮奂，蔽乎前圣者也。”[3] 唐代高僧塔形制多样，装饰华丽，如河南省登封县会善寺净藏禅师塔（746），平面八角；山西运城市报国寺泛舟禅师塔（822），平面圆形；山西五台山佛光寺祖师塔（晚唐），平面六角。平面没有定制，均脱离了方形平面的窠臼，代表了唐代僧塔追求平面变化的尝试。

盛唐以来，无缝塔（后世也称卵塔）作为禅宗高僧塔，逐

图 4-10　河南登封会善寺净藏禅师塔

图 4-11　宁波天童寺可齐禅师塔(沈芳漪摄)

[1]（宋）赞宁撰，范祥雍点校:《宋高僧传》卷十六，上海古籍出版社，2014 年。

[2]（宋）赞宁撰，范祥雍点校:《宋高僧传》卷七，上海古籍出版社，2014 年。

[3]（唐）神清撰，(宋）慧宝注:《北山录》，《大正新修大藏经》第 52 册，第 2113 号。

渐出现。《景德传灯录》载，唐代宗问慧忠国师："师灭度后，弟子将何所记？师曰：告檀越，造取一所无缝塔。曰：就师请取塔样。师良久曰：会么？曰：不会。师曰：贫道去后，有侍者应真，却知此事。"[1]说明盛唐时期，无缝塔仅仅是禅宗高僧的一种理想墓塔，其造型并不确定。

晚唐五代以来，由于禅宗的兴盛，无缝塔开始流行，关于其来源和形制，张十庆研究甚详[2]。早期无缝塔实例，以临济祖庭黄檗山所存唐大中十一年（857）的运祖塔为典型。该塔为须弥座上置卵形塔身，塔身上有六角塔檐和塔刹。宋代无缝塔，则已经完全成为卵塔的形式，没有任何塔檐和塔刹。典型案例如北宋明州阿育王寺守初禅师塔（1030）、北宋明州天童寺可齐禅师塔等。

吴越高僧塔流传后世的实例，仅有慧光真觉大师圆照塔的一处残件，如今也已不存。据阮元的描述和现存拓片资料，笔者判断其为石塔基座。从这座基座来看，吴越时期高僧塔的塔身，很有可能是无缝塔，形制可能更近似宋代无缝塔，素面无纹，无檐无刹，故通常需要再建一个塔亭用以遮挡风雨。

三、材质

唐代高僧塔，形制华丽，为雕刻塔檐、门窗等仿木结构，材料常用砖，偶有用石者。宋代以后的高僧塔，由于去除了繁缛的装饰，几乎素面无纹，故材料往往用石。

吴越时期高僧塔，已知材质的常通塔（905）、慧光真觉大师塔（949）、道潜塔（970）、文辇塔（978）四例，均为石塔。定慧寺天福八年（943）幢也提到，"将欲建石塔，以光不朽"，说明石塔是这一时期高僧塔的标准做法。

吴越高僧塔以石为材料，也佐证了其朴实无华，有可能为无缝塔的形制。

四、塔铭

塔铭和造塔记不能混为一谈。僧人的塔铭，模仿的是墓铭，是对逝者一生的评价，由散文的序文和韵文的铭文两部分组成，名家撰写并书丹，刻于碑上，或嵌碑于塔壁，或立碑于塔侧。造塔记，一般撰写于建塔之时，往往刻在塔身或塔座上，记载造塔缘起和经过，

[1]（宋）道元撰，朱俊红点校：《景德传灯录》卷五，海南出版社，2011年。

[2] 张十庆：《关于卵塔、无缝塔及普同塔》，载《中国建筑史论汇刊》第13辑，中国建筑工业出版社，2016年，第121—133页。

不讲究格式，如《龙华寺主慧光真觉大师建塔记》。据该塔记所言，该塔另立有塔铭碑一通。

吴越高僧塔铭作者可考者，案例不多。为吴越僧统慧因普光大师塔撰写塔铭的是镇海军节度掌书记徐囗，为禅主和尚塔撰写塔铭的是吴越国大理评事章仁安，此二人应该是文采出众的文官。为道忠塔、法空大师塔、清化纯一塔撰写碑铭的是吴越国僧主汇征，为德韶塔撰写碑铭的是吴越国都僧正赞宁，此二人均是当时的吴越国僧官，佛教领袖。可见吴越中后期时，僧人高深的文化修养。

衣锦军慧因普光大师塔，吴越宝大元年（924）建塔，应顺元年（934）立塔铭碑，立于建塔十年之后。越州清化纯一塔，开运二年（945）建塔，建隆二年（961）立塔铭碑，立于建塔十六年之后。立碑晚于建塔的原因，大约是因为撰文、书写均费时，这与古代墓碑常常拖延难立的原因一致。

慧因普光大师塔铭碑，清代时还在临安净度寺桑园中，其塔则早已不存。而据慧光真觉大师塔（949）的造塔记记载，“建立石塔一所，并碑一通”。从这两例来看，吴越时期高僧塔铭碑似流行在塔侧竖立，而不是嵌于塔身之上。这是因为吴越时期高僧塔多为石塔，无法嵌入塔碑。

图 4-12　江西靖安县宝峰禅寺马祖塔亭

五、塔亭

塔亭常伴随高僧塔出现，不知起源于何时。唐代即有塔亭，如洛阳相国寺慧云，开元年间（713—741），“终于寺之别院，葬今京之东郊寺庄，塔亭存焉”[1]。玄奘弟子长安大慈恩寺窥基，于唐文宗大和四年（830）迁建新塔，并作塔亭[2]。但从记载来看，唐代塔亭的数量不多。

江西省靖安县宝峰禅寺，有唐代高僧马祖道一的墓塔。唐贞元四年（788），马祖道一圆寂后建塔，宪宗追谥，名公立碑并立塔铭[3]。北宋元丰八年（1085），建石塔亭。亭高 5.5 米，深 5.17 米，全身用花岗石为材料榫接而成，六柱六角攒尖顶，上有亭刹。亭正面为敞开拱门，其余五面用青石板全封闭或半封闭。亭内石梁

[1]（宋）赞宁撰，范祥雍点校：《宋高僧传》卷二十六，上海古籍出版社，2014 年。

[2]“太和四年庚戌七月癸酉，迁塔于平原，大安国寺沙门令俭检校塔亭。”（宋）赞宁撰，范祥雍点校：《宋高僧传》卷四，上海古籍出版社，2014 年。

[3]“释道一，姓马氏。……弟子智藏、镐英、崇泰等奉其丧纪。宪宗追谥曰大寂禅师。丹阳公包佶为碑纪述，权德舆为塔铭。今海昏县影堂存焉。”（宋）赞宁撰，范祥雍点校：《宋高僧传》卷十，上海古籍出版社，2014 年。

图 4-13　湖北黄梅县四祖寺鲁班亭

图 4-14　湖北黄梅县四祖寺鲁班亭立面图（引自湖北省建设厅《湖北古代建筑》，中国建筑工业出版社 2005 年版）

下方刻有“圣宋元丰岁次乙丑五月癸巳朔廿八日庚申琢石重新建造□迹”铭文。这座石塔亭是中国现存最早的塔亭遗存。亭下原为马祖墓塔，毁于 20 世纪 60 年代。当时塔底挖出汉白玉石函一只，内装灰色瓷缸，缸内盛有鎏金小型塔瓮一只，瓮内盛有舍利数粒。

湖北黄梅县四祖寺的种松和尚塔，有塔亭，俗称鲁班亭。塔为宋代风格的无缝石塔。塔亭结构类似马祖塔亭。从塔亭北壁碑记可知，这座石亭建于北宋元符二年（1099）二月。这座石塔及石塔亭是中国现存最早的高僧塔及塔亭的整套遗存。

日本镰仓时代，净土真宗祖师亲鸾于弘长二年（1262）去世，弟子为其在京都东山的大谷建造小石塔，以埋藏遗骨。十年后的文永九年（1272），弟子又在大谷西侧建立一座六角形的建筑，在其内安置亲鸾遗像，并将小石塔移入其中，后世称该建筑为“大谷庙堂”。如今传世的《善信圣人亲鸾传绘》，就描绘了这座大谷庙堂的图像。从图像可知，该庙堂内部安置有亲鸾墓塔，庙堂本身为亭阁式建筑，顶部有火焰宝珠，是一座木结构塔亭。这是珍贵的木构塔亭图像资料。

吴越时期的塔亭，已经没有实物遗存，推测可能是木制而非石制。有明确建造塔亭记载的，有契此塔、令因塔、延寿塔、智顗塔等四例。其中契此塔与令因塔的塔院，均因塔亭而知名，前者俗称佛塔亭，后者俗称塔亭院。延寿塔之塔亭，由钱俶亲自建造，“树亭志焉”。隋代智者大师智顗的塔亭，为吴越时期专门重修，并重新立碑，碑记由僧主汇征所撰，可见当时对塔亭这一建筑的重视。

由此可见，塔亭不一定是高僧塔的标配。在吴越时期，可能是最高级别的高僧塔才有资格建造塔亭。令因是吴越僧统，智顗是天台宗祖师，延寿是国师级别高僧，地位相符。契此当时并非著名高僧，可能其塔亭之建造，是在北宋封为神僧之后。

对缺少木檐的砖石结构的高僧塔来说，塔亭起到了遮风挡雨的作用。而当一座石塔上面覆盖了一座亭阁式建筑，这个建筑也就变成了供奉高僧塔的塔殿。

六、塔院

吴越时期的高僧塔，有些位于本寺内的一个安静角落。如文辇塔于“善建寺中累石为小塔”、师蕴塔“结小塔于寺中缄藏”。这些塔可能没有专属的院落。

吴越时期的高僧塔院，尚未发现实物或考古遗存，但多数高僧塔在规划建造时，有塔院配套。有明确记载的，有文喜塔、令因塔、幼璋塔、道怤塔、神禄禅师塔、全付塔、令参塔、延寿塔等八例之多。文喜塔，有无著塔院。令因塔，于“锦里功臣山南面峰峦，营建塔

图 4-15 《善信圣人亲鸾传绘》（局部）中描绘的塔亭（日本京都佛光寺藏）

院”，名为净土塔院。幼璋塔，则是将原先一所小寺院改建为隐迹塔院。道忠塔建于龙册寺内，名为祖师舍利塔院。全付塔，大师生前即已建成，后来赐额为清化纯一塔院。令参塔，大师生前即已建成，得名光教塔院。延寿塔，由宋太宗赐额为寿宁塔院。这些都是高僧塔成为塔院的情况。

塔院中的核心建筑自然是塔，另外还有殿堂，名为“真堂”或“真殿”。唐末闽王王审知为福州雪峰寺义存禅师“建塔及真堂三间”[1]，天祐二年（905）王审知在宁德龟山大慈院建归真和慧观二塔，真殿五间[2]。可见塔院中有塔和真堂两种建筑，真堂用以奉祀高僧遗像。

塔院落成并赐额后，通常还有一定数量的僧人编制。令因塔所在的净土塔院，“命□小师省缘、省善、省□、省勤、省贞、省□、省□、省超、省□、省希等十人，焚修住持”。道忠塔，“今舍利院，弟子主之，香火相缀焉”。幼璋塔，“赐名额，令僧守护”。有了院额和僧人名额的塔院，实际上就是一座小型佛寺。

因此，有一些高僧塔院，后世就直接成为寺院。诸暨福田院，“晋天福四年，于归一禅师塔院基上建”[3]。这是吴越时期利用前代高僧塔院的基址建造的寺院。福州凤池寺，“汉乾祐元年置，本僧慧觉塔亭也”。这是吴越时期利用闽国高僧慧觉的塔亭改建的寺院。越州清化纯一塔院（即全付塔），北宋改为宝严院。衣锦军净土塔院（即令因塔），吴越时期改为光孝明因寺，宋代改额净土寺，成为临安县首屈一指的大寺。

七、大慈山

吴越国都杭州的高僧，有些不在本寺建塔，却建塔于杭州大慈山，如罗汉院宗彻、城南宝塔寺景霄、龙华寺圆照、龙兴寺宗靖、永明院令参、永明院延寿等，这显然体现了一种制度。这一高僧集中建塔的制度可能为武周时所创，因而唐代东都洛阳高僧多集中葬于龙门[4]。吴越时期显然仿照了唐代制度，将杭州各寺高僧集中安葬于大慈山。

大慈山，既是山名，也是寺院之名。寺院初名资庆，唐大中八年（854）改大慈，吴越开运二年（945）改仁寿，北宋改名祖塔法云院，后世改名定慧寺[5]。位于如今杭州西湖西南的虎跑风景区，有著名的天下第三泉虎跑泉，以及定慧寺遗址。大慈山为晚唐时高僧寰中

[1]“闽王遣使往江西瑞迹山搜致材石，为师建塔及真堂三间，与师造龛。”（清）福建通志局：《福建金石志》卷四，载《石刻史料新编》第二辑第十五册，台北新文丰出版公司，1979年。

[2]（宋）梁克家：《淳熙三山志》卷三十七，载《宋元方志丛刊》第八册，中华书局，1990年。

[3]（宋）施宿等：《嘉泰会稽志》卷八，载《宋元方志丛刊》第七册，中华书局，1990年。

[4]武周至盛唐时期，洛阳广福寺日照、天宫寺惠秀、长寿寺菩提流志、圣善寺善无畏、广福寺金刚智及长安大荐福寺义净、慈恩寺义福等著名高僧大德，均安葬于洛阳龙门西山，建有塔院。参见（宋）赞宁撰，范祥雍点校：《宋高僧传》，上海古籍出版社，2014年。

[5]“祖塔法云院：开成二年，钦山法师建，旧名资庆。大中八年改大慈，开运二年改仁寿。太平兴国六年改赐今额。”（宋）潜说友：《咸淳临安志》卷七十七，载中华书局影印本《宋元方志丛刊》第四册，中华书局，1990年。

图 4-16 大慈山遗址，位于现杭州虎跑公园内

所创，“浙江之北有山号大慈。居未久，檀信爰臻，旋成巨院。四方僧侣参礼如云”。寰中发现虎跑泉的灵异传说也是出自此时 [1]。寰中去世后，唐朝敕谥大师号性空，敕赐墓塔名定慧，也是后世定慧寺名称的来源。

吴越时期，位于城外幽静之处的大慈山，在唐代定慧塔院的基础上，逐渐增加了吴越国历代高僧的塔院。以迁葬的唐代罗汉院高僧宗彻塔（919）为最早记录。此后的景霄塔（927 后）、圆照塔（949）、宗靖塔（954）、令参塔（954？）、延寿塔（976），贯穿吴越全部时期，可见是吴越国一以贯之的制度。每一处高僧塔，应该都有独立的塔院。令参塔，名为光教塔院。延寿塔，则是由宋太宗亲自赐额，名为寿宁院。据南宋史料记载，还有“广济院”[2]、“寂照院”[3]、“资庆院”[4]、“广福院”[5]、“崇德院”[6]等。北宋文人郭祥正在《西湖百咏·大慈坞》中写道：“十刹密相望，林开一坞香。”可见大慈山内大约有十座吴越时期的高僧塔院，鳞次栉比。

北宋时，大慈山名为“祖塔法云院”，苏东坡曾题诗于此。“祖塔”之名，可能是指寰中所在的定慧塔院，也可能是指这里的历代高僧塔院 [7]。南宋时，部分塔院改为步军营。明清时期为虎跑定慧寺，民国时弘一法师曾在此修行。如今这里遗存的只有后世修建的济公塔院，吴越历代高僧的塔院早已不存。

吴越时期，当然也有杭州高僧不建塔于大慈山的情况。龙册寺开山祖师道怤去世后，“荼毗于大慈山坞”，“收拾舍利，起塔于龙姥山前”，在龙册寺内建立了祖师塔院。可能也是因为其为开山祖师，

[1]“释寰中。姓卢氏。河东蒲坂人也。……有说常乐寺山虎跑泉，当中公灭日，忽焉干涸，异哉。止资中之受用耳。至乾符丁酉岁，敕谥大师号性空，塔名定慧也。缙云太守段成式为真赞焉。”（宋）赞宁撰，范祥雍点校：《宋高僧传》卷十二，上海古籍出版社，2014 年。

[2]“广济院……移大慈山广济废院为额。”（宋）施谔纂修，（清）胡敬辑：《淳祐临安志辑逸》卷七，载（清）丁丙、丁申辑《武林掌故丛编》第十二册，广陵书社，2008 年。

[3]“寂照院：旧为施水庵，庆元六年移请大慈山废院为额。”（宋）施谔纂修，（清）胡敬辑：《淳祐临安志辑逸》卷六，载（清）丁丙、丁申辑《武林掌故丛编》第十二册，广陵书社，2008 年。

[4]“资庆院：旧为永宁庵，绍熙元年建。移请城南大慈山资庆废院为额，旧基今为步军营。”（宋）施谔纂修，（清）胡敬辑：《淳祐临安志辑逸》卷七，载（清）丁丙、丁申辑《武林掌故丛编》第十二册，广陵书社，2008 年。

[5]“大慈山：在龙山之西，有广福院。”（宋）潜说友：《咸淳临安志》卷二十三，载《宋元方志丛刊》第四册，中华书局，1990 年。

[6]“善本：大观二年终，赐号圆定，葬于大慈山崇德院，号定光塔。”（宋）潜说友：《咸淳临安志》卷七十，载《宋元方志丛刊》第四册，中华书局，1990 年。

[7]“《东坡病中游祖塔院》：紫李黄瓜村路香，乌纱白葛道衣凉。闭门野寺松阴转，攲枕风轩客梦长。因病得闲殊不恶，安心是药更无方。道人不惜阶前水，借与匏樽自在尝。”（宋）潜说友：《咸淳临安志》卷七十七，载《宋元方志丛刊》第四册，中华书局，1990 年。

特允建塔院于本寺。

进入北宋后，原吴越僧统通惠大师赞宁，去世后葬于西湖南山龙井栖真院前[1]，并未葬入大慈山，表明了大慈山高僧塔院制度的终结。

八、葬俗

全身葬，是中国古代的传统葬俗。火葬，梵语称荼毗或阇维，是佛教传入中国后出现的一种葬俗。安阳宝山灵泉寺的道凭法师烧身塔，建于北齐河清二年（563），是现存最早的火葬骨塔。但中国的佛教信徒，在很长的一段时间里，并没有完全接受火葬这一葬俗。因此唐宋时期仍然有很多高僧采取全身葬的形式安葬。

吴越初期的高僧，延续晚唐时期的传统，多数为全身葬。如楚南塔（888）、文喜塔（900）。这种葬俗的塔，往往有墓。根据令因塔所在的钱元玩墓的考古发掘来看，令因塔（924）也应是全身葬。这种墓室与坟塔的组合，延续的是隋唐以来高僧墓塔的传统，如杭州天竺寺隋代真观法师塔，“既而芟薙，果得之于东冈之下。封门旧发，其中延袤一丈，崇亦如之，状圆，似今之庵舍。三面砖壁，就垒小塔山所，犹组织之文。高可五尺，中一方坛，计安灵龛耳。出隧道外，复一圆室，小降于前，亦二小塔，此拟设香灯之所。表里甓甃，其工且丽”[2]。可见隋代真观法师塔，地表部分情况不详，地下部分其实是一座双室墓，墓中有数座小塔。吴越时期的令因塔，“墓前建塔，号普光塔，有石琢遗象”[3]，塔前有石翁仲，墓室也是双室墓，俨然就是一座坟墓[4]。温州鸿莒塔（933），也并有塔和坟。

吴越时期目前可考的最早一例火葬后以舍利建塔的高僧塔，是从礼塔（925）。辩光塔则是个很典型的案例，吴越初期建塔时是全身葬，长兴年间（930—933）重立塔时，改为火葬。此后直到吴越末期，高僧塔中所有可考葬式的案例，均为火葬后以高僧舍利建塔。这也代表了吴越时期佛教葬俗的巨大转变。

杭州西湖南山水乐洞侧，至今立有一方吴越开运三年（946）所立的《西关净化禅院新建之记》摩崖大碑，由当时的高僧大德冲瑗撰文，遂征书写。

> ……净化院者，即鉴诸道者之所建也。道者，永嘉人，受业于仙峰护国灵隐禅院。……幻相无情，尘缘将尽，百衲之衣

[1]“赞宁塔：在放马场栖真院前。”（宋）潜说友：《咸淳临安志》卷八十七，载《宋元方志丛刊》第四册，中华书局，1990年。

[2]（宋）施谔纂修，（清）胡敬辑：《淳祐临安志辑逸》卷二，载（清）丁丙、丁申辑《武林掌故丛编》第十二册，广陵书社，2008年。

[3]（清）彭循尧等：《宣统临安县志》卷一，载《中国地方志集成·浙江府县志辑》第七册，上海书店出版社，2000年。

[4]浙江省文物管理委员会：《杭州、临安五代墓中的天文图和秘色瓷》，《考古》，1975年第3期。

图 4-17 《西关净化禅院新建之记》摩崖碑刻

何直，周身之具奚求？爰寻佛言，备得教旨。且西土苾刍、苾刍尼，下至优婆塞、优婆夷，送往之礼，名以“阇维”。阇维之文，实火化也。弃余灰于远水，免遗骨于他山，牢无烦人，置不有地。即具以上事，达于庙朝，创佛祠于湖山，思祈为功德主。上曰：“六度门中，尝闻喜舍；八福田内，屡建津梁。勤王早立于大勋，奉佛素崇于至信。闻是善也，忻然在怀。”遂奏敕与，请置其所。乃于镇西关之右，延寿山之阳，郛郭匪遥，柴木甚便。命开基址，式建僧居。圣上允俞，锡名“净化”。阇维之道，兴于此焉。由是芸阁勋臣、香闺贵戚、府郭君子、阛阓信人，发心无难舍之财，集事有易成之力。像设毕备，舍宇一周。香灯舍昼夜之辉，钟磬续晨昏之韵。仍于院侧，立此方坛。或愿阇维，不计来众，资其事用，给以薪蒸，利济之门，无大于此。将欲纪录不朽，刊勒坚珉。海阔山高，莫并有为之福；毫枯笔竭，难书无尽之功。时开运三年岁在丙午二月十日记[1]。

碑记中提到，当时有一位来自温州永嘉的禅宗僧人鉴诸，他提出天竺僧尼信众的葬礼仪式名为“阇维”，“实火化也”。他大力提倡佛教徒火葬，并得到了当时的吴越国王钱弘佐的支持。钱弘佐批准鉴诸在杭州西关门之外，西湖南山中，新建了西关净化禅院（即后世的水乐洞外），专门用以火化佛教徒。钱弘佐赐名“净化”，即是此意。净化院之侧，专门砌筑了“方坛”，愿意前来火化的信众，可以免费使用，并提供柴薪。吴越国僧俗的“阇维之道，兴于此焉”。

西关净化禅院的兴建，与吴越中后期高僧均为火化，以骨灰（舍利）建塔的事实相呼应。代表了吴越中期开始，在禅宗的大力提倡下，吴越国僧俗信众在葬俗上的深刻变化。宋代以后，高僧塔一般不再附有墓穴。

九、寿塔

唐末福州著名高僧雪峰寺义存禅师，生前就为自己画出高僧塔的塔样（设计图），报呈闽王王审知。王审知为之搜致石材，建塔造龛，并真堂三间，塔号“难提”。天复三年（903），王审知为难提塔作铭：“虽然离散未至，何妨预置者哉？所以叠石结室，剪木合函，般土积石

[1]（宋）潜说友:《咸淳临安志》卷七十八，载《宋元方志丛刊》第四册，中华书局，1990 年。

为龛。诸事已备，头南脚北，横山而卧，惟愿至时，同道者莫违我意，知心者不易我志。”[1] 开平二年（908），义存去世，此时距离塔建成至少已有五年[2]。吴越初期高僧，多出自雪峰门下，这一生前造塔的习俗，也成为吴越时期高僧的风气。

杭州瑞龙院幼璋禅师，于天成二年（927）生前即向钱镠请求坟塔。钱镠于是为其在西湖边选了一处胜地，赐额度僧，创建塔院。幼璋去世后，其葬礼规模宏大，隆重葬入了生前即建好的塔院之中。

越州的全付塔为生前所建，“晋开运二年，建纯一禅师寿塔”，而全付去世于两年之后的开运四年（947）。婺州武义县的禅主和尚塔，有《周明昭院禅主和尚寿塔记》，“大理评事章仁安撰，广顺三年六月”，建寿塔的同时，还立有寿塔记。

还有跨越时间更久的。清泰三年（936），延寿为其师令参于大慈山建光教塔院，令参大约去世于显德元年（954），当时已经过去了十八年之久。

这种生前创建的高僧墓塔，名为“寿塔”。纯一禅师寿塔和禅主和尚寿塔，即是当时的正式名称。寿塔，如同帝王生前即已开始建造陵墓一般，在后世逐渐成为一种奢靡的风气。宋代慧宝在注解唐代神清所撰的《北山录》时，也批评了这一现象：“近见有禅伯未终，自令刻青石建大塔，绕以浮云，合以花座，四王守御，八龙肩杖。竟以王难归俗，不得居之也。”建好精美的寿塔，却被勒令还俗，可叹。

十、重建前代高僧塔

吴越国境内的前代高僧塔，著名的有婺州双林寺傅大士塔（南朝），杭州天竺寺真观禅师塔（隋），台州天台山智者大师塔（隋），杭州径山国一禅师塔（唐），杭州定业院鸟巢禅师塔（唐），杭州大慈山性空禅师塔（唐），杭州盐官悟空禅师塔（唐），睦州乌龙山少康塔（唐），温州松台山宿觉禅师塔（唐）等。

唐末有黄巢起义，钱镠部下的武勇都徐绾、许再思于天复二年（902）发动叛乱，另有杨吴的多次入侵。在这些战乱中，前代高僧塔多有损坏，有不少遭到乱军的发掘和破坏。如杭州的径山国一禅师塔、千顷山楚南塔、灵隐山无著塔，明州的辩光塔等。钱镠在平定叛乱后，重新修复了这些高僧塔。

[1]（清）福建通志局：《福建金石志》卷四，载《石刻史料新编》第二辑第十五册，台北新文丰出版公司，1979年。

[2]《淳熙三山志》认为，早在龙纪元年（889），义存即已建造寿塔。“难提塔：龙纪元年，真觉预造葬所。”（宋）梁克家：《淳熙三山志》卷三十四，载《宋元方志丛刊》第八册，中华书局，1990年。

年久失修的高僧塔，也会进行重建。隋代天台山智者大师、唐代盐官悟空禅师等前代著名高僧之塔，在钱俶时期得到重建。

也有迁移的情况。如杭州罗汉院唐代高僧宗彻塔，在罗汉院扩建中，被钱镠迁移到了大慈山高僧塔林之中。

在后世被神化的前代高僧墓塔，如义乌双林寺傅大士坟塔、睦州乌龙山少康坟塔，吴越时期以佛舍利视之，迁葬或改建于更高级别的楼阁式舍利塔。

十一、高僧塔升级成为舍利塔

《宋高僧传》中，有不少唐代高僧塔升级为舍利塔的案例。唐嵩岳少林寺慧安，景龙三年（709）去世，书载终年一百三十多岁。门人先为之建塔，三年后，改建为“浮图”[1]。杭州灵智寺德秀，天宝元年（742）去世，建塔时天降舍利，后人开塔，又发现其牙齿上生出舍利，于是为其“累甓成浮图”[2]。唐代来访的新罗国王子金氏，法号地藏，住于池州九华山化城寺，贞元十九年（803）去世，终年九十九岁，三年后待要送其尸身入塔，其容貌不腐，于是改“立小浮图于南台”[3]。晚唐绛州龙兴寺玄约，终年七十六岁，去世后火葬收得舍利数百粒，于是弟子为其“构砖浮图于郡城之西”[4]。晚唐五代时的著名画僧贯休，乾化二年（912）在成都东禅院去世，终年八十一岁。乾化三年（913），前蜀皇帝为其“官葬，塔号白莲”。后又在乾德中（919—924），“升迁为浮图”[5]。

在《宋高僧传》的这些史料中，作者赞宁刻意强调了“塔”和“浮图”的区别，说明了唐五代时期，称高僧塔为塔，称舍利塔为浮图，以示区别。这些案例的主角均是著名高僧，且去世后大多传说有灵异现象，受到门人弟子甚至帝王的尊崇，于是将高僧坟塔升级成为舍利塔。如今存世的长安兴教寺玄奘塔、窥基塔，以及 2016 年于洛阳龙门香山寺发掘得到的日照（地婆诃罗）塔遗址，应该都是唐代升级成为舍利塔后的状态。玄奘塔，麟德元年（664）建于白鹿原，总章二年（669）迁于长安城南少陵原，并建兴教寺，塔高 21 米，砖塔，方形五级楼阁式；其旁的窥基塔，大和三年（829）迁入兴教寺玄奘塔侧，高 6.76 米，砖塔，方形三级楼阁式。这两座砖塔，一大一小，应该就是分别对应上文中的“砖浮图”和“小浮图”。

吴越时期能够升级成为舍利塔的高僧塔，案例十分少，且都是

[1]“释慧安，姓卫氏，荆州支江人也。……春秋一百三十许岁。起开皇二年至景龙三年故也。火焚尸毕，收舍利八十粒，内五粒红紫色进内，余散施。随力造塔。先天二年，门人建浮图焉。”（宋）赞宁撰，范祥雍点校：《宋高僧传》卷十八，上海古籍出版社，2014 年。

[2]“释德秀，俗姓孙氏，富阳人也。……及终于定山，颇多灵异。则天宝初载也，迁神座入塔。时天降舍利七颗，门人以瓶盛之，缄于其塔。或发之，见秀齿上生舍利，纷纷而坠，后人还累甓成浮图。”（宋）赞宁撰，范祥雍点校：《宋高僧传》卷十四，上海古籍出版社，2014 年。

[3]“释地藏，姓金氏，新罗国王之支属也。……以贞元十九年夏，忽召众告别，罔知攸往，但闻山鸣石陨，扣钟嘶嗄。加趺而灭，春秋九十九。其尸坐于函中，洎三稔，开，将入塔，颜貌如生。举舁之，动骨节若撼金锁焉。乃立小浮图于南台，是藏宴坐之地也。”（宋）赞宁撰，范祥雍点校：《宋高僧传》卷二十，上海古籍出版社，2014 年。

[4]“释玄约，姓张氏，正平人也。……终本院小房，俗寿七十六，法腊五十六。学法弟子道俗收焚坑舍利数百粒，构砖浮图于郡城之西焉。”（宋）赞宁撰，范祥雍点校：《宋高僧传》卷七，上海古籍出版社，2014 年。

[5]“释贯休，字德隐，俗姓姜氏。金华兰溪登高人也。……梁乾化二年终于所居，春秋八十一。蜀主惨怛一皆官葬，塔号白莲，于城都北门外，升迁为浮图。乃伪蜀乾德中，即梁乾化三年癸酉岁也。”（宋）赞宁撰，范祥雍点校：《宋高僧传》卷三十，上海古籍出版社，2014 年。

前代高僧，如南朝的傅大士、唐朝的善导和少康等。吴越时期高僧，即使是德韶、延寿这样的国师级别高僧，也未能建舍利塔。这说明吴越时期对于建设舍利塔，制度十分严格，不像唐代和前蜀时期，数年之间就升级成为舍利塔，过于随意。

十二、未建塔的高僧

除了前述吴越天福八年（943）于大慈山建幢的那名高僧，还有相当数量的高僧未能建塔，他们的安葬形式多样。如著名的长耳和尚行修，乾祐三年（950）去世，“檀越弟子以漆布”包裹其全身，供养于寺中[1]。王罗汉于开宝元年（968）去世，“三日后漆布之”，“至今肉身存于本寺”，僧正赞宁为其撰碑，钱俶赐号“密修神化尊者”[2]。绍岩于开宝四年（971）去世，“荼毗于龙井山”，遗骨收入石函中，安置于寺内供奉历代祖师顶像的影堂，国舅孙承祐为其撰碑[3]。永安于开宝七年（974）去世，火葬后存舌，“今藏普贤道场中”[4]。

不论是建幢于大慈山塔林，还是全身漆布供养寺中，抑或是火葬后取遗骨供养寺中。这些都应是级别不够建塔的吴越国高僧所采取的安葬手段。至于更低级别的普通僧众，应该与后世的普同塔、海会塔类似，集中安葬于一座僧墓塔中。

十三、总结

吴越时期高僧塔，虽然已不存实例，但从文献资料来看，其建塔制度，塔铭、塔亭、塔院的设置，均继承自唐代。代表吴越时期新风尚的，主要还是葬俗的改变，禅宗火葬的流行，使得高僧塔不再带有墓穴龛室，逐渐从形制上转变为卵塔，材质以石为主，成为宋代流行的卵塔形式。高僧塔一般带有塔院，级别更高的则有塔亭。生前建设寿塔，成为一时流行的风气。神化的前代高僧塔，则可能升级为舍利塔。此外，吴越时期高僧建塔尤为严格，也是其一大特色，因此数量较少，后世几乎一无遗存。

[1] “释行修，俗姓陈，泉州人也。……杭人号长耳和尚。以乾祐三年庚戌岁十一月示疾，动用如平时。以三月中夜坐终。檀越弟子以漆布，今亦存焉。后寄梦睦州刺史陈荣曰：吾坐下未完。检之，元不漆布，重加工焉。”（宋）赞宁撰，范祥雍点校：《宋高僧传》卷三十，上海古籍出版社，2014 年。

[2] “释王罗汉者，不测之僧也。……开宝初年六月内忽坐终。三日后漆布之，忽闻两颊间鸣咤声，皆云溃烂。夜寄梦与数人曰：布漆我昏闷，如何开焉？明日召漆工剥起，肉色红白，有圆粒舍利堕落，收而供养。至今肉身存于本寺。时僧正赞宁作碑纪异。汉南国王钱氏，私易名为密修神化尊者。”（宋）赞宁撰，范祥雍点校：《宋高僧传》卷二十二，上海古籍出版社，2014 年。

[3] “释绍岩，俗姓刘，雍州人也。……开宝四年七月有疾，不求药石，作偈累篇示门徒曰：吾诵经二万部，决以安养为期。跏趺坐亡，享龄七十三，法腊五十五。丧事官供荼毗于龙井山，获舍利无算，遗骨若玉莹然，遂收合作石函，置于影堂。大宁军节度使赠太师孙承祐为碑纪述焉。”（宋）赞宁撰，范祥雍点校：《宋高僧传》卷二十三，上海古籍出版社，2014 年。

[4] “释永安，姓翁氏，温州永嘉人也。……以开宝甲戌岁终而焚之，其舌存焉，累投火，锻色虽同乎炽炭，寒则柔弱。今藏普贤道场中。春秋六十四，法腊四十四云。”（宋）赞宁撰，范祥雍点校：《宋高僧传》卷二十八，上海古籍出版社，2014 年。

第五章 吴越国经幢通考及相关问题研究

[1] 刘淑芬：《灭罪与度亡——佛顶尊胜陀罗尼经幢之研究》，上海古籍出版社，2008年。

[2]（清）阮元：《两浙金石志》卷四，浙江古籍出版社，2012年。

经幢，原为丝织品，书写经咒，供僧俗礼拜瞻仰。

石经幢之建，随佛教密宗而起，起源于盛唐，兴盛于晚唐。五代及辽上承唐代，石经幢之风不减。逮至宋金，由于禅宗兴起，密教衰落，石经幢不再流行。至于元明清时，更少有营造。故中国石经幢之建，以晚唐、五代、宋辽为最盛。石经幢通常简称为经幢，故下文的经幢，若无明确材质，均指石经幢。

关于唐代佛顶尊胜陀罗尼经幢的由来、功能、性质及形制，刘淑芬所述甚详[1]。关于吴越经幢之研究，由于目前存世吴越经幢较少，多停留于灵隐寺双幢、梵天寺双幢等个体形制研究。

吴越时人，对起源于唐代的经幢，有着深刻的认识。高僧汇征在五百罗汉院幢记中写道："夫立幢之垂范，乃造塔之滥觞。刊梓刻檀，嫌其易朽；镂金镌碧，虑以难藏。不若挺叱羊射武之贞姿，编贯玉联珠之梵字，可大可久，如山如河。"[2]他认为石幢起源于塔，其用于刻写梵文经咒，不会腐朽，不易被盗，可以传之后世，是最佳的载体。

笔者对吴越地区的经幢做了全面的调查，尽可能还原已知吴越经幢之全貌。然后通过这批经幢的材料，来探讨吴越国经幢的形制、功能、布局等一系列问题。

吴越时期所建的经幢，包含了两种情况。一种是吴越时期始建的经幢，这类占了主要部分；另一种是重修唐代旧幢，也统计入内。

第一节 吴越国经幢通考

笔者总计发现39处吴越时期经幢。经幢以所属寺院命名，寺名以吴越时期名称为准。若无寺院者，冠以施建人姓名。石幢在名称中不注明材质，铁幢则注明。前注所属州县，按建造年代排序。

一、杭州新登·碧沼院幢（887）

新登县南六里有宁国院。据北宋杭州高僧元照撰写的《宁国院记》，寺院建于西晋，初名碧流院。历经唐末的会昌灭佛和黄巢起义，院毁。唐光启三年（887），钱镠部下大将新登人杜棱重建寺院，并在殿前建石幢。吴越天福八年（943），僧人重建大殿，钱弘佐更名为碧沼院。北宋改宁国院[1]。该幢刻经不详。

二、杭州·钱镠造三铁幢（约910）

《咸淳临安志》载，南宋临安京城便门侧有铁幢浦，相传该处铁幢为吴越王钱镠所立，以为镇潮。南宋时钱氏后人说，在海塘高低不同位置，共有三所铁幢，此为其一，则另二处也在附近[2]。

明代时，利津桥北仍有一处铁幢尚存。“幢制首圆如杵，径七八寸许，出土约三尺，余其趾入土，不知几许。”另外两处已不存，当时故老相传，“一在旧便门街东南小巷，今其巷尚名曰铁箭。一在旧荐桥门外。皆堙塞于民居”[3]。

从形制来看，铁幢比一般石幢要小，且未有刻经的记载，可能并非传统意义上的经幢，因此后世也称其为“铁箭”。

据《吴越备史》，吴越天宝三年（梁开平四年，910）“八月，始筑捍海塘。王因江涛冲激，命强弩以射涛头，遂定其基，复建候潮、通江等城门”[4]。钱镠筑捍海石塘，铁幢可能即建于此时。铁幢浦的位置，大约位于杭州上城区江城路江城中学附近，该处曾发现吴越时期的捍海石塘遗址。

三、杭州·大钱寺双幢（911）

明代《西湖游览志》记载，吴越天宝四年（梁开平五年，911），钱镠于废弃的仁王院土中得到大钱，认为是祥瑞，遂建大钱寺，并在寺门前建双幢。大钱寺废后，在其基址上建设六和塔[5]。

[1]“院有记，新城邑古为东安郡，宁国院在邑之南，相去五六里。……仍闻于朝，遂赐‘碧流’为其额，命僧以主香火，即晋惠帝隆安五年也。自是逮于唐末，经会昌，累遭废而台殿犹存。至懿宗咸通中，孙干与众进状，乞请重创，遂复元额。中和间，巢寇作乱，例为煨烬。至光启三年，梁太师杜棱复葺廊宇，起石幢于殿砌。晋天福八年，院僧得铢、智聆等重建大殿，吴越王钱氏始更为碧沼，以其门枕小池故也。……凤山释元照记。”（宋）施谔纂修，（清）胡敬辑：《淳祐临安志辑逸》卷七，载（清）丁丙、丁申辑：《武林掌故丛编》第十二册，广陵书社，2008年。

[2]“铁幢浦：在今便门侧。土人相传云，吴越王射潮箭所止处，尝立铁幢，因以名之。又有闻诸钱氏子孙者，谓钱王筑塘时，高下置铁幢凡三以卫水，此则其一也。淳祐戊申，赵安抚与筹买民地，置亭其上。”（宋）潜说友：《咸淳临安志》卷三十六，载《宋元方志丛刊》第四册，中华书局，1990年。

[3]（明）夏时正：《成化杭州府志》卷五，明成化十一年刻本。

[4]（宋）钱俨：《吴越备史》卷一，载傅璇琮等主编《五代史书汇编》第十册，杭州出版社，2004年。

[5]“先是，梁开平五年，钱王于仁王废院掘地得大钱，以为瑞应，因建大钱寺，设宝幢二座于寺门。入宋，寺废，禅师乃即钱氏南果园建塔，以镇江潮。”（明）田汝成：《西湖游览志》卷二十四，载（清）丁丙、丁申辑《武林掌故丛编》第十册，广陵书社，2008年。

四、杭州·石屋崇化寺幢（911）

南宋《容斋四笔》记载，南宋临安府，有一个叫做王顺伯的人，专门收古碑石刻，其中“有临安府石屋崇化寺尊胜幢云：时天宝四年岁次辛未四月某日，元帅府府库使王某”[1]。

石屋崇化寺，未见宋代方志记载。该幢建于吴越天宝四年（911），为佛顶尊胜陀罗尼经幢，由元帅府府库使王某施建。元帅，即指此时的天下兵马都元帅钱镠。

五、杭州·灵隐院幢（912）

这位王顺伯同时还收有杭州明庆寺白伞盖陀罗尼幢，上刻：“吴越国女弟子吴氏十五娘建。”其发愿文序曰：“十五娘生忝霸朝，贵彰国懿。天宝五年太岁壬申月日题。”[2]

明庆寺，位于杭州城北，龙兴寺西南，建于唐大中二年（848），初名灵隐院，北宋改额明庆寺。寺院规模颇大，以至南宋建都后，以该寺承担东京大相国寺的功能[3]。

吴越天宝五年（912）时，吴越国尚未正式建国，尚属藩镇，而此时杭州信徒吴十五娘已经自称吴越国人，用吴越私行的天宝年号，并用“霸朝”“国懿”之语，可见当时钱镠建国称帝之雄心，已传播于民众之中。

《白伞盖陀罗尼》，全称“白伞盖大佛顶陀罗尼”，唐代不空三藏所译，即《大佛顶陀罗尼经》。

六、杭州·龙兴寺幢（915）●

杭州灯芯巷口，现存原龙兴寺经幢一座，为全国重点文保单位。经幢残高 4.2 米，底座对径 1.15 米，幢身高 1.7 米，八面，面宽 0.27 米。自下而上依次为须弥座、平座、幢身、腰檐、短柱、腰檐、幢顶。经幢七面刻经，为《佛顶尊胜陀罗尼经》，含经序、经文、咒语的全部内容。第八面刻有幢记，幢记年代不一，依年代排列如下：

唐开成的始建题记为：“开成二年正月一日建。建主郑彻，同建造僧宗亮，同勾当造幢吴中则，处士胡季良书，都料匠吴兴祝郁，弟咸刻字。”

[1][2]（宋）洪迈：《容斋四笔》卷五，载上海师范大学古籍整理研究所编：《全宋笔记》第五编第六册，大象出版社，2012 年，第 260—261 页。

[3]“在木子巷北。唐大中二年僧景初建，为灵隐院，大中祥符五年改今额。中兴驻跸视东京大相国寺。”（宋）潜说友：《咸淳临安志》卷七十六，载《宋元方志丛刊》第四册，中华书局，1990 年。

图 5-1　杭州龙兴寺幢现状（郭欣摄）

唐大中的重建题记为："奉为国王、太子、辅相大臣、州县采寮，及多生父母、十方施主、法界有情，重修此幢，永充供养。大中五年八月廿四日建。勾当僧可仪，大德僧幼则，老宿僧惟素，大德僧道仪，供奉大德僧贞实，监寺大德僧良涤，长讲律大德僧怀志，僧常居，法师洪彬，僧惠超，都维那僧志圆，寺主僧文乂，上座僧智常同舍钱，助缘人前衡州衡山县令陈俅，前国子监明经姚继文，前明经夏敦礼、祝师益、陈谦、徐宏发、徐□、汪景复、汤简文、褚达、郑绛、钱处实、沈文渐、朱德。"

五代梁的重建题记为："梁乾化五年五月八日头陀僧处道重修建，内有舍利五十四颗，琉璃瓶盛。"

南宋的重建题记为："淳祐八年三月初八日□□众人修□□□。"

清初的重建题记为："是幢久没民间，幸于明崇祯丙子年放光，遂得。兴缘檀越沈演、方子将、冯洪叶、王元建舍资。沙门元神、海音复创于大清顺治乙未九月十三日，千佛寺住锡龙兴□忠重修建。"[1]

[1] 以上内容均据浙江省博物馆藏拓本录文。

图 5-2　杭州龙兴寺幢记（局部）（郭欣摄）

从幢记来看，该幢始建于唐开成二年（837），历经唐大中五年（851）、梁乾化五年（915）、南宋、清，共四次重修，遗传至今。

龙兴寺乃唐五代时期杭州大寺，宋时改名大中祥符寺。唐、吴越、北宋时，“广袤九里有奇”，寺域广大。开成时建幢，大约会昌灭法时寺毁，大中复法，重修经幢。唐末天复二年（902）时，徐绾、许再思叛乱，占据龙兴寺为兵营达数月之久[1]，大约经幢又毁。至梁乾化五年（即吴越天宝八年，915），境内安定，经幢亦重修于此时。这一次由头陀僧（即苦行僧）处道负责重修，他大约在幢体之内增加了一个孔眼，安置一个琉璃瓶，内装 54 颗舍利。这是一种创新的尝试。

据清代《龙兴祥符戒坛寺志》引《祥符古志略》云：“尊胜幢二座，一在柴房下，一在俞屋下，崇祯丙子放光，震地涌出，众善赎出。”并有按语“今仅存一座”[2]。该幢身题记最后一行清初题记也写到此事，说明该幢后世又毁，明末重新发现，清初重立时移到寺前。另一幢清代已不存，可能也是唐幢。

七、杭州·福庆庵幢（916）

明代《武林梵志》记载，杭州定光寺，在武林门外，初名福庆庵，建于梁贞明二年丙子（即吴越天宝九年，916）。福庆庵建成时，建有石幢，镌刻《大佛顶陀罗尼经》[3]。由于神异僧长耳和尚居住于此，并现出定光佛化身，吴越天福四年（939），钱元瓘改福庆庵为定光寺。

杭州都督府，属于唐代遗留的机构建置，其主要权力和职能已经过渡给了镇海军节度使。

八、杭州武康·永安寺双幢（918）

《吴兴金石录》引《武康疏志》载：“尊胜陀罗尼经幢三，一在武康之大慈仁寺，会通元年立；二在永安寺，天宝十一年立，并无书

[1]（宋）钱俨：《吴越备史》卷一，载傅璇琮等主编《五代史书汇编》第十册，杭州出版社，2004 年。

[2]（清）张大昌：《龙兴祥符戒坛寺志》卷三，载赵一新主编《杭州佛教文献丛刊》第二辑，杭州出版社，2007 年。

[3]“定光寺：初名福庆庵，创自大梁贞明二年丙子，杭州都督府钱塘县节度讨击副使方铢，同众共造石幢一具，镌《大佛顶尊胜陀罗尼咒》于上，其文略曰：‘布金设象，宝刹交辉，土净昙生，宛如佛国现存。’后唐天成二年，大为增创，复昌于晋天福四年。盖吴越王因长耳和尚来居于此，显定光古佛化身，遂改为定光禅寺，在武林门外清湖中闸、上关门巷内。”（明）吴之鲸：《武林梵志》卷四，载赵一新主编《杭州佛教文献丛刊》第一辑，杭州出版社，2006 年。

人姓名。”[1] 大慈仁寺幢，可能为会昌元年（841）的唐幢。而永安寺双幢，应为吴越天宝十一年（918）同年树立，均刻《佛顶尊胜陀罗尼经》。

九、杭州·奉国寺双幢（919 前）

2001 年，在杭州南宋临安府治的发掘中，发现了两座吴越时期的经幢基座。其中西幢的基座保存完整，如今安置于杭州博物馆门前；东幢的基座较残，保存于杭州博物馆的库房之中。

奉国寺西幢基座，平面呈八边形，分上、中、下三层砌作，通高 0.67 米。底层与中层用素面大理石，最上层的台基雕饰精美，八个侧面雕刻山岳纹，顶部平面雕刻海水纹，即吴越时期流行的“九山八海”纹。在海水纹的中心，有对径为 1.4 米的素面八边形，应是原来放置经幢须弥座的位置[2]。另外，伴出构件还有“白色太湖石制作的须弥座、塔檐脊兽等残件，以及菩萨立像、天王立像等遗物”[3]。

南宋临安府治在清波门北，《淳祐临安志》载：“建炎四年，翠华驻跸，徙治于清波门北，以奉国尼寺故基创建。”[4]《咸淳临安志》引《三朝北盟会编》载：“是时，百司官府皆草创，往往草舍。于杭州州治为大内，临安府迁于奉国寺基。”

[1]（清）陆心源：《吴兴金石录》，载《石刻史料新编》第一辑第十四册，台北新文丰出版公司，1982 年。

[2] 据笔者实测，奉国寺西幢须弥座残迹的对径为 1.4 米，须弥座尺寸接近城南宝塔寺双幢（1.45 米）和奉先寺双幢（1.38 米），小于闸口白塔（1.7 米）和灵隐寺双石塔（1.6 米），故出土基座应为经幢之基座。

[3] 杜正贤：《南宋临安府治初露端倪——杭州临安府治遗址》，载《2000 年度中国十大考古新发现》，三联书店，2005 年。

[4]（宋）施谔：《淳祐临安志》卷五，载《宋元方志丛刊》第四册，中华书局，1990 年。

图 5-3　杭州奉国寺西幢基现状（杭州博物馆藏）

此处即为吴越时期国家第一尼寺——奉国尼寺的故址。北宋改为净因寺，仍为尼寺。北宋末年可能毁于方腊起义，故南宋初年已成“故基”。

奉国寺双幢，南宋末年仍存。“净因石塔：在府治前，元系净因尼院双塔，上刻佛像、经咒。今在民屋后，风雨晦冥间，有祥光如然灯。”[1] 吴越时期经幢往往高达十余米，有腰檐、佛像、经咒的雕刻，常被后人视作石塔。府治前，即之前的奉国寺门前。后世出土于南宋临安府治前的经幢基座，即是原先的奉国寺双幢。

由于奉国寺毁于北宋末年，故南宋方志皆不载其寺院沿革。《吴越备史》中记载，吴越天宝十三年（梁贞明五年，919）去世的钱镠正妻——吴越国正德夫人吴氏，曾游赏奉国寺[2]。可见奉国寺至少建于此时之前，双幢大约建于建寺之时。

十、苏州·半塘法华院幢（923）

清代的《涉闻梓旧》中记载了如下一段文字：“后梁尊胜陀罗尼经幢：右幢在虎丘半塘寿圣寺中，江夏郡黄氏十五娘造。梁龙德三年九月廿一日建。”[3]

半塘寿圣寺，即始建于东晋义熙十一年（415）的半塘法华院，有法华塔[4]。

十一、衣锦军·竹林寺双幢（924）

临安海会寺遗址，位于临安城西二里西墅竹林桥西南向约百步，遗址上原立有吴越时期所建的双幢，东西相对，皆毁于“文化大革命”时期。海会寺即吴越国竹林寺，萧梁时始建。

双幢的幢身上刻经，左幢（东幢）为《佛说千手千眼观世音菩萨广大圆满无碍大悲真言陀罗尼经》，右幢（西幢）为《佛说守护国界主陀罗尼经》。

双幢上的刻经尾部均有幢记，内容相同：

> 当使早以训齐兵旅，讲武家山，为国为民，摧凶弭寇，继平蛇豕，以静江南。累蒙七帝酬恩，功归第一，以至双封两国，连统三坛，为明代之父师，帅天下之兵柄。唯以上尊天地，次敬神明，兴三教之慈宗，建六通之法宇。乙亥岁，暂归故里，

[1]（宋）潜说友：《咸淳临安志》卷八十二，载《宋元方志丛刊》第四册，中华书局，1990年。

[2]“夫人将游奉国寺中，王乃命帛百匹，以备散施。夫人曰：‘妾备尝机杼之劳，遽以游赏费之，非念人之道。’遂不受而罢，其仁慈节俭如此。”（宋）钱俨：《吴越备史》卷二，载傅璇琮等主编《五代史书汇编》第十册，杭州出版社，2004年。

[3]（清）蒋光煦：《涉闻梓旧》卷十六，咸丰六年重刻本。

[4]“半塘法华院：在长洲县西北七里，彩云桥西。寺有雉儿塔。……魏宪《重修塔记》：半塘寿圣浮屠，按旧记云，晋义熙十一年，名法华塔。”（宋）范成大：《吴郡志》卷三十四，载《宋元方志丛刊》第二册，中华书局，1990年。

遍集胜因，以功臣山之奇峰，爰崇禅室；观竹林寺之湫隘，重构莲宫。半载之中，庄严俱毕，皆选净名长老，各为住持，冀广善牙，常资妙觉。昨以寺院功毕，金像周圆，特于殿前建立《千手千眼大悲真言经》及《守护国界主陀罗尼经》两幢，充扬胜事。所冀珠缄宝偈，睹者生缘；步影飞尘，沾者获善。而以福均土地，光荫乡园，克兹先远，松楸共泰，锦城军俗，以增幽显，利等恒沙。时宝大元年岁次甲申五月一日，天下都元帅吴越国王镠建[1]。

据幢记所述，吴越天宝九年（乙亥岁，915），钱镠亲赴衣锦军主持新建功臣寺，重建竹林寺，均半年建成。北宋蔡襄称赞竹林寺："竹林最得山水佳处，因大治之，益广前制。当是时，吴中浮屠居虽百千数，无是伦者。"[2]

双幢则是在竹林寺创建九年之后的宝大元年（924）全部工程完成，"寺院功毕，金像周圆"，钱镠亲自建立，立于殿前。阮元记载，幢身高六尺二寸（2.2 米），八面，周长八尺八寸（3.1 米）。

《两浙金石志》描述："二幢在临安县西二里海会寺前……东西相对，制极雄伟。"[3] 说明清代时，竹林寺双幢保存状态良好，巍然屹立。但幢记中记载的是"殿前"，可见清代海会寺的规模可能缩小，双幢已在寺前。

20 世纪 60 年代初，双幢俱在，东幢倒伏在地，西幢完好直立，高 12.1 米[4]。从西幢的旧照片来看，"九山八海"纹台基上承三重须弥座，上为八角幢身，其上为华盖、腰檐、仰覆莲、短柱、幢顶等层层构件。王士伦在调查中描述："幢下部束腰三层，第一层雕有石兽，第二及第三两层雕有人物。幢顶仰莲旁有一飞天合掌外向，势欲飞出。"[5]

双幢均毁于 20 世纪 60 年代，残件长期堆放于原址。近年来，文物部门收集了遗址上的残件，现藏临安博物馆。

图 5-4　20 世纪中期衣锦军竹林寺西幢旧影（浙江省博物馆藏）

[1][3]（清）阮元：《两浙金石志》卷四，浙江古籍出版社，2012 年。

[2]"海会寺，梁大同中始作，号曰竹林，及五代正明之初，钱吴越王又新之。"（宋）蔡襄：《海会寺记》，载（宋）潜说友《咸淳临安志》卷八十三，载中华书局影印本《宋元方志丛刊》第四册，中华书局，1990 年。

[4] 陈从周：《浙江古建筑调查记略》，《文物》，1963 年第 7 期。

[5] 王士伦：《浙江临安县的文物古迹普查》，《文物参考资料》，1957 年第 2 期。

图 5-5 衣锦军功臣寺幢基残件（引自临安市钱镠研究会《吴越国功臣寺遗址的发掘研究》，《今日临安》2015年10月30日第11版）

十二、衣锦军·功臣寺幢（约924）

功臣寺位于衣锦城南，原为钱镠故宅，背靠功臣山。后世功臣寺废弃，仅有功臣寺塔屹立在功臣山巅。

2003年，临安功臣山南麓发掘出一处吴越国初期大型寺庙建筑遗址，该遗址为五代时期佛寺遗址考古发掘的珍贵案例。“遗址为廊院式平面布局，依山而建，建筑严格按中轴线左右对称建制，由石经幢、前殿、天井、钟楼、主殿、天井、过廊和后殿及两侧众多厢房组成。功臣寺塔位于遗址北面的功臣山顶。与史料对照，可确定为吴越王钱镠‘舍宅为寺’而建的功臣寺遗址。”[1]

从遗址中发现的功臣寺石经幢残件，侧面带有双层山岳纹，底部带有海水纹，应为吴越时期经幢基座的“九山八海”纹台基部分。

在竹林寺幢记的描述中，将功臣寺和竹林寺并举，并且功臣寺列在前，推测这篇幢记应是功臣寺和竹林寺两座寺院共同的建幢记。当时在功臣寺殿前，应该也建立了《千手千眼大悲真言经》及《守护国界主陀罗尼经》两幢。功臣寺幢残件发现于殿前，也能佐证此事。

十三、杭州·九里松观音寺幢（925）

据《容斋四笔》记载，南宋临安府九里松观音寺有九里松观音尊胜幢，“宝大二年岁次乙酉建”[2]。

《宝刻丛编》引《复斋碑录》记载更详：“吴越加句尊胜咒幢：婺州浦江县女弟子胡氏二娘，宝大二年岁次乙酉十一月八日建，在九里松观音寺。”[3]

南宋临安府观音寺院众多，该处寺院俗称九里松观音寺，但未见南宋方志记载，不知其吴越时期寺名。该幢为加句灵验佛顶尊胜陀罗尼幢，建于吴越宝大二年（925），施建人为婺州浦江县女弟子胡氏二娘。

[1] 黎毓馨：《吴越胜览——五代时期吴越国文物综述》，《收藏家》，2011年第12期。

[2]（宋）洪迈：《容斋四笔》卷五，载上海师范大学古籍整理研究所编《全宋笔记》第五编第六册，大象出版社，2012年。

[3]（宋）陈思纂：《宝刻丛编》卷十四，载《石刻史料新编》第一辑第二十四册，台北新文丰出版公司，1982年。

十四、杭州·水月寺幢（926）

据《容斋四笔》，南宋临安府水月寺有经幢，刻云："宝正元年丙戌十月，具位钱镠建。"[1] 该幢为吴越宝正元年钱镠亲建，刻经不详。

据南宋史料："水月寺：路口有灵固石。"[2]"灵固石：在方家峪水月寺，慈云岭两路口道堂后。"[3] 由此可知，水月寺在"方家峪"，即慈云岭北。

十五、杭州·招贤寺幢（927）

据《容斋四笔》，南宋临安府招贤寺有经幢，刻云"丁亥宝正二年"[4]。

招贤寺，即南宋时的禅宗院，"开运三年，钱氏建院，元额招贤，治平二年改今额"[5]。位于西湖北山葛岭。该幢建于吴越宝正二年（927），早于建院年代，因此可能移自别寺。

十六、杭州·南山昭庆寺、金牛护法院、玛瑙宝胜寺等九幢（927—930）

据《容斋四笔》，南宋临安府有"小昭庆、金牛、玛瑙等九幢，皆（宝正）二年至五年所刻"[6]。

小昭庆，即"南山昭庆寺"，创立于吴越长兴三年（932），钱元瓘建，在今西湖南侧长桥一带[7]。

金牛，即"金牛护法院"，创立于吴越天福五年（940），钱元瓘建，在北山大昭庆寺旁，吴越时期寺名不详[8]。

玛瑙，即"玛瑙宝胜寺"，创立于吴越开运三年（946），钱弘佐建，当时寺在孤山，寺名不详。北宋改名玛瑙宝胜寺，南宋初孤山建四圣延祥观，寺迁至北山葛岭[9]。

这九座经幢皆为宝正二年至五年（927—930）所建，南宋时分属上述几所寺院。但这些经幢的建幢年代均早于建寺年代，可能在建幢时这些寺尚无寺额，为低等级的庵堂。

[1][4]（宋）洪迈：《容斋四笔》卷五，载上海师范大学古籍整理研究所编《全宋笔记》第五编第六册，大象出版社，2012 年。

[2]（宋）周密：《武林旧事》卷五，载（清）丁丙、丁申辑《武林掌故丛编》第一册，广陵书社，2008 年。

[3]（宋）潜说友：《咸淳临安志》卷三十，载《宋元方志丛刊》第四册，中华书局，1990 年。

[5]（宋）潜说友：《咸淳临安志》卷七十九，载《宋元方志丛刊》第四册，中华书局，1990 年。

[6]（宋）洪迈：《容斋四笔》卷五，载上海师范大学古籍整理研究所编《全宋笔记》第五编第六册，大象出版社，2012 年，第 260—261 页。

[7]"长兴三年，吴越王建。"（宋）潜说友：《咸淳临安志》卷七十八，载《宋元方志丛刊》第四册，中华书局，1990 年。

[8]"天福五年钱氏建，治平二年改今额。"（宋）潜说友：《咸淳临安志》卷七十九，载《宋元方志丛刊》第四册，中华书局，1990 年。

[9]"开运三年钱氏建，治平二年改赐今额，绍兴二十二年以其地为延祥观而徙寺于葛岭之东。"（宋）潜说友：《咸淳临安志》卷七十九，载《宋元方志丛刊》第四册，中华书局，1990 年。

十七、杭州·天竺日观庵幢（932）

据《容斋四笔》，南宋临安府有天竺日观庵经幢，吴越长兴三年（932）八月建[1]。

日观庵位于天竺山，隶属于天竺寺，即吴越时的五百罗汉院[2]。

十八、越州萧山·化度禅院双幢（933）●

越州萧山县西兴镇明化寺，吴越时名为化度禅院。民国《萧山县志》云："寺有吴越长兴四年陀罗尼经幢二，今尚存。"[3]《越中金石记》也云："寺中今有二幢，款式俱同，盖当日所同树也。"[4]可见化度院原建有双幢，两幢刻经、幢记皆相同，至少在清代时两幢尚保存完好。

《两浙金石志》记载经幢上的刻经为《佛顶尊胜陀罗尼经》，末尾有《建化度禅院宝幢记》，内容为：

建化度禅院宝幢记

夫真如演化，以广大慈悲，济度沙界。其有达微妙之旨，弘胜善之缘，尽孝思之心，创清净之业，靡不回慧炬而照烛，乘法力以津梁，超彼龙天，证菩提之因果。窃以自恭遵诏命，虔禀遗言，承制两浙，□驭藩阃，事有益于显晦，功有合于祯休，皆许□□鼎新，用光积庆。昨以西兴城垒之内，曩岁曾别置狴牢，虽宰断至明，固无枉滥，而縻絷稍滞，或有沦亡。念兹绵历重泉，何由解脱。于是变圜扉而崇梵宇，开绀殿而立睟容。仍建宝幢，镇兹土地。磨砻翠琰，刊般若之文；辉焕禅扃，集庞洪之福。所有前后幽暗魂识，一一咸冀往生。然愿以此功德，资荐皇考武肃王，升七觉之法身，耀千光之瑞相。其次保安疆境，兵火无虞，以子以孙，永永蕃盛。

长兴四年癸巳三月二十六日，起复吴越四面都统、镇海镇东等军节度使、检校太师、守中书令钱元瓘记

都勾当厢虞候姚敬思　上随身十将□□[5]

从内容来看，化度禅院位于萧山西兴城内，

[1]（宋）洪迈：《容斋四笔》卷五，载上海师范大学古籍整理研究所编：《全宋笔记》第五编第六册，大象出版社，2012年，第260—261页。

[2]（宋）潜说友：《咸淳临安志》卷八十，载《宋元方志丛刊》第四册，中华书局，1990年。

[3]（民国）来裕恂：《民国萧山县志稿》卷八，载《中国地方志集成·浙江府县志辑》第十一册，上海书店出版社，2000年。

[4]（清）杜春生：《越中金石记》卷一，载《石刻史料新编》第二辑第十册，台北新文丰出版公司，1979年。

[5]（清）阮元：《两浙金石志》卷四，浙江古籍出版社，2012年。

图5-6　萧山化度禅院幢身现状（萧山博物馆藏。张正佳摄）

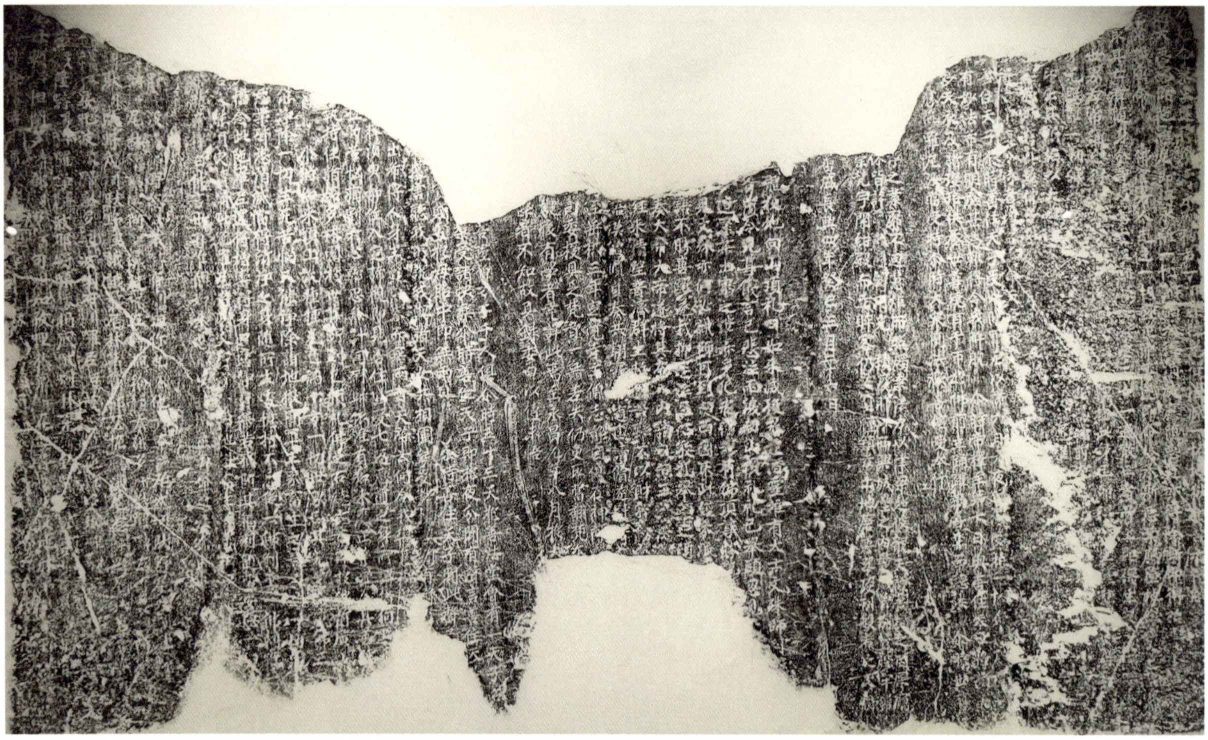

图 5-7　萧山化度禅院幢身残件拓本（萧山博物馆藏）

原为监狱。长兴四年（933），钱元瓘将其改为寺院，并建立双幢，均刻《佛顶尊胜陀罗尼经》，超度本地亡魂之外，主要为前一年去世的父亲武肃王钱镠祈福，同时祈求国泰民安。此时钱元瓘尚未被封为吴越国王，头衔是“镇海镇东等军节度使”，体现了吴越的藩镇属性。

如今萧山明化寺已毁，现仅存其中一幢的幢身，归属萧山博物馆。据王屹峰记录：“石已断裂为二截，八面，每面宽 18.5 厘米，高 122 厘米，直径 45 厘米。”[1]

十九、杭州·五百罗汉院双幢（935）

杭州下天竺法镜寺天王殿前，原立有双幢，后毁于 20 世纪 60 年代。下天竺寺，即隋唐时期的天竺寺，吴越时期的五百罗汉院。

《两浙金石志》有“吴越天竺寺经幢”条，记载两幢皆刻《佛顶尊胜陀罗尼经》，建于吴越清泰二年（935）。笔者经核对浙江省博物馆藏拓本，《两浙金石志》记载有误，两幢刻经不同，左幢刻《佛顶尊胜陀罗尼经》，右幢应刻《大佛顶陀罗尼经》。

两幢第七面和第八面均有幢记，幢记文字相同，仅有结尾部分不同，内容如下：

[1] 王屹峰：《西兴五代化度院陀罗尼经幢》，《杭州文博》第 3 辑，杭州出版社，2006 年，第 53—54 页。

尊胜陀罗尼石幢记

光文大德赐紫沙门汇征撰

夫立幢之垂范，乃造塔之滥觞。刊梓刻檀，嫌其易朽；镂金镌碧，虑以难藏。不若挺叱羊射武之贞姿，编贯玉联珠之梵字，可大可久，如山如河。

尊胜陀罗尼者，花藏真心，竺干秘语。济善住七生之苦，道阐欲天；感文殊一现之恩，教传汉地。舟横业海，车指迷津。息肩恶道之间，提耳昏衢之内。拯湮沦于历劫，延短折于（**左幢缺此字**）浮生。备载灵编，久彰神应，或置丽谯之内，或安窣堵之中，或勒在幢间，或表之山上。风触而轻尘及物，尚落罪花；日临而清影到身，犹凋业蔓。克营盛事，绰有善人。佛弟子吴保容、吴镡，双骥标奇，二龙并举。埙篪合韵，柎萼连芳。耨情田而毕使丰登，澄心水而无令混浊。与会首谓众人曰："给孤长者之园苑，香山居士之林泉，可以同构善门，寄兹胜地。独营则其力不迨，众办则厥功易成。"遍募信人，获钱三十万。购之贞石，命彼良工，錾勒精奇，磨砻细丽。莲花捧日，云叶盘空。层层异状奇形，宛如飞动；面面真躯圣相，忽谓经行。仰窥鹤表以争高，侧视雁层而竞巧，固可利沾家国，福赞君亲。凡施资财，皆列名氏，承有为之善力，至无作之真归。其次滞魄孤魂，衔冤负累，应念而皆期解网，有心而悉使登车。虽引善以及人，终获报以于己。命愚序述，式纪岁时，染逸少之鹿毛，

图 5-8　20 世纪初期杭州下天竺寺前的五百罗汉院双幢旧影

摛子云之虫篆，文质苞羞于君子，辞华有腼于外孙。且曰："昔也铁塔传芳，闻诸河朔；今也石幢葳事，见之浙阳。彼则受福于人寰，此则誓心于佛道。以今况古，一何辽哉！"时乙未岁冬十有二月壬寅朔十一日记。

（以上文字左右幢基本相同）

会首：陈晖、施仁谦、阮密、郭安、陆承谦、戚稠、章可征、闻人性、唐伯训、吴仁绍、钱德安、顾敬贤、洪允韬、吴保庆、施仁庆、许汉规、严可恂、钱师勇。保安。都会首：吴保容、吴镡等谨募众缘。保安。

吴越国王造（末行五大字）

随使当直厢虞候、将作院副将夏承裕，舍铜铎并火珠。造幢都料陆珰、陶仁福。镌幢人沈驻。勾当人长直都都子虞候钱琛。

徒弟僧景云、都维那僧景安、典座僧景崇、首座僧彦升、都勾当五百罗汉院主沙门惠宾。供使衙书宝幢手殷承训。

（以上为左幢结尾文字）

勾当人长直都虞候高璠。长直都子虞候钱琛、盛琛。会首。陈晖、阮密、施仁谦、吴保安、（上阙数十字）钱师勇。保安。都会首。都会首：吴镡、吴保容等谨慕众缘。保安。

吴越国王造（末行五大字）。

当院首座僧彦升、书幢记僧义周、徒弟僧景云、都维那僧景安、典座僧景崇、都勾当五百罗汉院主沙门惠宾。

（以上为右幢结尾文字）

左幢第二面空白处刻三行小字：

此二幢旧在天竺进路，岁久拦入民居，火焚石损，迹将湮没。阮氏《两浙金石志》，虽据拓本入录，而经文莫考，题字多遗，识者慨焉。光绪甲申四月八日，命儿子及女婿等，施舍净财，各为其母，修资冥福。移立法镜寺山门左右。庶几永依净土，常转法轮。同里程锡龄，颇韪是举，助白金五两，同扶善果云。佛弟子丁丙合十记。住持僧贯通建造。

图 5-9　20 世纪初期杭州五百罗汉院右幢旧影（引自〔日〕常盘大定、关野贞《中国文化史迹》第四卷，上海辞书出版社 2017 年版）

左幢在幢记标题后空白处刻一行小字：

钱塘丁立中同姊立延立，恒敬为先母陆太宜人，移建此幢。伏愿仗佛慈悲，永依极乐，早证菩提，并七世先灵，共超觉岸。光绪甲申五月十八日工竟，谨记。

右幢在幢记标题后空白处刻一行小字：

大清光绪四年岁在甲申四月八日，佛弟子仁和陆家骧，妻丁氏，弟家驹，敬为先母江太安人，移建此幢。伏愿仗佛慈力，永超觉岸，早证善果。现在眷属，常保吉庆。

据旧拓片，幢身高 1.33 米，八面，面宽 0.19 米。两幢之下的须弥座各 8 个侧面，也都题满供养人姓名，共计 16 面，一百余人，男女僧俗均有，二百文、三百文、五百文至一千文不等。

根据幢记记载，二幢是吴越清泰二年（935），以吴保容、吴镡二人为首，集合上百名供养人，会同五百罗汉院僧人，共募集三十万钱，购石磨勒而成，立于五百罗汉院。幢记由高僧汇征撰写。左幢书法精湛，由“供使衙书宝幢手殷承训”书写；右幢书法稍逊，由“僧义周”书写。

“吴越国王造”五字，文字硕大，无其他头衔和名称，十分突兀，不符合幢记格式，且此时的钱元瓘也尚未受封为吴越国王。这五字应是后人增刻的。两幢的会首姓名最后一人“钱师勇”前，均有数十字磨泐，原应是钱师勇的头衔，是其后遭变故导致的。

关于该幢形制，日本人关野贞 1922 年调查时记录为：“基坛三重，最下层的基石，周围呈山岳状，上刻波涛纹，腰石浮雕双龙。第二层腰石，各面壶门龛内置坐佛。第三层腰石，无任何雕刻。幢身下部，用带雷纹棂子的勾栏环绕。幢身上虽有不少新石填补，但大体是按照旧样修补，并有不少原始石材遗留。近世遭遇火灾，稍有残损之处。其形制似灵隐寺外两石幢，但不如其完整，是为可惜。其高度，目测地上部分约 15 日本尺（约 5 米）。”[1]

据明代《上天竺讲寺志》记载，上天竺寺前并无此二幢[2]。据清代《湖山便览》载，此二幢“在（上天竺）法喜寺门”。清代《武林石刻记》记载，此二幢“在上天竺寺门”。而从幢身上的清末题记也可知，二幢本在“天竺进路”，因年久失修，又拦入民居，于是在清光绪十年（1884），由杭州士人丁丙及其子婿，移建于下天竺寺天王殿前。

综上所述，此二幢建于吴越时期，最初属于五百罗汉院（下天竺），

[1]（日）常盘大定、关野贞：《中国文化史迹解说》第四卷，法藏馆，1939 年。原文为日文，笔者译。

[2] 据明代《上天竺讲寺志》记载，上天竺寺前原有二石幢，万历时毁一，存一座“高二丈，镌诸佛于上”的石幢，应即《中国文化史迹》第四卷第 41 页上拍摄的“上天竺门外石幢”，并非吴越时期经幢。参见（明）释广宾：《杭州上天竺讲寺志》卷八，载赵一新主编《杭州佛教文献丛刊》第二辑，杭州出版社。

清代时又移动到了上天竺法喜寺门前，清末再次移回下天竺门前，毁于20世纪60年代，可谓命运坎坷。

下天竺寺内，现有一段经幢的抹角方柱，四面雕刻佛顶尊胜陀罗尼经变图像，四角均刻“舍利宝幢”字样，顶部平面开有两个孔眼，一孔位于正中，一孔位于其侧。正中之孔较深，可能为榫眼插孔；侧面之孔较浅，可能为安置舍利用。对比经变图像后，可知该段残件是吴越时期五百罗汉院双幢顶部的经变图像短柱。

图5-10　杭州五百罗汉院幢经变短柱残件现状

二十、台州天台·幽溪禅院双幢（937）

天台山旧有高明寺，即吴越幽溪禅院旧址，清代时尚存吴越石幢。

南宋《嘉定赤城志》载，幽溪禅院殿前有石经幢，刻云“天福二年舍入”[1]。

《两浙金石志》记录了该吴越石幢，刻经为《加句灵验佛顶尊胜陀罗尼真言》。幢记为：

> 清信弟子孙绍荣，因小男杨三疾患，遂舍净财，奉为亡考十五郎□造陀罗尼幢□贰所，舍入天台幽溪禅院，永充供养。伏以真乘肇启，大教潜兴，化演千门，滋道牙而益茂；途归一里，因法本以弥坚。其有尊胜开宗，梵音成偈，功唯有证，利实多彰。今则爰发精诚，敬镌贞石，装严已毕，功德将圆。意者追荐先灵，拔超冥路，伏愿速登彼岸，长被胜因。诸佛证明，资善缘而不泯；众灵加护，居妙相以长新。时天福二年岁次丁酉七月辛亥朔十五日乙丑记[2]。

据幢记，该幢由孙绍荣所建，共造陀罗尼幢两座，为亡父超度，亦为小儿治病，舍入天台幽溪禅院，天福二年七月十五日建。据阮元记录，此幢“石高九寸，八面，周广一尺三寸，每面正书四行，字径四分”。可知幢身高度约32厘米，八面周长约46厘米，是一个小幢。从字数来看，该幢前七面仅记载了陀罗尼咒文，没有经文部分，

[1]（宋）陈耆卿:《嘉定赤城志》卷二十八，载《宋元方志丛刊》第七册，中华书局，1990年。

[2]（清）阮元：《两浙金石志》卷四，浙江古籍出版社，2012年。

第八面为幢记。

后来该幢之下落，可参考《台州金石录》引洪颐煊《读碑记·三续》的内容："《两浙金石志》载此幢。道光壬辰九月，余游天台山，亲至高明寺访此幢，其石已毁，兹从旧拓本录之。"[1] 可知该幢可能毁于 19 世纪初期。

[1]（清）黄瑞：《台州金石录》卷二，载《石刻史料新编》第一辑第十五册，台北新文丰出版公司，1982 年。

二十一、杭州·吴仁朗造幢（942）

杭州市区在 1970 年左右修建防空工事时，出土一件小石幢。幢身八面，七面刻《佛顶尊胜陀罗尼真言》，仅有咒语。第八面刻幢记，笔者据浙江省博物馆藏拓本录文如下：

> 佛顶尊胜陀罗尼真言（咒文不录）
>
> 弟子吴仁朗敬舍净财，立此幢，保安土地，并及人口鞍马，在此平善，永去邪魔。壬寅岁天福七年八月廿九日建立记。

边款题曰："吴越天福七年经幢。一九七〇年前后在杭州市区防空工事中出土，原石为罗玉咸（淦）君所藏，承赠拓片二份，其一已赠施蛰存，收入《吴越金石志》。"可知石幢当时由罗玉咸收藏，现不知下落。

从拓本来看，该幢幢身高 24 厘米，八面周长 41 厘米，是一个小幢。

图 5-11　杭州吴仁朗造幢拓本（浙江省博物馆藏）

二十二、杭州·大慈山双幢（943）

杭州虎跑定慧寺山门内原有经幢两座，南北分列，北幢为左幢，南幢为右幢。双幢毁于20世纪60年代，残件不存，幸有旧照片、调查记录和金石志存世。

据20世纪50年代黄涌泉的调查记录：

虎跑寺经幢：在山门内，左右各一。左幢最下为八边形的须弥座式基座，第一层束腰部分雕刻二蟠龙，幢身刻《尊胜陀罗尼经》，后有天福八年（公元943年）重立题记，阮元《两浙金石志》定为后晋经幢。在该幢上部有一石，八边形，向东面有“咸通十二年（公元871年）辛卯岁闰八月……”题记，此幢既为后晋重立，可能一部分是后晋遗物。右幢底座复莲上合列二石从，成方形，抹去四角，向南石面有龙华寺主慧光真觉大师建塔记以及西南抹角处有后汉乾祐二年（公元949年）题记（文见阮元《两浙金石志》）。幢身八面，形制瘦细，刻着宋以后常见的七如来佛名，应是后来磨去经文重加镌刻。此幢整个形体，很不调和，似是拼凑而成[1]。

同时期陈从周的调查记录为：

虎跑定慧寺经幢，杭州，后晋，天福八年重立（部分为唐咸通十二年旧物）。虎跑定慧寺经幢，杭州，后汉，乾祐二年[2]。

从老照片来看，北幢（左幢）为双层八面须弥座，幢基下部两层素面台基。下层须弥座为下枋、覆莲、龙纹束腰、仰莲、上枋的结构。上层须弥座束腰素面无纹。幢身较短，上有华盖，腰檐，腰檐上有平座勾栏。其上再接造像短柱、仰莲、云纹短柱等十余层堆叠，直至幢顶。整体形似吴越时期经幢，但平座勾栏构件，似摆错了位置。

北幢（左幢）幢身上的文字，被《两浙金石志》所记录。

大佛顶陀罗尼

（经文不录）

（行阙）上柱国思宪迁窆于此。国恩以大师□□功深，道业弥著，特造院宇，将欲建石塔，以光不朽。爰准教文，非果位即无立浮图之理。乃议树石幢，圣旨喻允。繇是镌《大佛顶陀罗尼》《大随求神咒》。屹标翠琰，遍列金文，作佳城之福田，与世人之恭□。或讽读，或顶瞻，胜利长存，果报无极。时天

[1] 黄涌泉：《浙江省的纪念性建筑调查概况》，《文物参考资料》，1956年第4期。

[2] 陈从周：《浙江古建筑调查记略》，《文物》，1963年第7期。

图 5-12　20 世纪初期杭州定慧寺双幢旧影，图左为大慈山北幢，图右为定慧寺南幢（杭州西湖风景名胜区钱江管理处提供）

福八年，岁在（下泐）奉立（阙）舍钱重立[1]。

定慧寺，吴越时名大慈山，内有大约十个高僧塔院，为吴越时期高僧的集体建塔之处（详见《高僧塔》一章中关于大慈山的介绍）。据幢记，该幢乃天福八年（943）钱弘佐时期的僧主思宪为某已故高僧所立。该高僧级别不低，故从原寺迁葬大慈山，并营造独立的院宇。本想立石塔一所，建成塔院，但因该大师无果位，只得立石幢以代。幢记记载，经幢上镌“《大佛顶陀罗尼》《大随求神咒》”两咒，但据《两浙金石志》记载，该幢仅刻《大佛顶陀罗尼》的咒文，故可能另有一大随求神咒幢[2]。

阮元记载的北幢幢身文字，在“奉立”之后，另有“舍钱重立”字样，而黄涌泉、陈从周均在调查中发现幢身之上的构件上，另有“咸通十二年”字样的构件；加之左幢腰檐以上的平座勾栏，本属于幢身以下的构件，综上考虑，吴越时期所建的经幢，后世倒覆，重立时，添加了另一座唐代经幢的构件，重新堆叠而成。阮元记载幢身高度为三尺二寸五分（约 1.15 米），周长七尺二寸（约 2.56 米），从旧照片推知该幢高约 7 米。

而后世定慧寺右幢（南幢），也是重建堆叠的结果，幢身使用的是清代流行的七如来幢，下部基座使用了乾祐二年（949）的大慈山慧光真觉大师塔的基座。阮元在记录慧光真觉大师塔题刻时，误认为这是乾祐二年幢的建幢记[3]。陈从周也记录为“虎跑定慧寺乾祐二年幢”[4]。正如黄涌泉所说，该幢是后世拼凑而成，实际上不存在乾祐二年幢。

考诸史料，大慈山幢在北宋时期就得到了重修。《两浙金石志》

[1]（清）阮元：《两浙金石志》卷四，浙江古籍出版社，2012 年。

[2] 从《大佛顶陀罗尼》和《大随求陀罗尼》的文字量来看，该幢幢身也只能放下《大佛顶陀罗尼》一种咒语。

[3]（清）阮元：《两浙金石志》卷四，浙江古籍出版社，2012 年。

[4] 陈从周：《浙江古建筑调查记略》，《文物》，1963 年第 7 期。

记载了清代虎跑定慧寺中尚存的一方北宋题记：

塔座□□□若□所备大慈山性空禅师□□□□周□元风愈邈□□□□□□人卓然雅度乐为净□□□以众人之务弥纶其心也大宋熙宁丙辰季冬十二月□修□幢一　用□山门之首□然凌云□□松而挺秀俨然送□□□事以高明□丽金□镇□□□古之胜迹一旦修复以□□□人之所存则□□之□亦可见矣释利涉题　弟子□□□家眷等舍钱捌贯文足□□□□□助成　弟子□□□并家眷等舍钱肆贯文造□□　弟子僧童洎俗士男女共计叁百人各率□□□壹拾壹贯文同弟子俞礼家眷等舍□石贰片[1]。

图 5-13　20 世纪中期杭州大慈山北幢旧影（杭州西湖风景名胜区钱江管理处提供）

这里提到“修□幢一”，可见北宋时重建了其中一座石幢，并且“用□山门之首”，确实是在大慈山山门的位置。后世看到的定慧寺北幢，可能就是北宋重建大慈山北幢的结果。

南宋时，大慈山部分塔院改为步军营。《咸淳临安志》记载：“左军步军二寨：教场在五郎堂寨内，在钱粮司岭下，五郎堂前，双塔儿门前。”[2]《梦粱录》记载：“儿门北有军寨门，立双塔，呼为双塔寨。”[3]考虑到钱粮司岭在大慈山北，儿门则在大慈山南，这里的双塔门、双塔寨，应该指的就是大慈山双幢。这说明，吴越所建的大慈山双幢，至少保存到了南宋时期。而后世的定慧寺南幢，则可能是大慈山南幢毁坏以

图 5-14　20 世纪中期杭州定慧寺南幢旧影（杭州西湖风景名胜区钱江管理处提供）

[1]（清）阮元：《两浙金石志》卷六，浙江古籍出版社，2012 年。

[2]（宋）潜说友：《咸淳临安志》卷十四，载《宋元方志丛刊》第四册，中华书局，1990 年。

[3]（宋）吴自牧：《梦粱录》卷十五，载（清）丁丙、丁申辑《武林掌故丛编》第七册，广陵书社，2008 年。

后在清代重建的。

虽然后世的定慧寺南幢为拼凑而成，但吴越时期所建的北幢为大佛顶幢，且幢记已明确记载，刻有《大佛顶》和《大随求》两种经咒，则在吴越时期的大慈山山门之外，应当立有大佛顶幢（北幢）和大随求幢（南幢）。

二十三、杭州·永安寺幢（952）

据《咸淳临安志》卷八十记载，南宋临安府北山扫帚坞（即后世杭州黄龙洞前），掘地发现永安寺石幢，刻云“广顺二年岁次壬子二月丙午日建”，可知该幢建于吴越广顺二年（952）。

二十四、苏州·安国长寿禅院双幢（953）

苏州城内，有始建于东晋的净寿院，吴越时期中吴军节度使钱文奉重建寺院，改名安国长寿禅院[1]。据《洪武苏州府志》卷四十三记载，寺门外，有两座尊胜石幢，吴越广顺三年癸丑（953）立，刻有“中吴军节度上柱国邵思宝、周承礼”等人的名字。

二十五、杭州·西莲院双幢（约954）

据《咸淳临安志》卷七十七记载，钱俶于吴越显德元年（954）在城西方家峪建西莲院，南宋时名西莲瑞相院，尚存钱俶所建经幢二所，位于大殿前。考虑到寺院和经幢都是钱俶所建，因此建造双幢应是建寺之初的规划。

二十六、福州·僧文琠造幢（956）

《宝刻丛编》卷十九引《诸道石刻录》云，福州有尊胜经幢，僧文琠记，显德三年（956）立。

二十七、苏州·武丘寺幢（958）●

苏州虎丘云岩寺，为吴越武丘寺旧址。千人石上本有经幢一所，

[1]“万寿禅寺：在府治东北。晋义熙中，西域僧法愔建，初为净寿院，梁改安国，唐长寿二年改名长寿。吴越钱氏有国，中吴军节度使钱文奉重作，又更名安国长寿禅院。宋大中祥符二年，丁谓奏改承天万寿禅院。”（清）冯桂芬：《同治苏州府志》卷四十二，清光绪九年刊本。

图 5-15　20 世纪初期苏州武丘寺幢（图左）与武丘山塔旧影（引自〔日〕常盘大定、关野贞《中国文化史迹》第四卷，上海辞书出版社 2017 年版）

图 5-16　20 世纪初期苏州武丘寺幢（图左）与小石塔、武丘山塔旧影（引自〔日〕常盘大定、关野贞《中国文化史迹》第四卷，上海辞书出版社 2017 年版）

毁于 20 世纪 60 年代，现仅存一块底座。

据《江苏金石志》记载，该幢所刻为《佛说大佛顶陀罗尼经》，落款为："下元甲子显德五载，龙集戊午，月缠南斗。高阳许氏建。"八面刻字，每面高三尺八寸（1.35 米），广四寸八分（0.17 米）[1]。幢全高约一丈三尺（约 4.6 米）。该幢建于吴越显德五年（958）。

20 世纪初期常盘大定、关野贞分别调查虎丘云岩寺时，均调查过该幢[2]。据照片可知，该幢自下而上由基座、刻经长柱、宝盖、佛龛短柱、仰莲、佛龛短柱、宝盖、宝珠等部分组成。

二十八、杭州·下弥陀院幢（约 959）

据《咸淳临安志》，南宋杭州南屏山下的省马院内，有超化寺，显德六年（959）钱俶建，咸淳年间尚存"塔幢"[3]。《淳祐临安志》则记载超化院为开宝中建，北宋改额超化院[4]。从该幢被称为"塔幢"来看，这是吴越时期典型的经幢造型，大约完成于建寺之时。

二十九、杭州·城南宝塔寺双幢（965）●

杭州城南凤凰山麓有梵天寺双幢遗存，两幢对立，高耸瑰丽，

[1]（清）缪荃孙：《江苏金石志》卷七，载《石刻史料新编》第一辑第十三册，台北新文丰出版公司，1982 年。

[2]（日）常盘大定、关野贞：《中国文化史迹解说》第四卷，法藏馆，1939 年。

[3]"在省马院内，显德六年钱氏建，塔幢见存。"（宋）潜说友：《咸淳临安志》卷七十八，载《宋元方志丛刊》第四册，中华书局，1990 年。

[4]"超化院：开宝中吴越王建，旧额下弥陀院，治平二年改今额。"（宋）施谔纂修，（清）胡敬辑：《淳祐临安志辑逸》卷五，载（清）丁丙、丁申辑《武林掌故丛编》第十二册，广陵书社，2008 年。

图 5-17　杭州城南宝塔寺双幢现状，图左为南幢，图右为北幢

为吴越经幢之翘楚。梵天寺即吴越城南宝塔寺。如今寺塔均已不存，唯留双幢，南北并列。由 20 世纪初旧照片可知，双幢原位于梵天寺山门之外两侧。

经幢通体用太湖石雕刻而成。双幢形式、结构基本相同，南北对峙，相距 13 米，南幢高 14.99 米，北幢高 14.87 米。幢身高 2.34 米，八面，面宽 0.43 米[1]。八角素面基台上为“九山八海”纹台基，三层须弥座基座，束腰佛饰精美，底层浮雕 4 条蟠龙，第二层雕刻 16 龛的菩萨像，第三层雕刻 8 龛的一佛二弟子二菩萨五尊像。基座上承八角幢身，七面刻《陀罗尼经》，一面刻幢记。幢身上承华盖，仿丝织品之纹样造型。华盖上承腰檐，补间铺作为六铺作双抄单下昂偷心造，转角铺作为七铺作双抄下昂偷心造，出檐深远。腰檐以上，层层累叠山花蕉叶、仰莲、华盖、造像短柱、宝珠等，多达十余层。间隔排列三层造像短柱，第一层造像短柱四面为四幅“佛顶尊胜陀罗尼经变”，第二层造像短柱八面为八龛佛坐像，第三层造像短柱四面为四天王像。幢顶安放火

图 5-18　杭州城南宝塔寺北幢现状（郭欣摄）

图 5-19　杭州城南宝塔寺南幢现状（郭欣摄）

[1] 数据引自金志敏：《尘沾影覆：梵天寺经幢科技保护》，文物出版社，2012 年，第 7 页。

焰宝珠一颗。

两幢刻经不同。北幢刻《大佛顶陀罗尼经》，南幢刻《大随求即得大自在陀罗尼经》，末尾均刻有建幢记，文字相同，笔者据浙江省博物馆馆藏拓本录文如下：

建幢记

窃以奉空王之大教，尊阿育之灵踪，崇雁塔于九层，卫鸿图于万祀。梵刹既当于圆就，宝幢是镇于方隅。遂命选以工人，凿于巨石，琢鞭来之坚固，状涌出之规仪，玉削双标，花雕八面，勒《佛顶》《随求》之加句，为尘笼沙界之良因。所愿家国恒康，封疆永肃，祖世俱乘于多福，宗亲常沐于慈恩。职掌官僚，中外宁吉，仍将福祉，遍及幽明，凡在有情，希沾妙善。乾德三年乙丑岁六月庚子朔十五甲寅日立。天下大元帅吴越国王钱俶建。

幢记由钱俶亲自撰写并手书，书法优美。钱俶重建被大火烧毁的城南宝塔，“崇雁塔于九层”，奉安明州阿育王寺释迦真身舍利小塔。寺塔落成之时，再以巨石建立宝幢，为家国、宗族、百官、百姓祈福。吴越乾德三年（965）六月完工。

图 5-20　杭州城南宝塔寺幢复原立面图（双幢同。引自“尘沾影覆”编辑委员会《尘沾影覆：梵天寺经幢科技保护》，文物出版社 2012 年版）

图 5-21　杭州城南宝塔寺南幢建幢记拓本（浙江省博物馆藏）

三十、杭州·安平院幢（967）

《咸淳临安志》卷八十一记载，南宋临安府临平山之南有安隐院，吴越清泰元年（934）钱元瓘建，旧名安平。寺外有石幢。

《两浙金石志》记载该幢刻经为《佛顶尊胜陀罗尼经》，并记有该幢唐宋时期题记[1]：

唐代建幢记为：

唐大中□□□□□庚辰□月廿七日建，勾当造幢人陈丹，都料宏农杨荣，吴郡陆宏书镌，征事郎前行吉州庐陵县尉张袭庆壹仟文，前饶州乐平主簿夏从师舍钱壹仟文，范隋舍绫壹匹，勾当功德主宣达。

[1]（清）阮元：《两浙金石志》卷三，浙江古籍出版社，2012 年。

[1] 北宋幢记中记载“乾德五年太岁丁卯”，干支无误，因此南宋幢记中抄录的“乾德三年”应为“乾德五年”之误。

北宋重建幢记为：

重立宝幢年月，原此宝幢始自巨唐大中十四年，岁次庚辰，正月二十有七日，众缘于临平市西长乐乡界永兴院前建立。洎乾德五年太岁丁卯八月中，为年久隳斜，因修整而寡力致损，动而倾摧，日月浸深，五十余稔。今安平院住持沙门瑞明，与阖院徒众，发心施长财，移于旧基东二十步，添续层□，载崇树之，葬古佛舍利□颗于龙柱海山之下。俾其境域民安，迩遐宁谧，无量介祉，尽祝鸿图。……时属圣□□□天禧二年六月□□七日戊申重立，是日立秋。劝缘郡城祥符寺宝塔功德主内殿赐紫文定，郡城临坛赐紫绍澄，僧思忠，临平都酒务□□，已上同施珍财，严护舍利，葬此幢下。右街圆鉴大师绍因，清辩大师居亮，赐紫善庆，僧庆余，愿昭，各施伍伯文，入缘买彩色，严饰宝幢。刻石郡城赵克和、陶贞，安平院住持主沙门瑞明，阖院徒弟记。

南宋重建幢记为：

安平□院。伏自唐大中十四年岁次庚辰建立宝幢，乾德三年、天禧二年重修，绍兴庚辰四月初二日重立。……请到佛牙舍利入□□缘，永充供养，各□□□，见生福慧，成就□□，□果菩提者。

阮元记载，幢身高五尺二寸（约 1.8 米），八面，面阔八寸（约 0.3 米）。由幢记可知该寺唐时名永兴院，吴越北宋时名安平院，南宋以后名安隐院。该幢为佛顶尊胜陀罗尼经幢，建于寺院之前。始建于唐大中十四年（860），重建于吴越乾德五年（967）[1]，北宋天禧二年（1018）、南宋绍兴三十年（1160）后两次重建时重施彩色，并舍入舍利。

图 5-22　20 世纪中期杭州安平院幢旧影（引自吴彬森《安隐寺、安平泉、雪堂砚》，《杭州文博》第 15 辑）

后世的安隐寺，高约 5 米，堆叠繁复的经幢成为寺院的象征，立于寺外的河埠北岸东侧，成为临平十景之一的“宝幢叠华”。1956 年成为杭州第一批二等重点文物保护单位。毁于 20 世纪 60 年代[1]。

三十一、温州平阳·宝胜寺双幢（968）

《东瓯金石志》和《民国平阳县志》记录了一座灵顺庙（又称北山寺、北山殿）经幢残石的情况。灵顺庙即宝胜寺旧址，清末民国时，宝胜寺已废，其地改为灵顺庙。

经幢八面，仅存下半段，上刻《大佛顶如来放光悉怛多怛啰陀罗尼》，即《大佛顶陀罗尼经》，幢记如下：

（上缺）当寺长讲天台教沙门（下泐）

（上缺）未□□国子祭酒□监□□卫将军□（兼，据《东瓯金石志》）御史大夫上柱国张□轸（下泐）

（上缺）粮河沙福报屹屹而上□（增，据《东瓯金石志》）日月高高而下鉴□□□□□□□□□□□□□

（上缺）顿悟天中受乐佛国趣生页（右半个）□祐而□□□□□□□而□□□神功□□□

（上缺）缘莫尽时乾德六年岁次戊辰四月丁巳朔（《东瓯金石志》为初）八日庚申□□迄耳

……男……延宗　女三十六娘……女孙子三……等……

纲维僧　□霄　上座僧　□□　知库僧　无□　知□僧□□

赐紫居□□□首座□百□言（左偏旁）沙门……[2]

幢记虽然残缺，但可知该幢建于吴越乾德六年（968）。对比平阳宝胜寺双塔出土“清河弟子造塔记录”，可知宝胜寺塔幢之建造人应同为“检校国子祭酒、守右千牛卫将军兼御史大夫、上柱国张从轸”[3]。

《东瓯金石志》记载：“北山寺经幢在平阳钱仓镇寺东向，幢已断缺过半，今存者高三尺五寸五分，六面刻经文，行数不等，广一尺一寸八分，光可鉴人，太湖石也。今在神座前，上安神炉，不易拓字，残缺不完。”[4]《民国平阳县志》补充道：“幢八面，面周广□尺□寸。石甚光泽，惟上已断缺，高不可计。楷书坚劲，似柳诚悬。前七面具刻经文十行，行各三十字。《东瓯金石志》仅称六面，殊误。”[5] 可知该幢八面，残高 1 米多，幢身单面宽度约 41 厘米，体量不小。该幢原位于宝胜寺东侧。

[1] 吴彬森：《安隐寺、安平泉、雪堂砚》，载《杭州文博》第 15 辑，中国书店，2015 年。

[2][5]（民国）符璋等：《民国平阳县志》卷五十五，《中国方志丛书》第 72 号，成文出版社，1970 年。

[3] 陈余良：《浙江平阳宝胜寺双塔及出土文物》，载《东方博物》第 23 辑，浙江大学出版社，2007 年。

[4]（清）戴咸弼：《东瓯金石志》卷二，载《石刻史料新编》第一辑第十五册，台北新文丰出版公司，1982 年。

[1]（民国）符璋等：《民国平阳县志》卷五十五，《中国方志丛书》第72号，台北成文出版社，1970年。

宝胜寺双塔建于乾德三年（965）十月，该幢则建于乾德六年（968）四月，双塔完工之后。宝胜寺前原有经幢两座，后世将双塔双幢合称为“钱仓四塔”。《民国平阳县志》记载：“钱仓四塔，俱在宝胜寺前，其一已圮，尚存三残塔。”[1] 从民国时尚存的这一经幢可知，宝胜寺双塔双幢应该为张从轸所建。如今该地为平阳水泥厂，宝胜寺双塔犹在水泥厂外，此幢残石已不知去向。

三十二、杭州·奉先寺双幢（969）

杭州灵隐寺天王殿前有两座石经幢，层叠高耸，雕饰精妙，存留至今。

两幢刻经，左幢（东幢）为《大佛顶陀罗尼》，右幢《随求即得大自在陀罗尼咒》。两幢第八面均有幢记，内容相同：

新建佛国宝幢愿文

盖闻慧炬西然，法云东被，眷言兴建，实焕简编。我国家

图5-23　杭州灵隐寺前的奉先寺左幢现状（郭欣摄）

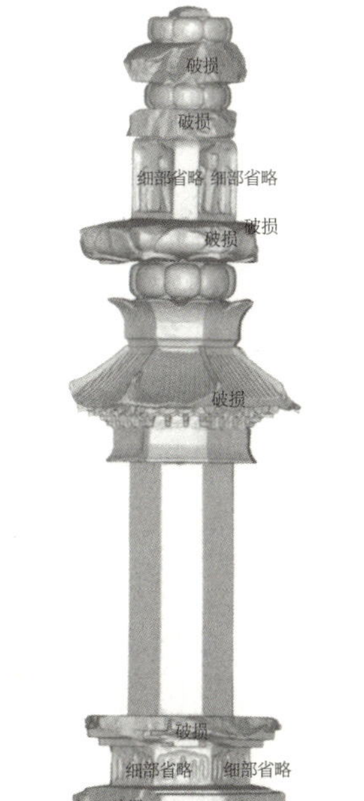

图5-24　杭州奉先寺左幢立面图（引自杭州市园林文物局灵隐管理处《灵隐寺两石塔两经幢现状调查与测绘报告》，文物出版社2015年版）

裂壤受封，带河砺岳，既勤王（右幢作“覲”）而继世，谅荷宠以乘时。言念真宗，聿怀多福。于是旁搜胜景，广辟宏规，筑湖畔之山冈，构城西之佛阁。莫不遐森杞梓，妙选楩楠，营崒汉之基垌，列倚天之像设。释迦化主，中尊而高俨睟容；慈氏弥陀，分坐而净标妙相。仍于宝地，对树法幢，雕琢琅玕，磨砻琬琰，勒随求之梵语，刊佛顶之秘文。直指丹霄，双分八面。伏愿兴隆霸祚，延远洪源，受灵贶于祖先，助福禧于悠久。军民辑睦，疆埸肃宁，宗族以之咸康，官僚以之共治。四十八愿，永符法处之良因；八十种好，更倍昙摩之圆智。得大坚固，不可称量，凡在舍生，同跻觉路。天下大元帅吴越国王建。时大宋开宝二年己巳岁闰五月日。

右幢上还有一段后世题记：

灵隐寺住持传法慧明禅师延珊于景祐二年十一月内移奉先废寺基上石幢东西二所，归寺前，添换重建。止四年四月十日毕工。谨题志耳[1]。

此二幢建于吴越开宝二年（969），幢记由钱俶亲自撰写并手书，

[1]（清）阮元：《两浙金石志》卷五，浙江古籍出版社，2012 年。

图 5-25 杭州灵隐寺前的奉先寺右幢现状（郭欣摄）

图 5-26 杭州奉先寺右幢立面图（引自杭州市园林文物局灵隐管理处《灵隐寺两石塔两经幢现状调查与测绘报告》，文物出版社 2015 年版）

书法优美。据《吴越备史》卷四载："(乾德六年春三月)乙巳建奉先寺于城西，荐文考也。"可知奉先寺建于乾德六年(968)，位于杭州城西，为钱俶追荐父亲文穆王钱元瓘的功德寺。因此幢记中有"受灵贶于祖先，助福禧于悠久"之语。根据幢记中"筑湖畔之山冈，构城西之佛阁"之语，以及吴越时期杭州城西的位置，奉先寺大约位于方家峪，武肃王庙之侧。另据附记，双幢乃是北宋景祐二年(1035)由奉先废寺迁建于现址，耗时一年半。可见石幢从西湖东南岸的方家峪运输到西湖西北岸的灵隐山，实属不易。

两座经幢有详细的调查报告[1]。经幢通体用太湖石雕刻而成。双幢形式、结构基本相同，东西对峙，相距74米，东幢残高9.46米，西幢残高13.2米。幢身高2.28米，八面，面宽0.42米。以西幢为例。基座直接为"九山八海"纹台基，下无素面台基。其上为三层须弥座，束腰底层浮雕4条蟠龙，第二层雕刻16龛的菩萨像，第三层雕刻8龛的一佛二弟子二菩萨五尊像。基座上承八角幢身，七面刻《陀罗尼经》，一面刻幢记。幢身上承华盖。华盖上承腰檐，补间铺作为六铺作双抄单下昂偷心造，转角铺作为七铺作双抄下昂偷心造，出檐深远。腰檐以上，层层累叠山花蕉叶、仰莲、华盖、造像短柱、宝珠等，多达十余层。第一层造像短柱四面，为四幅"佛顶尊胜陀罗尼经变"；第二层造像短柱八面，为八龛佛坐像；第三层造像短柱四面，为四天王像。幢顶宝珠缺失。东幢残缺更多，第二和第三层造像短柱皆不存。

[1] 杭州市园林文物局灵隐管理处：《灵隐寺两石塔两经幢调查与测绘报告》，文物出版社，2015年。

三十三、秀州·精严寺幢(969)

《两浙金石志》载，秀州精严寺有唐代经幢，刻《佛顶尊胜陀罗尼经》，幢身高三尺九寸(1.38米)，八面，面宽四尺八寸八分(1.73米)。幢身前七面刻经，第八面刻幢记：

> 唐咸通七年岁在丙戌四月二十日，弟子朱及并妻张氏、男拱等，阖家长少，敬造此幢，永充供养。依止律大德僧涤烦，都维那僧惠棱，上座僧怀稹，寺主僧行坚，院主僧弘袒，勾当僧幼文。光启二年弟子范朋重修拭，永充供养。

幢座四面，均刻题记：

> 当院徒弟焚修大德义祥，于院内修功德镌□□□□□募施主装□□□(下缺)并阶砌修葺等计用□□三百千文，内义祥自舍□钱五十千文，所祈福利□□四恩三友□界有情同□胜□。

开宝二年己巳岁五月□日记。助缘施主各三千文：钟离雅、沈少兢、张翼、朱拱为亡妻沈氏。徐阳二千，李□、许造二千，徐运二千。一千文：朱□、陆文佐、吕宪、朱万从、孙贞、黄棱、陆相、陆素、张岫、朱雅、杨象、朱修德、杨君集、陈溢、朱轩、李南宗、陆仕玢、钱七娘、张十二娘、李十娘。五百文：朱□、朱□□。□百文：□□、□□□、□□□、□□□、□□□。□十五娘五百文，陆五娘五百文[1]。

可知这座尊胜陀罗尼幢，建于唐咸通七年（866），唐光启二年（886）重修，吴越开宝二年（969）再次重修。吴越时期这次重修，通过募缘获得了“三百千文”的资金，重新镌刻和装饰经幢，并修葺经幢的基座。

[1]（清）阮元：《两浙金石志》卷三，浙江古籍出版社，2012 年。

三十四、杭州·叶七娘造幢（971）

2006 年，杭州庆春路与新华路交界处挖掘过街地道时，出土一件小石幢。该幢出土时分为 12 件，自下而上分别为基座、覆莲须弥座、仰莲、幢身、华盖、仰莲、造像短柱、宝珠等，包括砖、石两种材质。其中幢身石质，基座和造像短柱为武康石，其余构件为砖雕。

小石幢高 86 厘米。幢身高 60 厘米，八面，面宽 12 厘米。六面刻《加句灵验佛顶尊胜陀罗尼》，均为咒语。第七和八面为幢记，笔者据浙江省博物馆馆藏拓本录文如下：

女弟子南阳郡妻叶氏七娘，伏为亡夫潘二郎，去辛未年三月二十三日下世。七娘遂发志心，敬备净财，于店内建造陀罗尼幢子壹所。伏愿亡夫二郎，承兹巨善，速返人天，早超净域之方，便整菩提之果。然愿保扶家眷谧宁，公私吉庆，谨白。时岁次开宝四年四月十三日朔，妻叶氏七娘题记。

图 5-27　杭州叶七娘造幢现状（杭州博物馆藏）

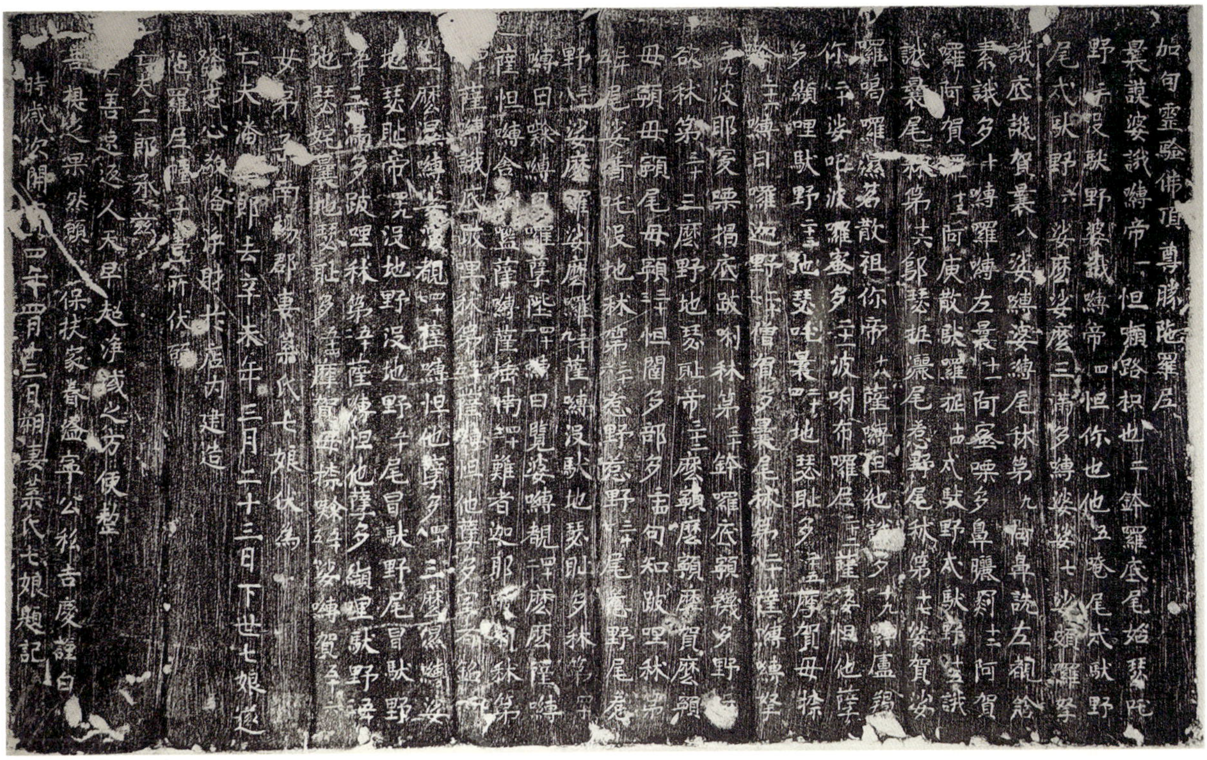

图 5-28　杭州叶七娘造幢拓本（杭州博物馆藏）

从题记可知，这件小石幢是叶七娘为刚刚去世 21 天（即“三七”）的丈夫潘二郎建造的，造于“店内”，应是专门制作墓碑墓幢的石匠店。由于出土地点在城内，因此这件小石幢，可能是供奉于叶七娘家中的。

三十五、越州萧山·觉苑寺幢（977）

《两浙金石志》载，越州萧山县觉苑寺有唐代经幢，刻《佛顶尊胜陀罗尼经》，幢身第一面经序之后有幢记：“咸通二年岁次辛巳正月丙子朔十八日癸巳建，功德主唐轸、徐行复、厉元直，同勾当僧鸿立，院主僧继之，院主僧元渭，直岁僧常□，都料王镕书。”经文之中横列一行修幢题记：“太平兴国二年十一月日重修。”[1]

幢身高四尺三寸（1.53 米），八面，周长四尺五寸六分（1.62 米）。从幢记可知，这座尊胜幢建于唐咸通二年（861），重修于吴越太平兴国二年（977）。

三十六、杭州·天真寺幢（吴越）

《西湖志》载，杭州天真寺内有小石幢一座，吴越时刻，文字已

[1]（清）阮元：《两浙金石志》卷三，浙江古籍出版社，2012 年。

漫漶。天真寺位于吴越郊坛遗址附近，后世为天真寺。小石幢可能为别处移来。

三十七、湖州·大宁寺幢（吴越）

湖州市区天宁寺，为唐龙兴寺、吴越大宁寺旧址，旧有唐幢十余座[1]。唐龙兴寺旧为尼寺，吴越大宁寺也应为尼寺。

1917年，其中一座天宁寺经幢拆毁，发现内有《宝箧印陀罗尼经》一卷，卷首刊字四行："天下都元帅吴越国王钱弘俶印宝箧印卷八万四千卷，在宝塔内供奉。显德三年丙辰岁记。"这卷佛经，现藏于瑞典斯德哥尔摩皇家博物馆。

根据《两浙金石志》的记载，清代天宁寺尚存的十余座经幢，均为唐代所建，其中两座属于开元寺移来，其他均为龙兴寺本寺建造。1917年拆毁的这一座，可能为唐龙兴寺幢，经吴越大宁寺重修后放入宝箧印经。

三十八、台州·法安院双幢（吴越）

《嘉定赤城志》载，台州临海旧有法安院，晋天福元年（936）建，南宋时寺外尚有两座古经幢遗留[2]，应为吴越时期所建。

三十九、温州·护国寺幢（吴越）

陈从周的《浙江古建筑调查记略》附录"浙江现存经幢表"里，记录有温州市永嘉县西山护国寺有一座经幢，建于五代时期，具体信息不详[3]。护国寺为温州名刹，始建于唐，后世历经兴废。该经幢今已不存，可能毁于20世纪60年代。

第二节　吴越国经幢相关问题研究

通过上述资料汇总，笔者共统计得到39处吴越时期经幢。可以探讨的问题包括吴越经幢的体量、形制与雕饰、装銮、刻经种类、刻经组合、功能、寺院中的布局、与寺院的建造顺序、内部供养品、施建人、造价等问题[4]。

[1]"报恩光孝禅寺在子城北……长兴二年钱氏改为大宁寺……有唐经幢十数，皆刻尼名……"（宋）谈钥：《嘉泰吴兴志》卷十三，载《宋元方志丛刊》第五册，中华书局，1990年。

[2]"法安院，在县东北五里，晋天福元年僧云晖建，俗号山宫。一径阴森萧爽，游者爱焉。寺外有二古经幢。国朝大中祥符元年赐今额。旧有梅园。"（宋）陈耆卿：《嘉定赤城志》卷二十七，载《宋元方志丛刊》第七册，中华书局，1990年。

[3]陈从周：《浙江古建筑调查记略》，《文物》，1963年第7期。

[4]本节内容中吴越时期经幢的经文、幢记等相关资料，均参见本章第一节相关内容，不再单独注释。

一、吴越经幢的体量与分类

高度大致明确的吴越经幢，有衣锦军竹林寺西幢，高 12.1 米；杭州五百罗汉院双幢，残高均约 5 米；杭州大慈山北幢，残高约 7 米；杭州城南宝塔寺双幢，北幢高 14.87 米，南幢高 14.99 米；杭州奉先寺双幢，东幢残高 9.46 米，西幢残高 13.2 米；杭州叶七娘造幢，仅高 0.86 米。

现存最完整之吴越经幢，莫过于城南宝塔寺双幢，其未曾倒塌，也未经后世重修添换，幢顶的宝珠部分至今完好，幢座的台基也露出地面。由此来看，城南宝塔寺双幢原高在 15 米左右。奉先寺双幢，上部残缺不等，但其幢身高度和面宽与城南宝塔寺双幢近似，各部分构造相同，推知原高也在 15 米左右，均为吴越大型经幢。竹林寺西幢，接近完好，高 12.1 米，可知竹林寺双幢的原高大致为 12 米多。奉国寺西幢基座和平阳宝胜寺幢身的尺度也类似前几处，说明原幢的体量也是这类大幢。此外，杭州下弥陀院幢被称为“塔幢”，也可能是这一类大幢。

大慈山北幢，残高约 7 米；五百罗汉院双幢，残高约 4.5 米；武丘寺幢，高约 4.6 米。这几处幢，幢身等各部分体量都比大幢要小一些，可视为吴越中型经幢，完整高度大约在 5—8 米。

叶七娘造幢，高 0.86 米，可视为吴越小型经幢。与此体量类似的，还有幽溪禅院双幢、吴仁朗造幢、天真寺小石幢等，均为民间舍造。

现存唐代石幢多残损，残高多为 5 米以下。唐代大型经幢中，较高的有大中十三年（859）的松江尊胜幢，残高 9.3 米；大中十四年（860）的杭州安平院幢（吴越重修），幢身体量较大，残高约 5 米；咸通六年（865）的海宁安国寺尊胜幢，残高约 7 米。这三座唐幢的结构与吴越大型幢类似，原高应在 8—10 米左右，但吴越大型经幢的高度显然还要高出不少。其原因应是吴越石作工艺胜于前代，可累叠更高之石构件，并能保存至今。

二、吴越经幢的形制与雕饰

经幢自下而上，一般包括台基、须弥座、幢身、华盖和腰檐、腰檐以上堆叠部分以及幢顶等部分。本书在讨论吴越经幢的形制时，不使用重修唐幢的案例。

1. 台基

大部分经幢建于土地之上，以条石为台基。杭州城南宝塔寺双幢和奉国寺西幢的台基，保留至今，可供参考。

城南宝塔寺双幢和奉国寺西幢的台基，均为三层砌作。底层台基，平面最大，八角素面，由 8 块大石和 16 块小石拼接而成，八角各伸出石榫，插入地面，上表面与地面齐平，承托经幢全部重量。中层台基，平面迅速缩小，八角素面，由 4 块大石拼合而成，露出地表。上层台基，平面略比中层缩小，由一整块巨石雕成，平面八角，八个侧面浮雕连绵山岳纹，上表面浮雕海水波浪纹，海水纹的中心部有一八角形素面平面，上承须弥座。上层台基的图案，表现的是佛教中所谓“九山八海”之形象。从老照片看，衣锦军竹林寺西幢的台基做法，与上述两例类似。杭州奉先寺双幢、天竺寺双幢均为后世迁建或重修，仅存“九

图 5-29　杭州叶七娘造幢台基和须弥座

山八海”纹台基。功臣寺幢,仅存“九山八海”纹台基残件。杭州大慈山北幢较为特别，没有“九山八海”纹台基。

吴越石塔、石幢的台基部分，形制类似，但石塔台基的体量要大于石幢台基。少量的经幢,直接立于岩石之上。武丘寺经幢,其“九山八海”纹台基之下为一小型圆形石柱，插入下方的岩石之中，也很稳当。

小型经幢的台基很小。杭州叶七娘造幢,台基仅有一层武康石，对径 24 厘米；但其高度大约有 6—7 厘米，依旧适合置入地面固定。

2. 须弥座

吴越经幢的须弥座案例，包括竹林寺双幢、五百罗汉院双幢、大慈山北幢、武丘寺幢、城南宝塔寺双幢、奉先寺双幢、叶七娘造幢，共计 7 处。

吴越时期的经幢须弥座，均为八角平面。

图 5-30　杭州奉国寺西幢基的“九山八海”纹

图 5-31　杭州奉国寺西幢基的“九山八海”纹细部

图 5-32　杭州城南宝塔寺北幢台基

竹林寺双幢、城南宝塔寺双幢、奉先寺双幢、五百罗汉院双幢均为三层须弥座，前三者的须弥座更是高达 3 米左右；大慈山北幢为双层须弥座；武丘寺幢和叶七娘造幢为单层须弥座。奉国寺西幢基座出土时，也伴出了须弥座残件。

每层须弥座的叠涩数量也不同。城南宝塔寺双幢和奉先寺双幢的底层须弥座最为复杂，自下而上由圭角、下枋、下枭、覆莲、束腰、仰莲、上枭、上枋 8 层构件组成。五百罗汉院双幢的底层须弥座做法最为简单，“九山八海”纹台基直接上承须弥座束腰，束腰上接上层须弥座的底座，没有叠涩。其他各处须弥座做法的繁复程度，在上述两者之间。

束腰处收分最大，十分宽阔，雕饰也最为精美。底层须弥座束腰，常雕蟠龙图案。城南宝塔寺双幢、奉先寺双幢的蟠龙多达四条；五百罗汉院双幢、大慈山北幢的蟠龙为两条；从体量推测，竹林寺双幢的蟠龙也应为四条。

第二层须弥座束腰，常雕壶门龛，内有菩萨坐像。城南宝塔寺双幢、奉先寺双幢的第二层束腰有多达 16 龛菩萨坐像；五百罗汉院双幢则有 8 龛菩萨坐像；从体量推测，竹林寺双幢也应为 16 龛。大慈山北幢第二层束腰素面，可能为后世替换的构件。武丘寺幢和叶

图 5-33　20 世纪中期杭州大慈山北幢台基和须弥座旧影（杭州西湖风景名胜区钱江管理处提供）

图 5-34　杭州城南宝塔寺南幢须弥座

图 5-35　杭州奉先寺左幢须弥座

图 5-36　杭州奉先寺幢须弥座第一层浮雕蟠龙（郭欣摄）

图 5-37　杭州奉先寺幢须弥座第三层佛像龛（郭欣摄）

七娘造幢，虽只有一层须弥座，但束腰部分模仿的是这一类图案：武丘寺幢间隔刻有 4 龛菩萨坐像；叶七娘造幢刻有 8 龛壶门龛，内有 8 朵莲花。

第三层须弥座束腰，常雕壶门大龛，内有一佛二弟子二菩萨五尊像。城南宝塔寺双幢、奉先寺双幢的第三层束腰有 8 龛一铺五尊像；从体量推测，竹林寺双幢也应为 8 龛一铺五尊像。五百罗汉院双幢的第三层束腰素面，可能为后世替换的构件。

最上层须弥座上枋之上为平座，环以勾栏。勾栏最易损坏，往往不存，只有五百罗汉院双幢的勾栏在旧照片中依旧完好，可能是后世修补的。

3. 幢身

幢身为经幢之核心部分，雕刻佛经内容。唐五代时期幢身平面均为八面，后世也有六面的。吴越幢身均为八面，一般前七面刻经，第八面刻幢记。通常以寺门的朝向为幢身的起始一面，以顺时针方

图 5-38　杭州城南宝塔寺南幢幢身（张小杨摄）

图 5-39　杭州奉先寺左幢幢身

向环绕。

城南宝塔寺双幢，幢身高 2.34 米，面宽 0.43 米。奉先寺双幢，幢身高 2.29 米，面宽 0.42 米。竹林寺双幢，幢身高 2.2 米，面宽 0.39 米。平阳宝胜寺幢，幢身残高 1 米多，幢身单面宽度达 0.41 米。这四处是幢身体量最大的。化度禅院双幢，幢身高 1.22 米，面宽 0.19 米；五百罗汉院双幢，幢身高 1.33 米，面宽 0.19 米；武丘寺幢，幢身高 1.35 米，面宽 0.17 米。这三处属于中等体量经幢。叶七娘造幢，幢身高 0.6 米，面宽 0.12 米；幽溪禅院双幢，幢身高 0.32 米，面宽 0.06 米；吴仁朗造幢，幢身高 0.24 米，面宽 0.05 米。这三处属于小体量的经幢。

杭州龙兴寺幢，幢身高 1.7 米，面宽 0.27 米；安平院幢，幢身高 1.8 米，面阔 0.3 米；秀州精严寺幢，幢身高 1.38 米，面宽 0.22 米。这三处代表了唐幢的幢身体量，这也是吴越时期重建无法改动的部分。

4. 华盖和腰檐

幢身上承华盖，华盖上承腰檐，这一组合是晚唐经幢留下的传统。杭州安平院幢（唐大中十四年，860，吴越重修）、海宁安国寺南幢（咸通六年，865）均已出现了幢身上叠加华盖和腰檐的组合。

具有这一组合的吴越经幢，有竹林寺西幢、五百罗汉院双幢、大慈山北幢、城南宝塔寺双幢、奉先寺双幢等。武丘寺幢、叶七娘造幢仅有华盖，没有腰檐。此外，奉国寺西幢基座出土时伴出塔檐脊兽，说明也有腰檐的存在。

幢身上承华盖，平面八角，此为石幢仿早期丝织品经幢的遗留痕迹，雕工细腻，远观仿若织物之质地。

幢身华盖上为腰檐，平面八角，为经幢仿木结构之典型部分。类似八角佛塔之腰檐，均用斗拱承托。城南宝塔寺双幢和奉先寺双幢的腰檐，八处转角，每面两朵补间，补间铺作和转角铺作均为双抄单下昂偷心造六铺作，出檐深远。竹林寺西幢、大慈山北幢由于照片模糊，无法判断铺作结构。五百罗汉院双幢的腰檐过于扁平，仅有出一跳的一斗三升斗拱，比例不写实，整个腰檐部分似为后世替换的构件。

图 5-40　杭州城南宝塔寺南幢华盖及腰檐

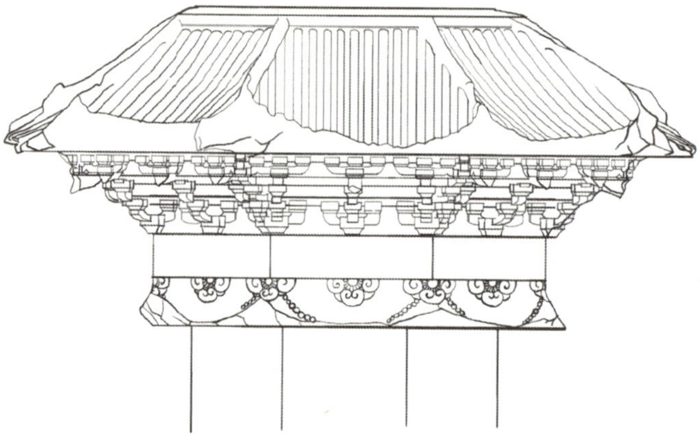

图 5-41　杭州城南宝塔寺南幢华盖及腰檐复原立面图（引自“尘沾影覆”编辑委员会《尘沾影覆：梵天寺经幢科技保护》，文物出版社 2012 年版）

5. 腰檐以上堆叠

腰檐以上部分装饰华丽，高标耸峙，乃吴越经幢一大特色。高幢的此部分有的可达 8 米以上。正如五百罗汉院幢记描述的，真可谓：“錾勒精奇，磨砻细丽。莲花捧日，云叶盘空。层层异状奇形，宛如飞动；面面真躯圣相，忽谓经行。仰窥鹤表以争高，侧视雁层而竞巧。”

以城南宝塔寺双幢为例，腰檐以上可分成五段。前三段每段以华盖、宝珠、流云、仰莲、造像短柱自下而上堆叠，循环往复，逐渐收分，间或杂以伞盖、盘石。除造像短柱较高外，余皆扁平。造像短柱上开壸门龛，浮雕佛像，或立或坐。第四段渐趋狭小，不再有造像短柱，仅以华盖、宝珠、伞盖、覆莲、盘石等扁平构件密集堆叠。第五段最为细小，仅有宝珠、华盖、山花蕉叶、仰莲等堆叠，

图 5-42　20 世纪中期大慈山北幢（上部）旧影（杭州西湖风景名胜区钱江管理处提供）

图 5-43　杭州城南宝塔寺北幢上部（张小杨摄）

图 5-44　杭州城南宝塔寺幢一级短柱经变图像（佛陀波利拜见文殊化现的老人。张小杨摄）

图 5-45　杭州奉先寺幢一级短柱经变图像，图左为帝释天及侍从，图右为释迦为善住天子授记（郭欣摄）

直至幢顶。

前三段共有三层造像短柱。第一层为四面抹角方柱，每面开壸门龛，浮雕四面佛顶尊胜陀罗尼经经变故事，分别为“佛陀波利拜见文殊化身的老人”“善住天子与两胁侍”“帝释天与两胁侍”“释迦为善住天子授记”[1]。第二层为八面柱，每面开壸门龛，浮雕八身坐佛，均结跏趺坐于莲花座上。第三层为四面抹角方柱，浮雕四天王倚坐像。第四段的盘石上，四角浮雕迦陵频伽，人首鸟身，双手于胸前合十，展翅欲飞。王士伦记录竹林寺西幢，“幢顶仰莲旁有一飞天合掌外向，势欲飞出”[2]，也是这一造型。

具有上述这类完整的堆叠和雕饰的，有竹林寺双幢、城南宝塔寺双幢、奉先寺双幢三处。而五百罗汉院双幢和大慈山北幢，仅留有一层佛顶尊胜陀罗尼经变造像短柱，其他部位堆叠较为凌乱，应是后代重修时堆叠错乱所致。武丘寺幢上有两层八面开壸门龛的造像柱，内有八身坐佛。叶七娘造幢有一层四面抹角方柱，开四壸门龛，内有四身坐佛。

[1] 关于晚唐五代时期经幢上的佛顶尊胜陀罗尼经变及短柱造像，赖天兵有详细的研究。参见赖天兵：《海宁安国寺唐会昌四年经幢佛顶尊胜陀罗尼经变初探》，《文物世界》，2018 年第 1 期；赖天兵：《海宁安国寺唐咸通经幢佛顶尊胜陀罗尼经变的形态及价值》，载《东方博物》第 68 辑，中国书店，2018 年；赖天兵：《灵隐寺吴越国经幢短柱造像与佛顶尊胜陀罗尼经变相》，《敦煌研究》，2019 年第 3 期；赖天兵：《杭州梵天寺吴越国双经幢短柱造像考》，载《东方博物》第 72 辑，中国书店，2019 年。

[2] 王士伦：《浙江临安县的文物古迹普查》，《文物参考资料》，1957 年第 2 期。

图 5-46　衣锦军竹林寺幢一级短柱经变图像残件（善住天子及侍从。沈芳漪摄）

图 5-47　杭州城南宝塔寺幢二级短柱佛像（郭欣摄）

图 5-48　杭州城南宝塔寺幢三级短柱天王像（郭欣摄）

图 5-49　杭州城南宝塔寺幢第四段盘石的迦陵频伽像（郭欣摄）

图 5-50　杭州城南宝塔寺南幢幢顶（引自“尘沾影覆”编辑委员会《尘沾影覆：梵天寺经幢科技保护》，文物出版社 2012 年版）

6. 幢顶

幢顶保存完整的，有城南宝塔寺双幢、竹林寺西幢三座。城南宝塔寺双幢，幢顶均安放火焰形宝珠一颗，中为圆球状，四面伸出新月形火焰，向上伸出，表面雕火焰纹饰，整体构成火焰宝珠。竹林寺西幢，从旧照片看，上部火焰宝珠当时尚存。

此外，五百罗汉院双幢的幢记中记载：“随使当直厢虞候、将作院副将夏承裕，舍铜铎并火珠。”其中火珠就是幢顶的火焰宝珠，应该是铜制的，故须另外制作。说明当时也有非石质的幢顶火珠。

三、吴越经幢的装饰

后世所见的经幢，均为原石本色，无任何装饰痕迹。但从幢记等资料中可知，唐宋时期的经幢，应有装饰。

湖州东林山祇园寺唐代尊胜幢，重建于大中五年（851），其幢记记载，工匠中除了勾当人、书手、石匠等人姓名之外，还有“帖金字人□爱”的留名[1]。金华法隆寺唐大中十一年（857）尊胜幢，幢记中记载：“刘四娘舍金钏一只，重一两，帖咒及佛字。”[2]可知唐代经幢，刻石之后还需贴金，但不一定是全部经文贴金，而是在最重要的陀罗尼咒语部分和佛号名字上贴金。

吴越时期继承了这一传统。杭州福庆庵幢，有“布金设象，宝刹交辉”之语，意为在经幢幢身文字上贴金。杭州大慈山北幢，有“屹标翠琰，遍列金文”之语，可见该幢身刻经文字，应该均为金字。

经幢上的造像也会上彩。唐代湖州龙兴寺会昌元年（841）尊胜幢，幢记中有“汝南周湍镌，绘画人鱼简”[3]字样，留下了画工的姓名。吴越时期杭州福庆庵幢的“布金设象”的“设象”，不仅

[1][2][3]（清）阮元：《两浙金石志》卷三，浙江古籍出版社，2012 年。

需要雕刻造像，还需要装銮造像。天台幽溪禅院双幢，有“装严已毕”之语，应是包括对刻经和造像的庄严，即贴金字和上彩色。秀州精严寺重修唐幢，“募施主装□□□”，也是此意。杭州安平院幢，北宋天禧二年（1018）的重建幢记中有“入缘买彩色，严饰宝幢”之语，则是经幢须上彩的最有力证明。

金华万佛塔地宫出土的嘉祐七年（1062）小经幢“是用红砂石制成的，幢身表面呈黑色。须弥座上的水纹涂有石绿，云纹涂有石绿及桃红，覆莲的花瓣边缘勾有金色和桃红。下檐檐口施以金色。仰莲的花瓣边缘也勾有金色和桃红。上檐四脊，亦施金色。宝珠下是仰莲，每瓣莲花的边缘勾有金色和桃红。宝珠上涂桃红色。但大都剥落”[1]。这是唐宋时期经幢上彩的珍贵实例，可以想见当时的大型经幢，颜色繁复，五彩斑斓。

图 5-51　金华万佛塔地宫出土北宋嘉祐七年（1062）无垢净光大陀罗尼经幢及六面拓本（浙江省博物馆藏）

经幢不仅仅有石质构件，也有金属构件。五百罗汉院幢记表明吴越时期的这类经幢，在腰檐以及出檐较大的构件上，应该悬挂有铜铎，风动铎鸣，如同佛塔一般。这些金属构件，后世一无留存。

经幢不似石窟造像有窟檐守护，往往露天立于风雨之中，因此其彩色装銮，往往难以持久，明清以来的后人已经不知道唐宋时期的经幢曾经具有的金字彩绘、铜铎合鸣的景象。

四、吴越经幢的刻经

1. 刻经种类

唐幢多刻《佛顶尊胜陀罗尼经》，内容包括经序、经文和咒语，共 2655 字，其中陀罗尼 326 字[2]，一般需要幢身 1 米以上的八

[1] 王士伦：《金华市万佛塔塔基清理简报》，《文物参考资料》，1957 年第 5 期。

[2] 此为通行之佛陀波利译本字数。参见刘淑芬：《灭罪与度亡：佛顶尊胜陀罗尼经幢之研究》，上海古籍出版社，2008 年，第 6 页。

面经幢才能完成。这种经幢，可称为佛顶尊胜陀罗尼幢，简称尊胜幢。

吴越国人依旧尊崇《佛顶尊胜陀罗尼经》，本章第一节“杭州五百罗汉院经幢”条中已详细抄录幢记，强调了该经灭罪和度亡的神通，楼阁、塔、幢、山顶等安置地点，与所谓“尘沾影覆”的加持功能。

吴越时期的尊胜幢也依旧流行。案例有杭州五百罗汉院左幢、石屋崇化寺幢、吴仁朗造幢、武康永安寺双幢，萧山化度禅院双幢，苏州半塘法华院幢、安国长寿禅院双幢，福州僧文琠造幢等。特别是化度禅院双幢，由吴越王钱元瓘所造，均为尊胜幢，用以超度武肃王钱镠的亡魂。

晚唐时期的两浙地区，除了尊胜幢之外，还出现了刻不同经文的经幢。例如，有一种为《加句灵验佛顶尊胜陀罗尼》，以明州阿育王寺唐咸通十年（869）幢为最早案例[1]。这种陀罗尼，与《佛顶尊胜陀罗尼经》的经序和经文相同，只是在咒语部分增加了内容，灭罪和度亡功能更为灵验，故称“加句灵验”。吴越时期，这种加句尊胜幢开始流行于民间。九里松观音寺幢、叶七娘造幢、幽溪禅院双幢，均刻此类加句尊胜咒，并且往往只刻咒语，不再刻经序、经文，因此适合民间制作小幢。

晚唐两浙地区，也出现了刊刻《大佛顶陀罗尼》的经幢，以湖州龙兴寺唐咸通四年（863）幢为最早案例[2]。这种陀罗尼，也称为《大白伞盖陀罗尼》，没有经序和经文部分，只有非常长的咒语，往往可以环刻八面，在吴越时期最为流行。刊刻这类经幢的有杭州灵隐院幢、福庆庵幢、五百罗汉院右幢、大慈山北幢、城南宝塔寺北幢、奉先寺东幢及苏州武丘寺幢、平阳宝胜寺东幢等。

晚唐出现了刊刻《千手千眼广大圆满无碍大悲心陀罗尼》（即《大悲咒》）的经幢，以湖州龙兴寺唐咸通十年（869）幢为最早案例[3]。吴越时期案例，则仅有衣锦军竹林寺东幢刻该经。

此外，衣锦军竹林寺西幢刊刻的《守护国界主陀罗尼》，在吴越时期属于孤例。

《随求即得大自在陀罗尼咒》，是吴越及北宋时期十分流行的陀罗尼。刻有此类陀罗尼的吴越经幢有杭州大慈山南幢、城南宝塔寺南幢、奉先寺西幢等。

综上所述，吴越经幢刻经的种类，主要有《佛顶尊胜陀罗尼经》

[1][2]（清）阮元：《两浙金石志》卷三，浙江古籍出版社，2012年。

[3] 该幢后部依旧刻《佛顶尊胜陀罗尼经》。据（清）阮元：《两浙金石志》卷三，浙江古籍出版社，2012年。

或仅有其咒语部分、《加句灵验佛顶尊胜陀罗尼经》或仅有其咒语部分以及《大佛顶陀罗尼》《随求即得大自在陀罗尼咒》《千手千眼广大圆满无碍大悲心陀罗尼》《守护国界主陀罗尼》6 种类型。

2. 刻经组合

晚唐时期，出现了单个经幢上的刻经组合。湖州龙兴寺唐大中二年（848）幢，其幢身除刻《佛顶尊胜陀罗尼》之外，省略了经序和经文，又增刻 7 种陀罗尼，幢顶造像短柱边又刻 4 种陀罗尼，全幢共计 11 种陀罗尼真言[1]。湖州龙兴寺唐咸通十一年（870）幢，刻有《佛顶尊胜陀罗尼经》及其他 4 种陀罗尼[2]。这反映了晚唐时期信众，除《佛顶尊胜陀罗尼》之外，对其他种类陀罗尼经咒的需求。而唐代湖州龙兴寺作为一座尼寺，对传统的尊胜幢做了较大的改动，适应了民众的这种需求。

吴越时期，却没有此类一幢刻多种经咒的经幢，所有的经幢均为一种经咒。情况与上述唐幢类似的，只有安吴塔和灵隐寺双石塔，束腰八面刻《大佛顶陀罗尼》之外，其第二层四面刻有十余种陀罗尼经咒。因此后人也将这三座塔称为“经塔”。

唐幢多为单幢，纵有多个经幢位于同一寺院，也多为不同时

[1] 幢身有《千手千眼观世音菩萨广大圆满无碍大悲心陀罗尼》《千手千眼观世音陀罗尼根本大身咒》《大佛顶放光悉怛多钵怛罗大心真言》《无量寿如来十甘露真言》《如意轮根本真言》《清净法身毗卢遮那佛化身五部道场主大轮金刚三昧耶真言》。幢顶有《宝楼阁陀罗尼》《大悲心中心真言》《文殊咒》《往生咒》。据（清）阮元：《两浙金石志》卷三，浙江古籍出版社，2012 年。

[2] 幢身有《佛顶尊胜陀罗尼经》《大轮金刚真言》《千手千眼观世音菩萨广大圆满无量大悲心陀罗尼神咒》《金刚真言》《净身真言》。据（清）阮元：《两浙金石志》卷三，浙江古籍出版社，2012 年。

图 5-52　杭州五百罗汉院左幢《佛顶尊胜陀罗尼经》拓本局部（浙江省博物馆藏）

图 5-53　杭州城南宝塔寺北幢《大佛顶陀罗尼经》局部（郭欣摄）

代所建。如五台山佛光寺的两座唐代经幢，分别建于唐大中十一年（857）和乾符四年（877）。海宁安国寺有三座唐代经幢，分别建于唐会昌二年（842）、会昌四年（844）和咸通六年（865）。

晚唐时期，逐渐出现了双幢的组合，最早出现的是两座尊胜幢的组合。萧山觉苑寺门外原有东西经幢，均为尊胜幢，东幢建于会昌元年（841），西幢漫漶，纪年不详，但形制与东幢同，在两浙地区的案例中，可能是最早的一对双幢组合。湖州东林山祇园寺外的东西经幢，均为尊胜幢，均重建于唐大中五年（851），体量相同，施建人相同。海宁硖石惠力寺外的东西经幢，均为尊胜幢，体量相同，均建于咸通十五年（874）。吴越时期的苏州安国长寿禅院双幢、武康永安寺双幢、萧山化度禅院双幢，均是两座尊胜幢，即是模仿了此类组合。

晚唐时期，还出现了一种新的双幢组合。湖州开元寺唐大中十一年（857）双幢，分别刻有《大佛顶陀罗尼》和《佛顶尊胜陀罗

图 5-54　杭州奉先寺右幢《大随求即得大自在陀罗尼神咒经》局部（郭欣摄）

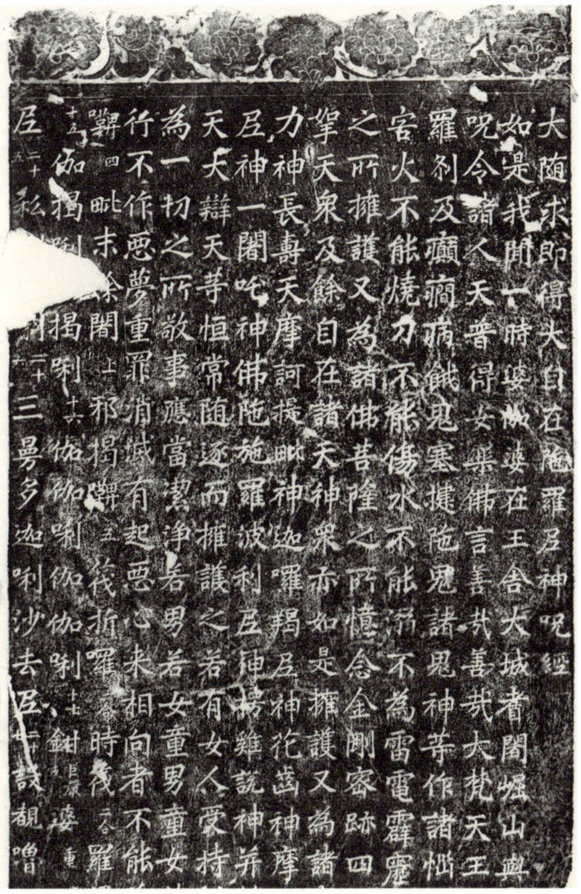

图 5-55　杭州城南宝塔寺南幢《大随求即得大自在陀罗尼神咒经》拓本局部（浙江省博物馆藏）

图 5-56　杭州竹林寺东幢《千手千眼广大圆满无碍大悲心陀罗尼》残件（临安博物馆藏）

尼》。幢记中记载，供养人认为“大佛顶及尊胜为众福之王”，“以大中十一年岁在丁丑四月二十七日立于开元尊像殿前，系其地也。每幢高□十五尺，各有二十五重，重重状名，穷侈□丽，唐言梵语，备载二经”[1]。模仿了这种组合的，是吴越时期的五百罗汉院双幢，其左幢为尊胜幢，右幢为大佛顶幢。

吴越前期，出现了一种崭新的双幢组合形式。钱镠建造的衣锦军竹林寺双幢，左幢刻《千手千眼广大圆满无碍大悲心陀罗尼》，右幢刻《守护国界主陀罗尼经》。这种组合十分罕见，是吴越时期的创造。功臣寺幢可能也是这种组合。

吴越后期，又出现了另一种双幢组合形式。杭州大慈山双幢、城南宝塔寺双幢、奉先寺双幢，均为左幢刻《大佛顶陀罗尼》，右幢刻《随求即得大自在陀罗尼》，成为一种流行定式。平阳宝胜寺双幢，左幢刻《大佛顶陀罗尼》，右幢不存，很可能也是这种组合。

吴越时期的双幢，数量众多。其中杭州奉国寺双幢为钱镠所建、西莲院双幢为钱俶所建，虽然不知其刻经内容，但应有刻经组合的设计。

五、吴越经幢的功能

唐代流行建佛顶尊胜陀罗尼经幢，因为《佛顶尊胜陀罗尼经》在经文中已经明确表示，这种陀罗尼“不仅可祈求现世的利益，永

[1]（清）阮元：《两浙金石志》卷三，浙江古籍出版社，2012 年。

离病苦、延年益寿，并且可免除因业障恶因所招致地狱、畜生、饿鬼恶道的果报，更可得佛授记，尽此生后可往生诸佛国土”[1]。8世纪后期，更因为密宗高僧不空的推广，使得唐代宗令天下僧尼每日念诵该经21遍，为国祈福。其所谓“尘沾影覆”的强大加持效果，使得晚唐时期尊胜幢遍布全国。

吴越时期的尊胜幢，以破地狱这类度亡功能为主要功能。如钱元瓘所建的化度禅院双尊胜幢，提到的首要功能还是为父亲武肃王钱镠度亡，“所有前后幽暗魂识，一一咸冀往生。然愿以此功德，资荐皇考武肃王，升七觉之法身，耀千光之瑞相”。其原因有二，一是武肃王卒于前一年，文穆王此时还处于服孝期间，故以度亡为重；二是该地原为监狱，后改寺院，恐有冤魂未度。

如唐代宗期望的那样，尊胜幢也有护佑国家和土地的功能。化度禅院双尊胜幢的功能“其次保安疆境，兵火无虞，以子以孙，永永蕃盛”。吴仁朗造尊胜幢，“立此幢，保安土地，并及人口鞍马，在此平善，永去邪魔”。

同样具有度亡功能的《加句灵验佛顶尊胜陀罗尼》在吴越国民间更为流行。幽溪禅院双幢均刻此经，“意者追荐先灵，拔超冥路，伏愿速登彼岸，长被胜因”。前述叶七娘造幢，也刻此经：“伏愿亡夫二郎，承兹巨善，速返人天，早超净域之方，便整菩提之果。然愿保扶家眷谧宁，公私吉庆。”

相比之下，两种经幢的组合，功能就更为强大。

五百罗汉院双幢，以大佛顶幢和尊胜幢组合，“固可利沾家国，福赞君亲。凡施资财，皆列名氏，承有为之善力，至无作之真归。其次滞魄孤魂，衔冤负累，应念而皆期解网，有心而悉使登车”，兼具祈福和度亡的功能。

竹林寺双幢，以千手千眼大悲幢和守护国界主陀罗尼幢为组合，“福均土地，光荫乡园，克兹先远，松楸共泰，锦城军俗，以增幽显，利等恒沙”，强调了其为百姓祈福和护佑土地的功能。

大慈山双幢、城南宝塔寺双幢、奉先寺双幢，均以大佛顶幢和大随求幢作为组合。大慈山双幢祈求“胜利长存，果报无极”，城南宝塔寺双幢“所愿家国咸康，封疆永肃，祖世俱乘于多福，宗亲常沐于慈恩。职掌官僚，中外宁吉，仍将福祉，遍及幽明，凡在有情，希沾妙善”，奉先寺双幢“伏愿兴隆霸祚，延远洪源，受灵贶于祖先，助福禧于悠久。军民辑睦，疆埸肃宁，宗族以之咸康，

[1] 刘淑芬：《灭罪与度亡——佛顶尊胜陀罗尼经幢之研究》，上海古籍出版社，2008年，第7—8页。

官僚以之共治。……凡在含生，同跻觉路”，强调了其护佑国家和百姓的功能。

六、吴越经幢在寺院中的布局

唐代经幢在寺院中之位置，一般位于殿前。但在双幢兴起之后，也开始流行于寺前山门外两侧立幢。如萧山觉苑寺双幢、湖州东林山祇园寺双幢、海宁惠力寺双幢，都位于寺门之外两侧。

吴越经幢，于殿前立幢的，有杭州碧沼院幢（“起石幢于殿砌”）、西莲院双幢（“造宝幢二于殿前”）、衣锦军竹林寺双幢（“特于殿前建立……两幢”）、台州幽溪禅院双幢（“今殿前有石经幢”）等，大多为双幢。此外，奉先寺双幢在奉先寺中的位置不详，北宋移于灵隐寺前殿前两侧，成为殿前双幢。

吴越经幢，于寺前立幢的，有大钱寺双幢（“设宝幢二座于寺门”）、奉国寺双幢（“在府治前”）、安国长寿禅院双幢（“寺门外有尊胜石幢二”）、城南宝塔寺双幢（根据现状）、平阳宝胜寺双幢（“俱在宝

图 5-57　海宁硖石惠力寺唐代双幢现状

图 5-58　20 世纪初期杭州城南宝塔寺双幢旧影（引自〔日〕常盘大定、关野贞《中国文化史迹》第四卷，上海辞书出版社 2017 年版）

胜寺前”）、台州法安院双幢（“寺外有二古经幢”）。此外，五百罗汉院双幢、大慈山双幢均在后世被移动到了寺前，吴越时期的位置不详。寺前立幢，均为双幢，这也是寺院山门两侧的对称需要，在吴越时期最为流行，成为寺院布局的重要元素。

七、吴越经幢的建造顺序

吴越经幢与寺院建造具有先后顺序。

福庆庵幢与福庆庵的创建同年。竹林寺幢记：“昨以寺院功毕，金像周圆，特于殿前建立……两幢，充扬胜事。”化度禅院幢记：“于是变圆扉而崇梵宇，开绀殿而立睟容，仍建宝幢，镇兹土地。”大慈山幢记：“特造院宇……乃议树石幢。”城南宝塔寺幢记：“梵刹既当于圆就，宝幢是镇于方隅。”奉先寺幢记中写：“筑湖畔之山冈，构城西之佛阁。……仍于宝地，对树法幢。”都明确记载经幢是建于寺院落成之后。

另外，五百罗汉院重建于钱镠时期（932 前），建幢则在吴越清泰二年（935），是在寺院完工之后。平阳宝胜寺双塔建于乾德三年（965）十月，双幢则建于乾德六年（968）四月，双幢建于双塔完工之后。

以上几处经幢都与寺院落成有关，且大都是双幢。双幢镇于殿前或山门之外，是寺院全部营造完工之表现。

民间所建之武丘寺幢、幽溪禅院双幢等，均与寺院之建造无关。

八、吴越经幢内部的供养品

吴越初期重建的龙兴寺幢，在幢身中放入了一个小琉璃瓶，内装 54 颗舍利。这种舍利安置方法是，将经幢构件上挖出的一个孔洞，将琉璃瓶之类的供养品放入洞中，再叠压上其他石构件，就可以封缄保存。

吴越中期修建的五百罗汉院幢，现存一截残件，是一件方形抹角造像短柱，四面开壶门龛，每面浮雕佛顶尊胜陀罗尼经变。在四角的抹角处刻有“舍利宝幢”字样，表明原经幢藏有舍利。在这个短柱的上表面，中心有一圆形孔，一侧另有一个圆形孔。中心孔可能作为石构件的榫卯插孔，侧面这个孔在结构上没有功能，应该就是安置舍利的空间。

但是，吴越时期建造的经幢，除以上两例外，其他案例都没有在幢记中留下舍入舍利的记录，也没有在实物上留下“舍利宝幢”这类文字。吴越初期至中期，可能延续的是晚唐传统，经幢内部可以舍入舍利。但是自吴越后期起，可能形成了一种制度，舍利必须建塔供养，不能放入经幢中供养。

宋代以后，又流行在经幢中安置舍利。北宋重建的苏州瑞光寺塔的佛舍利，安置在第三层天宫之内，供养在“真珠舍利宝幢”之中，这与吴越时期的舍利供养方式差异很大。此外，杭州安平院幢，在北宋重修时，“葬古佛舍利□颗于龙柱海山之下”；南宋重修时，“请到佛牙舍利入□□缘，永充供养”[1]。经幢代替佛塔安置佛舍利，成为宋代的流行风尚。

此外，吴越湖州大宁寺重修唐幢时，放入了钱俶丙辰岁（956）刊刻的《宝箧印陀罗尼经》一卷。这一供养方式虽然特殊，但在《佛顶尊胜陀罗尼经》中就已提到，陀罗尼应该“安高幢上，或安高山，或安楼上，乃至安置窣堵波中”[2]。所以吴越时期，经幢中安置陀罗尼，应该并不违反规定。

[1]（清）阮元：《两浙金石志》卷三，浙江古籍出版社，2012 年。

[2]（唐）佛陀波利译：《佛顶尊胜陀罗尼经》，《大正新修大藏经》第 19 册，第 967 号。

图 5-59 杭州五百罗汉院幢经变短柱残件，抹角刻有“舍利宝幢”字样

图 5-60　湖州大宁寺幢出土丙辰岁钱俶造“八万四千”《宝箧印陀罗尼经》卷首部分（瑞典斯德哥尔摩皇家博物馆藏，引自浙江省博物馆《远尘离垢——唐宋时期的宝箧印经》，中国书店 2014 年版）

九、吴越经幢的供养人

吴越时期经幢的供养人，从国王到文武百官，僧俗信众，男女老少，遍布各个阶层。

吴越大型经幢多为钱氏亲建，如钱镠建杭州镇潮铁幢、大钱寺双幢、水月寺幢、衣锦军竹林寺双幢，钱元瓘建萧山化度禅院双幢，钱俶建杭州西莲院双幢、超化寺幢、城南宝塔寺双幢、奉先寺双幢等。

吴越国的文武官员也有不少人建幢。如杭州新登碧沼院幢由太师杜棱建，石屋崇化寺幢由元帅府府库使王某建，福庆庵幢由节度讨击副使方铢建，苏州安国长寿禅院双幢由上柱国邵思宝、周承礼建，平阳宝胜寺双幢由上柱国张从轸建。

每一座寺院经幢的建造，都有当寺僧人的参与，但僧人独立建幢的案例不多。杭州龙兴寺唐幢由头陀僧处道重建，大慈山双幢由僧主思宪所建，秀州精严寺幢由大德义祥重建，此外，福州僧文琠也造有幢。

大量的经幢由平民建造。如灵隐院幢由吴氏十五娘建，寿圣寺幢由黄氏十五娘建，九里松观音寺幢由胡氏二娘建，五百罗汉院双幢由吴保容、吴镡等建，天台幽溪禅院双幢由孙绍荣建，苏州武丘寺经幢由许氏建，此外，杭州吴仁朗、叶七娘也造有幢。

五百罗汉院双幢的施建人群体，描述最为详细。两座大型经幢的建造，“独营则其力不迨，众办则厥功易成”，是由一个临时组织的“会”合力建造的。牵头人是“都会首”吴保容和吴镡兄弟二人，以及“会首”20余人，同时他们也取得了五百罗汉院的支持。吴氏兄弟和会首一起，“遍觅信人”，寻找集资造幢的供养人。他们许诺，“凡施资财，皆列名氏”，最后共找到供养人100余人，“获钱三十万”，完成了全部集资工作。然后他们任命了“造幢都料”“勾当人”“镌幢人”“书宝幢手”等职务，“购之贞石，命彼良工，錾勒精奇，磨砻细丽”，完成了两座经幢的施工。最后，委托吴越高僧汇征撰写幢记，颂扬以吴氏兄弟为首的供养人。幢记文字和所有供养人的姓名和舍钱数字都刻在经幢之上，与经咒一起，流传后世。

十、吴越经幢的造价

五百罗汉院双幢的造价为“三十万”，包含了购买石料、雕凿、雕像、书经、刻经、安装、装銮的总费用，大约每幢需要十五万，即一百五十贯。五百罗汉院幢属于吴越经幢中的中型体量，推测吴越大体量经幢的建造，花费还要巨大。

吴越开宝二年（969）秀州精严寺重建唐幢，“于院内修功德镌□□□□□募施主装□□□（下缺）并阶砌修葺等计用□□三百千文”，镌刻、装銮、修葺的总费用是三百千文，即三百贯。这笔钱甚至超过了前述的造幢费用，应是包含了“阶砌修葺”等其他维修工程的费用。

十一、小结

吴越新建和重建经幢39处，分布于杭州的多达28处。吴越时期的杭州经幢，不仅史料记载多，并且龙兴寺幢、五百罗汉院双幢、大慈山双幢、城南宝塔寺双幢、奉先寺双幢、吴仁朗造幢、叶七娘造幢7处，均至少保存至20世纪，留下了珍贵的影像和调查资料。

吴越时期应有建幢制度，大慈山北幢幢记中写道：“乃议树石幢，圣旨喻允。”说明吴越时期建立经幢，也须得到吴越国王的批准。当然这里所指的是大体量的经幢，如果是小体量的民间造幢，应该无须申报审批。从实例来看，吴越经幢应该只能雕刻一种经咒，不能像唐幢一样一幢多咒。此外，吴越经幢应该不允许安置舍利，经幢与舍利塔各司其职，强调经幢的纯粹性。

吴越经幢的建造工艺十分高超。经幢体量十分巨大，高度往往在10—15米，如石塔一般。吴越大型幢，一般自下而上为素面台基、“九山八海”纹台基、多层须弥座、刻经幢身、华盖、腰檐、多个造像短柱、多个仰莲等堆叠，顶部为火焰宝珠。完工之后的经幢，还需要贴金描彩，安置铜铎，造型精美，结构复杂，其工艺水平远在唐幢之上。

吴越经幢的刻经、组合，都较唐幢发生了变化。《佛顶尊胜陀罗尼》不再一家独大，《大佛顶陀罗尼》《大随求陀罗尼》《加句灵验尊胜陀罗尼》等多种陀罗尼均有雕刻，更是出现了千手千眼大悲心幢和守护国界主幢、大佛顶幢和尊胜幢、大佛顶幢和大随求幢等多种双幢组合。吴越后期更流行大佛顶幢和大随求幢的组合。吴越时期的双幢，一般建立在殿前两侧或寺前两侧。

由于吴越经幢的刻经和组合发生变化，其功能也相应发生了变化。除尊胜幢和加句尊胜幢仍然主要是度亡功能以外，其他经幢都强调了为百姓祈福、护佑国家的功能。

附　录

附录一　杭州闸口白塔考

一、缘起

闸口白塔，位于杭州市上城区南星街道白塔岭社区的白塔岭上，南距钱塘江约150米，塔旁附属寺院早已不存。

闸口白塔为仿木结构楼阁式实心石塔，平面八边形，九层，高约14.4米。该塔基台部分的盘石，雕刻有山峰、海浪的纹饰，象征“九山八海”。须弥座的束腰处和二层四隅面刻有佛经。塔主体九层，每层由塔身、塔檐和平座三部分组成，出檐深远，起翘舒缓。塔身上浮雕有佛、菩萨和经变故事。

闸口白塔不仅具有重要的地标作用，而且在中国古代建筑史上，也是极具特色的实例。但遗憾的是，由于文献材料语焉不详[1]，而白塔本身除佛经以外，也没有任何文字题记，使得闸口白塔的具体建造年代一直处于探讨之中。

[1] 当代出版的《杭州佛教史》载：“白塔位于闸口白塔岭上，建于五代吴越王钱弘佐即位（五代后晋天福六年）前后。”见冷晓：《杭州佛教史》，杭州市佛教协会，1993年，75页。该纪年并无依据，不知从何而来。

[2]〔日〕常盘大定、关野贞：《中国文化史迹解说》第四卷，法藏馆，1939年，第60页。

二、关于闸口白塔建造年代的研究综述

关于闸口白塔建造年代的考证，伴随其调查研究工作开始，至今已经延续近百年。

20世纪初期，日本学者关野贞、常盘大定等人多次大范围调查中国文化史迹，其间多次来到杭州，拍摄和记录了闸口白塔。在《中国文化史迹解说》一书中，关野贞根据其与灵隐寺双石塔在形制上的相似之处，判断闸口白塔应是宋初吴越王所建[2]。

中国营造学社学者梁思成、林徽因曾于1934年10月调查闸口

白塔，其调查报告本欲发表在1937年出版的《营造学社古建筑调查报告专刊·塔》中[1]，惜卢沟烽火骤起，此事遂寝。1982年《梁思成文集》出版时，该调查报告以“浙江杭县闸口白塔及灵隐寺双石塔”之名刊载。该报告中，梁思成同样依据闸口白塔与灵隐寺双石塔的相似之处，认为闸口白塔为吴越建隆元年（960）前后所建[2]。

20世纪50年代中期，浙江省文管会邀请同济大学建筑学者陈从周一同调查浙江古建筑，相关调查报告可见陈从周的《浙江古建筑调查记略》一文，其中就包括闸口白塔。他认为：“该塔从形制来看，为五代末期的作品可能性最大。”[3]浙江省文管会成员黄涌泉的《浙江省的纪念性建筑调查概况》也采用了陈从周的结论[4]。

1986年，杨新平在《杭州闸口白塔建筑年代考》中，依据文献资料和建筑形制，认为该塔营建于五代吴越后期[5]。

20世纪90年代，杭州市园林文物局开始对闸口白塔进行了测绘调查。高念华《杭州闸口白塔》一书，提供了闸口白塔的调查报告、测绘图纸和照片。但对于闸口白塔的年代，他只是根据范仲淹《余杭白塔寺》诗，保守地判断其“至迟在北宋皇祐元年已建立”[6]。

2011年，天津大学建筑学院与杭州“无尽藏”工作室合作，应用三维激光扫描及传统测绘等方法，对闸口白塔进行了全面记录。但其调查报告未对白塔的年代下新的结论[7]。

2013年至2014年，杭州市园林文物局和浙江大学文化遗产研究院利用闸口白塔大修之际，重新测绘了白塔。这次调查，运用3D技术实施了数字化考古，对白塔的石造工艺、仿木结构、佛教刻经、造像艺术进行了至今为止最系统的整理和调查。《闸口白塔数字化考古调查报告》尚在编写中，从目前已发表的前期论文来看，闸口白塔仍然被认为“是一座具有千余年历史的五代十国吴越晚期八面九层仿木构石塔”[8]。

综上所述，近百年来考古、建筑学界对于闸口白塔的营造年代已经基本达成共识，即五代吴越国后期。从结论来看，大体与民国时期关野贞、梁思成等学者类似。

前辈学者曾期待能在白塔上发现纪年线索[9]，令人遗憾的是，近年来虽然利用现代科技探索，但始终未发现任何纪年题记。

在实物调查未有突破的情况下，或许可以通过重新梳理文献资料，来发现闸口白塔建造年代的信息。

[1] 此事可见《中国营造学社汇刊》第5卷第4期，1935年，第168页，以及《梁思成文集》第三卷，中国建筑工业出版社，1982年，第287页刘致平注。

[2]“可以断这双塔的年代为建隆元年（公元九六〇年）重兴灵隐寺时或其后数年间所造。闸口白塔……与双塔比较，白塔之属于同时是没有疑问的；乃至同出同一匠人之手，亦大有可能。”梁思成：《浙江杭县闸口白塔及灵隐寺双石塔》，载梁思成：《梁思成文集》第三卷，中国建筑工业出版社，2001年，第302页。

[3] 陈从周：《浙江古建筑调查记略》，《文物》，1963年第7期，第13页。

[4] 黄涌泉：《浙江省的纪念性建筑调查概况》，《文物参考资料》，1956年第4期。

[5] 杨新平：《杭州闸口白塔建筑年代考》，《杭州师范学报（社会科学版）》，1986年第3期。

[6] 高念华：《杭州闸口白塔》，浙江摄影出版社，1996年，第34页。

[7] 丁垚、刘翔宇：《杭州闸口白塔调查记》，载《中国建筑文化遗产5》，天津大学出版社，2012年，第160—169页。

[8] 邵群、李志荣等：《杭州闸口白塔数字考古调查实践——三维数字时代的文化遗产调查与保护》，载《杭州文博》第17辑，浙江古籍出版社，2016年。

[9]“唯字剥蚀难辨，如能细检，或可发现记年线索。”陈从周：《浙江古建筑调查记略》，《文物》，1963年第7期，第13页。

三、关于闸口白塔的文献材料

向来引证闸口白塔的历史材料，主要有如下几种：

①北宋·范仲淹《余杭白塔寺》(1049)诗："登临江上寺，迁客特依依。远水欲无际，孤舟曾未归。乱峰藏好处，幽鹭得闲飞。多少天真趣，遥心结翠微。"[1]

②南宋·王铚（南宋初）《与郭寿翁俱客钱塘，寿翁归吉州，追饯至龙山白塔寺惜别，怅然终日，始登车而去。既行旬日，予得请庐山太平观，将归隐浙东山中，寄诗奉怀》诗："江边孤寺旧曾经，重枉骊驹当短亭。落日催人心去住，东风回首泪飘零。魂归但觉枫林黑，书就终期汗简青。归隐我无冲斗气，相思时望少微星。"[2]

③南宋·施谔《淳祐临安志》(1252)记载："白塔岭，在钱塘县龙山之东。"[3]

④南宋·潜说友《咸淳临安志》(1268)同样记载："白塔岭，在钱塘县龙山之东"。[4]

⑤南宋·吴自牧《梦粱录》(1274)记载："街市有塔者，……龙山儿头岭名白塔岭，岭有石塔存焉。"[5]

⑥元人记载南宋旧事："驿路有白塔桥，印卖《朝京里程图》，士大夫往临安，必买以披阅。有人题于壁曰：白塔桥边卖地经，长亭短驿甚分明。如何只说临安路，不较中原有几程。"[6]

⑦元·钱惟善《晚雨过白塔》诗（元末)："宋宫传是唐朝寺，白塔崔嵬寝殿前。夏雨染成千树绿，暮岚散作一江烟。苍苔门外铜铺暗，细柳营中画角传。寂寞葫芦宫井畔，野人拾得旧金钿。"[7]

⑧清·傅王露等纂《西湖志》(1731)："《大佛顶陀罗尼经》，在江干石塔，宋刻，无纪年、书人。"[8]

其中材料①被引用较广，但该诗描写的并非闸口白塔，而是余杭县白塔，下文将给以证明。材料⑦描写的也非闸口白塔，而是元代在宋宫遗址上所建之镇南塔，该塔现位于馒头山气象台内，彼时杭人亦称其为白塔，形制应为喇嘛塔[9]。

从材料②来看，南宋初期时，闸口白塔所属寺院尚存，名为"白塔寺"。材料③和④虽不涉及白塔本身，但可说明白塔岭的地名在南宋时就已出现。从材料⑤可知，南宋末年时白塔寺已不存，只剩白塔立于岭上。由材料⑥可知南宋时白塔桥边为交通要道。材料②③④⑤⑥共同说明，南宋时期闸口白塔被称为"白塔"。

[1]（宋）范仲淹：《范文正公集》卷四，文渊阁四库全书本。

[2]（宋）王铚：《雪溪集》卷三，文渊阁四库全书本。

[3]（宋）施谔：《淳祐临安志》卷九，载《宋元方志丛刊》第四册，中华书局，1990年。

[4]（宋）潜说友：《咸淳临安志》卷二十八，载《宋元方志丛刊》第四册，中华书局，1990年。

[5]（宋）吴自牧：《梦粱录》卷十五，载（清）丁丙、丁申辑《武林掌故丛编》第七册，广陵书社，2008年。

[6]（元）李有：《古杭杂记》，载（清）丁丙、丁申辑《武林掌故丛编》第一册，广陵书社，2008年。

[7]（元）钱惟善：《江月松风集》卷九，文渊阁《四库全书》本。《西湖游览志》题为"同武仲仁登白塔"，见（明）田汝成：《西湖游览志》卷八，载《西湖文献集成》第二辑，杭州出版社，2004年。

[8]（清）傅王露等：《西湖志》卷十七，载《中国方志丛书》第543号，成文出版社有限公司，1983年。

[9]田汝成《西湖游览志》卷八中所引三首"钱思复《同武仲仁登白塔》"诗，此为其中之一。其余二首也均为描述镇南塔之作，因篇幅有限，不一一列出。

由材料⑧可知清代时尚能辨识白塔束腰处为《大佛顶陀罗尼经》。

由于历史文献材料有限，故向来难以据此确定闸口白塔的准确建造年代。

四、闸口白塔与“余杭白塔寺”辩正

因为闸口白塔的历史信息相对较少，所以目前在介绍其历史沿革时，往往会引用材料①，即北宋范仲淹的《余杭白塔寺》诗，作为其已知最早的历史记录。正是因为这一材料长期以来给人以错误的信息，使得闸口白塔真正的历史信息被掩盖。现笔者通过下文的论证，试图推翻此材料。

该诗细读起来有不少疑点。

首联以下六句，描写的是一派山居野趣：远水孤舟、乱峰幽鹭、天真自然，正因有此景，诗人才有迁客之感，故诗意本身毫无问题。问题是，这果真是北宋时闸口白塔附近的景象吗？闸口，即龙山闸口，乃是吴越、北宋时从钱塘江进杭州城的枢纽要冲，沟通着大运河、浙东运河、钱塘江三条运输干线，繁华无比。日本僧人成寻于北宋熙宁五年（1072）入宋，船经龙山闸口入杭州城时，描述此地“卖买大小船，不知其数……大船不可数尽”[1]，其船等候一夜，方得放入龙山闸入城。可知彼时闸口舟楫辐辏，拥挤异常。范仲淹作此诗，时在北宋皇祐元年（1049）[2]。成寻入龙山闸上距范仲淹题诗不过25年，应为同时期之见闻。那么，置身此闹市河口，范仲淹怎能看到“孤舟”“幽鹭”之景，又怎能感到“依依”“天真”之意呢？

带着疑问，笔者调查了关于宋代杭州的第一手材料——《咸淳临安志》，发现该书中有两处引用了该诗。一处为《咸淳临安志》卷九十五的《范文正公白塔驻轩亭》诗。其与目前通行版本的内容稍有不同，颈联首句的“乱峰”作“前峰”，尾联首句的“天真趣”作“天真事”，但基本意思不变。诗题中的“白塔驻轩亭”，应位于闸口白塔所属寺院中，或许就是前述材料②中“重枉骊驹当短亭”的“短亭”。清代诗人陈时有《白塔岭》诗：“城南三白塔，其一在江滨。年年秋八月，于此酹江神。文正题诗处，轩亭何处尘。”末尾两句，即是化用此诗题而来。

另一例则位于《咸淳临安志》卷八十三的余杭县“显圣院”条：“显圣院在县东南三里，旧名白塔，开宝四年建，治平二年改今额，

[1]〔日〕成寻著，王丽萍校点：《新校参天台五台山记》卷一，上海古籍出版社，2009年，第21页。

[2]（宋）楼钥：《范文正公年谱》，《四明丛书》第三集，广陵书社，1981年。

图 1　余杭白塔院旧址附近的南苕溪及安乐山现状（图中山顶的安乐塔并非白塔）

范文正公尝经行有诗题咏。”

其诗与目前通行版本仅差一字——“江上寺”作“溪上寺”。但从“江”到“溪”的这一字改动，对文意修改很大。

据该条内容，显圣院于北宋治平二年（1065）改额，旧名白塔院。故范仲淹题诗时（1049），该寺应称为“余杭县白塔院”，与范仲淹《余杭白塔寺》诗题更为相符。该寺既称白塔院，则必有白塔。

图 2 《咸淳临安志》卷十五“余杭县境图”（局部）

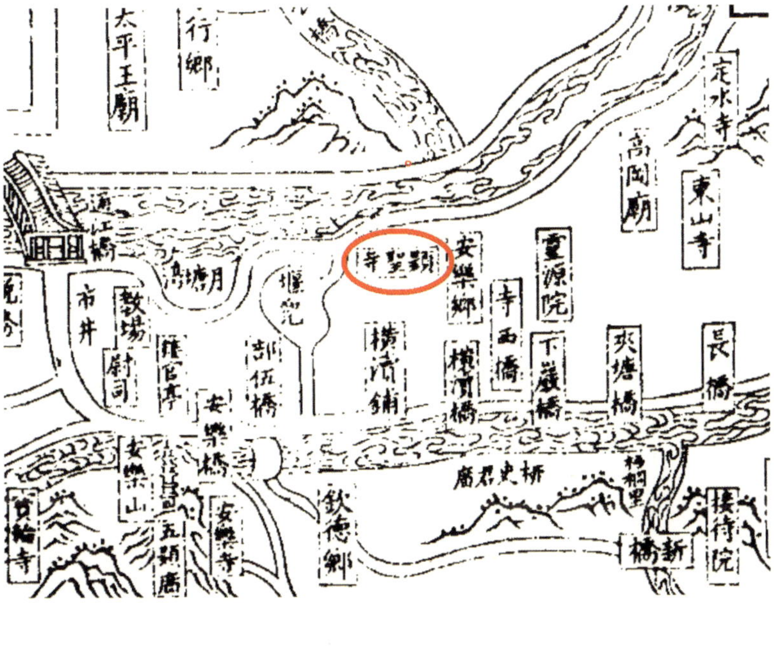

查史料可知，显圣院可能毁于宋末元初，于明代重建，彼时白塔或已不存，后该寺并入永安寺，最终于 1937 年被日军焚毁[1]。查《咸淳临安志》卷十五的“余杭县境图”，城东南有河，河边有显圣寺，从方位上来看，应即是“县东南三里”的显圣院。

“登临溪上寺”之“溪”指的应该也是这条河，即南苕溪。如今这一带虽是热闹市镇，但从南宋之“余杭县境图”来看，显圣

[1] 汪宏儿：《南湖文化·南湖胜迹》，见《余杭历史文化研究丛书》，西泠印社出版社，2009 年，第 124 页。

院位于城外溪边，周围丘陵湿地环绕，正有“乱峰藏好处，幽鹭得闲飞。多少天真趣，遥心结翠微”之意。范仲淹原诗意境，正与此地相符。

综合上述材料，笔者认为，范仲淹《过余杭白塔寺》诗中所描述的不是龙山闸口白塔，而是余杭显圣院白塔。理由如下：

第一，范仲淹《余杭白塔寺》诗意与北宋闸口白塔的历史环境不符；

第二，该诗在《咸淳临安志》中分别归属于白塔驻轩亭和余杭显圣院名下，文字略有不同，显然有一首属于误植；

第三，北宋范仲淹时期，余杭显圣院的正式名称为“余杭县白塔院”，更接近余杭白塔寺之名；

第四，从《咸淳临安志》“余杭县境图”可知，余杭显圣院在城东南三里外溪岸，即“溪上寺”；

第五，从这一地区的现状可知，余杭显圣院的历史环境应与范仲淹《余杭白塔寺》的诗意相符。

《余杭白塔寺》的正确版本，应是《咸淳临安志》卷八十三中所载内容。该诗在《咸淳临安志》中有两个版本，说明当时就已被南宋人所混淆。南宋以来，因闸口白塔更为有名，而杭州古称也为余杭，所以该诗被误植入闸口白塔名下。时人又改“溪”为“江”，以符合闸口白塔之风貌，导致其错误延续至今。

由此我们可以得知，北宋时期的闸口白塔所属寺院，并不一定叫做“白塔寺”。这一点在接下来的探索中，十分重要。

五、《咸淳临安志》未提及白塔寺和白塔吗？

成书于南宋咸淳四年（1268）的《咸淳临安志》是南宋地方志中的佳作，为研究杭州地方史的重要史料。遗憾的是，《咸淳临安志》的寺院志部分，未提及龙山闸口的白塔寺。

该书卷八十二佛塔条目下有六和塔、南高峰塔、北高峰塔、保叔塔、雷峰塔等显赫大塔，也有崇圣塔、辟支塔等寺院附属塔，还有寺院已毁、失其所属的佛牙塔、华严塔、净因石塔等，但也没有提及龙山闸口的白塔。

全书唯一涉及龙山闸口白塔的记载是在卷二十八山川条目中，提及“白塔岭，在钱塘县龙山之东”。

正因为《咸淳临安志》有此遗漏，同时代的《梦粱录》（1274）在卷十五中介绍临安府“僧塔寺塔”时，在原封不动、全文照搬咸淳志“僧塔”和“佛塔”条目的全部内容之后，特地增补了一批散落街市无所属的佛塔：

> 街市有塔者，如阁门里杨府前有砖塔，巷名曰塔儿头。龙山儿头岭名白塔岭，岭有石塔存焉。儿门北有军寨门，立双塔，呼为双塔寨。荐桥门外观音寺对有砖塔，年深矣。北关门外二郎庙前亦有砖塔。三桥北杨三郎头巾铺，河岸相对，有砖塔，塔在度子桥南。两浙运司衙桥南光相寺亦有双塔，立于寺前。西湖三潭，立三塔以镇之。余外有僧庵所建塔院及街市砖塔，近年者不赘详。

据此可以看出，《梦粱录》作者吴自牧已经注意到了《咸淳临安志》的缺失，确认其中没有提到龙山白塔岭石塔等街市之塔，这才新添这一段内容。

历来的观点认为，《咸淳临安志》没有记载闸口白塔及其所在寺院的任何信息。笔者认为，不仅《梦

[1]（宋）潜说友：《咸淳临安志》卷七十五，载《宋元方志丛刊》第四册，中华书局，1990年。

[2][3][4]（宋）潜说友：《咸淳临安志》卷七十六，载《宋元方志丛刊》第四册，中华书局，1990年。

[5]（宋）潜说友：《咸淳临安志》卷七十一，载《宋元方志丛刊》第四册，中华书局，1990年。

[6]（宋）潜说友：《咸淳临安志》卷七十九，载《宋元方志丛刊》第四册，中华书局，1990年。

梁录》的作者吴自牧，甚至《咸淳临安志》以潜说友为首的编辑团队，应该也会同意这一观点。

从上文关于“余杭白塔寺”的辩正来看，闸口白塔所在寺院在南宋初期以前不一定叫做“白塔寺”。“白塔寺”可能仅是白塔在南宋时所属寺院的名称，而该寺在吴越北宋时期的名称，目前尚不知。

从潜说友、吴自牧至今，长期以来，我们可能犯了一个错误：《咸淳临安志》只不过没有记载关于“白塔寺”的内容，但其实闸口白塔所属寺院，是以另一种身份出现的。

六、《咸淳临安志》中的隐藏信息

《咸淳临安志》有一特点，凡介绍祠庙、宫观、寺院、古迹等，首先介绍方位，其次介绍沿革，最后再介绍其他信息。方位的格式一般为“在……”。如：“报恩光孝观：在报恩坊。清泰四年钱氏建，旧号开元宫。国朝景德四年改景德观……”[1]“明庆寺：在木子巷北。唐大中二年，僧景初建，为灵隐院。大中祥符五年改今额……”[2]这些设施的方位十分清楚，应是咸淳志编者确认过位置的，在南宋末年依然存世的可能性很大。

再有一类祠庙寺观，虽无方位信息，但从沿革来看，南宋时仍然存世。如：“智圣院：天福二年钱氏建，旧名众安。治平二年改今额。南渡后，秀邸以其地建家庙，僧众分居今处。”[3]“永福院：嘉定中移请旧额，淳祐中主僧祖圆重建。今为嗣秀王香火院。”[4]这一类设施，具有南宋时期的沿革情况，在南宋末年依然存世的可能性也很大。

又有一类祠庙寺观，既没有方位信息，也没有南宋时期的沿革信息，仅仅记载了始建信息和北宋末期以前的沿革情况。如：“吴越钱文穆王庙：《吴越备史》云，天福七年十二月以龙山武功堂为文穆王庙。”[5]“多宝院：开运元年钱氏建，旧名宝积，治平二年改今额。”[6]这类设施以寺院居多，多为吴越时期所建，没有方位信息，多仅有北宋时期改额之记载，其余付之阙如。作为详考临安府地理的咸淳志来说，这一类设施显得十分特别。

这一类既没有方位，也没有南宋时期沿革信息的祠庙寺观，很可能有一部分是南宋初期以前就已经不存的。吴越、北宋时期，杭州城足有两百多年不知兵戈，成为东南第一州。但宣和二年（1120）的方腊起义和建炎三年（1129）的金兵南侵，短短十年间，杭州却两次遭遇兵火。方腊部众对佛教寺塔多有破坏,而金军撤退时的焚城,也对杭州城内外造成了空前的破坏。绍兴二十六年(1156),起居舍人兼权给事中凌景夏言:"切见临安府自累经兵火之后,户口所存十裁二三。"[1] 加上绍兴八年(1138)定都临安,大量人口涌入,衙署军营民宅均不敷所用,一大批寺院被充作他用。由此来看,宣和至绍兴十余年间,不少始建于吴越、北宋时期的杭州寺院,或毁于战火,残破不堪;或人去寺空,挪为他用。

方志类丛书常有沿用旧志内容之习惯。前代志书上记载的祠庙寺观,或许后代时已经消失。后世志书编者虽不甚明了,但在编辑这类设施信息时,可能会照搬旧志中的内容,故无法标注出其具体方位,也无法记载后世的沿革。编者不删去这些已经不存的设施的信息,大多也是想将其作为历史记录保留下来。

《咸淳临安志》临安城内外寺院志(不包括临安府属县的寺院),位于卷七十六至卷八十三,共15条线路493所寺院。笔者试将其中既无具体方位,又无南宋时期沿革情况(以下简称"双无")的寺院全部梳理一遍,做成下表。

[1](宋)李心传:《建炎以来系年要录》卷一百七十三,上海古籍出版社,1992年。

[2] 书中该线路名为"自慈云岭郊台至嘉会门泥路龙山",但最后"龙山"二字不通。"龙山"二字应属后一行"净明院"之前,为"龙山净明院"。

《咸淳临安志》临安府城内外"双无"寺院概况表

序号	《咸淳临安志》中所在卷次及线路名	寺院总数	"双无"寺院数	"双无"寺院占比
1	卷七十六·在城	61	3	4.9%
2	卷七十七·自慈云岭郊台至嘉会门泥路[2]	21	12	57.1%
3	卷七十七·自龙山六和塔沿江至南荡富阳县界	46	30	65.2%
4	卷七十七·自方家峪至慈云岭	10	4	40%
5	卷七十八·南山净慈至龙井	42	13	31.0%
6	卷七十九·自涌金门外至钱湖门	10	0	0
7	卷七十九·自钱塘门路由北山至九里松	55	13	23.6%
8	卷八十·自飞来峰至上竺	9	0	0
9	卷八十·自钱塘门外霍山路扫帚坞至西溪黄杜筱山诸乡	21	4	19.0%
10	卷八十·自钱塘门外溜水桥东西马塍至余杭塘西良渚	36	7	19.4%
11	卷八十一·自嘉会门沿江至城东汤镇上塘	65	8	12.3%
12	卷八十一·自太平桥北沙河至临平上塘	28	6	21.4%
13	卷八十一·自北关门外至临平下塘诸乡	45	7	15.6%
14	卷八十二·城内外尼院	31	1	3.2%
15	卷八十三·城内外庵	13	0	0
总计		493	108	21.9%

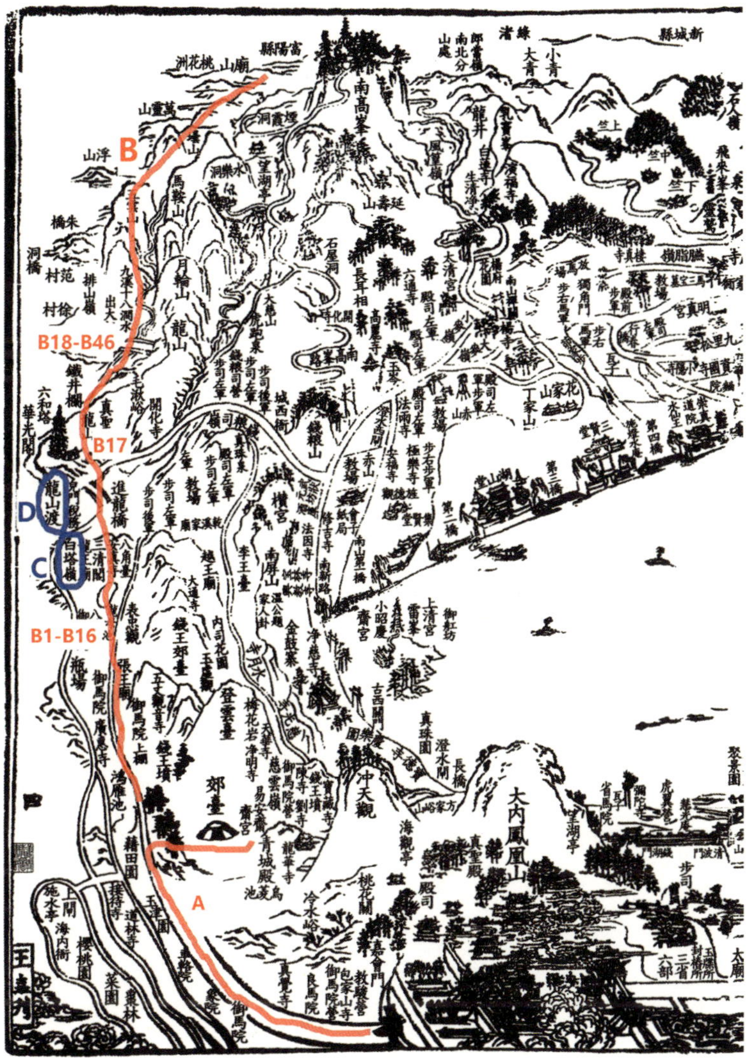

图 3 《咸淳临安志》“西湖图”局部（引自姜青青《〈咸淳临安志〉宋版“京城四图”复原研究》，上海古籍出版社 2015 年版。标记为笔者加）

从表中可以看出，在《咸淳临安志》临安府城内外 493 所寺院中，“双无”寺院有 108 所之多，占比达到了 21.9%。当然不能确定，这 108 所寺院一定都已毁于南宋以前。这超出两成的比例在一定程度上反映了从五代吴越国起到南宋末年时，300 年间杭州城内外佛教寺院由盛而衰的情况。

这其中，尤其突出的是“自慈云岭郊台至嘉会门泥路”“自龙山六和塔沿江至南荡富阳县界”这两条路线，占比分别达到了惊人的 57.1%、65.2%。而这两条路线，基本就包括了从今天南星桥（即南宋嘉会门附近）往西，直到富阳县界的钱塘江北岸沿江所有区域，闸口白塔就在这一范围之内。

笔者试将这两条路线标注在《咸淳临安志》的“西湖图”上。

图中 A 线代表“自慈云岭郊台至嘉会门泥路”一线 21 寺，B 线代表“自龙山六和塔沿江至南荡富阳县界”一线 46 寺。在吴越北宋时期，龙山闸口（C 点）和龙山渡口（D 点），是交通要冲，商业繁盛，寺院林立。但在北宋末年方腊起义中首当其冲，破坏也相当巨大[1]。另外，南宋时虽然龙山渡繁华依旧，但盛极一时的龙山闸却关闭停航，水路入城须另走东面的浙江闸[2]。同时，这一带位于都城南郊，周边逐渐成为南宋首都的礼制建筑区。因此，南宋时这一带寺院衰落的情况想必十分严重。上表中 57.1% 和 65.2% 的数字信息，一定程度上是这一情况的反映。

南宋史学家李心传（1166—1243）曾作《龙山崇福禅寺记》，提到：“建炎以后，自川、陕、荆、湖、闽、广，陆道入京者，皆渡涛江而来。由西兴抵龙山最为冲要，而傍江东西，曾无次舍之地，行者病焉。……前是十年，首建明化寺于西兴，以为延待往来之所。及是，又创于龙山。”[3] 崇福寺位于“西兴抵龙山最为冲要”的龙山渡口（D 点），建于绍定五年（1232）[4]，用以收容接待入京之民众。“傍江东西，

[1] 方腊由杭州西南的睦州攻来，杭州城西南自富阳至龙山闸口沿江一线，遂沦为战场。其事可见李纲在宣和三年《上王太宰论方寇书》：“（方腊）遂焚青溪诸邑以及睦州，其后又破富阳诸邑，败官军于陆和寺，设疑兵自江乘潮而下，统兵者悉众捍之，贼由山径捣虚以入，遂陷钱塘。”参见（宋）李纲：《梁溪集》卷一百八，文渊阁《四库全书》本。

[2] 阙维民：《论运河杭州段的水道变迁》，《中国历史地理论丛》，1990 年第 1 期，第 175 页。

[3][4]（宋）潜说友：《咸淳临安志》卷七十七，载《宋元方志丛刊》第四册，中华书局，1990 年。

曾无次舍之地”，说明至少在南宋中期以前，龙山渡口附近的沿江地带没有多少可以住宿的房舍建筑。

由此可知，成书于南宋末期的《咸淳临安志》卷七十七中以 A、B 两线为代表的沿江地带之寺院信息，很有可能包括不少南宋末年时已不存的寺院。闸口白塔（C 点）所在寺院之信息，会不会也在其中呢？

七、消失的沿江寺院

让我们继续寻找闸口白塔。

闸口白塔位于图中 C 点“白塔岭”的位置。由此可见，闸口白塔所在寺院可能位于 B 线 46 寺之中。由于大部分寺院位置不可确定，笔者试以排在第 17 位的六和塔所在的“慈恩开化教寺”（图中标记为 B17）为界，其之前的 16 所寺院位于六和塔以东，即图中 B1—16 一线，其之后的 29 所寺院位于六和塔以西，即图中 B18—46 一线。由于闸口白塔位于 C 点，可能处于 B1—16 一线中。

笔者试把 B1—16 的 16 所寺院全部信息列成表格，整理如下：

《咸淳临安志》卷七十七“自龙山六和塔沿江至南荡富阳县界”前 16 所寺院详表

序号	名称	内容
B1	祖塔法云院	开成二年钦山法师建，旧名资庆，开运二年改仁寿，太平兴国六年改赐今额
B2	崇德院	开运二年吴越王建，旧名尊胜，治平二年改今额。有古佛殿，或传鲁班造。元祐中，圆定禅师善本奉诏住东京法云寺，东坡有送行诗
B3	无相寺	广顺二年建，旧名真相，治平二年四月改今额，大观间生律师塔于寺后，宝祐三年重建，咸淳四年改赐寿相寺，有会正堂、紫芝岩，右有灵鳗池，熙宁七年久旱，郡守沈起祷之，至晚大雨，今号灵泽龙王池
B4	法显院	长兴三年吴越王建，旧名庆恩，治平二年改今额
B5	永庆院	太平兴国二年吴越王建，旧名崇庆，治平二年改今额
B6	法华普济院	广运中吴越王建，旧名法华，大中祥符元年改今额
B7	广泽院	天福六年吴越王建，旧名甘露，治平二年改今额
B8	普安院	显德四年吴越王建，旧为安吴塔院，治平二年改今额
B9	真教院	天福四年吴越王建
B10	昭定广福院	天福六年吴越王建，旧名昭定，熙宁九年改崇圣，绍兴三十二年改今额
B11	安真院	开运四年吴越王建，旧为安真庵，治平四年改今额
B12	兴善院	天福八年吴越王建，旧名积善，治平二年改今额
B13	普泽院	显德六年吴越王建，旧名灵源，治平二年改今额
B14	孝思慈显院	淳祐元年建
B15	定慧院	天福五年吴越王建
B16	崇福院	绍定五年建，专充接待

图 4 《咸淳临安志》"西湖图"局部（引自姜青青《〈咸淳临安志〉宋版"京城四图"复原研究》，上海古籍出版社 2015 年版。标记为笔者加）

观察上表这 16 所寺院，可以发现其中"双无"寺院多达 13 所，占比高达 81.3%。这 13 所寺院中，吴越时期所建就有 12 所，其中直接为吴越王所建的竟多达 11 所，可见吴越时期此地的繁盛和皇家的重视。唯有 B3 无相寺（吴越始建、南宋重建）、B10 昭定广福院（吴越建）、B14 孝思慈显院（南宋建）和 B16 崇福院（南宋建）四所寺院，有南宋沿革信息。

其中，B3 无相院重建于宝祐三年（1255），B14 孝思慈显院建于淳祐元年（1241），B16 崇福院建于绍定五年（1232），这三所寺院都建于南宋晚期。

此外，B11 安真院在文字中虽无位置和南宋沿革信息，但其在《咸淳临安志》"西湖图"中被标示出来，故应该在南宋末年时依旧存在，位于离江较远的位置。由于 B10 昭定广福院紧邻 B11 安真院，可能也离江有一定距离。

考虑到《龙山崇福禅寺记》（该寺即 B16 崇福院）所记，这一带在绍定五年（1232）之前，"傍江东西，曾无次舍之地"，故笔者推测，除了幸存的 2 所离江较远的寺院（B10、B11）之外，其他 11 所吴越北宋始建之寺院，沿江所建者大多在南宋时已不存。

幸运的是，目前仅存八卷的《淳祐临安志辑逸》（1252）中，正好也保留了以上大部分寺院的信息，仅 B3 无相院缺失（因为无相院在宝祐三年才得到重建）[1]。可知《咸淳临安志》（1268）的这部分内容全部是在抄录《淳祐临安志辑逸》相关内容，并进行删减后得到的，并没有增加任何信息。这正好佐证了南宋方志沿袭旧志的习惯。因此，《淳祐临安志辑逸》同样沿袭了前代方志内容的可能性也很大。《淳祐临安志辑逸》和《咸淳临安志》的这批沿江寺院信息，应该都

[1]（宋）施谔纂修，（清）胡敬辑：《淳祐临安志辑逸》卷五，载（清）丁丙、丁申辑《武林掌故丛编》第十二册，广陵书社，2008 年。

是来源于北宋时期的杭州方志。

综合上述推断，目前离钱塘江岸仅150米的闸口白塔，其所在的沿江一带（B1—B16，大约是现在从八卦田到六和塔之间）寺院，在北宋末南宋初期，几乎都毁于兵火。幸运的是，经过代代相传的方志资料，却将这批寺院的信息一直保存到了南宋最晚的《淳祐临安志辑逸》和《咸淳临安志》中。闸口白塔所在寺院信息很有可能就在其中。

八、寻找闸口白塔

结合《咸淳临安志》和《淳祐临安志辑逸》两书中B1—16这16所寺院的资料，笔者发现了三座佛塔的信息。

序号	名称	《淳祐临安志辑逸》	《咸淳临安志》
B2	崇德院	大观元年坐化，塔于方丈，赐号定光	无
B3	无相寺	无	广顺二年建，旧名真相，治平二年四月改今额，大观间生律师塔于寺后
B8	普安院	后周显德四年吴越王钱氏建，旧为安吴塔院，治平二年改今额	显德四年吴越王建，旧为安吴塔院，治平二年改今额

B2崇德院的“定光塔”和B3无相寺的“生律师塔”均为北宋大观年间（1107—1110）所建，应不是闸口白塔。

而两书都记载的B8普安院，即吴越国的安吴塔院，乃吴越显德四年（957）由吴越王钱俶所建，治平二年（1065）改名“普安院”。笔者推测，这座“安吴塔院”可能就是闸口白塔曾经所属的寺院，同时也是南宋龙山白塔寺的前身。理由如下：

第一，据上文论证，闸口白塔附近沿江一带寺院，在南宋时多已不存，故普安院在南宋时不存在的概率相当大。《淳祐临安志辑逸》和《咸淳临安志》中的普安院条，很可能援引的是北宋末期杭州方志的材料。

第二，据本文“闸口白塔与‘余杭白塔寺’辨正”一节论证，闸口白塔所在寺院，在吴越北宋时期，不一定叫做“白塔寺”。“安吴塔院”和“普安院”，有可能即是闸口白塔所在寺院在吴越北宋时期的名称。

第三，普安院有吴越时期所建之塔。在B1—16的12所吴越时期所建寺院中，仅有安吴塔一座吴越时期塔。

第四，位置相符。闸口白塔位于八卦田至六和塔大约中途的位置。而B8普安院从序列上来看，也正好位于B1—16的中间。另外，B11“安真院”正好在西湖图中被标注出来，叫做安真寺，距离C点白塔岭很近。而B8普安院与B11安真院，从排序上看仅隔两座寺院，距离不远，非常符合图中C到B11的距离。

第五，地位相称。从闸口白塔的石材（纯白石材）、工艺（逼真的仿木构和精美的雕饰）来看，其地位崇高，应非所在寺院附属双塔之一，而是该寺院最核心的建筑物。安吴塔院作为塔院这种布局形式，正符合闸口白塔的地位。

第六，施建人相称。安吴塔院为显德四年（957）吴越王钱氏建，彼时在位国王为钱俶（948—978在位）。

[1] 梁思成：《浙江杭县闸口白塔及灵隐寺双石塔》，载《梁思成文集》第三卷，中国建筑工业出版社，1982年，第287—302页。

而闸口白塔地位崇高，也应是国王亲自建造。

第七，名称相称。吴越国时，龙山闸口地处镇海（即浙西道、吴地）、镇东（浙东道、越地）两镇交通要道，是沟通两浙的必经之路。该塔命名为安吴塔，正符合龙山闸口作为浙西道镇海节度（吴地）大门的枢纽地位特征。

第八，建筑及图像特征。据梁思成等建筑史学者考察，由于闸口白塔与灵隐寺双石塔（960后）在建筑形制上的高度一致性，两塔年代应相近。而从图像艺术角度，闸口白塔的佛教图像也更为精美。闸口白塔若是建于显德四年（957），较为吻合建筑史和艺术史的推论。

第九，刻经。闸口白塔，基座束腰和二层四隅面刻有《大佛顶陀罗尼经》和《千手千眼大悲真言》等十几种陀罗尼，梁思成先生曾评价，“白塔实是一座模仿木构塔形式的经幢”[1]。这类刻满陀罗尼的石塔，应与镇护吴地的功能有关。

综合上述九点理由，闸口白塔原名应为“安吴塔”，寺院名“安吴塔院”，吴越显德四年（957）国王钱俶建。

九、余论

以下是笔者关于闸口白塔（安吴塔）在吴越两宋时期经历的推测。

这座吴越显德四年（957）吴越王钱俶所建安吴塔院，在吴越纳土归宋后，于北宋治平二年（1065）改额普安院，想必也是“安吴”一词有所僭越吧。方腊起义（1120）和金兵入侵（1129），对龙山闸口地区造成了相当大的破坏，原先四周鳞次栉比的吴越寺院，大都灰飞烟灭。普安院应该也难逃此劫，唯有石质白塔在战火中留存了下来。兵荒马乱之中，寺庙建筑大部损毁，仅有一座白塔矗立的江边孤寺，可能也就被称为龙山白塔寺了，这应该就是南宋初年王铚诗中“江边孤寺”的情景。由于之后龙山河封道，龙山闸口停航，龙山白塔寺日趋衰落，可能在南宋中期以前废寺，这应该就是李心传《龙山崇福禅寺记》（1232）中描述的“傍江东西，曾无次舍之地”的情景。于是在南宋末期时，白塔已无寺院，孤单矗立于街市之中，也就是《梦粱录》（1274）中描述的“街市有塔者，……龙山儿头岭名白塔岭，岭有石塔存焉”。

虽然寺院衰落了，但是白塔始终是南宋时期龙山渡口附近的重要地标。“白塔桥边卖地经”，应是当时市井生活的写照。由于闸口白塔在南宋时期十分著名，以至于北宋范仲淹写于余杭白塔寺的诗作（1049），也在南宋时期被误植为描写闸口白塔的作品，并被改动了一个字，以符合闸口白塔的环境特征。所幸，《咸淳临安志》（1268）忠实照录了两种版本。

最终，南宋临安地方志虽然疏忽了关于龙山闸口白塔的调查和记录，但可能成书于北宋中后期的杭州方志中所撰“普安院”这一条目，却原原本本被《淳祐临安志辑逸》和《咸淳临安志》记录下来，流传至今。

此外，笔者还有一些发散性思考。

吴越王钱俶既然在吴越国“吴地”大门的西都杭州龙山闸口建造了这座安吴塔。那么作为吴越国“越地”大门的东都越州萧山县西兴闸口，当时是否也有一座精美的石砌“安越塔”呢？据李心传《龙山崇福禅寺记》：“前是十年（1222），首建明化寺于西兴，以为延待往来之所。”[1] 该寺即是钱元瓘始建于吴越长兴四年（933）的化度禅院，应该也毁于北宋末南宋初的兵荒马乱之中。南宋《嘉泰会稽志》（1201）萧山明化院条，也未提及有塔[2]。

日本僧人成寻，熙宁五年（1072）自杭州过境越州，前往天台山途中，坐船过萧山，“于萧山寺前，乍船遥拜了。山上有石九重塔，上阶鹤造巢”[3]。该塔即是本书中的萧山弥陀院石塔。这座石塔与闸口白塔类似，九层，白色，可能为实心塔。该塔位于浙东运河从西兴闸口入萧山县城的必经之路，是否就是吴越时期所建的安越塔呢？

关于这些猜测和疑问，还需要进一步的探索。

[1]〔宋〕李心传：《建炎以来系年要录》卷一百七十三，上海古籍出版社，1992年。

[2]“明化院，在县西一十二里。后唐长兴三年，吴越文穆王建，号化度院。景德三年改今额。”（宋）施宿等纂：《嘉泰会稽志》卷八，《宋元方志丛刊》第七册，中华书局影印本，1990年。

[3]（日）成寻著，王丽萍校点：《新校参天台五台山记》卷一，上海古籍出版社，2009年，第40页。

附录二　吴越国的仿楼阁式模型石塔考

杭州闸口白塔和灵隐寺双石塔，均为十余米高的仿楼阁式八角九层实心石塔，雕刻精美，久负盛名。这三座石塔，并不是简单的仿木结构雕刻作品。从三座石塔的细部表现来看，均是按照吴越时期的八角九层楼阁式木塔或砖木混合塔，整体等比例缩小制作的，因此可以视作是真实木结构建筑的模型。这在中国现存石塔中，也是罕见的孤例。

不过，如果将视野放宽到整个东亚，材质扩大到木塔，并考诸

史料，则可以发现，将大型楼阁式塔等比例缩小做成模型，其实在唐宋时期并不鲜见。

日本奈良海龙王寺西金堂安置有一座楼阁式小木塔，方形五层，高4.1米，制作于8世纪初期。由于海龙王寺西金堂本身也是8世纪初期奈良时代的建筑，这座小塔一直安放于西金堂之中，从未移动过。

日本奈良元兴寺宝物馆里也安置有一座类似的楼阁式小木塔，方形五层，高5.5米，该塔同样制作于8世纪，相传过去安置于元兴寺西小塔堂内。

上述两座日本奈良时代国家大寺制作的小木塔，从梁柱、斗拱、腰檐、布瓦、平座、勾栏直到顶部的塔刹，无不精雕细琢，每一个构件都力求真实，可称是真实木塔的模型。细节上，海龙王寺小塔与元兴寺小塔有所差异，反映的应是两座真实木塔的模型，据推定和原尺寸大型佛塔之间的比例关系大概在1∶10左右。这两座小塔，比例可能不真实的部分，应该只有两塔的台基部分，壶门图案略大，可能是为适应安置小木塔的需要而专门制作的。

图5　日本奈良海龙王寺五重小塔

唐天祐二年（905）黄滔撰写的《大唐福州报恩定光多宝塔碑记》，记载了割据福建的王审知建造福州报恩定光多宝塔及其塔院的事迹。报恩定光多宝塔（下称定光塔），八角七层楼阁式砖木混合塔，周长七十七尺，高二百尺，其中相轮高四十尺。塔下东侧为经藏，西侧为塔殿，“其西则翼之别殿，曰塔殿。其塔也，我公萌誓愿之先，因心以制十有三层之妙形，匪伟而诚有为殿斯奇而塔斯处”[1]。王审知在八角七层的定光塔西侧建立了一个塔殿，内部安置一座自己设计的十三层塔，且其制作早于定光塔的开工。可见这座塔殿内的十三层小塔，并非最后完工的定光塔的模型，而是一件供养品。这座十三层小塔，很可能是木制的。

图6　供奉五重小塔的奈良海龙王寺西金堂

吴越著名造塔匠师喻皓，

[1]（唐）黄韬：《大唐福州报恩定光多宝塔碑记》，（清）福建通志局纂：《福建金石志》卷四，载《石刻史料新编》第二辑第十五册，台北新文丰出版公司，1979年。

在北宋太平兴国七年（982）建造东京开宝寺八角十三层塔之前，也做了一个模型，当时叫做“塔式”或“小样”，每层的尺寸精确无比，可以根据比例逆推验算。

日本僧人奝然，于北宋雍熙元年（984）途经泗州普照王寺时，看到一座益州福成寺八角十三重塔的塔样[1]。益州福成寺，也是阿育王舍利所在的17处圣地之一，有理由营建十三重高塔。而泗州普照王寺本身也有一座喻皓建造的八角十三重塔，此时正在建设中[2]。殿中供奉其他寺院的八角十三重塔模型，颇有意味，可能即是泗州普照王寺塔的建筑样本。说明这种供奉“塔样”的习惯，一直延续到了北宋时期。

相比之下，吴越时期的杭州安吴塔、灵隐寺双石塔，继承了“等比例缩小的模型塔”这一特征，与日本奈良海龙王寺小木塔、日本奈良元兴寺小木塔、福州报恩定光多宝塔院十三层小塔类似，是一座大型楼阁式塔的等比例缩小模型。而且从尺度来看，安吴塔与灵隐寺双石塔稍有差异，可能模仿的原塔并不相同。

图7　日本奈良元兴寺五重小塔

以石材制作模型塔，则是吴越时期的创新，可谓空前绝后。吴越国境内有品质上好的太湖石，适合雕刻体量较小的造型、图案，因此可以雕刻出栩栩如生的仿木结构。

以石材制作模型塔，与木造模型塔相比，还有一个突出的区别，即有大量的浮雕造像和刻经。安吴塔和灵隐寺双塔，塔身雕刻造像大体一致，各有佛、菩萨、弟子、罗汉、天王、龙王、侍从等造像100多身，刻经咒20余种。这种浮雕造像和刻经，就不是从大型楼阁式塔等比例缩小的图案，而是模型塔自身的雕饰。根据吴越经幢的贴金上彩习惯，这些经咒需要贴金字，佛像均需金身彩绘。因此笔者认为，这三座石塔需要有外围的保护罩来保护这些金字彩绘。

有一条相关的佐证。日本高僧成寻于北宋熙宁五年（1072）参拜净慈寺（即吴越时期的慧日永明院），“次礼石塔，九重，高三丈许，每重雕造五百罗汉。并有二塔，重阁内造塔”。这两座重阁，在南宋《西湖清趣图》（美国弗利尔美术馆藏）中依然存在，可能是南宋重建的。

[1] 关于北宋初年益州福成寺八角十三重塔的记录仅见于日僧奝然日记：“到河南道泗州，寄可普照王六，造益州福成寺八角十三重塔样云云。”引自相田爱子著，魏祝挺译：《苏州瑞光寺塔出土〈碧纸金书妙法莲花经〉扉画的谱系》，载浙江省博物馆编《中国佛塔地宫文物国际学术研讨会论文集》，中国书店，2015年，376页。

[2] 该塔始建于982年，983年地宫瘗埋舍利，984年应未完工。

图 8　南宋《西湖清趣图》中的杭州净慈寺大殿前两侧重阁（美国弗利尔美术馆藏。标记为笔者加）

双塔体量大致与灵隐寺双石塔相当，应该也是如灵隐寺双石塔一般，是两座八角九层高十余米的石塔，应是吴越时期永明院所建。而“每重雕造五百罗汉”，从该塔的尺度上来说，应该无法做到。灵隐寺双石塔的第九层四面共雕刻十六罗汉，已经满满当当。永明院双石塔和灵隐寺双石塔的各层造像应该一致，成寻没有仔细审看，才误记为五百罗汉。

永明院双塔，均建于重阁之内，表示其地位非同寻常，如同佛像一般，安置于殿阁内供养。由此来看，灵隐寺双塔和安吴塔，应该也是安置于建筑之中，不受风雨侵蚀。吴越时期的灵隐寺大殿前两侧，应该也有两座重阁，内部安置双塔供养。而安吴塔是安吴塔院的主塔，则可能与吴越时期的湖州上乘寺舍利石塔一般，外罩以木塔或砖木塔。

还有一条可以提供佐证的是，安吴塔和安吴塔院是吴越时期的名称，北宋时期改为普安院，直到南宋初期以后，史料中才第一次出现了“白塔”和“白塔寺”这一名称（详见附录一“杭州闸口白塔考”）。这应该是安吴塔的保护建筑烧毁后，日晒雨淋，金字和彩绘全部脱落，才被世人俗称为白塔的。

这类双石塔，在吴越时期相当多见。杭州西湖南岸还有安吴寺双石塔，杭州城内有龙兴寺双石塔。这两组双石塔，很可能也与灵隐寺双石塔、永明寺双石塔类似，是两座八角九层的仿楼阁式石塔，建于大殿之前，并有重阁保护。

吴越时期，杭州热衷于建造这类仿楼阁式双石塔，是有深刻原因的。吴越时期，杭州有城南宝塔和城北宝塔，不仅因为其内部供奉的真身舍利而受到崇拜，更因为其巨大的形体本身，作为镇护杭州的象征而受到崇拜。安吴塔和灵隐寺双石塔，应该就是这两座宝塔的等比例缩小模型。

因为城南宝塔和城北宝塔镇护吴地的属性，因而模仿这两座宝塔而建的模型石塔，也具有镇护吴地的功能。安吴塔（闸口白塔），名为“安吴”。灵隐寺双石塔的第三层牌匾上，均写有“吴兴广济普恩真身宝塔”的塔名。吴兴，即是为吴地祈福之意。此外，西湖南岸的安吴寺双石塔，寺名即有“安吴”之意。由此来看，慧日永明院双石塔和龙兴寺双石塔，其正式名称可能也带有安吴、镇吴之语。

吴越时期，杭州城内外的各大寺院，也建有这两座宝塔的缩小版模型石塔，金字彩绘，供奉于重阁之内，守护着作为吴国都城的杭州。吴越后期的杭州人，已经从舍利崇拜而兴建宝塔，转变为对宝塔本身的崇拜。这些模型塔作为宝塔的分身，必须与原塔做到一模一样，才能受到特殊的崇拜。也因为这一原因，这些仿楼阁式模型石塔，在建筑史上才能被视作珍贵的木结构建筑案例，被反复测绘和研究考证。这一点，是吴越国人始料未及的吧。

后世，吴越这种神圣的八角九重塔，又从杭州传入北宋首都东京。日本僧人成寻在熙宁五年（1072）十月，访问东京太平兴国寺七客院：“礼七宝无价塔，高二丈，造立二重阁内，钱右王所造，九重，每重造佛、菩萨、罗汉。塔左右文殊、普贤乘狮子、象，云上造立，云高六尺许，造立一百年来。塔前坐梁朝志公和尚等身像，瘦黑，比丘形，着见紫袈裟衫裙，举袖见手，骨露现瘦。”[1] 从描述来看，这座七宝无价塔，一百年前钱俶（即钱右王）纳土归宋后，建造于东京太平兴国寺内，形制与安吴塔、灵隐寺双石塔十分类似。该塔造在二重阁之内，是这座塔殿的核心礼拜物。七宝无价之名，说明该塔装饰华丽，遍布七宝。塔两侧还有文殊骑狮、普贤骑象造像，立于云上，塔前有志公和尚等身像，这些可能为木制或泥塑造像。这段材料有助于我们了解，这类八角九重石塔在重阁塔殿之中的供养方式。

唐代到北宋初期流行的木制模型塔，是建造一座大型楼阁式木塔之前，预先设计的模型“塔样”，尺寸比例精确。等到大塔建设完成之后，小木塔则会安置于寺内塔殿之中供奉，塔殿一般位于西侧。

[1]（日）成寻著，王丽萍校点：《新校参天台五台山记》卷四，上海古籍出版社，2009 年，第 347 页。

而吴越时期流行的石制模型塔，则已超越了“塔样”的功能。小石塔制作于大塔完工之后，作为大塔的分身，尺寸比例也必须精确。小石塔遍饰佛像、佛经，彩绘涂金，安置于塔殿之中，周围布置塑像，作为圣物受到崇拜和供奉。

附录三　吴越国的石阿育王塔

类似阿育王塔的单层方形小塔，在南北朝至隋唐时期，大量出现在浮雕石刻和部分小石塔中[1]。宋元时期，则以大型石阿育王塔的形式在闽浙沿海地区十分流行，甚至远播日本和朝鲜半岛[2]。其间的吴越时期，虽然有大量铜、铁等材质的阿育王塔出土，但是一直以来，却缺少石阿育王塔的相关案例。

笔者在调查吴越时期塔幢的过程中，发现一批吴越时期的石阿育王塔的史料和实物。这批石阿育王塔，在分类上难以归入舍利塔，也不属于高僧塔，因此作为附录单独讨论。

一、黄岩灵石寺的六座小石塔

吴越乾德三年至太平兴国六年（965—981）建造的黄岩灵石寺西塔，塔内第三层至第四层之间的天宫里，自下而上叠放有六层六座正方体石塔。每座石塔均有一至三面开壶门龛或连珠拱券门龛，雕刻有阿弥陀佛造像，另有一至三面为素面或饰连珠拱券纹，刻有发愿题记。详细情况如下[3]：

1. 第一层小石塔（974）

0.3 米见方。东、西两面素面，南面开壶门龛，雕造阿弥陀佛一尊，结弥陀定印，结跏趺坐于莲台之上。北面刻铭文：“弟子顾承达□奉为亡化妻丈人申屠九郎造石塔一所，永充供养。开宝七年四月日记。勾当寺主经律大德嗣卿。”

这座小石塔，是开宝七年（974）时顾承达为去世的丈人祈求冥福所建，原建于黄岩灵石寺内。咸平元年（998）重建灵石寺西塔时，将这座小石塔纳入灵石寺西塔的天宫中。

2. 第二层小石塔（970）

0.3 米见方。东面刻铭文：“寺主经律大德嗣卿谨募寺众造石塔一所，具录如后：长念法花经僧玄靖为先师，知殿光宁大德嗣澄为

[1] 如河北邺城遗址出土北齐石塔、河北邯郸北响堂山大佛洞浮雕单层塔（北齐）、河南安阳灵泉寺道凭法师烧身塔（北齐）及灵泉寺周边大量的浮雕单层塔（北齐—唐）等，均为单层方形，四角有山花蕉叶，顶有覆钵和塔刹的形式，类似后世阿育王塔的形制。参见何利群：《邺城遗址出土北齐石塔及相关图像的探讨》，《考古》，2021 年第 5 期。

[2] 关于石制阿育王塔的研究，可参考闫爱宾：《宝箧印塔（金涂塔）及相关研究》，同济大学硕士学位论文，2002 年；路秉杰等：《福建泉、厦石造宝箧印塔的类型及演变》，《同济大学学报》，2005 年第 3 期；吴天跃：《材质、形制、图像与信仰——五代吴越国阿育王塔的综合研究》，中央美术学院博士学位论文，2016 年。

[3] 数据和引文主要参考金祖明等：《浙江黄岩灵石寺塔文物清理报告》，《东南文化》，1991 年第 5 期。笔者据现状核对后录文。

先师，副寺主崇明大德□明为师兄，大德僧智□、兴善大德□成为亡考亡妣，僧位昌、长讲法花经文大德德相为先师，僧智□为先师。僧德缘为先师，僧兴修为亡妣郭七娘，僧义□为先师，僧宗吉为在堂父母，都维那僧道从、僧玄明入五十文，僧志丰五十文，大德僧龙谷舍一百文，永充供养。庚午年三月日寺主嗣卿录。”南、西、北三面开壶门龛，雕造阿弥陀佛像，均结弥陀定印，结跏趺坐于莲台之上。

这座小石塔，是开宝三年（970）三月由灵石寺寺主嗣卿与寺众，为逝去的先师、先兄、亡父母等祈求冥福，共同建造。原建于黄岩灵石寺境内，咸平元年（998）重建灵石寺西塔时，将这座小石塔纳入灵石寺西塔的天宫中。

3. 第三层小石塔（975）

0.3 米见方。东面素面，刻铭文：“东面报先师和尚度脱之恩，发愿诵云：为僧在寺略兴功，造塔圆成镇寺东。今世预修来世善，愿祈福惠得双通。”南面开拱券形连珠纹龛，雕造阿弥陀像一身，结弥陀定印，结跏趺坐于莲台之上，龛两侧刻铭文：“南面报成宗殿下制封寺主大德恩。”西面素面，刻铭文：“西面报援僧录奏荐制命之恩。”北面素面，刻铭文：“北面报亡考妣袁三郎养育之恩，开宝八年二月初二日寺主经律大德嗣卿记。”

这座小石塔，由灵石寺寺主嗣卿于开宝八年（975）建于黄岩灵石寺，分别为先师和尚、成宗（钱弘佐）、前吴越僧录援（全称不详）、亡父母祈求冥福。从“造塔圆成镇寺东”来看，这座小石塔原位于灵石寺东。咸平元年（998）重建灵石寺西塔时，将这座小石塔纳入灵石寺西塔的天宫中。

4. 第四层小石塔（970）

0.3 米见方。东、南、西三面开壶门龛，各雕造阿弥陀佛一尊，结弥陀定印，结跏趺坐。北面刻铭文：“寺主经律大德嗣卿，特舍净财，奉为四恩三友，兼保自身，造石塔一所，永充供养。诵曰：‘今世为寺主，千生愿出家。佛地金园住，万代挂袈裟。’开宝三年庚午岁二月日建，其年六十，敬记。知两殿香灯光宁大德嗣澄，当寺前后□□□□□□□□。”

这座小石塔，是开宝三年（970）二月灵石寺寺主嗣卿为四恩三有（父母恩、众生恩、国王恩、三宝恩，欲有、色有、无色有）和保安自身所建。原建于黄岩灵石寺境内，咸平元年（998）重建灵石寺西塔时，将这座小石塔纳入灵石寺西塔的天宫中。

5. 第五层小石塔（977）

0.25 米见方。东、西面饰连珠纹拱券门。南面开连珠纹拱券门龛，雕造阿弥陀佛一尊，结弥陀定印，结跏趺坐于须弥座上。北面素面，刻铭文：“军事押衙顾彦成保安身位舍七百文同造塔，寺主经律大德嗣卿舍钱结缘，丁丑年正月十五日记。”

这座小石塔，是太平兴国二年（977）时，由顾彦成为自身祈福所建，原建于灵石寺内。咸平元年（998）重建灵石寺西塔时，将这座小石塔纳入灵石寺西塔的天宫中。

6. 第六层小石塔（978）

0.25 米见方。东、北两面饰连珠纹拱券门，南面开连珠纹拱券门龛，造阿弥陀佛一尊，结弥陀定印，结跏趺坐于须弥座上。西侧饰连珠纹拱券门，内刻铭文：“太平兴国三年二月一日造塔寺主经律大德嗣卿记。”

图 9　黄岩灵石寺塔出土六层小石塔（黄岩博物馆藏）

这座小石塔，由灵石寺寺主嗣卿于太平兴国三年（978）建造于黄岩灵石寺。咸平元年（998）重建灵石寺西塔时，将这座小石塔纳入灵石寺西塔的天宫中。

报告书中提到，底层塔身之下的塔基之中，“砖基础以下，全是黄泥和乱石碎瓦砾等羼和夯实的塔基。这些乱石都曾经过精细加工雕琢，有莲蓬形、葫芦形塔刹各 6 个，宝珠、覆钵相轮等部件”。这些塔刹、宝珠、覆钵相轮等构件，应该就是 6 座小石塔的塔刹构件。

此外，灵石寺西塔的塔基内还出土了石制山花蕉叶不少于 16 件，至少分属 4 座小石塔，陈列在黄岩博物馆展厅之中，但未记载在报告之中。这些石制山花蕉叶构件，体量与 6 座小石塔类似，应该就是小石塔的山花蕉叶。

黄岩灵石寺塔天宫中出土的这 6 件小石塔，原先均应有相轮塔刹及四角的山花蕉叶，即是阿育王塔的形制。从题记来看，年代从开宝三年（970）到天平兴国三年（978）不等，施建目的各不相同，施建人则多数为寺主嗣卿。综合来看，这 6 件小石塔及塔刹、山花蕉叶等残件，应该是现存最早的一批石阿育王塔遗存[1]。

图 10　黄岩灵石寺塔出土的部分山花蕉叶石构件（黄岩博物馆藏）

[1] 现藏于东莞市博物馆的南汉大宝五年（962）造石经幢，在经幢顶部有一座石制阿育王塔，但其建造时代，不一定与下部经幢一致，也可能是北宋补充的构件。

二、天台山华顶峰小石塔（971）

图 11　20 世纪初期天台山华顶峰小石塔旧影（引自〔日〕常盘大定、关野贞《中国文化史迹》第四卷，上海辞书出版社 2017 年版）

天台山华顶峰有华顶圆觉道场，吴越天福元年（936）德韶国师建[1]。20 世纪初时，华顶峰之巅尚存一座小石塔，“正方中空，高不逾四尺，三面题字，一面镌佛像”。其文为：“国清寺塔院僧全实，奉皇考楼三十一郎、皇妣□氏八娘子，造此宝塔，以生界。开宝四年辛未九月日，慕缘勾当僧文瑗记。”[2] 该塔为国清寺塔院僧全实为父母所建，建于开宝四年（971）。国清寺塔院，应该就是前述国清寺大砖塔，此时是塔院完工的第十年。镌刻的佛像，双手于腹前结禅定印，结跏趺坐于莲座之上，应是阿弥陀佛。但因为佛像头部类似僧人，故相传为智者大师像。该塔又名智者大师降魔塔。

这件方形小石塔，塔身类似黄岩灵石寺塔中出土的 6 件小石塔，三面题字，一面镌佛像。其高约四尺，包含了一个塔顶盖和一个台座。顶盖以上部分残损，可能原有塔刹和山花蕉叶。该塔龛身西侧有北宋皇祐题记[3]，又经明代重修[4]，形制可能较吴越时期有所变化。

三、天台山传教院的 4 座石阿育王塔（975）

吴越开宝八年（975），天台山传教院建造了 4 座育王石塔。石塔完工之后，其造塔记被记录下来，收录在《四明尊者教行录》之中，全文如下：

传教院新建育王石塔记

当院徒弟如皎撰并书

世雄化缘告息，韬形秘藏，唯塔像存焉。或封玉毼绒金骨，标帜高显，俾回眸举手，咸成妙机，非率然也。粤有守澄上人，内习禅那，外营梵福，有年数矣，凡曰善利，知无不为。一旦惠然而来，议及胜概，乃曰：殊特者难偕圣塔，坚久者莫越贞珉。命愚同力营兹巨善。愚闻之，敢不称赞？于是共募缁俗，获泉

[1] “善兴院：在县东北六十里，旧名华顶圆觉道场。晋天福元年僧德韶建。盖僧智𫖮尝宴坐于此。有降魔塔……国朝治平三年改今额。”（宋）陈耆卿编纂：《嘉定赤城志》卷二十八，载《宋元方志丛刊》第七册，中华书局，1990 年。

[2] 引文参考下述两种材料：（民国）喻长霖纂：《民国续修台州府志》卷八十六，《中国地方志集成·浙江府县志辑》第四十四册，上海书店出版社，2000 年；（日）常盘大定、关野贞：《中国文化史迹解说》第六卷，法藏馆，1939 年。

[3] 龛身西侧另有如下题字：“石坑之圣□/余□文老□王当山开祖/佛处谦终□/皇祐己丑秋。”（日）常盘大定、关野贞：《中国文化史迹解说》第六卷，法藏馆，1939 年。

[4] “降魔塔：在华顶。旧传智𫖮降魔之处，后人建塔，久废，明王中丞士性重建。”（清）张联元：《天台山全志》卷九，清康熙刻本。

[1][3]（宋）宗晓：《四明尊者教行录》，《大正藏》第46册，第1937号。

[2]“东定慧院：在县东北一十五里，旧名传教，乾德元年建。五代时，僧希寂演天台教于此。大中祥符元年改今额。县西有普贤院，亦号定慧，今呼之为东西定慧云。”《嘉定赤城志》卷二十八，载《宋元方志丛刊》第七册，中华书局，1990年。

货六万余。乃命石工，匠成四所。不逾载祀，能事告圆。其二所对高五寻，立于院之庭。其次立于普贤忏院。盖择其胜地，咸得其宜也。其质状拟于育王，熔范众宝，固无漏略。中置《鹫峰极谈妙经》，故不须复安舍利者，所谓已有如来全身也。矧复以实相为道，无金石鸿纤之殊也。劫火烧空，蓝风动地，其可坏乎。愚不揣斐然，直书于此。

大宋开宝八年岁在大渊献八月八日记[1]

从造塔记可知，石塔的建造者是守澄上人和当院僧如皎。守澄是禅宗僧人，多参与造塔兴福事业。他与如皎商量，希望在传教院建造石塔。如皎慨然应允，募钱六万余，命石工花费数月，制作了四座石塔。其中两座石塔，高五寻（约8—10米），相对立于寺院大殿前庭中；另两座石塔立于寺院内的普贤忏院中。石塔的形制外观，模仿当时的吴越国圣物——明州阿育王寺释迦真身舍利塔，因而命名为育王石塔。石塔上装饰各种金银和宝石装饰件。石塔的内部安置《鹫峰极谈妙经》，即《妙法莲华经》。该经自称本身即是释迦如来真身舍利，也称法舍利，“故不须复安舍利者，所谓已有如来全身也”。

传教院，位于天台县东北十五里的天台山内，建于乾德元年（963），是吴越时期天台宗高僧羲寂传播天台教法的著名道场[2]。据钱俨在雍熙三年（986）所撰的《建传教院碑铭》，乾德二年（964）寺院初成时，仅有“法堂三间，厨屋数舍，覆茅累块，悉尚朴素”。后来寺院的建设得到钱俶的资助，乾德五年（967）时，“建创始毕。凡重构忏堂、法堂、禅室、经室，及隶寺宇制者，罔不毕备。中间内外，总一百三十余间。林泉相辉，金碧明媚”。太平兴国二年（977），钱俶又助资八十万建设寺中的弥陀佛殿。次年，寺院又募款五十万建造尊像。在规模宏大的传教院中，钱俶命羲寂讲《法华经》，追福于亡母顺德太夫人吴汉月；又命其讲《金光明经》以护佑国家，并饭僧三万人[3]。传教院在吴越末期，俨然成为国家道场。而这4座石阿育王塔的建造，正是在传教院大规模建设期间。

四、吴越后期石阿育王塔的出现

黄岩灵石寺的6座小石塔，天台山华顶峰的小石塔，塔身近似立方体。一至三面开龛，雕刻有阿弥陀佛造像，另有一至三面刻有发愿题记。塔顶原先可能均有顶盖、相轮塔刹和山花蕉叶。含塔顶和台座，高约3—4尺。从形制和体量来看，可称为小型石阿育王塔。

这7座小型石阿育王塔雕刻的佛像，均为阿弥陀佛，与阿育王塔上的四面本生故事不同。从其发愿文来看，大多是为亡者追荐冥福之用，因此才雕刻掌管西方净土的阿弥陀佛。这些小石塔，或实心，或中空，似乎不安置舍利。

吴越时期舍利塔案例中出现的台州临海县的普光塔[1]和育王塔[2]，其名称均为阿育王塔，可能也是类似传教院的大型石阿育王塔。

天台山传教院的4座大型石阿育王塔，与阿育王塔原物一样，四面雕刻本生故事，四角有山花蕉叶，顶有塔刹。其形制和体量，与宋代流行的石阿育王塔已经差别不大，作为寺院殿前双塔，逐渐成为寺院布局的重要配置。其内部安置《法华经》作为法舍利，不安置真身舍利。

唐五代时期，江南地区十分推崇明州阿育王寺释迦真身舍利小塔，钱镠更是将其奉为国宝，迎入杭州建塔供奉。这些小塔俗称阿育王塔，单层四面，中有相轮塔刹，四角有山花蕉叶，下有基座。在吴越后期，国王钱俶和德韶、延寿等高僧，及各地僧俗供养人，用铜、铁、银、漆、木等材料制作了数十万件仿制的阿育王塔，用于安置各类真身舍利或《宝箧印陀罗尼》。尤其是建隆元年（960）德韶在天台赤城山塔中发现岳阳王萧詧瘗埋的感应舍利，更是将阿育王塔的崇拜推到了高潮。吴越后期大量涌现的石阿育王塔，均制作于台州地区，包括黄岩县、天台山、临海县等地，这可能与大力推广阿育王塔信仰的天台国师德韶有关。

[1]“崇梵院：在县东南一百二十五里，太平兴国二年建。初僧智颢于寺南北建放生池，且造阿育王塔，号普光塔院。治平三年赐今额。”（宋）陈耆卿：《嘉定赤城志》卷二十七，载《宋元方志丛刊》第七册，中华书局，1990年。

[2]“崇相院：在县东南一百二十里，旧名育王塔院。吴越时僧师拱建，国朝治平三年赐今额。”（宋）陈耆卿：《嘉定赤城志》卷二十七，载《宋元方志丛刊》第七册，中华书局，1990年。

五、宋代以后石阿育王塔的发展

北宋以后的吴越国故地，石阿育王塔继续流行。2010年温州永嘉霄梵寺遗址，出土了一件北宋大中祥符二年（1009）造的石阿育王塔残件。该塔由基座、塔身、山花蕉叶三部分组成，塔刹、相轮已不存，复原高度在2米以上。基座为四层方形须弥座。塔身原有四面，围砌成方形，现仅存一面，雕壶门龛，龛内雕一佛二弟子二力士。山花蕉叶残存两片，雕刻

图12　永嘉霄梵寺出土北宋石阿育王塔残件（引自潘浩《永嘉霄梵寺出土的北宋大中祥符二年石阿育王塔》，《东方博物》第53辑）

图 13 湖州菱湖出土宋代石阿育王塔（湖州博物馆藏）

护法天王像。龛右有题记“大宋温州永嘉县三□乡三舟里山门保清信弟子……造此石塔一所在宣教院永充供养大中祥符二年三月日记……”[1] 这件北宋石阿育王塔的四面围砌塔身做法，类似开宝四年（971）天台华顶峰僧全实造石塔的“正方中空”的做法。此外，湖州菱湖出土的一件石制阿育王塔，现藏于湖州博物馆，高约 2 米，四角山花蕉叶俱全，塔刹已失，四面开壶门龛，三面雕坐佛，一面雕立佛，应是宋代作品。

南宋时期，大型石阿育王塔广泛流行于浙江、福建、广东沿海地区的寺院，如泉州开元寺、潮州开元寺中，均建造有这样的石制阿育王塔。在《西湖清趣图》中，南宋时期杭州西湖南岸苏堤口的一座寺院[2] 的寺门内左侧，也造有一座阿育王塔，通身素色，无彩绘，应该是石制的。该塔的体量，类似吴越时期天台山传教院，是一座大型石阿育王塔。

[1] 潘浩：《永嘉霄梵寺出土的北宋大中祥符二年石阿育王塔》，载《东方博物》第 53 辑，中国书店，2014 年。

[2] 对照《咸淳临安志》，该寺可能为法因院（即吴越时期的报慈院）或宝林院（即吴越时期的总持院）。

图 14 南宋《西湖清趣图》中的大型石阿育王塔（美国弗利尔美术馆藏）

图 15 日本奈良额安寺“文应元年”铭宝箧印塔

吴越两宋时期流行的石阿育王塔，甚至远渡重洋，远播朝鲜半岛和日本。韩国忠清南道天原郡大坪里废寺遗址，出土有一件精美的高丽时代石阿育王塔，现藏于韩国东国大博物馆，年代不晚于 11 世纪[1]。13 世纪初，石阿育王塔传入日本，流行于镰仓时代的日本禅宗寺院之中，名为“宝箧印塔”。现存日本宝箧印塔的早期遗存，有奈良县生驹市舆山往生院的“正元元年”（1259）铭宝箧印塔，奈良县大和郡山市额安寺的“文应元年”（1260）铭宝箧印塔等。后世，日本的宝箧印塔逐渐成为一种墓塔的形制，流传至今。

[1] 吴天跃：《韩国出土的吴越国钱俶造铜塔和石造阿育王塔研究》，《美术学报》，2019 年第 5 期。

[2]（唐）道宣：《广弘明集》卷十七，载《大正新修大藏经》第 52 册，第 2103 号。

[3]“寺有东塔院，相去二里，即刘萨诃所礼舍利塔涌出之处。”（宋）张津等：《乾道四明图经》卷二，载《宋元方志丛刊》第五册，中华书局，1990 年。

附录四　释迦真身舍利塔考

释迦真身舍利塔，俗称阿育王塔，是宁波阿育王寺闻名华夏的佛教圣物，至今已有 1700 多年的历史。该塔自出现以后，备受尊崇，但又遭遇变故，经历跌宕起伏，可谓中国佛教舍利中，最具传奇色彩的一件舍利。

西晋太康二年（281），并州人刘萨诃，法号慧达，访求阿育王古塔。他在会稽郡东三百七十里的鄮县海边，发现一座神奇的小塔及舍利从地中涌出，高一尺四寸，方七寸，五层相轮，材质难辨，内外雕镂，舍利藏于其中，十分奇特。慧达于是在此建寺供养[2]。这座寺院，即后世的阿育王寺东塔院，也称古阿育王寺遗址[3]。

东晋义熙元年（405），寺西迁二里，即是后世阿育王寺的位置。同年，晋安帝建塔亭，保护小塔，并度僧守护。宋元嘉年间，文帝增建寺宇，并为小塔建造了一座三层楼阁式木塔保护。梁普通三年（522），武帝正式赐额“阿育王寺”，广建寺宇。梁大同五年（539），

图 16　宁波古阿育王寺遗址的“涌见岩”（吴天跃摄）

武帝命岳阳王萧詧增建大木塔为五层，塔内供养武帝和昭明太子画像，铸铜佛四百尊，写经五百卷，木塔内铸四铁鼎镇护，派兵三千人守护[1]。

唐代时，鄮县阿育王寺和释迦真身舍利塔名动华夏，不仅有僧人专程赶赴明州阿育王寺巡礼圣物，更有僧人仿制这座小塔的外形，带回长安顶礼观瞻，使得阿育王塔的形制流传开来[2]。

初唐时期的高僧道宣（596—667）描述阿育王塔的形制，“灵塔相状青色，似石而非石。高一尺四寸，方七寸，五层露盘。似西域于阗所造。面开窗子，四周天铃，中悬铜磬。每有钟声，疑此磬也。绕塔身上，并是诸佛、菩萨、金刚、圣僧、杂类等像，状极微细。瞬目注睛，乃有百千像现，面目手足，咸具备焉”[3]。

盛唐时期的高僧鉴真（688—763），天宝三年（744）在第二次东渡日本失败后，流落明州阿育王寺，也曾目睹此塔。

会昌年间，阿育王寺被废，小塔纳入越州官库。宣宗复法时，小塔被分给了越州开元寺，后由阿育王寺僧人申请要回[4]。

吴越天宝九年（916），钱镠命高僧清外与从弟钱铧，赴明州阿育王寺，把该寺至宝释迦真身舍利塔，请至杭州，被安置于一座七宝龛中，放在九层木塔的第三层（相关内容参见第二章“杭州城南宝塔”条）。

吴越中期时，高僧道潜专程拜谒杭州城南宝塔中的阿育王小塔[5]。

城南宝塔建成40年后的吴越显德五年（958），木塔被烧毁，寺中僧人抢出了释迦真身舍利小塔，钱俶将这件国宝暂且安置于城南的龙华寺中供养，并筹备重建城南宝塔。

乾德二年（964），钱俶重建城南宝塔寺，并铸祖父钱镠、父

[1]（明）宋濂：《阿育王山广利禅寺碑铭并序》，载（明）郭子章编纂：《明州阿育王山志》卷四，载《中国佛寺志丛刊》第89册，广陵书社，2006年。

[2]“今有僧惟则，以七宝木摹阿育王舍利塔，自明州负来。”（唐）段成式：《寺塔记》，载张仲裁译注《酉阳杂俎》，中华书局，2017年，第999页。

[3]（唐）道宣：《集神州三宝感通录》，载《大正新修大藏经》第52册，第2106号。

[4]“武帝朝，并省海内佛寺。塔归越州官库。宣宗立，像教重兴，又入于开元寺。鄮山僧诉于观察判官蒯希逸，而还之。”（明）宋濂：《阿育王山广利禅寺碑铭并序》，载（明）郭子章编纂《明州阿育王山志》卷四，载《中国佛寺志丛刊》第89册，广陵书社，2006年。

[5]“次钱塘慧日永明寺释道潜，俗姓武，蒲津人也。……及诣杭礼阿育王塔，跪而顶戴，泪下如雨。问掌塔僧曰：舍利人不目击，还实有否？僧曰：按传记云，藏在内角中，望若悬钟焉。潜疑未已。遂苦到跪礼，更无间然。俄见舍利红色在悬钟之外，蠢蜩而行。潜悲喜交集。”（宋）赞宁撰，范祥雍点校：《宋高僧传》卷十三，上海古籍出版社，2014年。

图 17　清代宁波阿育王寺舍利塔碑拓本（局部），可见“中有悬钟”的样式（引自〔日〕常盘大定、关野贞《中国文化史迹》第四卷，上海辞书出版社 2017 年版）

亲钱元瓘、哥哥钱弘佐的三代吴越先王铜像，供奉于寺中大殿。乾德四年（966），释迦舍利塔重新安置于新建成的城南宝塔供养。

乾德三年（965），城南新塔落成之后，钱俶在城南宝塔寺门前建立两座大石幢，纪念这一雄伟工程的完工。

显德二年（乙卯岁，955），钱俶第一次大规模铸造“八万四千”件铜阿育王塔，内藏丙辰岁（956）雕印的“八万四千”卷《宝箧印陀罗尼经》。乾德三年（乙丑岁，965），钱俶第二次大规模铸造“八万四千”件铁阿育王塔，内藏乙丑岁（965）雕印的“八万四千”卷《宝箧印陀罗尼经》。此外，高僧延寿还造夹纻阿育王塔一万件，民间造阿育王塔更是不计其数。

太平兴国三年（978），吴越纳土归宋，宋太宗遣供奉官赵镕赴杭州取塔[1]。是年十月，吴越国僧统赞宁，取出城南新宝塔中的释迦舍利塔，送入北宋都城东京[2]。

小塔先供养于皇宫滋福殿，后迎入内道场。太平兴国八年（983），宋太宗下诏，在东京开宝寺的西北角，为真身舍利兴建一座巨塔。建塔之前，先建设地宫，以深瓮瘗埋释迦真身舍利小塔[3]。下葬之日，宋太宗亲自抬着装载小塔的轿舆步行，亲手把小塔安放于地宫之内[4]。

吴越国著名匠师喻皓，亲自设计并建造了这座巨塔。他考虑到汴州多北风，故让塔在北侧稍低，百年后自然吹正，并保证塔有 700 年的建筑寿命。其巧夺天工的技艺和深谋远虑的设计，给北宋东京人留下了深刻的印象。

[1]“及吴越王钱俶归宋，太宗遣供奉官赵镕取置寺内，度龙地瘗之。”（明）李濂：《汴京遗迹志》卷十，清文渊阁四库全书本。

[2]“敕供奉官赵镕，往吴越迎明州阿育王佛舍利塔。吴越王俶奉版图归朝。令僧统赞宁奉释迦舍利塔入见于滋福殿。上素闻其名，一日七宣，赐号通慧大师。”（宋）志磐撰，释道法校注：《佛祖统纪校注》卷四十四，上海古籍出版社，2012 年，第 1028 页。

[3]“我圣上践祚之四载，两浙进阿育王盛释迦佛舍利塔，初于滋福殿供养，后迎入内道场，屡现奇瑞。八年二月望，诏于开宝寺树木浮图。仅登于尺，先藏是塔于深甃中，此日放神光，亘烛天壤，时黑白众中有炼顶指者，有然香炷者。”（宋）赞宁撰，范祥雍点校：《宋高僧传》卷二十三，上海古籍出版社，2014 年。

[4]“太平兴国初，俶献其地，太宗命取塔禁中，度开宝寺西北阙地，造浮图十一级，下作天宫，以葬舍利。葬日，上肩舁微行，自安置之，有白光由塔一角而出。上雨涕，其外都人万众皆洒泣，燃指焚香于臂掌者无数。内侍数十人，愿出家扫洒塔下，悉度为僧。上谓近臣曰：‘我曩世尝亲佛座，但未通宿命，不能了了见之耳。’”（宋）黄鉴笔录，宋庠重订：《杨文公谈苑》卷六，载戴建国等主编《全宋笔记》第八编第九册，大象出版社，2017 年，第 107 页。

该塔纯木结构，八角十三层[1]。塔始建于太平兴国七年（982），建成于端拱二年（989），并建有塔院，前后耗时八年，花费亿万。李廉《汴京遗迹志》高度评价："时木工喻皓有巧思，超绝流辈。遂令造塔八角十三层，高三百六十尺，其土木之宏壮，金碧之炳辉，自佛法入中国未之有也。"[2] 咸平二年（999）赐塔院名"福圣"。大中祥符六年（1013），塔相轮发出金光，真宗临幸，赐塔名"灵感"。可惜的是，庆历四年（1044）塔毁于雷火，仅存世五十多年[3]。

福圣院灵感塔被烧毁后，地宫中的真身舍利塔被取出。北宋朝廷经过讨论，蔡襄、余靖等均建议不再兴建巨塔[4]，于是真身舍利塔被供奉在了福圣禅院罗汉殿中。熙宁五年（1072），日本高僧成寻参拜东京福圣禅院，见到了这座在罗汉殿中的小寝殿内安置的小塔[5]。

北宋末年，徽宗崇道排佛，于是将小塔归还明州阿育王寺[6]。南宋建立后，明州阿育王寺的释迦真身舍利塔成为国宝。绍兴三年

[1] 虽然《杨文公谈苑》记载其为十一层，但沈芳漪引《汴京遗迹志》"八角十三层，高三百六十尺"的记载，认为是十三层塔。笔者赞同，因为八角十三层塔是北宋造塔的最高规格。

[2][3]（明）李濂：《汴京遗迹志》卷十，清文渊阁四库全书本。

[4]（元）脱脱等撰：《宋史》列传第七十九，《中华书局》，1985 年。

[5]（日）成寻著，王丽萍校点：《新校参天台五台山记》卷四，上海古籍出版社，2009 年。

[6]"后复奉以归寺。"（宋）张津等：《乾道四明图经》卷二，载《宋元方志丛刊》第五册，中华书局，1990 年。

图 18　杭州飞来峰第 68 龛元代"大肚弥勒及十八罗汉"

（1133），高宗皇帝御书赐号“佛顶光明之塔”[1]。淳熙二年（1175），孝宗之子魏王赵恺，在小塔之外建造了一座黄金塔，作为保护。同年十一月，孝宗宣召迎小塔入临安府凤凰山大内皇宫拜观，后送还本寺。孝宗还为阿育王寺舍利殿，亲书“妙胜之殿”四字。宋末，阿育王寺毁于火灾，小塔移至别院安置[2]。

图 19　杭州飞来峰第 68 龛（局部）元代“托塔罗汉”

元至元十三年（1276）三月，南宋朝廷投降后，元世祖立即命杨琏真迦（又名怜占加）任江南僧录，赴明州迎取南宋国宝真身舍利塔。当年五月，小塔送往上都开平府，官员百姓，人人争睹。小塔供养于上都龙光华严寺，共计一个月。之后小塔送往大都燕京的大昊天寺和圣寿万安寺（玉塔寺）相继供养。九月初一日，元世祖命僧尼十万人，在圣寿万安寺、皇宫、万岁山、太子府、镇国寺、太庙、中书省、枢密院及府库等地，建立 16 座坛场，供养真身舍利塔，备极尊崇。初三日，世祖驾临圣寿万安寺的主坛场，真身舍利塔放光，龙颜大悦。初八日，大赦天下。初九日，才结束这场盛大的法事。之后，世祖命杨琏真迦等护送小塔南返，十二月十九日抵达明州，并重建舍利殿[3]。

杨琏真迦护送释迦真身舍利塔北行南返的事迹，被他视为莫大的荣耀。杭州飞来峰元代造像中有一龛布袋弥勒及十八罗汉龛（飞来峰第 68 龛），其中有一身罗汉，手捧正在放光的释迦真身舍利小塔，献给弥勒。这一龛应该就是杨琏真迦亲自设计施建的，将自己护送阿育王塔北行南返的事迹，雕于石刻之上，以托塔罗汉自比，表明自己的佛教护法身份。该龛左侧，也开凿有杨琏真迦自己的造像（飞来峰第 73 龛），说明这两龛的建造，有统一的设计。

明代以来，真身舍利塔一直藏于寺中。可能因为年久朽坏，万

[1]“绍兴三年，光尧寿圣太上皇帝赐号‘佛顶光明之塔’。”出处同上。

[2]“淳熙元年冬，孝宗之嗣魏王恺，出镇其土。二年夏四月，瞻舍利，毫光发现，青红交绚，变幻不一。更用黄金为塔，而藏宝塔于中。冬十有一月，孝宗遣内侍省西头供奉官李裕文取塔入内……御书‘妙胜之殿’四字，俾揭于塔所。……宋季寺又灾，宝塔附安别院。”（明）宋濂：《阿育王山广利禅寺碑铭并序》，见（明）郭子章编纂《明州阿育王山志》卷四，载《中国佛寺志丛刊》第 89 册，广陵书社，2006 年。

[3]（元）悟光：《释迦如来真身舍利宝塔传》，见（明）郭子章编纂《明州阿育王山志》卷二、四，载《中国佛寺志丛刊》第 89 册，广陵书社，2006 年。

历五年（1577）时，寺中以木仿制了一座小塔，重新安置舍利。这座木制小塔，即如今传世的宁波阿育王寺真身舍利塔，安置在舍利殿中[1]。

释迦真身舍利塔的传奇经历，真实反映了佛教在中国1800年的发展历史。佛法兴，则小塔备受尊崇，作为国宝对待，建巨塔供养；佛塔衰，则寺废塔毁，小塔无人问津。这座小塔经历的传奇故事，不仅是佛教史，也是中国历史的珍贵史料。

[1]“现存鄞县阿育王寺木制释迦舍利塔系后人仿制。50年代初，我在阿育王寺见到的木制金涂塔，有明万历五年造的题记。”王士伦：《寺塔之建倍于九国——兼谈喻皓》，载周峰主编《吴越首府杭州》，浙江人民出版社，1997年，第126页。

图20　宁波阿育王寺舍利殿现状

附表一 吴越国舍利塔一览表

序号	名称	年代	地域	施建人	材质	形制	高度	层数	平面	布局	舍利	舍利安置	其他
1	常乐寺双塔	899 前	秀州崇德	无著文喜	砖	仿楼阁式	12 米	七	八角	殿前双塔		天宫	
2	五峰塔	904	越州诸暨	法云大师						塔院			
3	归寂塔	908	越州诸暨							塔院			
4	西峰塔	912	湖州	钱氏						塔院			
5	功臣寺塔	约 915	衣锦军	钱镠	砖木	楼阁式	25.3 米	五	方形			地宫	
6	城南宝塔	917	杭州	钱镠	木	楼阁式	三百七十尺	九	八角	塔院	阿育王寺释迦真身舍利	第三层塔心室	
7	北高峰塔	约 924	杭州	钱镠	砖木	楼阁式		七	方形				重建
8	城北宝塔	929	杭州	钱镠	木	楼阁式	三百七十尺	九	八角	塔院	舜井古佛舍利	第三层塔心室	
9	长庆寺塔	929	明州慈溪	悟圆	砖	楼阁式		七					
10	朗瞻院塔	916—932	衣锦军	钱镠	砖木	楼阁式		五	方形		真身舍利	天宫	
11	报慈院铁塔	约 933	杭州	钱元瓘	铁								
12	宝兴寺双塔	约 935	秀州海盐										
13	瑞光禅院塔	937	苏州	智明、琮远	砖木	楼阁式		七	八角				重建
14	胜光塔	938	台州							塔院			
15	无名塔	938	台州黄岩							塔院			
16	神尼舍利塔	939	杭州		砖木	楼阁式			八角	塔院			重建
17	南高峰塔	约 940	杭州	道圆	砖木	楼阁式	十丈	七	六角	塔院	西域舍利	天宫	
18	龙华寺傅大士塔	945	杭州	钱弘佐、胡进思							傅大士顶骨		
19	悟空院塔	946	温州瑞安							塔院			
20	西山塔	948	婺州							塔院			
21	惠德塔	949	杭州	钱俶						塔院			
22	善导和尚塔（下塔）	950	睦州	德韶	砖木	楼阁式		七			善导舍利（少康）		重建

续表

序号	名称	年代	地域	施建人	材质	形制	高度	层数	平面	布局	舍利	舍利安置	其他
23	圆通院高峰塔（上塔）	约950	睦州		砖木	楼阁式		七					
24	安吴寺铁塔	约951	杭州	钱俶	铁								
25	安吴寺双石塔	约951	杭州	钱俶	石								
26	天封塔	952	明州		砖木	楼阁式	十八丈	七	六角	塔院		南宋地宫	
27	双林寺双铁塔	952	婺州义乌	朱禄	铁	仿楼阁式	残高2.15米	七	八角	寺前双塔			
28	普照院铁塔	948—952	温州平阳	吴汉月	铁		一丈余						
29	报恩寺塔	953	杭州	钱俶									
30	烟霞洞石塔	约953	杭州	吴延爽等	石	仿楼阁式	约3米	七	八角			天宫	
31	千佛塔	954	越州		砖					塔院			
32	永光塔	954	越州诸暨										
33	慧日永明院铁塔	约954	杭州	钱俶	铁								
34	慧日永明院双石塔	约954	杭州	钱俶	石	仿楼阁式	三丈许	九		殿前双塔			
35	弥陀塔	约956	台州天台	德韶									
36	安吴塔（闸口白塔）	957	杭州	钱俶	石	仿楼阁式	14.4米	九	八角	塔院			
37	崇化寺双塔（感应塔）	958	越州萧山	吴延福	砖	楼阁式		五	方形	殿前双塔	感应舍利	天宫	重建
38	福清塔	958	越州	集惠大师						塔院			
39	新兴塔	958	越州	薛温						塔院			
40	崇寿院应天塔（保俶塔）	约958	杭州	吴延爽	砖木	楼阁式	45.3米	九	八角	塔院	感应舍利、善导和尚舍利		

续表

序号	名称	年代	地域	施建人	材质	形制	高度	层数	平面	布局	舍利	舍利安置	其他
41	武丘山塔	959	苏州	德韶等	砖木	楼阁式	47.5 米	七	八角	塔院	迦叶如来真身舍利（赤城山感应舍利）	第三层天宫	重建
42	灵瑞塔	959	越州余姚	德韶等						塔院			
43	放光塔	959	台州永安	德韶									
44	二灵塔	960	明州	德韶						大殿前	骨身舍利	石龛	
45	无量寿佛塔	960	台州天台	德韶									
46	赤城山塔	960	台州天台	德韶	砖木	楼阁式	约二十丈	七	方形		赤城山感应舍利28 颗	天宫	重建
47	灵隐寺铁塔	约 960	杭州	钱俶	铁					大殿后			
48	翠萝寺铁塔	约 960	明州翁山	钱俶	铁								
49	应天塔	961	越州	皓仁	砖木	楼阁式	二百二十尺	九	六角	塔院	赤城山感应舍利		重建
50	黄土塔	961	越州鄮县	陈承邺	砖								
51	般若寺双塔	961	台州天台	德韶	砖	楼阁式		五	方形	寺前双塔	赤城山感应舍利各 3 颗		
52	国清寺大塔（隋塔）	961	台州天台	德韶	砖木	楼阁式	59.4 米	九	六角		赤城山感应舍利		重建
53	中兴寺塔	961	婺州东场	德韶等	砖	楼阁式	26.6 米	九	方形		赤城山感应舍利，傅大士舍利	第三层和第八层天宫	重建
54	灵光寺双塔	约 962	秀州	德韶等						寺前双塔	萧督感应舍利各 1 颗		
55	国清寺双塔	约 962	台州天台							殿前双塔	赤城山感应舍利各 3 颗		
56	国宁寺铁塔	960—963	明州	钱亿	铁								

续表

序号	名称	年代	地域	施建人	材质	形制	高度	层数	平面	布局	舍利	舍利安置	其他
57	瑞隆感应塔	963	台州黄岩	德韶	砖	楼阁式	35.2 米	七	八角		赤城山感应舍利	第二层北宋天宫	
58	城南新宝塔	964	杭州	钱俶	木	楼阁式		九	八角	塔院	阿育王寺释迦真身舍利	第三层塔心室	重建
59	普明院塔	964	台州	德韶	砖								
60	城北新宝塔	965	杭州	钱俶	木	楼阁式		九	八角	塔院	舜井古佛舍利	第三层塔心室	重建
61	灵石寺双塔	965	台州黄岩		砖	楼阁式	21.1 米	七	六角	殿前双塔		第四层北宋天宫	
62	宝胜寺双塔	965	温州平阳	张从轸等	砖	楼阁式	15.2 米	五	六角	殿前双塔	赤城山感应舍利各 1 颗	天宫	
63	灵隐寺双石塔	约 965	杭州	钱俶	石	仿楼阁式	11.5 米	九	八角	殿前双塔	真身舍利		
64	东山塔	966	明州							塔院			
65	净光塔	967	台州		砖	楼阁式			六角	塔院			
66	灵穆寺塔	967	台州		砖								
67	灵泉塔	967	福州长溪							塔院			
68	胜果寺塔	963—968	秀州华亭										
69	育英塔	963—968	福州宁德		石	楼阁式		七					
70	涌泉寺塔	968	台州		砖								
71	明宗塔	968	福州长溪							塔院			
72	无名塔	约 968	福州永泰										
73	广福院塔	969	温州瑞安		砖	楼阁式	17 米	五	六角				
74	白塔	969	福州永贞		石					塔院			
75	寿宁院六和塔	970	杭州	钱俶、延寿	砖木	楼阁式	四十余丈	九	八角		佛舍利		
76	灵鹫寺塔（理公塔）	970	杭州		砖						释迦舍利	天宫	重建

续表

序号	名称	年代	地域	施建人	材质	形制	高度	层数	平面	布局	舍利	舍利安置	其他
77	普寂院塔（江心屿东塔）	970	温州		砖木	楼阁式	28 米	七	六角				
78	灵山塔	970	福州长溪							塔院			
79	白塔	971	杭州余杭							塔院			
80	正法明寺铁塔	971	湖州	祭祀钱偡	铁			九		大殿后			
81	皇妃塔（雷峰塔）	971	杭州	钱俶、陈承裕等	砖木	楼阁式		七	八角	塔院	佛螺髻发舍利等	地宫 + 天宫	
82	护国院砖塔	948—972	明州慈溪	钱俶	砖					殿前塔	隋文帝感应舍利		
83	大觉普光塔	948—972	台州天台	德韶						塔院			
84	弥陀院石塔	约 972	越州萧山		石	楼阁式		九					
85	仙泉寺塔	约 972	苏州	韩承德						塔院			
86	上乘寺塔（飞英塔）	约 972	湖州		砖木	楼阁式		七	八角	寺内西侧		天宫	
87	无量寿塔	973	秀州		砖木	楼阁式				塔院			重建
88	通济院弥陀塔	973	婺州东场	张廷演等	砖	楼阁式		七	六角				
89	云龙院铁塔	948—976	杭州	孙太真	铁					寺内西侧			
90	妙利普明塔	976	苏州	孙承祐		楼阁式		七					
91	清化西塔	976	越州	柳训						西塔院			
92	黄檗塔	976	福州福清							塔院			
93	灵岩山塔	977	苏州	孙承祐	砖	楼阁式		九	八角		古佛舍利 2 颗	天宫	重建
94	龙华寺塔	977	秀州华亭	钱俶、张仁泰	砖木	楼阁式	40.6 米	七	八角		旧塔有康僧会五色舍利		重建
95	普光塔	977	台州	智颛									

续表

序号	名称	年代	地域	施建人	材质	形制	高度	层数	平面	布局	舍利	舍利安置	其他
96	金沙塔	977	处州龙泉	李文进	砖木	楼阁式	十一丈	七	六角		萧詧感应舍利	天宫	
97	净土寺铁塔	948—978	杭州	钱俶	铁								
98	泗州堂双铁塔	948—978	明州翁山	钱俶	铁								
99	楞伽寺塔	978	苏州		砖木	楼阁式	约23米	七	八角				重建
100	龙兴寺铁塔	吴越	杭州		铁								
101	龙兴寺双石塔	吴越	杭州		石					殿前双塔			
102	定光寺塔	吴越	杭州							东塔院			
103	江干砖塔	吴越	杭州		砖				八角				
104	甲辰巷砖塔	吴越	苏州		砖	楼阁式	6.8米	五	八角				
105	南翔寺双塔	吴越	苏州昆山		砖	仿楼阁式	11米	七	八角	寺前双塔			
106	永安禅院塔	吴越	湖州安吉	钱氏	砖	楼阁式	22.5米	九	八角	西侧塔院		第九层天宫	
107	安福院钱塔	吴越	睦州遂安	钱氏									
108	育王塔	吴越	台州	师拱									
109	永福塔	吴越	婺州							塔院			

附表二　吴越国高僧塔一览表

序号	名称	年代	地域	位置	师号	葬式	材质	塔亭	塔院	其他
1	楚南塔	888	杭州吴昌	慈云院西隅		全身葬				
2	文喜塔	900	杭州	灵隐山西坞	无著禅师	全身葬			无著塔院	
3	道钦塔	901	杭州余杭	径山	国一禅师	全身葬				
4	常通塔	902	明州奉化	雪窦寺西南			石			
5	慧则塔	908	明州	阿育王寺后山						
6	契此塔	917	明州奉化	崇福院西南				有塔亭		
7	宗彻塔	919	杭州	大慈山						重建
8	令因塔	924	衣锦军	功臣山南	慧因普光大师	全身葬		有塔亭	净土塔院	附墓葬
9	从礼塔	925	杭州	不详		火葬				
10	幼璋塔	927	杭州	天台隐龙院					隐迹塔院	寿塔
11	景霄塔	927 后	杭州	大慈山	清凉禅师				清凉塔院	
12	辩光塔	930—933	杭州	不详		全身葬改火葬				
13	鸿楚塔	932	杭州	慈云岭右冈						
14	鸿莒塔	933	温州	小松山						
15	道怤塔	937	杭州	龙姥山前	顺德大师	火葬			舍利院	
16	神禄禅师塔	942	台州黄岩	黄岩县南七十里					神禄禅师塔院	
17	全付塔	945	越州	云峰山北坞	纯一禅师				清化纯一塔院	寿塔
18	齐安塔	946	杭州盐官	不详	悟空禅师					重建
19	灵照塔	949	杭州	大慈山	真觉大师		石			
20	智顗塔	950	台州天台	国清寺	法空大师			有塔亭		重建
21	禅主和尚塔	953	婺州武义	不详						寿塔
22	宗靖塔	954	杭州	大慈山	六通大师					
23	令参塔	约 954	杭州	大慈山	永明大师				光教塔院	寿塔
24	道潜塔	970	台州天台	不详	定慧禅师	火葬	石			
25	德韶塔	972	台州天台	天台山		火葬				
26	瑰省塔	972	杭州	不详		火葬				
27	师蕴塔	973	台州天台	般若寺		火葬				
28	延寿塔	976	杭州	大慈山	智觉禅师	火葬		有塔亭	寿宁塔院	
29	文辇塔	978	台州天台	善建寺		火葬	石			
30	遇安塔	978	杭州	不详						

附表三　吴越国经幢一览表

序号	名称	年代	地域	施建人	布局	高度	刻经	其他
1	碧沼院幢	887	杭州新登	杜棱	殿前			
2	镇潮三铁幢	910	杭州	钱镠			不刻经	铁幢
3	大钱寺双幢	911	杭州	钱镠	寺前双幢			
4	石屋崇化寺幢	911	杭州	王某				
5	灵隐院幢	912	杭州	吴氏十五娘			《白伞盖陀罗尼》	
6	龙兴寺幢	915	杭州	处道		4.2 米	《佛顶尊胜陀罗尼》	重建。安置舍利 54 颗
7	福庆庵幢	916	杭州	方铢			《大佛顶陀罗尼》	
8	永安寺双幢	918	杭州武康				《佛顶尊胜陀罗尼》	
9	奉国寺双幢	919 前	杭州		寺前双幢			
10	半塘法华院幢	923	苏州	黄氏十五娘			《佛顶尊胜陀罗尼》	
11	竹林寺双幢	924	衣锦军	钱镠	殿前双幢	西幢高 12.1 米	《千手千眼大悲陀罗尼》、《守护国界主陀罗尼》	
12	功臣寺幢	约 924	衣锦军		殿前			
13	九里松观音寺幢	925	杭州	胡氏二娘			《加句灵验佛顶尊胜陀罗尼》	
14	水月寺幢	926	杭州	钱镠				
15	招贤寺幢	927	杭州					
16	小昭庆、金牛、玛瑙等九幢	927—930	杭州					
17	天竺日观庵幢	932	杭州					
18	化度禅院双幢	933	越州萧山	钱元瓘	殿前双幢	幢身高 1.22 米	均为《佛顶尊胜陀罗尼》	
19	五百罗汉院双幢	935	杭州	吴保容、吴镡等	寺前双幢	幢身高 1.33 米	《佛顶尊胜陀罗尼》《大佛顶陀罗尼》	安置舍利
20	幽溪禅院双幢	937	台州天台	孙绍荣	殿前双幢	幢身高约 32 厘米	均为《加句灵验佛顶尊胜陀罗尼》	
21	吴仁朗造幢	942	杭州	吴仁朗		幢身高 24 厘米	《佛顶尊胜陀罗尼》	
22	大慈山双幢	943	杭州		寺前双幢	北幢高约 7 米	《大佛顶陀罗尼》《大随求陀罗尼》	重建
23	永安寺幢	952	杭州					

续表

序号	名称	年代	地域	施建人	布局	高度	刻经	其他
24	安国长寿禅院双幢	953	苏州	邵思宝、周承礼	寺前双幢		均为《佛顶尊胜陀罗尼》	
25	西莲院双幢	约 954	杭州	钱俶	殿前双幢			
26	僧文琠造幢	956	福州	文琠			《佛顶尊胜陀罗尼》	
27	武丘寺幢	958	苏州	许氏		约 4.6 米	《大佛顶陀罗尼经》	
28	下弥陀院幢	约 959	杭州					
29	城南宝塔寺双幢	965	杭州	钱俶	寺前双幢	均高约 15 米	《大佛顶陀罗尼》《大随求陀罗尼》	
30	安平院幢	967	杭州		寺前	约 5 米	佛顶尊胜陀罗尼	重建
31	宝胜寺双幢	968	温州平阳	张从轸	寺前双幢	幢身残高 1 米多	一为《大佛顶陀罗尼》	
32	奉先寺双幢	969	杭州	钱俶	寺前或殿前双幢	东幢残高 9.46 米，西幢残高 13.2 米	《大佛顶陀罗尼》《大随求陀罗尼》	
33	精严寺幢	969	秀州	义祥		幢身高约 1.38 米	《佛顶尊胜陀罗尼》	重建
34	叶七娘造幢	971	杭州	叶氏七娘		高 0.86 米	《加句灵验佛顶尊胜陀罗尼》	
35	觉苑寺幢	977	越州萧山			幢身高 1.53 米	《佛顶尊胜陀罗尼》	重建
36	天真寺幢	吴越	杭州					
37	大宁寺幢	吴越	湖州					重建。安置《宝箧印陀罗尼》
38	法安院双幢	吴越	台州		寺前双幢			
39	护国寺幢	吴越	温州					

后　记

我是杭州人，从小穿行在西湖的山水间，对西湖边的文物古迹十分熟悉和着迷。我本科学的是国际政治，硕士学的是日本语言文学，研究的是日本平安朝汉文学，本来是与文物考古毫不相干的局外人。2010年，出于自身兴趣，机缘巧合考入了浙江省博物馆，从事了多年的办公室和外事工作。在多年博物馆工作的耳濡目染下，我渐渐萌生了直接从事文物考古研究的想法。

2014年我考入浙江大学文物与博物馆学系，第二次攻读硕士研究生。本书即是缘起于我的硕士学位论文，当时的题目叫“吴越国佛塔经幢通考以及形制分布的初步研究”。我的导师李志荣老师是中国著名考古学家宿白先生的弟子，长期从事一线的古建筑、石窟寺的调查和数字化测绘工作，经验丰富，成绩卓著，我是她从北大调到浙大后所带的第一批学生中的一员。在李老师的教导和支持下，我跨入了佛教考古和建筑史研究的领域，以吴越国塔幢为主题进行调查和研究，并顺利完成了硕士论文。毕业以后，李老师也一直在关心我的工作和研究，并提供了多方面的帮助。这些年来，我相继发表了《吴越国经幢研究》《闸口白塔原名及营造年代考》《唐五代铁塔略考》《吴越国赤城山舍利的发现及相关问题略考》《五至八世纪东亚地区八角塔的起源及其发展》等论文，均是在这一主题下的深入研究，并成为本书的有机组成部分。

2015年，在馆领导的支持下，我调入浙江省博物馆历史文物部，从事文物的策展和研究工作。历史文物部主任黎毓馨老师也是宿白先生的弟子，曾主持发掘吴越国雷峰塔遗址，长年从事吴越国佛教文物的研究和展示，成果丰硕。黎老师是我工作上的领导，同时也是我在吴越国佛教文物研究上的老师。在黎老师的推荐下，我与东阳市博物馆联合调查吴越国东阳中兴寺塔出土文物，出版《天心光明》图录，发表《浙江东阳吴越国中兴寺塔出土文物》，为吴越国塔藏文物研究获得了重要的一手资料。2021年我随黎老师调查发现烟霞洞罗汉造像记，并与杭州西湖风景名胜区钱江管理处合作，发表《杭州烟霞洞吴越国罗汉造像题记的新发现及初步研究》，初步解决了中国十八罗汉的起源问题。

浙江省文物考古研究所的郑嘉励老师，是我学术事业上的伯乐。素不相识的郑老师，第一次联系就邀请我进入大咖云集的宋史沙龙交流，后来又得以附骥《在田野看见宋朝》这一宋史学者论文集之尾，不胜惶恐。近年来，郑老师力邀我合作进行浙江省石窟寺调查、浙江省宋塔调查等重要项目，获取了最新的一手材料，受益良多。依据最新的调查资料，我撰写了《浙江省石窟寺调查报告》的杭州市区部分，即将出版面世。浙江省宋塔的调查研究，也在稳步进行。

至微堂的奚珣强老师是我田野调查的引路人。2018年底，在浙博的佛像展上，我与他偶然相识。因对摩崖石刻研究的共同兴趣，此后多年，我跟随他在西湖山水间访石寻刻。在他的不懈努力下，南屏山下小有天园的乾隆诗刻，九曜山造像的《弥勒上生经》和“香严界”题刻，飞来峰神尼舍利塔院的“冷求开路记”，相继得以发现。至微堂的陈洁老师，在官方授权许可后，以精湛的技术将各类题刻捶拓。而《杭州九曜山摩崖龛像调查研究》《杭州飞来峰神尼舍利塔遗址摩崖龛像的调查与初步研究》等石窟造像的研究突破，也得以实现。

感谢浙江省博物馆的陈浩、李刚、陈水华、蔡琴等馆领导多年来为我的调查和研究工作提供方便，并以“浙博学人丛书”的名义，资助本书的出版。

感谢浙江古籍出版社的辛劳付出，在他们的努力下，本书获得了浙江省文化艺术发展基金的支持。

在多年的研究生涯中，我逐渐积累起吴越国塔幢寺院、石窟造像、摩崖题刻、出土文物、传世文献的学术资料和相关成果，这离不开众多师友的提携和帮助。研究吴越国历史和考古的前辈学者王士伦、劳伯敏、谢继胜、赖天兵、常青、何勇强、王屹峰、李辉等诸位老师，是我长年学习的对象。与我一起进行塔幢石窟调查和切磋琢磨的好友，还包括吴天跃、李涛、周淼、陆易、罗鹏、俞珊瑛、王宣艳、吴庐春、宣鼎文、倪小蒙、张小杨、沈芳漪、张苏、张正佳等。为我的调查和研究提供帮助的，还有省市文物系统的李新芳、李嘉玲、杨文庆、郎旭峰、胡利红、邵群、金霄杭、吴涛、陈云飞、胡玲玲、洪俊、王牧、王征宇、孙媛、杨曦、崔彪、杨宏伟、胡建良、王兴臣、张淑娟、黄溢曲、李佳佳、杜清雨等领导和老师，国内外高校及科研机构中的余欣、仇鹿鸣、泷朝子、林伟正、张小娟、汪盈、胡耀飞、潘汶汛、陈焰、黄崑威、邵学成、张书彬、陈越、沈黎、沈灵、孟超、陈晶鑫、陈筱、黄硕、吴家骏等老师，以及王群力、罗大为、马黎、章咪佳、郭闻、林梢青、郑云鹏、王跃涵、刘江岭等各行各业的师友。本书大量精彩的图片也是由诸多师友提供的，其中要特别感谢的是摄影达人——“行者云龙”郭欣。

最后，深深感谢我的父母、岳父母、妻子和儿子，家人的爱与支持，是我每日伏案写作的动力。

希望读者能够喜欢本书。

魏祝挺

2022 年 11 月

图书在版编目（CIP）数据

吴越国塔幢研究 / 魏祝挺著 . -- 杭州 : 浙江古籍出版社 , 2022.12

ISBN 978-7-5540-2479-9

Ⅰ . ①吴… Ⅱ . ①魏… Ⅲ . ①佛塔—古塔—调查研究—浙江 Ⅳ . ① K928.75

中国版本图书馆 CIP 数据核字 (2022) 第 247907 号

吴越国塔幢研究

魏祝挺　著

出版发行　浙江古籍出版社

（杭州体育场路 347 号　电话：0571-85068292）

责任编辑　徐晓玲

责任校对　吴颖胤

责任印务　楼浩凯

照　　排　杭州立飞图文制作有限公司

印　　刷　浙江海虹彩色印务有限公司

开　　本　889mm × 1194mm　1/16

印　　张　22.25

字　　数　590 千字

版　　次　2022 年 12 月第 1 版

印　　次　2022 年 12 月第 1 次印刷

书　　号　ISBN 978-7-5540-2479-9

定　　价　298.00 元